Dieter Hackfort, Jörn Munzert, Roland Seiler
(Hrsg.)

Handeln im Sport als handlungspsychologisches Modell

Festschrift zum 60sten Geburtstag von
Prof. Dr. Jürgen R. Nitsch

Asanger Verlag Heidelberg · Kröning

Die Veröffentlichung erscheint mit Unterstützung
des Bundesinstituts für Sportwissenschaft

Die Deutsche Bibliothek – CIP-Einheitsaufnahme

Ein Titeldatensatz für diese Publikation ist bei
der Deutschen Bibliothek erhältlich

Umschlaggestaltung: Doris Bambach
Printed in Germany
ISBN 3-89334-353-9

Vorwort

Ein Anlass dieser Festschrift ist der 60ste Geburtstag von Jürgen Nitsch. Es ist nicht der einzige Anlass, denn in diesem Jahr ist Jürgen Nitsch ein viertel Jahrhundert als Professor tätig und leitet seit 1975 das Psychologische Institut der Deutschen Sporthochschule – wie wir Herausgeber dieser Schrift finden, in seiner unverkennbaren und aus unserer Sicht vorbildlichen Art und Weise. Belege dafür finden sich unter „Zur Person" am Ende dieser Festschrift.

Gründe, für Jürgen Nitsch eine Festschrift zu gestalten, gibt es genügend, einige finden sich wiederum unter „Zur Person". Seine (deutlich über 100) wissenschaftlichen Beiträge zur Ausarbeitung der „handlungstheoretischen Perspektive" (so will er es formuliert und verstanden wissen), von denen etliche grundlegende Themen behandelten und Bedeutung (sachlich-fachlich und persönlich, u.a. auch aber sicher nicht nur für die Herausgeber) zuerkannt bekamen, seine erfolgreiche Förderung des wissenschaftlichen Nachwuchses (s. die bis heute 18 Promotionen und 7 Habilitationen) und nicht zuletzt die immer mit weiterführenden Initiativen von ihm wahrgenommenen Funktionen in der scientific community. Und dennoch nagt der Zweifel an uns, ob er sich denn eine Festschrift gewünscht hätte. Wir nehmen an, dass seinen Interessen eine Zusammenstellung von Beiträgen zur kritischen und konstruktiven Auseinandersetzung mit dieser handlungstheoretischen Perspektive entspricht. Darüber hinaus dürften theoretische Beiträge zu spezifischen Aspekten, empirische Beiträge zu so noch nicht geprüften Zusammenhängen und zur Exploration neuer Anwendungsbereiche, sowie Berichte über Anwendungen (hoffentlich und ganz wesentlich auch) das Interesse des Geehrten finden.

Setzt man die Veröffentlichung des Beitrags „Sportliches Handeln als Handlungsmodell" (Nitsch, 1975) als signifikanten Ausgangspunkt der Entwicklung der handlungstheoretischen Perspektive in der und für die Sportpsychologie an, wie sie aus dem Psychologischen Institut der Deutschen Sporthochschule in Köln ausging, so erscheint es nach einem Vierteljahrhundert (die Milleniumswende ist koinzidentell und wohl akzidentell) angebracht, im Sinne einer prozessualen Evaluation nach dem Stand zu fragen. Die Herausgeber möchten es allerdings nicht so sehen, dass „die Leistung eines Wissenschaftlers ... zu messen" (Franke, in diesem Band) wäre. Bei aller Notwendigkeit und Neigung zur quantitativen Sozialforschung geht es hier nicht um messen, sondern um würdigen, und zwar durchaus auch kritischen Würdigung einer wissenschaftlichen Auffassung über den Gegenstand des sportlichen Handelns und seiner Bedeutung für die Ausarbeitung „der" Handlungspsychologie, wie sie besonders profund und profiliert von Jürgen Nitsch und u.a. auch von den Herausgebern dieser Schrift vertreten wird.

Dieses Anliegen war für die Konzeption der Festschrift und die Einladung der Autoren handlungsleitend.
Die Zusammenstellung der Beiträge wurde so strukturiert, dass zunächst grundsätzliche handlungstheoretische Fragen diskutiert werden, zu denen sich auch Jürgen Nitsch geäußert hat und – im Anschluss an die Rezeption – ganz sicher wieder Stellung nehmen wird. So war es gedacht und so ist es erhofft. Dann folgen Beiträge zur psychologischen Rekonstruktion sportlichen Handelns. Im Anschluss daran folgen Berichte, die aus Forschungs- oder Anwendungsprojekten resultieren, deren Grundlagen und Ansatz der handlungstheoretischen Perspektive verpflichtet sind.
Das Handeln als Sonderform des Verhaltens charakterisiert Volker Gerhard im ersten grundlagenbezogenen Beitrag des ersten Kapitels spezifisch durch die Selbstorganisation im sozialen Feld. Dazu verdeutlicht er zunächst, dass die Rede vom Mängelwesen als rhetorische Pointe einzuordnen ist. Dann, dass über die Fähigkeiten zur aktuellen Selbstkorrektur des Tuns und über das Bewusstsein davon die Selbststeuerung den Menschen auszeichnet als sich selbst organisierendes Wesen. Wesentlich ist, dass zum Handeln ein Selbst gehört. Die Beziehungen des Selbst zum Leib einerseits und zu anderen (seinesgleichen) andererseits schaffen die Voraussetzungen für ein Selbstbewusstsein, dass als Instanz für Selbstbewegungen fungieren kann.
In seiner Würdigung der wissenschaftssystematischen Arbeit von Jürgen Nitsch am Handlungskonzept aus handlungsphilosophischer Sicht bezieht sich Elk Franke nicht nur auf terminologische Analysen und (Ein-)Ordnungshinweise, sondern auch auf Darstellungsformen. So geht er auf die insbesondere bei graphischen Darstellungen mit Rechtecken, Kreisen und Pfeilen verbundenen didaktischen Vorteile ein und auf – dies ausführlicher und detaillierter – die Probleme, die damit im grundlagentheoretischen Forschungsdiskurs verbunden sein können. Im Sinne eines solchen Diskursbeitrags verweist er auf Verständnisunterschiede in Bezug auf den Theoriegegenstand Handlung, den er als personale Konstitution in Frage stellt und – wie Lenk (1978) seinen Standpunkt charakterisiert – als Interpretationskonstrukt auffaßt. Seine Interpretation der Entwicklung „der" Sportwissenschaft, die er so sieht, dass sie sich „von den Wurzeln einer geisteswissenschaftlichen Theorie der Leibeserziehung zu lösen (versuchte)", um sich „als empirisch arbeitende Sozialwissenschaft zu beweisen", ist sicher diskussionswürdig. Dieser Beitrag leistet etwas, was Jürgen Nitsch besonders schätzt und auf das er anspricht, nämlich die Provokation zur wissenschaftlichen Auseinandersetzung grundsätzlicher Art und über die Einzeldisziplin hinweg.
Im Beitrag von Dieter Hackfort, Jörn Munzert und Roland Seiler werden einige aus Sicht der Autoren für die weitere Ausarbeitung noch nicht hinreichend diskutierte Vorstellungen, Elemente und Merkmale der in Zusammenarbeit mit Jürgen Nitsch entwickelten Perspektive beleuchtet. Hierzu gehört die (Form der) Formulierung von Leitideen, das Verständnis der Grundbe-

ziehung und der Differenzierung bzw. Spezifizierung des Regulationssystems des Handelns. Damit sind Überlegungen verbunden, nicht nur wissenschaftsgeschichtlich sondern auch inhaltlich bestimmte Aspekte so (?) zu berücksichtigen, wie es die kulturhistorische Schule aufgezeigt hat. Zur immer wieder zu führenden Diskussion über das kleinste gemeinsame Vielfache der Handlungsbestimmung erscheint aktuell die Intentionalität von besonderer Relevanz. Diesbezüglich gehen die Autoren von der Unterscheidung zwischen Handlungsintentionen und intentionalen Handlungen aus. Die Entwicklung von Intentionen (für das Handeln, vor dem Handeln, im Handeln?) auf verschiedenen Ebenen mit Bezug auf die von Nitsch vorgeschlagene Differenzierung erscheint hilfreich aber auch noch aufklärungsbedürftig. Auf methodische Ansätze hierzu wird hingewiesen.

Zur psychologischen Rekonstruktion des Handelns im Sport (Kapitel II) liefert Gerhard Kaminski seine Eindrücke, Reflexionen und Folgerungen auf der Grundlage einer sehr breiten „Materialsammlung". Damit trägt er zur formativen Evaluation des Bemühens um eine handlungspsychologische Konzipierung der Sportpsychologie bei. Über eine Kategorisierung der konzeptuellen Elaboriertheit des Handlungsverständnisses kommt er zu fünf Niveaus. Diese formale Analyse ergänzt er durch eine inhaltliche, bei der er eine akteurzentrierte und eine ökologisch-psychologische Perspektive unterscheidet. Der ökologisch-psychologische Ansatz im Anschluss an Barkers Behavior-Setting-Konzept entspricht seiner eigenen Sichtweise, aus der heraus er weiter argumentiert und handlungstheoretische Beiträge interpretiert. Aus diesen Interpretationen – Kaminski bietet Alternativen an – ergeben sich verschiedene Hinweise zur weiteren konzeptuellen Be- und Ausarbeitung von Modellen, die sich auf das Handeln im Sport beziehen.

Nach einem historischen Blick auf die Geschichte des Willens in der Psychologie und seine Wiederentdeckung unter dem Begriff Volition seit Mitte der achtziger Jahre, unter anderem durch Jürgen Nitsch, zeigt Henning Allmer am Beispiel des sportlichen Handelns auf, dass Volition das Bindeglied zwischen Motivation und Handeln darstellt. Die handlungsregulierende Funktion der Volition verdeutlicht er daran, dass erst durch volitive Regulationsprozesse eine Absicht bevorzugt wird. Die durch Vorsätze selbstverpflichtend gewordenen Absichten (die Intentionen) weisen dem Handeln die Richtung. Die Intentionsbildung ist danach lediglich bei unerwarteten Situationen notwendig. Durch den Entschluss werden Intentionen aktiviert, wenn die Gelegenheit günstig und die Dringlichkeit gegeben ist. Die volitive Regulation sieht er darüber hinaus als wichtig an für die Initiierung, Aufrechterhaltung und Deaktivierung von Intentionen und Handlungen.

Stefan Künzell diskutiert im anschließenden Beitrag Funktionen, die die Computersimulation für die Modellbildung besitzen kann. Insbesondere geht er auf das Verhältnis von konnektionistischen Ansätzen und dem handlungspsychologischen Ansatz ein. Auch seine Beispiele beziehen sich mo-

dellhaft auf das Handeln im Sport und zeigen Ansätze für die weitere simulationsfähige Modellkonstruktion sportlicher Handlungen auf.
Mit den im dritten Kapitel zusammengestellten Beiträgen werden einzelne Fragestellungen und Themen aufgegriffen, die sich den Autoren im Rahmen ihrer Arbeit mit dem handlungspsychologischen Ansatz stellten oder denen sie mit Rückgriff auf diesen Ansatz in empirischen oder methodisch orientierten Studien nachgingen. So focussiert Susanne Quinten in ihrem Beitrag vor allem die präsentative Funktion des Handelns und geht der Frage nach, welche Rolle das Sich-Bewegen für das Selbstkonzept spielt. Sie veranschaulicht ihr Konzept an Beispielen zur Behandlung von Schmerzpatienten. Thomas Schack zeigt auf, wie das Kontrollkonzept aus der handlungstheoretischen Perspektive (rekonstruiert, interpretiert) dazu beiträgt, fundamentale Erlebnisse aufzuklären und darauf bezogen Interventionsmöglichkeiten zu entwickeln. Sein Beispiel hierfür ist die Angst im Sport. Davon ausgehend, dass Bewegungshandeln nicht nur im Sport, sondern auch beim Musizieren gefordert ist, thematisieren Martin Gellrich und Jörn Munzert die Bewegungsvariabilität beim Spiel von Musikinstrumenten. Damit wird ein für die Idee des sportlichen Handelns als Modellfall bedeutsames Thema, nämlich das des Erkenntnistransfers angesprochen. Die Transferthematik spielt auch im Beitrag von Dieter Hackfort, Erik Schleiffenbaum und Ulf Schmidt eine Rolle. Bei ihnen geht es um Fehler (Fehler beim sportlichen Handeln, Handlungsfehler), die unter dem Einfluss verschiedener Emotionen und motivationaler Tendenzen unter unterschiedlichen Aufgabenstrukturen auftreten. Zunächst nicht zusammen passende Befunde aus einer Labor- und einer Felduntersuchung veranlassten zu einer post-hoc Exploration, die von einer Analyse der Handlungssituation ausgeht und die Handlungsregulation betrifft. Ebenfalls auf einer Situationsanalyse aufbauend berichtet Andreas Schlattmann über Ergebnisse aus Untersuchungen zu sportartbezogenen Imageanalysen mit einem speziell dazu entwickelten Verfahren. Hierbei nutzt er die von Jürgen Nitsch (1974) vorgestellte Binärstrukturanalyse. Sportliches Handeln geht immer mit Beanspruchungen einher. Psychische Beanspruchungen, wie sie insbesondere in Form von Stress erlebt werden, erfordern Bewältigungsmaßnahmen. Dieter Teipel, Reinhild Kemper und Dirk Heinemann haben bei einer bisher vernachlässigten Gruppe, den Schiedsrichtern im Fußball, untersucht, wie diese mit Belastungen vor, während und nach dem Spiel umgehen. Aus Studien zur Stresskontrolle und zum mentalen Training, die er im Leistungssport in Brasilien durchgeführt hat, berichtet Dietmar Samulski, 1975 wissenschaftlicher Mitarbeiter bei Jürgen Nitsch und inzwischen als Professor in Belo Horizonte verantwortlich am Aufbau der Sportpsychologie im ersten Olympiazentrum Brasiliens beteiligt. Seine Ausführungen zeigen u.a., dass die von Jürgen Nitsch erarbeiteten Systematiken in verschiedenen Sportarten und über unseren Kulturkreis hinaus von praktischer Relevanz sind.

Zwei Anmerkungen zu formalen Aspekten der Texte: Teilweise wird von den Autoren die alte, teilweise die neue Rechtschreibung herangezogen. Dies wurde nicht vereinheitlicht, weil evtl. formale Eingriffe in den Text zu semantischen Veränderungen führen. Aus ökonomischen Gründen wird lediglich eine Geschlechtsform verwendet. Wenn nicht anders vermerkt, sind darin Personen des jeweils anderen Geschlechts eingeschlossen.
Bei der Gestaltung der Festschrift und für die Möglichkeit, sie in der vorliegenden Form realisieren zu können, haben wir Unterstützung erhalten, für die wir uns besonders bedanken möchten. Wir danken dem Direktor des Bundesinstituts für Sportwissenschaft, Herrn Dr. Büch und Herrn LWD Anders, den Herren Asanger und PD Dr. Wenninger für die Realisierungsmöglichkeit in dieser Form. Tatkräftige und kompetente Hilfe bei der Erstellung der Druckvorlage erhielten wir von Frau Rosina Sitter und Herrn Dr. Schlattmann.

München im Sommer 2000 *Die Herausgeber*

Inhalt

I

Grundlagen für handlungspsychologische Konzepte

Handeln als Selbstbewegung aus der Perspektive der anderen

Volker Gerhardt

Der Mensch ist kein Mängelwesen

Bei der anthropologischen Selbstbeschreibung des Menschen, ganz gleich aus welcher Perspektive sie erfolgt, zeigt sich stets, daß er, im Vergleich mit anderen Lebewesen, relativ entspezialisiert ist. Er hat keine überragende Körperkraft und auch keine überdurchschnittlich leistungsfähigen Sinnesorgane, kann nicht wirklich schnell laufen, kann nur schwerfällig, für kurze Zeit und lediglich an der Wasseroberfläche schwimmen, hat keine Flügel, keine Waffen, keinen Panzer, keinen Pelz und auch kein Haus auf dem Rükken. Seine Instinkte, die ihm ein festes Verhaltensrepertoire geben könnten, sind auf Residuen geschrumpft.
Diese - im Vergleich zu anderen Lebewesen - auffällige Entspezialisierung wird immer wieder unter den von Herder beiläufig verwendeten Titel eines "Mängelwesens" gebracht. Das ist eine Charakterisierung, die wir sachlich bereits in anschaulicher Darstellung bei Platon finden. Platon gibt sie aber mit deutlicher Distanzierung wieder, indem er sie durch einen Sophisten, Protagoras, vortragen läßt - und zwar als einen Mythos von der Erschaffung des wesentlich durch seine Mängel auffälligen Wesens Mensch (Protagoras, 320c ff.).
Die mythologische Form, in die Platon die These vom Menschen als einem zunächst wesentlich durch Mängel gekennzeichneten Wesens faßt, hat den Vorteil, die im Begriff des "Mängelwesens" mitschwingende Abwertung durch eine göttliche Zusatzleistung zu kompensieren: Der Mensch ist von Geburt an nackt und waffenlos; seine natürliche Ausstattung erlaubt es ihm nicht, sich in schneller Flucht oder durch Rückzug in ein anderes Element zu entziehen. Aber die ruchlose Großtat des Prometheus, der vom Herd der Götter das Feuer stiehlt, ermöglicht es dem Menschen, sich kulturell (d. h. durch eine ingeniöse gemeinschaftliche Anstrengung) so überlegen zu machen, daß aus dem Mangel ein prinzipieller Vorzug wird.
Gleichwohl ist mit dem Mythos des Protagoras zunächst eine Abwertung des Menschen verbunden. Denn der Mensch kommt bei der Ausstattung der Lebewesen - also durchaus schon evolutionär - zuletzt an die Reihe. Und dabei bleibt für ihn nichts mehr übrig, was ihm auch nur das Überleben sichern könnte. Im Vergleich mit allen anderen Lebewesen also ist der Mensch

das armseligste Geschöpf auf der Welt. Er wird in eine konstitutionelle Notlage hineingeboren, und erst die Gabe des Prometheus versetzt das nackte, schutzlose Wesen in den Stand, trotz der naturgegebenen Mängel zu leben. Ginge es nach dem Willen der Götter, stünde dem Menschen das Feuer gar nicht zu. Prometheus wird denn auch entsetzlich bestraft.

Die Götter fürchten das Feuer in den Händen des Menschen, weil mit ihm auch die Erkenntnis verbunden ist. Es bedeutet also nicht bloß Flamme und Glut, um Wärme zu spenden, Speisen zu garen und Waffen zu schmieden, sondern es zündet im übertragenen Sinn auch die Fackel des Wissens an. Mit dem Feuer kommt auch das Licht, das zur Einsicht nötig ist (Protagoras 321c/d). Und mit ihr steht dem Menschen ein Werkzeug zu Gebot, das ihn den Göttern ähnlich (und damit ihnen wie allen anderen so gefährlich) macht.

Im modernen Begriff des "Mängelwesens" tritt die Versuchung zur Selbstkränkung des Menschen stärker hervor. Das Wesen, das sich solange als Krönung der Schöpfung begriffen hat, spürt in der Moderne offenbar einen gewissen Reiz, sich selbst zu demütigen. Diesen Kitzel hat man auch schon früher ausgekostet, indem man von der "stiefmütterlichen Natur" (natura novercalis) des Menschen gesprochen hat.[1] Aber diese Formel zielt keineswegs allein auf eine Abwertung; in ihr ist stets auch ein gegenläufiges Motiv erkennbar: Je schlechter die Natur den Menschen ausgestattet hat, desto erstaunlicher ist, was er aus sich gemacht hat.

In jedem Fall aber sollte deutlich sein, daß die Rede vom Mangel oder von der stiefmütterlichen Behandlung nur eine literarische Pointierung ist. Herder hat sie aufgegriffen, um seine eigene These, der zufolge die Menschen nicht primär durch ein Defizit, sondern durch die positive Leistung der Sprache ausgezeichnet sind, zu akzentuieren. Ähnlich ist es auch schon bei Platon, Cicero, Lactanz oder Pico della Mirandola: Die dramatisierte Darstellung der fehlenden Ausstattung des Menschen dient nur der effektvollen Einführung der eigentlichen Fähigkeit des Menschen, nämlich erkennen, denken, wissen, sprechen und - in alledem - handeln zu können. Schließlich hat auch der einzige echte Vertreter des Mängelwesen-Theorems, nämlich Arnold Gehlen, die Aufzählung der konstitutiven Defizite des Menschen nur genutzt, um mit um so größerem Nachdruck herausarbeiten zu können, warum der Mensch von sich aus handeln muß.

Gehlen verschärft eigentlich nur, was bereits den Renaissance-Philosophen das Wichtigste war: Der Mensch ist das handelnde Wesen par excellence. Also ist der homo sapiens sapiens letztlich auch hier positiv als das Tier bestimmt, das sein Erkennen, Denken und Wissen vornehmlich dazu braucht,

---

[1] So heißt es bei Cicero, der Mensch werde "nicht wie von einer Mutter Natur, sondern wie von einer Stiefmutter ins Leben herausgegeben/geboren" (*non ut mater sed ut a noverca natura editum in vitam*) (*De re publica* III, 1).

um handeln zu können. Das aber kann der Mensch! Und er kann es aufgrund seiner ihm zugewachsenen und vermutlich durch eigene Anstrengung effektivierten Naturausstattung. Folglich ist nicht der Mangel wesentlich, sondern das, was er von der Natur erhalten hat, die ihm eine "Mutter" ist, wie jedem anderen Wesen auch. Um es mit aller Deutlichkeit zu sagen: Die Rede vom "Mängelwesen" ist eine rhetorische Pointe, aber keine ernsthafte anthropologische These.[2]

Wir fassen die gattungsspezifische Naturausstattung des Menschen neutraler, wenn wir davon sprechen, daß er im Vergleich mit den anderen Lebewesen über vielseitige Fähigkeiten verfügt. Er ist polykompetent in seinen Leistungen und polymorph in seinen Äußerungen. Der Mensch ist - wie Nietzsche sagt - das "nicht-festgestellte Tier". Sowohl die Antriebsstrukturen wie auch das Verhaltensrepertoire des Menschen sind plastisch und seine Einstellung zu sich wie zu anderem seiner selbst ist disponibel. Das hängt mit einer Reihe konstitutiver Veränderungen in der Organisation des Menschen zusammen, etwa mit der Entdifferenzierung der Hand, mit der frontalen Gleichstellung des Augenpaares, mit der Habitualisierung des aufrechten Gangs sowie mit der alles begleitenden und zugleich alles irgendwie bedingenden Zunahme seiner Intelligenz.

Der Effekt dieser konstitutionellen Veränderungen zeigt sich darin, daß der Mensch in seinen Aktivitäten nicht auf ein instinktgeleitetes Verhaltensrepertoire beschränkt ist. Er kann es sich vielmehr leisten, mit weitgehend offenen Dispositionen zu agieren. Er ist also nicht bereits durch die Auslöser einer jeweiligen Situation auf ein konditioniertes Verhaltensprogramm festgelegt, sondern kann sich mit größerer Flexibilität auf die jeweiligen Anforderungen einstellen. Das Wichtigste dabei dürfte sein, daß er aus dem Erfolg oder Mißerfolg seiner situationsoffenen Verhaltensweisen selbst lernen kann. Er hat die Fähigkeit zur aktuellen Selbstkorrektur seines Tuns. Und sobald diese Fähigkeit zur Selbstveränderung bewußt und dieses Bewußtsein selbst zum aktiven Moment der Selbststeuerung wird, potenziert sich die situative Offenheit des sich selbst organisierenden Wesens. Dies kommt dann auch terminologisch zum Ausdruck: Mit der Fähigkeit zur Selbstkorrektur durch eigenes Wissen wird aus dem Verhalten ein Handeln.

---

[2]Damit ist die Beschreibungsleistung Arnold Gehlens, der die These in Umlauf gebracht hat, im einzelnen nicht bestritten. Es sind vor allem die sachlichen Analysen und die innovativen Begriffe wie "Reizüberflutung", "Antriebsüberschuß" oder "Entlastung", die Gehlens Anthropologie so aufschlußreich machen.

Leibliches und bewußtes Selbst

Von außen gesehen[3] ist das Handeln vom Verhalten eines Organismus nicht zu unterscheiden. Verhalten ist die Selbstbewegung eines lebendigen Wesens und somit ein Fall auffälliger Selbstorganisation eines Individuums. Gemeint sind jene Vorgänge, in denen sich ein Organismus in offenkundiger Reaktion auf eine aktuelle Veränderung in seiner unmittelbaren Umwelt bezieht. Solche Vorgänge beobachten wir auch an uns selbst und unterscheiden sie mehr oder weniger trennscharf von allen Vorgängen des Stoffwechsels, des Wachstums oder der Regeneration. Den Schlaf, den Lidschlag oder die Sekretion der Speicheldrüsen (etwa beim Lesen einer Speisenkarte) rechnen wir, anders als das Nachwachsen unserer Fingernägel, bereits zum Verhalten. Unter den vielfältigen Formen unseres Verhaltens gibt es nun einige, die für uns selbst dadurch besonders ausgezeichnet sind, daß sie mit Absichten, d. h. mit bewußten Zielvorgaben verbunden sind. Hier bewegen wir uns, um etwas zu erreichen. Da wir das durch die Selbstbewegung angestrebte Ziel in irgendeiner Weise vorstellen, kann man von einer Selbstbewegung nach eigenen Vorstellungen sprechen. Diese Bezeichnung gibt das Handeln nicht einfach nur als eine der vielfältigen Formen der Selbstorganisation zu erkennen, sondern zeichnet sie deutlich als eine gesteigerte Form der Selbstorganisation aus. Sie ermöglicht es dem Menschen, sich bestimmte Ziele zu setzen, die nicht nur situativ für ein Individuum wirksam sind, sondern die - als diese Ziele - auch von anderen erkannt und anerkannt werden können. Erst dadurch wird eine ausdrücklich gemeinsame Bezeichnung und Bearbeitung von Problemen möglich.

Wenn wir das Verhalten als eine Selbstbewegung namhaft machen, dann ist klar, daß sich der Organismus in der für die Selbstorganisation charakteristischen Weise als ganzer bewegt. Das "Selbst" steht hier, wie bereits dargestellt, für die Einheit im Vollzug. Das bleibt natürlich auch bei jenen Selbstbewegungen so, die sich nach den Vorstellungen des "Selbst" vollziehen. Doch es ist offenkundig, daß hier eine Verschiebung (oder zumindest Erweiterung) im Begriff des "Selbst" stattfindet: Während das "Selbst" der (leiblichen) Selbstorganisation das bloße Integral aller systemisch beteiligten Momente meint, ist das "Selbst" einer sich nach eigenen Vorstellungen vollziehenden Selbstbewegung zunächst einmal das Integral der bewußten Vorstellungen des Wesens, das sich nach diesen Vorstellungen richtet. Mit sei-

---

[3]Die Wendung "von außen gesehen" unterstellt einen rein mechanischen Beobachter bloßer Mechanik. Ich gehe hier nicht darauf ein, daß schon diese physikalistische Konstruktion eines bloß äußeren Beobachters eine Abstraktion darstellt, die wir als Menschen niemals erfüllen können. Selbst in der kältesten Sachlichkeit der bloßen Beobachtung sind wir "innerlich" beteiligt. Wir müssen zumindest die Zeigerstellung des Meßinstruments verstehen. Gleichwohl ist die Konstruktion einer bloß protokollierenden Wiedergabe methodologisch von Bedeutung.

nen Vorstellungen aber wird es seiner selbst bewußt, denn es hat sie - im Fall eines Konflikts oder eines Zweifels - als seine Vorstellung auszuzeichnen. Mit der Vorstellung überhaupt, braucht das Individuum immer auch eine Vorstellung von sich selbst. Diese Selbst-Zuschreibung der Vorstellungen ist durch nichts anderes auszuweisen als dadurch, daß dieses Wesen sie ausdrücklich als seine eigenen Vorstellungen weiß (oder nach menschlichem Ermessen wissen kann).

Dieses bewußte Selbst des "Ich" sagenden Wesens muß natürlich eben das Selbst meinen, das sich in der Selbstorganisation selbst organisiert bzw. in der Selbstbewegung selbst bewegt. Wenn ich selbst die Absicht habe, einen Vortrag zu halten, muß die ganze Organisation meines Selbst beteiligt sein, sofern die Absicht, den Vortrag zu halten, realisiert werden soll. Das ganze sich selbst organisierende, also das leibliche Selbst muß einbezogen sein, wenn ich mich nach eigenen Vorstellungen bewege - sogar und gerade dann, wenn ich mich dabei selbst überwinde und gegen starke Widerstände der physiologischen Organisation angehe. So kann der Leib völlig übermüdet sein; er könnte jederzeit "von selbst" in Schlaf verfallen. Wenn aber das Ich, also das bewußte Selbst will, daß vor dem Einschlafen noch ein Text geschrieben wird, und wenn es diesen Willen tatsächlich durchsetzt, dann folgt der ganze Mensch, also auch das Selbst der leibhaftigen Organisation und erweist sich als Moment eben des mit Bewußtsein an- und ausgesprochenen Selbst.

Freilich zögern wir, das Selbst der physiologischen Organisation mit dem Selbst unseres Ich-sagenden Bewußtseins identisch zu setzen. Gehen wir nämlich vom Selbst des Leibes aus, dann ist das Selbst des Bewußtseins nicht notwendig mit enthalten. Wir müssen nicht erst im Koma liegen, um auch ohne Bewußtsein lebendig zu sein; schon der traumlose Tiefschlaf, aus dem wir aufwachen, lehrt uns, daß wir offenbar auch ohne Bewußtsein leben können. Leibliches und bewußtes Selbst kommen somit nicht zur Deckung. Unter den schlechterdings nicht abzugsfähigen Bedingungen des Lebens ist das Selbst unserer individuellen physiologischen Organisation zwar die notwendige Bedingung des bewußten Selbst, fällt aber mit ihm nicht notwendig zusammen. Das Selbst des Bewußtseins verweist zwar zwingend auf das Selbst des Leibes;[4] das Ich kann sich nicht wirklich adressieren, ohne nicht seinen Leib einzubeziehen; ja, es ist immer das Bewußtsein dieses Leibes. Und dennoch fällt das bewußte Selbst nicht mit dem Selbst der physiologischen Organisation zusammen. Jedenfalls sind bewußtes und leibliches Selbst nicht identisch.

---

[4]Ernst Tugendhat, Selbstbewußtsein und Selbstbestimmung, Frankfurt a. M. 1979, S. 77ff.

Ein Beispiel mag dies erhellen: Wenn wir etwa die Absicht hätten, uns selbst zu töten, fielen für den Fall der gelungenen Ausführung der Tat leibliches und bewußtes Selbst zusammen: Mit der Zerstörung des leiblichen Selbst verschwindet, so nehmen wir an, auch das bewußte Selbst. Der Tod ereilt beide ohne Unterschied. Wenn aber die Ausführung mißlingt, dann kann es sein, daß der schwer verletzte Leib sich weiter organisiert, also weiterlebt, das bewußte Selbst aber in seiner "Ohnmacht" verharrt und nicht mehr zurückkehrt. Bei apparativer Versorgung durch medizinische Technik kann ein im Koma liegender Mensch sogar eine hohe Lebenserwartung haben, ohne je wieder zu Bewußtsein, also zu seinem bewußten Selbst zu gelangen. Somit ist keine Deckungsgleichheit zwischen beiden Formen des Selbst gegeben.
Aber schon beim Nachdenken über das Vorhaben, sich selbst zu töten, kann man den Eindruck haben, als seien für den Akt des Überlegens und des Entscheidens das leibliche und das bewußte Selbst wie Objekt und Subjekt auseinandergetreten. Das zur Selbsttötung bereite Ich denkt so über sich (als Ich und Leib), als könne es Ich und Leib in einem Akt destruieren. Da man aus der langen Tradition des Nachdenkens über uns selber weiß, wie sehr das Selbst primär in jenen Akten gegenwärtig zu sein scheint, in denen sich das bewußte Selbst von allen anderen Vollzügen des Daseins, gerade auch gegenüber seinem eigenen Leib, distanziert, können wir wohl nicht umhin, dem bewußten Selbst, trotz seiner offenkundigen Bedingtheit durch das physische Selbst, eine gewisse Eigenständigkeit einzuräumen. Das ist die Eigenständigkeit, die alltagssprachlich dem "Ich" oder der "Seele" unterstellt wird.
Wenn man aber dem Selbst des Selbstbewußtseins eine Selbständigkeit zugesteht, dann muß man sogleich betonen, daß sie für uns nur in ihrer von ihr selbst vollzogenen Verweisung auf den zugehörigen Organismus einen Sinn ergibt: Nur sofern ein Ich über sich als immer auch physisch existierendes Wesen nachdenkt, nur sofern es Absichten ventiliert, die von ihm als leiblichem Wesen verfolgt oder verworfen werden sollen, nur sofern es sich zu etwas entscheidet (und dies natürlich nur Bedeutung hat, wenn die Konsequenz es auch selbst berührt), hat die Rede von der Eigenständigkeit des Selbstbewußtseins einen Sinn. Der tritt deutlich hervor, sobald das Bewußtsein über den Leib disponiert, wenn es ihn, um einen älteren Begriff zu gebrauchen, regiert. Das Selbst des Bewußtseins hat den funktionalen Status eines über den Leib bestimmenden Organs. Und wann immer diese Bestimmung gelingt, ist der Leib nur ein Moment in der Verfügung durch das Selbstbewußtsein.
So kommt es zu dem vielleicht paradox erscheinenden Befund, daß die Selbständigkeit des bewußten Selbst nur in funktionaler Beziehung zum leiblichen Selbst behauptet werden kann. Das Selbst des Selbstbewußtseins ist nur dann und nur solange überhaupt etwas, als es über den Leib disponiert. Die Vorstellung eines eigenständigen Ich tritt nur in der (möglichen) Verfügung über den ganzen Organismus hervor. Und in dieser Verfügung sind dann

auch das Selbst des Bewußtseins und das Selbst der physischen Selbstorganisation unterschieden: Das eine ist nur, sofern es sich lenkend auf das andere bezieht. Der Unterschied tritt nur in der Beziehung auf, und er kommt allein in der Selbsttätigkeit des Bewußtseins vor, von der wir nur reden können, sofern sie Ausdruck - oder besser gesagt: eine Funktion der Selbsttätigkeit des Organismus ist.

Das nenne ich eine Steigerung der organischen Selbstreferenz im Bewußtsein. Denn in ihm bezieht sich das bewußte Selbst in einem originären Akt auf den es bedingenden Leib, kommt nur so zur Vergewisserung einer sich nur darin zeigenden Eigenständigkeit und kann zugleich darin Mittel einer weiter greifenden Selbstorganisation des Leibes sein. Somit steigert sich in den Akten des Selbstbewußtseins die Selbstorganisation des Leibes. Denn durch das in ihm und nur zur Disposition über ihn ausgebildete Selbstbewußtsein wird der Leib selbständiges Element einer über ihn hinausgehenden Organisation. Er kann über sich mit ausdrücklichem Bezug auf seinesgleichen, sofern sie sich ebenso ausdrücken können wie er, verfügen. Der Leib hat nunmehr nicht bloß den Aktionsradius seines Verhaltens, er hat nicht allein die Perspektive der augenblicklich eingenommenen Position, sondern er kann distanziert mit sich selbst umgehen, kann die Position des "Ich" einnehmen, die aber auch die Position eines jeden anderen zum Ich-sagen fähigen Leibes sein kann. In der Selbst-Distanz kommt er seinesgleichen so nahe, wie es ihm körperlich nie möglich ist. Denn er kann mit seinem Selbst dieselbe Stellung einnehmen, die auch die Stellung des Selbst eines anderen Leibes sein kann. Also hat er die Chance, eben so über sich zu verfügen, wie auch der andere über sich verfügt. Folglich können sich beide ausdrücklich gemeinsam verhalten und vollziehen (jeder für sich) eine Selbstbewegung aus einem Motiv, das auch als solches von anderen erkannt werden kann.

Mit einem erkennbaren Motiv der Selbstbewegung wird aus dem Verhalten ein Handeln. Die Selbstverfügung erfolgt aus einer Position, die prinzipiell auch die Position der anderen sein kann. Die selbstbewußte Disposition geschieht aus eigenem Impuls und dennoch ursprünglich im sozialen Raum, weil das Motiv der Selbstbewegung aus der Distanz erschlossen ist, in der sich das Ich in der prinzipiell gleichen Position mit seinesgleichen befindet. Also ist die bewußte Verfügung eines Organismus nicht mehr einfach nur sozial gebunden (wie alles Leben), sondern es ist ausdrücklich sozial vermittelt - und zwar über sein Ich, das in der gewonnenen Distanz zum eigenen Organismus auch das Ich eines jeden anderen Organismus sein kann. Selbstbewußtsein ist die Instanz, durch die der Leib ausdrücklich unter dem möglichen Gesichtspunkt der anderen über sich verfügt. Es ist das vom Leib selbst inaugurierte Zentrum, aus dem heraus es über den Leib als ganzen so disponieren und entscheiden kann, daß es für entsprechend ausgestattete Wesen - im Interesse ihrer eigenen Disposition über sich selbst - nicht nur als Reiz empfunden werden, sondern verständlich sein kann. Diese Verständlichkeit

hat ihr Kriterium darin, daß ein Motiv des anderen auch als mögliches eigenes Motiv aufgefaßt werden kann.
Somit ist das Selbstbewußtsein die Instanz, in der der Organismus - in Richtung auf seinesgleichen - über sich hinaus ist. Den wirksamen Ausdruck dieser Selbstorganisation im sozialen Feld nennen wir Handeln. Es ist ohne eigenständiges Denken, Sprechen und Wollen nicht zu fassen. Und seine Einheit - für das individuelle Selbst wie für seinesgleichen - erhält es nur unter den Bedingungen der Vernunft. Vernunft ist, wie wir sehen werden, nichts anderes als das, was diese - für mich wie für andere - nachvollziehbare Einheit schafft.

Handeln als Selbstorganisation im sozialen Feld

Handeln, so wurde bereits betont, ist eine Selbstbewegung nach eigenen Vorstellungen. Aber von wessen Vorstellungen ist eigentlich die Rede? Sind es die des Leibes? Ein Leib besteht, wie wir wissen, aus einer Vielzahl von Organen, deren Zusammenwirken das Leben dieser Einheit ausmacht. Bei dieser integralen Wirksamkeit kommt es zu Leistungen, die als Funktionen des ganzen Organismus anzusehen sind und die uns erlauben, der sich spontan und ohne äußeren Zwang bewegenden organischen Einheit ein Selbst zu unterstellen, das gleichsam als aktives Zentrum der Selbstbewegung verstanden wird. Ein solches leibliches Selbst kann dann schnell oder langsam reagieren, es kann als besonders lern- und anpassungsfähig gelten, und es kann im übrigen alle Attribute zugesprochen bekommen, die auf die Eigenart seiner Verhaltensweisen passen.
Aber kann es auch Vorstellungen haben? Offenkundig nicht unmittelbar. Denn zur Vorstellung gehört ein Bewußtsein, das sich selbst dieser Vorstellungen zumindest insofern sicher ist, als es sie als seine eigenen Vorstellungen weiß. Ohne mitlaufendes Wissen - und damit ohne einen mitteilbaren begrifflichen Gehalt - hat der Akt des Vorstellens keinen Sinn. Die Zuschreibung erfolgt hier also eindeutig zum Selbst des Bewußtseins. Und so müssen wir, um die Eigentümlichkeit jenes Verhaltens, das wir "Handeln" nennen, zu erfassen, die Eigenart des bewußten Selbst näher bestimmen.
Zum Handeln gehört ein Selbst, das wenigstens in der Prätention des Verfügens über das Selbst des Leibes hinausgeht, weil es nur aus einer grundsätzlich den ganzen Leib erfassenden Position über den ganzen Leib gebieten kann. Also wechselt es aus der Binnenperspektive der Selbstorganisation in die - vom Leib her gesehene - Außenperspektive des Bewußtseins. Während aus der Binnenperspektive nur der in sich vermittelte leibliche Vollzug und das Verhalten möglich sind, kann aus der Außenperspektive des Bewußtseins gehandelt werden. Da das Handeln natürlich immer eine Vollzugsform des Leibes bleibt, verbleibt es auch unter dem Oberbegriff des Verhaltens. Doch die sich in ihm vollziehende Selbstorganisation des Leibes hat nun den Vor-

zug, in einem qualitativ erweiterten Rahmen organisiert zu werden, der sich in den Außenraum des Leibes erstreckt und somit in der Lage ist, auch noch über das es tragende Selbst der Selbstorganisation disponieren zu können. Die Möglichkeit und die Wirklichkeit des Suizids sind Beleg für diese Verfügung des Selbst des Bewußtseins über das Selbst des Leibes.

Helmuth Plessner hat für diese buchstäblich über sich hinausgehende Leistung des Organismus den ingeniösen Begriff der "exzentrischen Positionalität" geprägt (Stufen, 1981, S. 360ff.). Durch den Doppelsinn des Exzentrischen liegt darin nicht nur eine treffende Kennzeichnung der qualitativen Steigerung der Selbstorganisation, sondern auch eine Charakterisierung des Menschen überhaupt. Der Mensch ist das exzentrische, das extravagante Lebewesen. Verglichen mit den anderen zur Selbstbewegung fähigen Wesen gelangt er zu einer umfassenderen Form der Organisation, weil er seine Vollzüge nicht mehr nur aus der Grenzerfahrung seiner unmittelbaren Umgebung reguliert, sondern von einer Position "mit Überblick", gleichsam von außen steuert. Diese Position "außerhalb" seiner selbst nimmt sein Bewußtsein ein, dessen Selbst mit dem es tragenden Selbst des Leibes gerade wegen der exzentrischen Außenposition nicht mehr voll zur Deckung kommt. Das Selbst des Bewußtseins muß sich in eine "imaginäre Außenlage" transponieren, um überhaupt die Funktion des Bewußtseins als Leitstelle der individuellen Selbstorganisation übernehmen zu können.

Bei Plessner erfahren wir zunächst nur, daß die "exzentrische Positionalität" mit dem Selbstbewußtsein des Menschen verbunden ist. In späteren Überlegungen zum Rollenbegriff[5] deutet er auch an, in welchen Raum sich die das leibliche Zentrum verlassende Position des Menschen verschiebt: Es ist der soziale Raum, in dem sich der Mensch mit seinesgleichen bewegt, ein Raum, der den natürlichen Raum mit seiner physischen Distanz der Körper allemal voraussetzt. Als selbstbewußtes Wesen bewegt er sich erst in zweiter Linie in einem mit Gegenständen angefüllten physischen Raum; primär ist das soziale Mit- und Gegeneinander von Individuen, die sich als meinesgleichen ansprechen lassen. Daraus ergibt sich, daß Selbstbewußtsein der Zustand und die Zuständigkeit eines Individuums angesichts seiner tätigen Verbindung mit seinesgleichen ist. Dieser Zustand mit der impliziten Zuständigkeit ergibt sich jedoch nur, wenn das zentrierende Selbst nicht einfach ins diffuse (räumliche) Außerhalb des Leibes verlagert wird, sondern außer sich verschiedene andere Positionen einnehmen kann, die prinzipiell durch seinesgleichen vorgegeben sind.

Diese anderen Positionen haben ihr Wesentliches nicht darin, daß sie im physischen Außenraum des Leibes sind; das sind sie sowieso. Kennzeich-

---

[5]Helmuth Plessner, Soziale Rolle und menschliche Natur (1960), Gesammelte Schriften, Bd. 10, Frankfurt a. M. 1985, S. 227-240.

nend an ihnen ist vielmehr, daß sie durch die möglichen Stellungen vorgegeben sind, die von den vorgestellten anderen eingenommen werden. Diese anderen aber sind jene, die man als seinesgleichen begreift. Erst ein so verfaßtes Selbstbewußtsein kann als Instanz für eine Selbstbewegung fungieren, deren Steuerung nicht mehr bloß aus dem Selbst des Leibes erfolgt. Die selbstbewußte Wahrnehmung der eigenen Bewegung geschieht bereits sub specie aliorum, also aus einer Position, die auch die (mir prinzipiell gleichen) anderen einnehmen könnten.

Die Außenperspektive des Bewußtseins

Die Steuerungsinstanz der eigenen Bewegung liegt also in dem durch die anderen bezeichneten Außen, in welchem sich das eigene Selbst als primus inter pares ansiedelt. Primus ist es, weil es der eigenen leiblichen Organisation und den von ihr zu lösenden Problemen am nächsten steht; als pares gilt es, weil es auch die anderen als seinesgleichen versteht. Natürlich muß es den in der Vorstellung vollzogenen Perspektivenwechsel auf sich zurückbeziehen, damit die Versetzung in den Zustand der anderen überhaupt Bedeutung für es selbst haben kann. So wird es zum Selbstbewußtsein.
Das ist ein komplizierter Stellungswechsel zwischen dem Selbst und den anderen seiner selbst - nicht zuletzt auch deshalb, weil sich in ihm vermutlich erst die Konstitution des bewußten Selbst vollzieht. Wie sich dieser Übergang im einzelnen abspielt, muß hier offenbleiben.[6] Doch zumindest so viel dürfte sicher sein, daß sich das Selbst des Bewußtseins immer auch im imaginären Außenraum des Leibes befinden können muß. Denn es kann sich selbst nur von den anderen her verstehen, die sich allemal im empirischen Umfeld des Leibes befinden. Also blickt es gleichsam von außen auf sich selbst, und das gelingt nur, wenn es die Vorstellung von sich gleichsam aus der Position des anderen gewinnt. Und in eben dieser imaginären Außenperspektive stellt es sich selber vor. Denn anders könnte es nicht selbständig handeln, weil Handeln bereits eine Selbstbewegung sub specie aliorum ist.

---

[6] Außer auf Plessners Werk kann man hier nur generell auf die Arbeiten von Mead verweisen, der in ertragreichen und überaus einflußreichen Bemühungen der sozialen Konstitution des Selbst nachgegangen ist (Geist, Identität und Gesellschaft, Frankfurt a. M. 1973). Mead verbleibt mit seinen Überlegungen allerdings ganz im empirischen Kontext, dem das Selbstbewußtsein notwendig vorausliegt. Deshalb versuche ich an anderer Stelle (Selbstbestimmung. Das Prinzip der Individualität, Stuttgart 1999, 4.7) zu zeigen, daß es einen nicht-empirischen Sinn von Gesellschaftlichkeit gibt, der bereits den Leistungen des Bewußtseins zugrunde liegt. Trifft die in der vorliegenden Arbeit skizzierte Auffassung zu, wäre die Sozialität des Selbstbewußtseins bereits eine Bedingung für den empirischen Begriff, den wir von Gesellschaft haben.

Die Vorstellung seiner selbst ist für den Handelnden aber kein bloß theoretischer Akt, in welchem sich das Selbst lediglich eine Vorstellung von sich in seiner Verbindung mit seinem Leib und mit seinesgleichen macht. Sie ist vielmehr immer auch ein praktischer Akt, in dem das Selbst eine Vorstellung gibt: Es präsentiert sich selbst - und zwar sowohl als Repräsentant seines leiblichen Selbst wie auch als Partizipant jener Gemeinschaft, in der es sich unter seinesgleichen weiß. Insofern erfüllt es die für gesellschaftliches Handeln elementare Bedingung, auch als Repräsentant einer Gemeinschaft fungieren und selbst eine Vorstellung nicht nur für andere, sondern auch im Namen anderer geben zu können. Weil es sich selbst im Medium der anderen vorstellt, hat es die Möglichkeit, sich darin nicht nur für sich selbst abzugrenzen, sondern sich auf der Basis dieser Abgrenzung mit den anderen jeweils in einer bestimmten Absicht zu identifizieren. Also kann es nicht nur sich selbst als organische Einheit präsentieren; es ist auch nicht darauf beschränkt, sich in seiner Beziehung zu seinesgleichen exemplarisch zu regulieren; es kann vielmehr auch die in ihm stets mit vorgestellten anderen repräsentieren.[7]
In alledem erweist sich das Selbstbewußtsein als die Instanz des Handelns. Diese Instanz aber liegt im vorgestellten Außenraum des Leibes. Dort ist sie nicht lokalisierbar; sie hat keinen realen Ort, ebensowenig wie das Selbst des Leibes an eine bestimmte Stelle im Organismus gebunden ist. Es wäre aber auch falsch, dem Selbst einen Ort im spekulativen "Nirgendwo" anzuweisen, wie Thomas Nagel es vorgeschlagen hat.[8] Denn der "Blick" des Selbst geht immer durch die eigenen Augen, kommt also stets von jenem Ort, in dem es sich selbst vorstellt. Das aber ist ein Ort, der als prinzipiell zugänglich gelten muß, damit ihn jeder andere, auf den sich das Selbst des Bewußtseins bezieht, ebenfalls einnehmen kann. Sein ideeller Ort ist somit nur soziomorph bestimmbar. Fassen wir aber Gesellschaft mindestens als den Bezirk der Natur, in dem der Mensch nach eigenen Vorstellungen handeln kann, so haben wir in dem ursprünglich sozial verfaßten Selbstbewußtsein die Instanz, von der aus ein Individuum handeln kann. Handeln ist somit die Selbstbewegung eines Wesens, das sich selbst in seinem Verhältnis zu seinesgleichen erfaßt. Das beobachtende, prüfende und steuernde Selbst nimmt sich selbst immer schon in einem gesellschaftlichen Kontext wahr. Es sieht sich im anderen und hat allein dadurch die ursprüngliche Form der Reflexion.
Indem es also dem Selbst des Leibes gelingt, sich zu einem Selbstbegriff zu überschreiten, der es als ganzes umfaßt, sich darin selbst auf seinesgleichen

---

[7]Die Funktion von Präsentation und Repräsentation des Individuums im gesellschaftlichen Zusammenhang wird in 8.6/7 noch einmal berührt. Weitere Erörterungen müssen einer Philosophie der Politik vorbehalten bleiben.

[8]Thomas Nagel, The View from Nowhere, New York/Oxford 1986, pp. 60ff.

bezieht, dabei erst eigentlich zu sich selber kommt und damit den Leib zu einem Element in einer weitergesteckten sozialen Einheit relativiert, wird es handlungsfähig: Das Selbst des Leibes unterstellt sich dem Selbst des Bewußtseins, das seine funktionale Überlegenheit aus der vorgestellten, den Leib umfassenden Einheit gewinnt. Es ist, solange das Selbst des Bewußtseins "regiert", mit ihm identisch. Diese Einheit von Selbst des Leibes mit dem des Bewußtseins bildet sich aber erst in der wechselseitigen Beziehung auf das andere seiner selbst. So kann dann das den Leib integrierende Bewußtsein des Selbst Absichten verfolgen, in die der Leib, obgleich er der Träger des ganzen Vorgangs ist, wie ein Element eingebunden ist. So kann, wie die politische Theorie es seit der Antike darstellt, der Organismus des Individuums wie das Organ in einem sozialen Organismus erscheinen. Das ist möglich, sofern der Leib gleichsam als ein besonders empfindliches Ding neben anderen Dingen aufgefaßt und (aktiv-reaktiver) Teil von Überlegungen und Plänen wird, die ihr organisierendes Zentrum gleichsam außerhalb des Leibes haben.

Auch deshalb ist es korrekt, die Absichten, Ziele und Zwecke nicht dem Selbst des Leibes, sondern dem des Bewußtseins zuzuschreiben. Eben darin liegt die Verselbständigung der bewußten Selbstorganisation: Das prozessuale Selbstverhältnis, als das sich uns der Organismus darstellt, umfaßt ihn nun ausdrücklich als ganzen, bewertet ihn in seiner Wechselbeziehung zu anderen körperlichen Dingen und bezieht ihn durch die im Bewußtsein erfolgende Doppel-Repräsentation von sich und vor anderen auf einen Zusammenhang, der nur dem sich darin konstituierenden Selbstbewußtsein zugänglich ist. Das lebendige Wesen kommt nicht nur dadurch zu seinem Selbst, daß es seine Einheit vollzieht; sondern es stellt sich selbst als Einheit vor, versteht sich darin nur als Gegenüber (oder als Partner) anderer, denen es prinzipiell gleicht, und verfügt in dieser vorgestellten korrelativen Einheit theoretisch wie praktisch über sich selbst. Um dies aber leisten zu können, braucht es einen "exzentrischen" Begriff seiner selbst. Den hat es - seiner allgemeinen Form nach - in seinem Selbstbewußtsein, über das nun noch etwas genauer zu sprechen sein wird.

Sportliche Handlungen – Anmerkungen aus handlungsphilosophischer Sicht

Elk Franke

Einleitung

Es gibt Anlässe im Leben zurückzuschauen. Der hier vorgelegte Band ist ein solcher. Dabei liegt es nahe, die Leistung eines Wissenschaftlers an einem Maßstab zu messen, der sich aus jener Wissenschaft ergibt, für die seine Lehr- und Forschungsarbeiten relevant sind.
Vor etwa 30 Jahren versuchte die Sportwissenschaft, sich von den Wurzeln einer geisteswissenschaftlichen Theorie der Leibeserziehung zu lösen und sich in ihrer anthropologischen Grundlagenarbeit als empirisch arbeitende Sozialwissenschaft zu beweisen. Diese Entwicklung war eingebunden in die vielfältig kommentierte, sogenannte "erfahrungswissenschaftliche Wende" und führte durch eine zeitgleiche Ausdifferenzierung der Arbeitsbereiche zu einer Um- bzw. Aufwertung einzelner Fächer. Systematisch-empirisches Arbeiten, verbunden mit dem Versprechen, generalisierbares, nomologisches Wissen über den Menschen und die ihn umgebende Welt zu gewinnen, waren gefragt und entsprechend wurden jene Arbeiten belohnt, die diesen Erwartungen entsprechen konnten.
Neben anderen empirisch orientierten Sozialwissenschaften war es vor allem die Psychologie, die von dem wissen-schaftstheoretischen Perspektivenwechsel profitierte. In ihrer 100jährigen Geschichte hatte sie sich zum Sachverwalter einer Wissenschaft vom Menschen entwickelt, in der die traditionellen anthropologischen Fragen des Lernens, der Motivation, des Bewußtseins, der Fremd- und Selbstbestimmung des Menschen etc. auf (natur-) "wissenschaftlich" anerkannte Weisen bearbeitet werden können. In den Fächern, die weiterhin die Anthropologie als Fundament ihres Arbeitens ansahen, wie z. B. die Sportpädagogik, führte dies dazu, daß sie nicht selten der Psychologie die Funktion einer Grundlagenwissenschaft zuwiesen.
Man kann es als einen Glücksfall ansehen, wenn wissenschaftsgeschichtliche und wissenschaftsbiographische Umstände zusammenfallen und ein allgemeiner Lösungsbedarf an Fragen besteht, an denen man selbst als junger Wissenschaftler arbeitet. Jürgen R. Nitsch hatte dieses Glück, und er hat es in den vergangenen drei Jahrzehnten in optimaler Weise genutzt. Ihm gelang es, insbesondere bei einem zentralen Thema der Sportwissenschaft, der Frage des *sportlichen Handelns*, ein Konzept zu entwickeln, das in der angewandten sportwissenschaftlichen Diskussion eine fundamentale Bedeutung erhal-

ten hat. Für viele Sportpädagogen, Trainingswissenschaftler, Lehrer, Trainer und Übungsleiter erscheint es inzwischen selbstverständlich, wenn sie bei Legitimationsfragen bezüglich sportlicher Tätigkeiten auf die handlungspsychologische Konzeption von Jürgen R. Nitsch verweisen.
Als ein Kollege, der den begriffslogischen Etablierungsprozeß aus einem benachbarten Fachgebiet mit unterschiedlicher Intensität beobachtete, muß ich diese Fundierungsbemühungen im Etablierungsprozeß der noch jungen Sportwissenschaft neidlos anerkennen und glaube, die hier vorgelegte Publikation bietet einen guten Anlaß, die wissenschaftssystematische Arbeit von Jürgen R. Nitsch als eine außergewöhnliche Leistung zu würdigen. Gleichzeitig freue ich mich, daß ich dadurch die Gelegenheit erhalte, auf einige Punkte aus sport*philosophischer* Sicht hinweisen zu können, die den Gegenstand "sportliche Handlung" unter Umständen in einem modifizierten Licht erscheinen lassen. Dabei ist hier weder der Raum noch der Anlaß, in differenzierter, kritisch distanzierter Weise auf das Gesamtkonzept der Handlungspsychologie von Nitsch einzugehen. Vielmehr möchte ich ansatzweise jenen Dialog um die *Voraussetzungen* sportlicher Handlungen wieder aufnehmen, der in den 80er Jahren abgebrochen wurde bzw. nie richtig in Gang gekommen ist. Rückblickend kann man selbstkritisch sagen, daß die sportphilosophischen Deutungsangebote von Lenk, Gebauer, Franke, Drexel, und in jüngerer Zeit von Prohl nur Einzelbeiträge geblieben sind und die allgemeine Diskussion um ein Grundlagenkonzept einer "sportlichen Handlung" nur wenig beeinflußt haben. Die sich daraus ergebende Dominanz sportpsychologischer Deutungsangebote hat inzwischen zu Modellbildungen geführt, denen oft eine kanonische Bedeutung zugewiesen wird. Daß dies nicht nur ein Gewinn für die Sportpsychologie ist, sondern sich daraus auch Gefahren, vor allem für grundlagentheoretisches Denken ergeben können, soll im folgenden Beitrag verdeutlicht werden.

Handlungserklärung aus sportpsychologischer Sicht

Das übergeordnete Ziel der handlungspsychologischen Arbeiten von Nitsch ist es, die Heterogenität in der psychologischen Forschung bei der Bearbeitung einzelner Fragen zu überwinden und dadurch den verloren gegangenen Blick für den Gesamtzusammenhang psychologischen Geschehens wieder zu gewinnen. Das Thema "Handlung" eignet sich dazu in besonderer Weise. In der Psychologie hat seine Bearbeitung eine gewisse Vorgeschichte in der ersten Hälfte dieses Jahrhunderts. Entscheidende systematisierende Impulse hinsichtlich einer eigenständigen Handlungspsychologie ergaben sich jedoch erst nach dem zweiten Weltkrieg und in den 60er und 70er Jahren, wobei inzwischen verschiedene bereichsspezifische Grundlagentheorien mit unterschiedlichem Erklärungswert existieren (Miller, Galanter & Pribram, 1960, 1973; Hacker, 1973; Kaminski, 1970; Volpert, 1974). In dieser allgemeinen

Entwicklung sehen Nitsch u.a. ihre spezifische Aufgabe darin, für das Handlungsfeld "Sport" (im weitesten Sinne) eine gegenstandsangemessene Theorie zu entwickeln und aus der Tatsache, daß ihr Handlungskonzept inzwischen in vielfältiger Weise eine grundlegende Bedeutung im angewandten Sportbetrieb zugesprochen wird, könnte man auch zu dem Ergebnis gelangen, daß ihnen dies in überzeugender Weise gelungen ist. Ich möchte im folgenden zeigen, daß der Erfolg u.a. auf zwei Voraussetzungen beruht: der *modellartigen Integration* verschiedener Handlungsimplikationen und der expliziten und impliziten Reduzierung des komplexen Handlungsbegriffs auf den Begriff des *"Bewegungshandelns"* (mit der damit verbundenen scheinbaren Möglichkeit, das "sinnstiftende" Handeln als ein "Ereignisphänomen" zu deuten).
An beiden Aspekten soll sichtbar werden, daß sich aus den scheinbar konzeptuellen Vorteilen auch prinzipielle wissenschaftstheoretische Gefahren ergeben können, wobei mit der Konzentration auf diese zwei Gesichtspunkte keinesfalls die Gesamtleistung von Nitsch, insbesondere in hier nicht angesprochenen Einzelfragen, übersehen wird.

Integration - durch Modellbildung?

In der Darstellung von wissenschaftlichen Sachverhalten hat die graphische Darstellung von Modellen u.a. drei wesentliche Vorteile:

- durch die Schematisierung in Blöcke, Rechtecke oder Kreise reduzieren sie auf anschauliche Weise Komplexität,
- durch die Verknüpfung über Pfeile etc. unterstellen sie funktionale Integration,
- durch Anordnung in vertikaler und horizontaler Richtung machen sie Neben-, Über- und Unterordnung anschaulich.

Es ist daher verständlich, daß sich im Lehr-/Lernbereich der Schule und Hochschule eine solche Art der Veranschaulichung wissenschaftlicher Zusammenhänge in den letzten Jahren immer mehr verbreitet hat. Aus *didaktischer* Sicht ist es mitunter sehr hilfreich, differenzierte Sachverhalte entsprechend zu veranschaulichen, ohne auf Spezialprobleme verweisen zu müssen, die durch eine solche Schematisierung entstehen können oder dieser zu Grunde liegen. Einen anderen Stellenwert besitzt die schematisierte Darstellung im *grundlagentheoretischen* Forschungsdiskurs. Hier kann die visuelle Formalisierung nur am Ende oder zu Beginn eines argumentativen Diskurses stehen, diesen aber nicht ersetzen. Eine angemessene Mischform aus forschungsrelevantem Problemwissen und generalisierendem Grundlagenwissen sind gute *hochschuldidaktische* Texte, und ein exzellentes Beispiel in diesem Sinne ist der Beitrag zur Handlungspsychologie von Nitsch im Einführungsband der Sportpsychologie (Gabler, Nitsch & Singer, 1986). Anders möchte ich dagegen die Argumentationsweisen und Darstellungsformen bewerten, die Nitsch in einem *Forschungs*diskurs entwickelte. Ich beziehe mich dabei im folgenden auf die Publikation von Nitsch und Munzert (1997), die im Rahmen eines Forschungsprojekts entstanden ist. Bei dem Forschungsbericht handelt es sich um eine interdisziplinäre Arbeit zum Thema "Techniktraining", bei dem Nitsch und Munzert für den handlungstheoretischen Teil verantwortlich zeichnen. Schon in der Einleitung wird darauf verwiesen, daß ein Techniktraining nur möglich ist, wenn das *"Handeln als Ganzes auch in den Blick"* (Nitsch & Munzert, 1997, S. 109) genommen wird und *"Handeln als intentionale Selbstreflexion und Selbstbestimmung voraussetzendes und verantwortungsbegründendes Verhalten"* (ebd.) angesehen wird. Ein *"Grundsachverhalt ... der einen herausragenden Stellenwert in der Theoriebildung"* (ebd.) besitzt. Ausgehend von einer solchen Grundannahme liegt es nahe, die weitere Differenzierung des sportlichen Handelns im Sinne verschiedener Regulationsebenen zu deuten. – Ein Modell, gegenüber dem Schönpflug (1995) berechtigte Skepsis anmeldete mit Hinweisen aus Studien zum impliziten Lernen und Verhalten. Danach ist anzunehmen, daß die *impliziten* Verknüpfungen der (handlungssteuernden) Kontingenzen einer *anderen Logik* folgen, als die *explizite* Begründung und Planung dieser Handlungen. D.h., daß der Handlungsprozeß und die Re-Konstruktion dieses Prozesses unterschiedlich strukturiert sind und auch *nicht* aufeinander bezogen werden können. Im konkreten Bereich des Techniktrainings bedeutet dies, daß eine handlungsorientierte Perspektive aus Sicht der Autoren entwickelt werden sollte, in der das Handeln sowohl in alltäglichen Situationen als auch aus der (Innen-) Sicht der Handelnden Berücksichtigung findet. Für die Autoren ist das insbesondere dadurch zu erreichen, daß die vorliegenden Theorien weniger als *"konkurrierende, sondern als komplementär zu verstehen und damit prinzipiell (als) integrationsfähig"* anzusehen sind, wobei eine gewisse Offenheit gegenüber neuen Entwicklungen angenommen werden sollte.

Fragt man etwas genauer, wie diese disziplinübergreifende Integrationsleistung, die als fundamental für das erhoffte Techniktraining angesehen wird, innerhalb der Konzeption erbracht werden kann, wird bei Nitsch und Munzert zunächst auf die *Plausibilität eines Funktionsmodells* verwiesen. *"Im Hinblick auf ein umfassendes, interdisziplinäres Verständnis von Bewegungsorganisation erscheint es zweckmäßig, die Organisationsebenen zu verdeutlichen, auf denen sich Bewegungshandlung vollzieht."* (Nitsch & Munzert, 1997, S. 112)

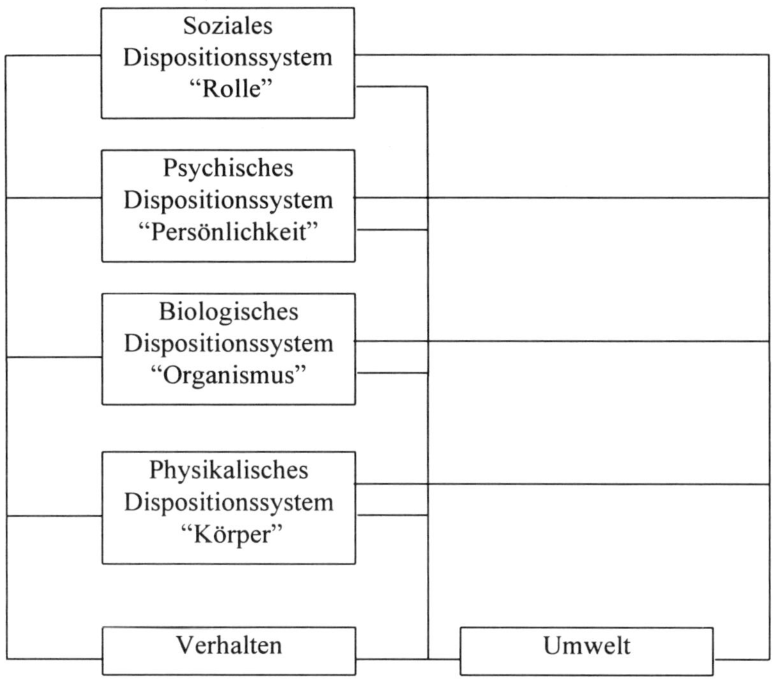

Abb. 1: Grundstruktur der Verhaltensorganisation auf unterschiedlichen Systemebenen (aus: Nitsch & Munzert, 1997, S. 112).

Für die weitere Beurteilung ist bedeutsam, daß im angesprochenen Modell (vgl. Abb. 1) aus den *“Organisationsebenen”* verschiedene *“Systeme”* werden, die dann im knappen Begleittext als *“einzelne aufeinander aufbauende Systemebenen”* (Nitsch & Munzert, 1997, S. 113) charakterisiert werden, wobei ihre Erläuterung sich weitgehend auf die jeweilige Darstellung dessen beschränkt, was man als *“physikalische”*, *“biologische”*, *“psychische”* oder *“soziale Verhaltensdisposition”* zu verstehen hat. Unklar bleibt jedoch weitgehend, was an der Explikation den *System*begriff rechtfertigt (spezifischer Gegenstand, spezifische Methode etc.?); ob er paradigmatisch oder pragmatisch zu verstehen ist, und was im Modell den “koordinierenden Aspekt” ausmacht: die “handelnde Person”, das umfassende “System Athlet”? Ebenso bleibt offen, worin die angekündigte *Integrations*leistung besteht. Außer, daß bestimmte “Systeme” in verschiedenen Schemata durch Linien miteinander

verbunden sind, gibt es zu dieser grundlegende Frage keine Antwort. D.h., die eigentlich zu erbringende Begründung für Grenzen und Möglichkeiten der Integration der (internen)personalen Dispositionssysteme und des externen Umweltsystems wird *nicht argumentativ* entwickelt, sondern weitgehend mit Bezug auf die Plausibilität des Modells und seiner Funktionslinien *normativ* eingeklagt. *"Die psychische Bewegungsregulation darf* [Hervorhebung v. Verf.] *somit nicht auf kognitive Informationsverarbeitung reduziert werden ... psychische Zustände und Prozesse sind grundsätzlich* [s.o.] *in ihrem Handlungsbezug zu sehen ..."* (Nitsch & Munzert, 1997, S. 113).
Fragt man sich, wie die differenzierten "personalen Dispositionssysteme" mit der Umwelt verbunden sind, gibt es wenige Seiten weiter ebenfalls einen Modellverweis. *"Unter (Handlungs-)Situation wird dabei nicht nur die Gesamtheit der aktuell bedeutsamen Umweltgegebenheiten verstanden, sondern die jeweilige Konstellation von Person-, Umwelt- und Aufgabenfaktoren"* (Nitsch & Munzert, 1997, S. 117) (Abb.2).

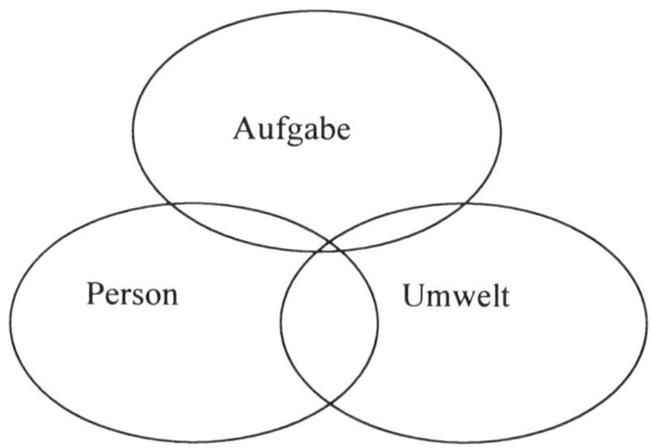

Abb. 2: Grundkomponenten der Handlungssituation (aus: Nitsch & Munzert, 1997, S. 117).

> *"In diesem Sinne kann Bewegungshandeln als Situationsoptimierung aufgefaßt werden, d.h. als Versuch, die optimale Abstimmung zwischen Person-Umwelt- und Aufgabenfaktoren aufrechtzuerhalten oder (wieder-)herzustellen"* (Nitsch & Munzert, 1997, S. 117).

Klärungsbedürftig erscheint in diesem Modell der Begriff der "Aufgabe", da er als teleologisch-qualitativer Begriff auf einer anderen Ebene liegt als die Begriffe "Umwelt" und "Person".
Auch diese Darstellung ist ein Beispiel, wie zunächst durch die Modellkonstruktion ein globaler Integrationsanspruch entwickelt wird. Anders als in Abbildung 1 wird die Integrationsleistung im Text jedoch nicht in normativer

Weise unterstellt, sondern durch eine schrittweise Verengung der Deutungsperspektive erreicht. So suggeriert das Modell für sich eine Deutung der Vernetzung der drei für menschliches Handeln relevanten Bereiche. Der letzte zusammenfassende Satz fokussiert das wechselseitige Abhängigkeitsverhältnis auf die "Situationsoptimierung", wobei unklar bleibt, woraus sich das "in diesem Sinne" als direkte Ableitung aus dem Obersatz ergeben soll. Die anschließende textliche Explikation des Modells schränkt diese Sicht noch einmal auf die "subjektivistische Situationsdefinition" ein (Nitsch & Munzert, 1997, S. 118). D.h. die einleitend angekündigte und als notwendig angesehene personenübergreifende *integrative* Handlungskonzeption wird trotz des mitunter verwendeten Programmbegriffs "ökologische Handlungsforschung" nicht entwickelt. Entsprechend werden die Aspekte, die das Thema Handlung so komplex und für die Forschung so kompliziert werden lassen, nicht interdisziplinär herausgearbeitet. Dabei wird man als freundschaftlich-kritischer Leser den Verdacht nicht los, daß sich hier weniger ein spezifisches Darstellungsproblem, als eher ein allgemeines Problem zeigt, was Hartmann unlängst als das "allgemeine Problem der zeitgenössischen Psychologie" (Hartmann, 1999, S. 288) diagnostizierte:

> *"Einerseits wird allseits die Formulierung von Theorien erwartet, die sich neben denen der Kollegen aus der Physik, Chemie und Biologie sehen lassen können. Andererseits sind solche Theorien aber reichlich schwer zu finden. Das verführt dazu, schon heuristische Überlegungen in ein 'systemtheoretisches Gewand' (Kästchen und Pfeile) zu kleiden und das Ganze ehrfurchtserheischend ein 'Modell' zu nennen - womit sich praktischer Weise auch gleich die Unklarheit des erhobenen Geltungsanspruchs in die notorische Vagheit des Modellbegriffs selbst transformiert".* (Hartmann, 1999, S. 288).

Handeln im Sport – ein Bewegungs-Handeln?

Auffällig im genannten Forschungsbericht von Nitsch und Munzert (1997) ist auch, in welcher Weise der komplexe Handlungsbegriff expliziert wird. Ausgehend von Rubinsteins Feststellung: "*die Bewegungen des Menschen stellen die eigentliche Form dar, in der sich 'Handeln verwirklicht'*" (Rubinstein, 1962, S. 673; zitiert von Nitsch & Munzert, 1997, S. 111), erklären die Autoren einerseits das *Bewegen als Handeln* zur Argumentationsgrundlage, andererseits bemühen sie sich darum, daß der Bewegungsbegriff nicht in eingeschränkter instrumenteller Weise verstanden wird, indem sie darauf verweisen, daß man *"deren Träger"*, *"die Person als Ganzes"* sehen muß, Bewegungen immer Handlungen in *"Situationen"* und damit immer *"intentional organisiert"* sind, also nicht nur als *"Bewegungen von Gliedmaßen"* mißverstanden werden dürfen, sondern der Akzent auf *"sich bewegen"* liegt, im Sinne von "*wir* bewegen *uns*" (ebd.). Durch diese gleichsame Fundamentierung des Handlungsbegriffs im Bewegungsbegriff bei gleichzeitiger Ausweitung der traditionellen Konnotation wird eine doppelte Aussage suggeriert:

- zum einen ergibt sich daraus für die breite, bisher nur schwer fokussierbare handlungstheoretische Diskussion aus sportpsychologischer Sicht ein relativ festes Fundament — die Bewegung;
- zum anderen kann man scheinbar dadurch, daß man die Explikation der Bewegung aus ihrer traditionellen instrumentalisierten Bedeutung herauslöst, anschlußfähig sein gegenüber aktuellen Deutungsversuchen, die die "Person als Ganzes", die "Spezifik der Situation", die "Intentionalität des Geschehens" etc. in Handlungskonzepten hervorheben.

Weitgehend übersehen wird bei einem solchen "handlungstheoretischem Schalenmodell", wie ich es einmal nennen möchte, daß es - zumindest aus philosophischer Sicht - einen gravierenden Unterschied gibt, zwischen einer Bewegungshandlung, gedeutet als "*Ereignis*-Begriff", und einer Handlung gedeutet als "*Dispositions*-Begriff". Entsprechend bleibt die wesentliche grundlagentheoretische Frage der Handlungsforschung - ob es sich bei dem verwendeten Begriff der "Bewegungshandlung" um einen Dispositions- oder Ereignisbegriff handelt - unbeantwortet. Wie weitere Ausführungen erkennen lassen, kann man den berechtigten Verdacht äußern, daß die Autoren glauben, mit dem Doppelbegriff auf geschickte Weise einem zentralen Problem der Handlungsforschung entrinnen zu können, indem sie mit dem Hinweis auf die Bewegung die Handlung "ereignishaft" fundieren und sie durch zwischengeschaltete Interpretationsstufen um die situativ-soziale (ökologische) und damit um die eine Handlung auszeichnende "Sinndimension" in (funktionaler Weise) ergänzen. Daß dies zwar in schematischen Modellen auf der Darstellungsebene gelingen kann, aber hinsichtlich einer argumentativen Begründung auf große Schwierigkeiten stoßen würde, soll im folgenden Kapitel etwas näher begründet werden.

Handlungen aus handlungsphilosophischer Sicht

Das Verhältnis von Philosophie und Psychologie wird in der populären Wissenschaftsklassifikation oft noch so gesehen, wie es schon vor ca. 250 Jahren Christian Wolff skizzierte, als er der Psychologie die Aufgabe zuwies, Spekulationen der Philosophie an der Realität zu überprüfen. Ein Gedanke, der sich mit der Einführung der experimentellen Methodik in der Psychologie vor 120 Jahren verfestigte und inzwischen auch das wissenschaftstheoretische Selbstverständnis vieler Psychologen bestimmt[1]. Dabei wird u.a. am

---

[1] Vgl. dazu u.a. die systematische Darstellung von N.D. Schmidt (1995, S. 144ff.).

Begriff der "Handlung" einerseits die Stärke und andererseits die Schwäche des dezidiert experimentell ausgelegten Wissenschaftsanspruchs der Psychologie deutlich.
Unter epistemologischen Gesichtspunkten strebt die Psychologie ebenso wie andere empirische Wissenschaften nicht nur eine angemessene Beschreibung und Darstellung eines Sachverhaltes an, sondern auch die Explikation des Gegenstandes innerhalb eines *Systems*, was auch Konsequenzen hat für die psychologische *Theoriebildung* (vgl. Stadler & Seeger, 1981, S. 191). Sie muß einerseits "ganzheitlich" genug sein,

> "*um sowohl eine orientierende Funktion für das Gesamtgebiet der Psychologie zu haben und in einem integrativen Verhältnis zu den anderen Teilen/Komponenten der Psychologie zu stehen, sowie andererseits teilspezifisch 'genug, um einem im echten Sinne psychologischen Begriff' darzustellen*" (Stadler & Seeger, 1981, S. 192).

Eine allgemeine wissenschaftstheoretische Forderung der Psychologie, die gerade beim Begriff der Handlung zum Problem werden kann, wenn man sich den gleichsam unendlichen Regreß einer *ursächlichen* Ableitung der Handlung als *Ereignis*-Kette verdeutlicht:
Nehmen wir an, daß durch die Handlung (H 1) "Weitsprung" der Zustand (Z) "Siegesfreude" verwirklicht wird. Die Handlung H 1 gilt dann als Ursache von Zustand Z. Innerhalb eines als deterministisch angenommenen, sequentiellen (psychologischen) Zustandssystems ist aber H1 selbst ein Zustand (Z 2) der eine Ursache hat, nämlich H 2, wobei auch dieser als Ursache ein Zustand vorausgeht usw. ad in finito. Der Zustand "Siegesfreude" läßt sich also durch die Handlung H1 "Weitsprung" herbeiführen; wie kann aber die Handlung H1 herbeigeführt werden? Die Antwort innerhalb eines psychologischen Modells, das sich als empirisch-kausalistisches bzw. empirisch-funktionalistisches *psychologisches System* versteht, erscheint eindeutig: Es muß die Ursache von Handlung H1, nämlich der vorhergehende Zustand Z2 bestimmt werden etc. Für Danto (1973, S. 28) bedeutet das, denkt man diesen Gedanken konsequent zu Ende, daß eine Handlung, eine Veränderung der Welt überhaupt nicht möglich ist, da man damit zu Beginn der Geschichte des Universums hätte anfangen müssen, vorausgesetzt, es gäbe einen solchen Beginn. D.h., ein wesentlicher Unterschied zwischen psychologischen und philosophischen Handlungstheorien ergibt sich aus der wissenschafts*systematischen* und wissenschafts*theoretischen* Zielsetzung. Die Differenzierung zeigt sich darin, welche *Arten von Aussagen* gemacht und wie sie begründet werden. Nach Lummer lassen sich grundsätzlich drei verschiedene Arten von (philosophischen) Handlungstheorien unterscheiden:

> "*1. Empirische Hth. machen Aussagen darüber, welche Eigenschaften Handlungen tatsächlich haben.*

2. *Rationale Hth. schlagen vor, wie man vernünftigerweise, klugerweise handeln soll. Genauer: Sie schlagen vor, nach welchen Prinzipien man vernünftigerweise seine Handlungen wählen sollte.*
3. *Normative Hth. geben an, welche Handlungen in sozialer (also nicht unbedingt in rationaler) Hinsicht richtig sind"* (Lummer, 1990, S. 511).

Die in unserem Zusammenhang relevanten wissenschaftsübergreifenden Fragen ergeben sich aus der ersten und zweiten Gruppe von Handlungstheorien, also hinsichtlich von Fragen nach dem *empirischen Gehalt* und der Legitimation von Handlungs*begründungen.* Die dritte Gruppe tangiert Fragen der Ethik, die hier vernachlässigt werden können.

Innerhalb der Gruppe empirischer Handlungstheorien kann man zunächst feststellen, daß philosophische Handlungstheorien in der Regel keine eigenen empirisch ausgefeilten Untersuchungen betreiben, sondern eher experimentelle und theoretische Ergebnisse der Psychologie rezipieren bzw. in ihrem Anspruch kritisieren. Darüber hinaus wird jedoch aus psychologischer Sicht oft übersehen, daß auch die philosophische Handlungsforschung eine *empirische* Tradition besitzt - allerdings mit anderer Schwerpunktsetzung. Der hier von Lummer eingeführte Begriff "empirisch" unterstellt, daß auch die Frage der Voraussetzungen empirischer Arbeiten als ein Problemfeld der Empirie anzusehen ist. Auf sie soll anschließend eingegangen werden, da sich daraus die z.T. differente Perspektive gegenüber psychologischen Deutungsmodellen im allgemeinen und gegenüber denen von Nitsch u. a. konzipierten im besonderen ergeben.

Die philosophisch-empirische Handlungsforschung hat, wie bei anderen Themen auch, ihr wesentliches Fundament in der Antike (u.a. Aristoteles) und in der Philosophie der Aufklärung (Kant, Herder, etc.). Zur eigenen Disziplin wurde sie jedoch ebenfalls erst im 20. Jahrhundert, insbesondere durch den Einfluß der analytischen Philosophie. Sie formulierte Fragen, die nicht nur die Handlungsbedingungen thematisieren - wie innerhalb der Handlungspsychologie - sondern fragte, gleichsam eine Stufe höher, auch nach den Voraussetzungen, den *Bedingungen der Möglichkeit* von Handlung etwa in dem Sinne:

- "Was bedeutet 'Handlung'?
- Sind Handlungen frei oder und durch kausale Gesetzmäßigkeiten (welche?) determiniert?
- Was sind Absichten?
- Was sind innere Momente von Handlungen?
- Wie weit reichen Handlungen: wann fangen ihre Folgen an, wann beginnt die nächste Handlung?" (Lummer, 1990, S. 512).

Nimmt man diese Fragen ernst und sieht in ihnen nicht nur eine beliebig verlängerbare spekulative Prinzipienfragerei, ergibt sich eine "ergänzende Sensibilität" für bisher vorgelegte psychologische Handlungsmodelle, die u.U. zu einer weiteren Präzisierung führen können.

Einzelaspekte von Handlungen – ein logischer oder realfunktionalistischer Bezug?

In deutliche Distanz zu den sich kausalistisch bzw. funktionalistisch verstehenden Handlungstheorien, wie sie insbesondere in der Psychologie entwikkelt werden, treten der sogenannte "*intentionalistische* Ansatz" (Anscombe, v. Wright), der "*personalistische* Ansatz" (Davidson, Danto) und der "*interpretatorische* Ansatz" (Lenk) in der Philosophie.
Ein wesentlicher Aspekt *intentionaler Handlungstheorien* (u.a. v. Wright) ist die Erkenntnis, daß Handlungen nicht auf der Basis eines deduktiv-nomologischen Erklärungsprinzips erklärt werden können. Der Grund sind die sogenannten "Antezedensbedingungen" (die Voraussetzungsursachen etc.) von Handlungen (wie Motive, Absichten, Ziele, Zwecke). Sie können *nicht unabhängig* von der zu erklärenden Handlung festgestellt werden, bzw. nur für den Preis eines unendlichen Regresses, wie Danto (s.o.) betonte. Dabei ist entscheidend - und dies sei zur Vermeidung von Mißverständnissen, insbesondere in sportwissenschaftlichen Diskursen betont - daß von Wrigth und Danto ihre Position nicht mit Bezug auf bestimmte empirische Fakten begründen, sondern ihre Argumente sind *logischer* Natur. Sie bestreiten, daß Absichten, Ziele oder Zwecke als eine sogenannte "Humesche Ursache" - d. h. unabhängig von den Handlungen, auf die sie sich beziehen - bestimmt werden können. Es entsteht zwar häufig durch den ereignishaften Ablauf im Zusammenhang mit Handlungen der (falsche) Eindruck, Handlungen *seien* auch Ereignisse und entsprechend handele es sich auch um einen "Ereignis"-Begriff. Übersehen wird bei einer solchen Deutung jedoch, daß Handlungen weder in kleinste Einheiten (Basishandlungen) "zerlegt", noch mit Bezug auf eine ursächliche Ereigniskette expliziert werden können, sondern der Prozeß der Konstitution einer Handlung gleichsam umgekehrt abläuft (vom Ergebnis zu den "Ausgangsbedingungen") und eine "werthafte Setzung" darstellt, worauf u.a. Wiehl (1976) verweist:

> *"Der Handlungsbegriff ist selbst in einem ursprünglichen Sinn ein Wertbegriff. Vor aller Bewertung einzelner Handlungen und Handlungstypen ist mit Setzung einer Handlung als solcher eine grundsätzliche Wertsetzung vollzogen. Um es paradox zu formulieren: Handlungen konstituieren sich in Handlungen ihre Setzung, Anerkennung, eventuell auch in Verweigerung ihrer Anerkennung. Handlungen, in denen sich Handlungen konstituieren, ereignen sich in Räumen der menschlichen Kommunikation, geschichtlicher Wirk-*

> *lichkeit sowie einer allgemeinen wissenschaftlichen Praxis."* (Wiehl, 1976, S. 59).

Handlungen ebenso wie Nichthandlungen als Unterlassung sind daher für Riedel *"auch keine punktuellen 'Ereignisse' oder 'Einzelakte', sie werden im Zusammenhang von Lebensformen vollzogen"* (1978, S. 146). Entsprechend ist die Handlungs*situation* nicht ein sozialer Rahmen, der gleichsam zu einer Bewegung "dazukommt", sondern sie betrifft nach Böhler *"jede Handlung in prinzipieller Weise 'als sinnvolle Tätigkeit' ... Sowohl die Handlungselemente, die Mittel und Ziele, wie auch die Konstitution der Handlung als Verknüpfung dieser Elemente als zu dem Ganzen eines bestimmten Handlungsablaufs ist logisch an jene Kontexte, an Sinnzusammenhänge gebunden"* (1978, S. 164).
Ein Gedanke, den Lenk (1978) in einem eigenen Konzept weiterführt, in dem er Handlungen grundsätzlich als "Interpretationskonstrukte" expliziert. D.h., in der Handlungstheorie muß deutlich getrennt werden in Ergebnis- und Dispositionsbegriffe für Ereignisse, deren Wirkungen etc. aus *logischer Sicht* einem bestimmten Begriffstyp angehören: als *Sachverhaltsbegriffe* formulieren sie Aussagen über "Weltereignisse" und können hinsichtlich ihrer Gültigkeit als wahr oder falsch bestimmt werden. Davon zu trennen sind Begriffe für Handlungen, die *Umstände* der Sachverhalte betreffen: als *Aussagen über Veränderungen* können sie nicht wahr oder falsch sein, sondern entwickeln ihre Bedeutung im Kontext von Lebensformen.

> *"Was 'eine Handlung ausführen' heißt, mag uns das Alltagsbeispiel des Brotkaufens verdeutlichen. Indem A sein Auto parkt und sich zum Kaufhaus begibt, 'begibt' er sich zugleich in eine 'Rolle', er wird zum 'Käufer', führt (beim 'Grüßen', 'Bezahlen' usw.) vorgeprägte Sprach- und Handlungsakte aus, denen auf der Seite des 'Verkäufers' entsprechende Akte korrespondieren. Erst der Zusammenhang dieser einzelnen Akte 'konstituiert' jenes Handeln, das wir 'Brotkaufen' nennen."* (Riedel, 1978, S. 147).

Dies bedeutet: Handlungen sind nicht Begriffe einer Objektsprache, gehören also nicht der Klasse der Ereignisbegriffe an, sondern ergeben sich aus bedeutungs- und sinnstiftenden Situationen. - Eine Position, die sich deutlich von jener von Nitsch und Munzert unterscheidet, was sich insbesondere an der andersartigen Beurteilung der *Interpretation* innerhalb ihres Handlungskonzeptes zeigt. Für sie ist die "Interpretation" in ihrer "triadischen Phasenstruktur der Handlung" (1997, S. 124) so etwas wie eine "Korrekturinstanz" einer stattfindenden Handlung. Als bewertende Instanz ergänzt die Interpretation das Handlungsereignis. *"In der 'Interpretationsphase' schließlich wird die ausgeführte Handlung und deren Ergebnisse überprüft und bewertet."* (Nitsch & Munzert, 1997, S. 125)

Gegenüber dieser Deutung hat die *Handlungs-Interpretation* aus handlungsphilosophischer Sicht eine völlig andere Funktion. Ihr wird eine *konstitutive* Bedeutung zugewiesen. Interpretationen begleiten nicht Ereignisse, sondern durch sie entstehen überhaupt erst aus einem Verhaltensstrom jene Einheiten, die dann Handlungen genannt werden, wobei als "einheitsstiftend" *sinnhafte Abgrenzungen* von Verhaltensweisen wirken. Sie sind weder private, noch situationsoffene Akte, sondern entwickeln sich nach Schwemmer (1997, 1998) in einem historisch geprägten, sprachlichen und nicht-sprachlichen Kulturationsprozeß des Menschen. Entscheidend ist, daß die Abgrenzung einer Handlung als einer bestimmten Einheit "aus dem Strom der reinen Dauer" (Schütz, 1974, S. 68) von Erlebnissen durch reflexive und präreflexive Akte möglich wird, denen als Orientierung "ein abgelaufenes, ein entworfenes, ein fertiges, kurz ein vergangenes Erlebnis" als Grundlage dient (Schütz, 1974, S. 68).

Die Handlung - eine personale Konstitution?

Eine weitere kritische Anmerkung gegenüber den kausalistisch-funktionalen Handlungsmodellen ergibt sich aus der Frage, welche Bedeutung der einzelnen Person in ihrer *unverwechselbaren Individualität* in Handlungsprozessen zugeschrieben wird. Dabei wird die kritische Sicht wiederum erst deutlich, wenn man die kausalen bzw. funktionalen Ziele, Regeln und Kontrollprozesse aus einer übergeordneten Perspektive erklären muß.

> *"Gewiß gehen auch das Tun, die Tat und das Getane in die Welt ein, jedoch als mein Werk. Im graduell eigentlich so zu nennenden Tun bin ich Aktor als auch Autor. Autor als derjenige, in dem das Ereignis seinen Ursprung hat."* (Brand, 1978, S. 207).

Das Tun ist also immer unterlegt von einer Differenz, die schon Thomas von Aquin hervorhob als diejenige zwischen *potentia secunda* und *potentia prima*. Ersteres ist das Tun, das noch nicht Akt geworden ist, gleichsam ein Tätigkeits*vermögen*. Es steht in einem Spannungsverhältnis zur potentia prima als das Prinzip und das Ziel der Tätigkeit, woraus sich ergibt: *"Nur, indem das Tun ein in sich selbst mit sich selbst vergleichendes Können ist, ist es überhaupt Tun."* (Brand, 1972, S. 208).
Aus dieser Differenz zwischen Können und Tun, die sich nicht aus einer funktionalen Zielfixierung innerhalb eines Systems ergibt, stellen sich zwei weitere Fragen: Die Frage der *Freiheit* und die Frage *meiner Zeitlichkeit.* "Können" ist, wie wir gesehen haben, definiert als ein *Noch-Nicht*-Tun und das bedeutet, indem ich etwas kann und es *nicht* tue, bin ich frei. D.h., indem ein subjektives Können *noch nicht* Tun ist, trägt es, wie Brand betont, in sich selbst die Differenz der Zeitlichkeit und die Potentialität an *subjektiver Freiheit* (vgl. 1972, S. 208).

Handlungs-Freiheit - ein handlungstheoretisches Problem?

In deutlicher Absetzung zu Vorstellungen der traditionellen philosophischen Anthropologie und Persönlichkeitspsychologie betont Nitsch den *Systemcharakter* von Handlungen.

> *"Gegenstand und Bezugssystem psychologischer Forschung ist nicht der Mensch an sich ... sondern die menschliche Handlung in all ihren Aspekten. Es wird somit auch nicht primär danach gefragt, welche psychische Struktur die Person aufweist, sondern danach, welche psychische Struktur der Handlung zugrunde liegt."* (Nitsch, 1986, S. 200).

Geht man davon aus, daß ein Handlungskonzept nur dann sinnvoll ist, wenn auch akzeptiert wird, daß sich ein "handelnder Organismus" nicht nur *für*, sondern auch *gegen* eine spezielle Handlung bzw. für eine Handlungsalternative entscheiden könnte, ergeben sich zwei Fragen (vgl. dazu Schmalt, 1984, S. 525).

- Wer/was ist Adressat/Ausgangspunkt für eine solche Wahlentscheidung?
- In welcher Weise sind dies "freie" oder immer schon determinierte Entscheidungen?

In der traditionellen Anthropologie, in ihrer philosophischen und psychologischen Ausprägung, war der Ausgangspunkt für eine Entscheidung *die Person,* und in der Art ihrer Entscheidung dokumentierte sich in der Regel die Einmaligkeit, das Individuelle eines Menschen im Handeln unter sozialen und moralischen Bedingungen. Die Frage nach der Freiheit des Willens galt als eine Frage der Selbständigkeit der Person in einem doppelten Sinne: hinsichtlich äußerer Bedingungen als Ausdruck von Rechtfertigungsvermögen und hinsichtlich der eigenen Person als Fähigkeit, auf eigene Weise Handlungen hervorzubringen.

Daraus ergibt sich die weiterführende Frage, um welche Form von Freiheit es sich in dieser traditionellen Deutungsperspektive handelt. Sicher ist unbestritten, daß damit nicht jede Form von unverursachtem Handeln gemeint sein kann, also die Handlungsfreiheit sich dadurch zeigt, daß sie sich von den ursächlichen Zwängen materieller Körper befreit. Ebenfalls unbestritten ist nach heutigem Wissensstand, daß Körperbewegungen durch Muskelkontraktionen verursacht werden, die wiederum auf Nervenimpulse, Gehirnprozesse etc. zurückgeführt werden können, also sich auf Grund von verursachenden Ereignisketten ergeben, die z.T. unserem willentlichen Zugriff entzogen sind und dementsprechend auch keine Frage des "freien Willens" sein können. Bestritten werden kann aber, ob es in einem Konzept des Bewegungs-Handelns, wie es Nitsch und Munzert vorlegen, in dem sie Motive, Intentionen und Überzeugungen als Mittel- Ziel- und Zweckbezüge darstellen, die den Ablauf der Ereignisse determinieren, auch jene Freiheit einer Handlungsentscheidung gibt, die als konstitutives Merkmal intentionales Handeln von bloßem Verhalten trennt. Dabei geht es nicht darum, daß in konkreten Situationen ein personales "System" eine Auswahl an Zielen hat bzw. Alternativentscheidungen treffen kann. Der entscheidende Punkt aus handlungs-*philosophischer* Sicht ist die Frage - und erst ihre Beantwortung rechtfertigt den Gebrauch des Begriffs "intentionalen Handelns" - ob es ein *Wissen um die Möglichkeit der Wahlfreiheit* im Handlungsprozeß einer Person, eines personalen Systems, gibt, aus dem sich eine distanziert-reflektierte (gleichsam metatheoretische) Positionsbestimmung ergibt, die die Sinnhaftigkeit des Handlungsprozesses ermöglicht. Ob dies aus dem vorliegenden sportpsychologischen Konzept des Bewegungshandelns abgeleitet werden kann, erscheint mir fraglich.

Resümee und Ausblick

Abschließend kann man festhalten, daß Nitsch mit seinem Konzept einer sportpsychologischen Handlungstheorie der Sportwissenschaft einen großen Dienst erwiesen hat. Dies gilt insbesondere für jene Arbeitsbereiche, die die menschliche *Bewegung* in sportiven Kontexten als ihr Arbeits- und Forschungsfeld ansehen. Seine modellartigen Angebote zur Zusammenführung der sich immer weiter ausdifferenzierenden psychologischen Forschung um das zentrale Thema der Bewegung im Sport und ihre modelltheoretische Aufarbeitung haben zu bemerkenswerten forschungsinnovativen Impulsen geführt. Dabei hat die lehrbuchartige Aufbereitung eine hohe systematische und fachdidaktische Bedeutung erhalten. Die in diesem Beitrag angedeutete Kritik bezog sich allein auf den Anspruch von Nitsch u.a., das vorgelegte *Bewegungs*-Konzept zu einem *Handlungs*-Konzept erweitern zu können. Dabei wird nicht gesagt, daß es generell sinnlos erscheint, zu versuchen, sportliche Handlungen nach dem *Sprachspiel* einer funktional-verursachenden Bewegungs-Handlungs-Konzeption "zu erklären". D. h., in den kritischen Anmerkungen war nicht davon ausgegangen worden, daß die Begriffe "Bewegung" und "Handlung" verschiedene Arten von Dingen bezeichnen. Beide Begriffe dienten vielmehr als *Beschreibung* von Verhaltensweisen.

Der entscheidende Unterschied aus der hier favorisierten handlungs*philosophischen* Sicht liegt darin, daß sie zu verschiedenen "Sprachfeldern" gehören. Wie schon im Beitrag von Franke (1985) ausführlicher dargestellt wurde, kann ein Verhalten als funktional verursachende Bewegung beschrieben werden, aber es erscheint wenig sinnvoll, nach diesem Deutungsmuster auch Handlungen als *soziale Tätigkeiten* beschreiben zu wollen, da dort nicht im gleichen Maße eindeutig zuortbare, funktional-verursachende Kriterien benannt werden können. Aus handlungsphilosophischer Sicht wird deshalb vorgeschlagen, in diesem Fall von verschiedenartigen Dispositionen auszugehen, die sich nicht aus funktional-verursachenden Bedingungen, sondern aus symbolisch-kulturell bestimmten, konstitutiven Interpretationen ergeben. Neben dieser, in diesem Beitrag aus heuristischen Gründen eher holzschnittartig erscheinenden Gegenüberstellung der zwei handlungstheoretischen Zugangsweisen, existieren im Handlungsdiskurs der Philosophie und Psychologie auch verschiedene Formen von "Zwischenpositionen" (vgl. in der Philosophie dazu u.a. z.B. Beckermann, 1977; Lenk, 1978).

Inwieweit sich aus einer solchen, von beiden Seiten selbstkritisch betrachteten Position, im wörtlichen Sinne grenzüberschreitende, interdisziplinäre Diskussionen ergeben können, zeigt der Beitrag von Cranach und Ammann (1999) zum Thema des letzten Kritikpunktes "Die Annahme der Willensfreiheit und ihre Konsequenzen für die Sozialwissenschaften". Der Beitrag selbst und die Art, wie er von 28 Fachkollegen aus Philosophie und Psychologie argumentativ bearbeitet worden ist, erscheint mir als ein gutes Beispiel, wie die Sportwissenschaft die zentrale Frage des sportlichen Handelns in Zukunft bearbeiten könnte. In diesem Sinne würde ich es begrüßen, wenn der Anlaß zu diesem Sammelband nur einen Abschnitt im Leben des Forschers J. R. Nitsch markiert, und er sich weiterhin in den Wissenschaftsdiskurs der Sportwissenschaft einbindet, insbesondere bei der immer wichtiger werdenden Runde interdisziplinärer Gespräche.

Handlungstheoretische Perspektiven für die Ausarbeitung eines handlungspsychologischen Ansatzes

Dieter Hackfort, Jörn Munzert & Roland Seiler

Vorbemerkung

Wenn zur Entwicklung eines theoretischen Ansatzes oder einer wissenschaftlichen Perspektive Stellung genommen wird, so kann dies in unterschiedlicher Art und Weise und mit verschiedenen Absichten geschehen. In einer Verbindung von Retro- und Prospektive seien hier einige für die weitere Ausarbeitung u. E. wesentliche Aspekte beleuchtet. Dazu werden zunächst für den theoretischen Standpunkt grundlegende Auffassungen angesprochen. Dann erfolgt eine auf Integration angelegte Auseinandersetzung mit Konzepten, die das genetische Moment von Handlungen betonen. Schließlich werden Intentionen angesprochen, die als Handlungsmerkmal (immer wieder) herausgestellt werden.

Standpunkte zur Perspektivenentwicklung

Die weitere Entwicklung des handlungstheoretischen Ansatzes der Gruppe um Jürgen Nitsch wird wesentlich davon beeinflußt sein,

(1) inwiefern dabei bzw. dazu Axiome, Theoreme oder Postulate (s. Nitsch, 1982, 1983, 1985a, 1986) formuliert und herangezogen bzw. als handlungsleitend betrachtet werden.
In diesem Zusammenhang ist auch klärungsbedürftig, wie theoretische und empirische Psychologie so konzipierbar sind, daßsie sich aufeinander beziehen können.

(2) wie Handeln in der Situation konzipiert wird. D. h. zum einen, welche Einflußfaktoren (s. dazu auch Kaminski im vorliegenden Band) in welcher Art und Weise (determinierend, reglementierend, regulierend) in Rechnung gestellt werden und zum anderen, wie die Situationsfaktoren als Situationskonstituenten gesehen werden. Nitsch (1997c) thematisiert dies als situative Handlungsorganisation.

(3) welche Prozesse als psychisch handlungsregulierend gesehen werden. D.h. einerseits, wie Psychisches prozessual konzipiert wird und andererseits, inwiefern diese Prozesse (alle?) auf Handeln bezogen werden. Dies

betrifft insbesondere den konzeptuellen Aufbau eines Handlungsregulationssystems.

Darüber hinaus wird im Sinne einer konkurrierenden Auseinandersetzung mit anderen theoretischen Ansätzen (a) das Erklärungspotential[1] und (b) das Anwendungspotential[2] nachzuweisen sein. Dabei und dazu wären vorab die Kriterien (etwa einer „Besser-schlechter-Einschätzung") festzulegen, was grundsätzliche Erörterungen des/der Menschenbildannahmen, erkenntnisleitenden Interessen sowie wissenschaftstheoretische und methodologische Diskussionen voraussetzt.

Zu den Grundannahmen

Ende der 70er und Anfang der 80er Jahre bezogen sich immer mehr Beiträge in der Psychologie, der Sportwissenschaft und auch der Sportpsychologie auf den Handlungsbegriff - häufiger in einfacher Ersetzung des Verhaltensbegriffs, seltener und bedeutender mit spezifischen Anliegen und Ansprüchen. Dies machte es erforderlich - u. a. auch um „die Spreu vom Weizen zu trennen" -, den Handlungsbegriff und das, was unter handlungstheoretisch verstanden werden sollte, festzulegen. Im Hinblick auf den Handlungsbegriff läßt sich anführen, daßHandlungen absichtlich, begründbar, wählbar/entscheidbar (man kann es auch lassen, unterlassen), (bis zu einem gewissen Grad) kontrollierbar und regelgeleitet sind. Diese Merkmale bedürfen wiederum genauerer Festlegung und eindeutiger Auslegung. So ist z. B. im Hinblick auf die gerade angesprochenen konstitutiven Regeln zu klären, ob sie als regulative: z. B. Tischsitten, präskriptive: Vorschriften oder deskriptive: empirische Regeln (s. Greve, 1994) gemeint und angesprochen sind. Die Merkmale sind so weder als hinreichend noch als notwendig zu verstehen und alle weiterer Erläuterung bedürftig. Selbst die Festlegung auf ein kleinstes gemeinsames Vielfaches erscheint kaum konsensfähig. Worauf läßt sich dann eine theoretische Perspektive aufbauen?

Für die Kennzeichnung der handlungstheoretischen Perspektive in der Psychologie formulierte Nitsch zunächst (1982 und 1983) Theoreme (erst das Regulations- und Entwicklungstheorem, dann noch das Intentionalitäts- und das Integrationstheorem), um über die Grundannahmen/Thesen als „kleinste gemeinsame Nenner" zu einer Axiomatik des Handelns zu gelangen. Später, (1985 und 1986) charakterisierte er diese dann als Postulate:

---

[1] Inklusive Erkenntniswert, Exaktheit, logische Stringenz (nicht bloße Plausibilität). Allgemeiner ließe sich vielleicht von einem epistemologischen Handlungswert sprechen.

[2] Siehe auch das von Holzkamp (1972, S. 93) geforderte Prinzip der systemtranszendenten Eindeutigkeit, sowie den „Realisationsgrad" (S. 95) und nicht zuletzt die technische und emanzipatorische Relevanz (Holzkamp, 1970). Allgemein ließe sich vielleicht von einem pragmatischen Handlungswert sprechen.

(1) Systempostulat,
(2) Finalitäts- resp. Intentionalitätspostulat,
(3) Regulationspostulat und
(4) Entwicklungspostulat

Postulate („denkerisch notwendige Annahme, These, die unbeweisbar od. noch nicht bewiesen, aber durchaus glaubhaft u. einsichtig ist"; Duden: Das Fremdwörterbuch, S. 581) sind weniger „streng" als Theoreme („Lehrsatz"; Duden: Das Fremdwörterbuch, S. 725) oder gar Axiome („als absolut richtig anerkannter Grundsatz, gültige Wahrheit, die keines Beweises bedarf"; Duden: Das Fremdwörterbuch, S. 97). Mit der Orientierung auf eine axiomatische Psychologie wäre diese Handlungspsychologie als nicht-empirische Psychologie, d. h. als Theoretische Psychologie angelegt. Empirisch-psychologische Forschung wäre durchaus möglich, evtl. interessant aber eben nicht notwendig und theoretisch evtl. von illustrativer Bedeutung.

Theoreme lassen sich als Produkte theoretischer Arbeit verstehen, die in Grundsatzform den „state of the art" kennzeichnen. Sie können empirisch mehr oder weniger belegt sein. Postulate können als theoretisch begründete prä-empirische Leitsätze für die weitere theoretische Arbeit und empirische Forschung genommen werden. Als solche verweisen die von Nitsch (1986) formulierten Postulate auf die notwendige theoretische und empirische Arbeit an der und in der Handlungspsychologie.

Handeln als situationsbezogenes Verhalten

Im Verhalten äußert sich ein bestimmtes Verhältnis zwischen Person und Umwelt. Dieses Verhältnis wird einerseits durch das Verhaltenspotential der Person und andererseits durch das ökologische und soziale Verhaltenspotential („behavior setting" sensu Barker, 1968) konstituiert.

Handeln als spezielle Verhaltensform ist dann gefordert, wenn dieses Verhältnis (Person-Umwelt-Beziehung) unter einer bestimmten Absicht zu organisieren (Situationsorganisation) und das Verhalten dazu in bestimmter Weise zu regulieren ist (Handlungsregulation). Eine Person-Umwelt-Konstellation als Grundlage menschlichen Lebens bildet die Ausgangsbeziehung jeglichen Verhaltens. Wird die Grundkonstellation durch eine Aufgabe hinsichtlich der Verhältnisgestaltung spezifiziert, konkretisiert sich die Ausgangssituation nach dem Handlungsbezug als Handlungssituation (s. Hackfort, 1986, S. 41 ff.). D. h., erst wenn Person und Umwelt über eine Aufgabenstellung in eine spezifische Beziehung gesetzt werden, ergibt sich für das Handlungssubjekt die Notwendigkeit einer Situationsdefinition, die als Definition der Handlungssituation die subjektiven Handlungsbedingungen festlegt. Daraus ergibt sich zunächst, daß Person, Umwelt und Aufgabe als „Komponenten der Handlungssituation" (Nitsch & Hackfort, 1981, S. 278) zu kennzeichnen sind. Diese lassen sich dann allerdings differenzieren nach ihrem funktionalen Bezug im Rahmen der Situationsdefinition und Handlungsregulation. Im Zusammenhang der Situationsdefinition kommt der Aufgabe die Funktion des Person und Umwelt in Beziehung setzenden Faktors zu.

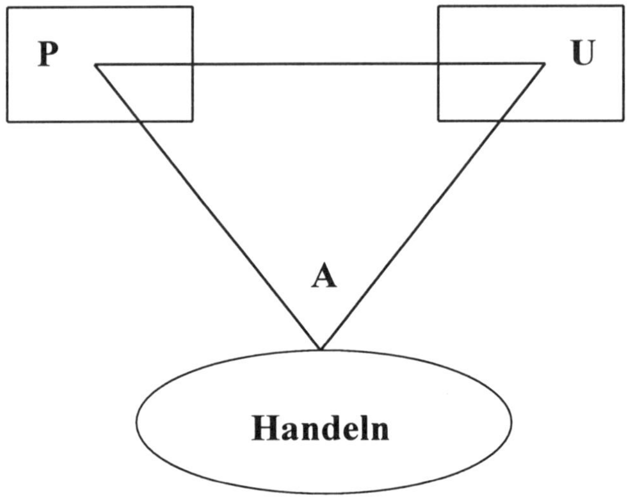

Abb. 1: Handeln als Beziehungsphänomen.

Die Aufgabe charakterisiert wesentlich die Handlungssituation und über das Handeln wird die Person-Umwelt-Beziehung so organisiert, daß die mit der Aufgabenbewältigung verbundenen Absichten realisiert (real) werden. Im Zusammenhang der Handlungsregulation ist mit Boesch (1980) darauf hinzuweisen, daß es eine objektive Situation i.S.e. Wirklichkeit an sich bzw. einer Realität nur naiv, nicht aber erkenntnistheoretisch gibt (s. Hackfort, 1986, S. 44). Danach ist neben der subjektiven Situation (Situationsdefinition) auch die objektive Situation (als intra- und interindividuell konsistent rekonstruierte Situation) handlungsgebunden.
Handlungsdeterminierend sind diesen Überlegungen folgend also die individuellen Konzepte des Handlungssubjekts (s. Nitsch & Hackfort, 1981, S. 283). Handlungsregulierend sind die der Absicht folgenden psychischen Prozesse (s.u.) und jene Faktoren, die (kausalanalytisch) als Bedingungsfaktoren gekennzeichnet werden, wirken auf die Situationsorganisation und die Handlung reglementierend.
Bei der Ausarbeitung handlungstheoretischer Konzepte aus handlungspsychologischer Perspektive wird bisher ein individuumakzentuierter Ansatz dominant, wobei Umweltmomente nicht ignoriert, aber nicht auf gleichem

Differenzierungsniveau bzw. mit vergleichbarem Auflösungsgrad analysiert werden. Wird z. B. die Intentionsgenese individuumzentriert rekonstruiert, bleiben in der Umwelt enthaltene oder angelegte Zielmomente, wie sie mit kontextuellen Handlungsprogrammen (s. „beavior settings"; vgl. auch Kaminski im vorliegenden Band) verbunden sind, unzureichend beachtet. Auch für das psychologische Handlungskonzept tragende Konstrukte wie „Intention" (s. u.) wären statt als personale angemessener als relationale Konstrukte anzulegen.

Konzeption eines Handlungsregulationssystems

Nachdem mit der „kognitiven Wende" (Aebli, 1973) das psychologische Augenmerk auf das Geschehen in der „black box" gelenkt wurde, erhielten Konstrukte wie Ziele und Absichten zunehmend Erklärungswert für eine spezifische Verhaltensklasse, nämlich Handlungen. Bald handelte sich die kognitive Akzentuierung den Vorwurf der einseitig an Zweckrationalität ausgerichteten Erklärungsmuster ein. Die Beachtung eines wesentlichen Merkmals menschlicher Erfahrung, nämlich Emotionen und ihr Einfluß auf das Handeln, wurde eingefordert. Mit seinem Beitrag „Wider die Vernachlässigung der Emotionen in der Psychologie" trug Scherer (1981) dem Rechnung. Nachfolgend entwickelte sich ein Verständnis derart, daß kognitive und emotionale Prozesse als *die* handlungsregulierenden Prozesse betrachtet wurden und explizit als solche deklariert wurden (vgl. Lantermann, 1982; Volpert, 1983). Diese duale Konzeption eines Handlungsregulationssystems erweiterte Nitsch (1983) zu einer triadischen Konzeption handlungsregulierender Teilsysteme in dem er aus evolutionärer Sicht argumentierend ein automatisches Teilsystem als das entwicklungsgeschichtlich älteste postuliert.

Im Anschluß an eine derartige Konstruktionen drängen sich verschiedene Fragen auf, u. a. inwiefern motivationalen und volitionalen Prozessen handlungsreglierende Funktion zuzuschreiben bleibt, oder ob sich diese Prozesse aus (bestimmten) Interaktionen kognitiver und emotionaler Prozesse ergeben, oder ob sich an dieser Stelle ein Problem des begrifflichen Kategoriensystems auftut. Für diese Fragestellung sei hier lediglich sensibilisiert. Eine andere Frage betrifft implizit die Bestimmung des Gegenstandsbereichs einer Handlungspsychologie. Dies sei zumindest kurz verdeutlicht.

Während kognitive und emotionale Prozesse eindeutig als psychische Prozesse und damit funktional der psychischen Handlungsregulation zuzurechnen sind, stellen sich im Hinblick auf ein automatisches Regulationssystem (Nitsch, 1983, 1986) die Fragen, (1) welche psychischen Prozesse darin enthalten sind und (2) ob diese Prozesse als handlungsregulierende Prozesse gekennzeichnet werden können oder sollen.

Offensichtlich ist mit der Kennzeichnung „automatisch“ eine aus dem begrifflichen Kontext von Kognition und Emotion herausfallende Bezeichnung gewählt. Dies indiziert entweder einen Systemsprung oder ein Problem der Abgrenzung des Gegenstandsbereichs. Wenn damit nicht nur Automatismen, sondern auch Reflexe und Instinkte einbezogen oder gar speziell angesprochen sind, so bleibt zu klären, inwiefern diese „automatisch“ ausgelösten Verhaltensprogramme an psychische Leistungen gebunden sind. Damit kommt in Zweifel, ob diese Verhaltensweisen in das Spektrum einzubeziehen sind, das der Handlungsbegriff (s.o.) abdeckt. Geht man von einer „Grundstruktur der Verhaltensorganisation auf unterschiedlichen Systemebenen“ (Nitsch & Munzert, 1997, S. 112) aus, so erscheint eine konsequente Ausgrenzung eines Handlungsregulationssystems auf der psychischen Systemebene derart möglich, daß kognitive und emotionale Prozesse als psychische Basisprozesse dieses Regulationssystem bilden. Automatische Prozesse würden danach als Bestandteile eines weiter gefaßten Verhaltensregulationssystems zu verorten sein.
Der Bezug des Automatischen wäre weiter zu klären, wobei nicht nur an psycho-physische und biologische Zusammenhänge zu denken ist, sondern auch an psycho-soziale und kulturelle Zusammenhänge, wie sie sich u. a. in Riten, Sitten, und Bräuchen zeigen. Darüber hinaus wäre ein weiteres Verständnis von Automatismen nicht ausschließlich auf sensu-motorische Zusammenhänge eingeschränkt, sondern auch im kognitiven (z.B. Denkroutinen, Algorithmen der Situationsdefinition) und emotionalen (z.B. Fremdeln) Bereich gegeben (vgl. Hackfort, 1986).

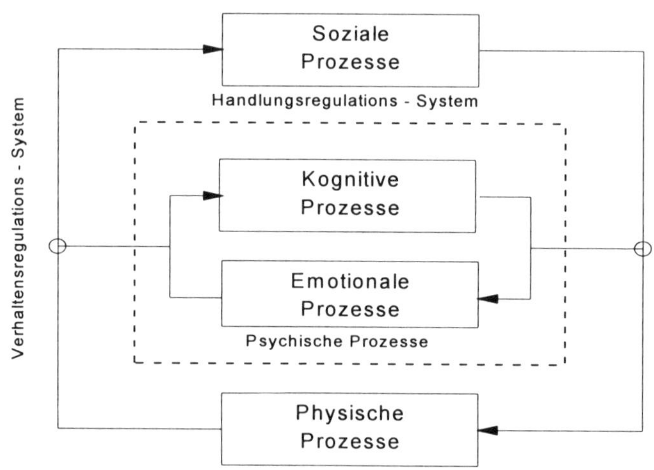

Abb. 2: Handlungs- und Verhaltensregulationssystem.

Mit der Abbildung 2 soll lediglich die Verortung des Systems der psychischen Handlungsregulation anschaulich dargestellt werden. Ausgeklammert sind die Verbindungen zur aktionalen (s. Handeln als Einheit von Kognition und Aktion nach Rubinstein, 1973) bzw. motorischen Komponente des Handelns. In einer weiteren Differenzierung wäre herauszustellen, wie Handeln als ein absichtliches Ins-Verhältnis-Setzen (s.o.) von Person und Umwelt über die Aufgabe abzubilden ist und dies anders geschieht als beim Verhalten. D.h. es wären unterschiedliche „Ausgänge" (Handeln - z.B. weiter differenziert nach individuellem und interindividuellem Handeln, Verhalten – z.B. weiter differenziert nach sensu-motorischem und sozio-motorischem Verhalten) unter Berücksichtigung der verschiedenen Systemebenen zu modellieren. Dies bleibt der weiteren Ausarbeitung vorbehalten.

Der genetisch-historische Aspekt des Handelns

"Aktuelle Handlungen sind nur in ihrer zweifachen Lokalisation sowohl auf dem Kontinuum individueller als auch auf dem gesellschaftlicher Entwicklung hinreichend aufzuklären." (Nitsch, 1986, S. 219)

Die historische Analyse individueller und kollektiver Handlungszusammenhänge bildet sicher nicht den Schwerpunkt entsprechender theoretischer Diskussionen im Rahmen der Handlungstheorie. Dieser liegt stärker im Bereich der Aktualgenese des Handelns. Das Situationskonzept, der Intentionalitätsbegriff, die Unterscheidung von Basis- und Prozeßregulation verweisen auf Funktionszusammenhänge, die zur Handlungsorganisation beitragen. Metaphern des Lewinschen Feldbegriffs (Lewin, 1969) scheinen durch die Argumentation hindurch. Sie verdeutlichen, wie konkrete Handlungsvollzüge organisiert werden, welche Systeme individuelles Handeln regulieren.
Wie läßt sich also das Entwicklungspostulat (Nitsch, 1986, S. 218f.) begründen? Nitsch (1975, S. 47) hebt explizit die Bedeutung des genetischen Ansatzes von Piaget und Galperin hervor. Psychisches entwickelt sich im und aus dem Handeln heraus. Ein wichtiger Beitrag zur historisch-genetischen Begründung des Handlungs- und Tätigkeitsbegriffs ist lange Zeit aufgrund der Quellenlage unberücksichtigt geblieben. Zwar werden Galperin, z. T. auch Leontjew als Vertreter der kulturhistorischen Schule angeführt, doch sind viele Analysen der kulturhistorischen Schule erst später im Westen veröffentlicht worden. Während Leontjews "Probleme der Entwicklung des Psychischen" bereits 1973 in deutscher Sprache erschien, wurden wichtige Arbeiten, z. B. Lurias "Die historische Bedingtheit individueller Erkenntnisprozesse" 1986 und "Studies on the History of Behavior" von Wygotski und Luria erst 1993 veröffentlicht.

Vor allem anhand der zuletzt aufgeführten Schrift wird der historische Aspekt deutlich: Phylogenese, Anthropogenese und Ontogenese werden in einzelnen Schritten beleuchtet. Diese Schritte bleiben aber letztlich relativ unverbunden. Zwar werden für jeden Bereich Entwicklungslinien aufgezeigt; es bleibt jedoch unklar, wie diese untereinander verbunden sind. Selbst die Verbindung von gesellschaftlich-historischer Entwicklung und individueller Entwicklung (Ontogenese) bleibt relativ vage. Sie ergibt sich (eher implizit) aus dem Interiorisations-Postulat, das besagt, "daß die Beziehungen zwischen den höheren psychischen Funktionen einst reale waren" (Wygotski, 1992, S. 231). Von daher müssen sich die äußeren sozialen Verhältnisse in entsprechenden psychischen Prozessen abbilden. Die empirischen Untersuchungen der kulturhistorischen Schule legen dies im übrigen gar nicht nahe. Selbst die Untersuchungen im entwicklungspsychologischen Bereich verbleiben in engen, experimentell verursachten und begründeten Grenzen (vgl. Munzert, 1997, S. 104f.). Eine Ausnahme bildet die frühe Untersuchung Lurias "Die historische Bedingtheit individueller Erkenntnisprozesse" (1931/1986), die Ergebnisse psychologischer Expeditionen nach Mittelasien beinhaltet. Dabei wurde der Einfluß der Ausbildung und der Arbeitstätigkeit auf Wahrnehmungs- und Denkprozesse untersucht.

Die Verinnerlichung (Interiorisation) äußerer Verkehrsformen und ihre "Umbildung" in höhere psychische Funktionen wird exemplarisch anhand der Verinnerlichung von Sprache beschrieben. Zuerst ist die äußere, kommunikative Funktion von Sprache vorhanden. Sprache wird dann verinnerlicht und bildet die Grundlage aller höheren psychischen Funktionen. Wygotski (1987a) verwendet hier den Begriff der Selbstinstruktion, der später vor allem in den experimentellen Arbeiten Lurias aufgegriffen wird (vgl. Munzert, 1997). Durch die Verinnerlichung von Sprache wird der unmittelbare Zusammenhang von Wahrnehmung und Bewegung unterbrochen, das Kind erwirbt die Möglichkeit, seine Handlungen zu planen. Handeln wird nicht unabhängig von den situativen Bedingungen, aber es läßt sich nicht vollständig aus diesen im Sinne eines Determinismus ableiten.

Vor allem Luria hat versucht, den Prozeß der Verinnerlichung empirisch zu fassen. Dabei kommen einige interessante methodische Prinzipien zur Geltung. Er untersuchte jeweils Kinder einer homogenen Alters- bzw. Entwicklungsstufe. Dabei setzte er Aufgaben ein, deren Lösung für die Kinder im Bereich des Möglichen erschien. Unter Lerngesichtspunkten uninteressant sind Aufgaben, die nur ein äußerst geringer Prozentsatz der Kinder löst oder die von allen bewältigt werden. In diesem Rahmen kann dann z. B. die Wirkung von Selbstinstruktionen überprüft werden. Zunächst wird die Lösungsqualität als Folge instruierter Selbstinstruktionen untersucht. Dies erhöht in der Regel die Quote der korrekten Lösungen. Entfällt diese äußere Hilfe, so reduziert sich wiederum der Anteil positiver Lösungen. Entweder reduziert er sich wieder bis auf das Ausgangsniveau – dann haben sich keine permanen-

ten Effekte der Selbstinstruktion ergeben – oder er verharrt auf einem etwas höheren Niveau – dann wird für diesen zusätzlichen Anteil gefolgert, daß nun die Selbstinstruktionen verinnerlicht wurden. Diese Folgerung ist streng genommen nur in einem Kontrollgruppen-Design möglich, bei dem der Einfluß der Übungshäufigkeit kontrolliert wird. Dennoch haben umfangreiche Studien, in denen unterschiedliche Aufgaben bei verschiedenen Altersstufen getestet wurden, diese schrittweise Verinnerlichung immer wieder belegt.
Das Interiorisations-Konzept betont den konstruktiven Aspekt der Verinnerlichung. Es ist weit entfernt von einem mechanistischen Wiederspiegelungskonzept. Dies erklärt vielleicht auch, warum der Ansatz der kulturhistorischen Schule lange Zeit im Osten nicht wohlgelitten war. Die Verinnerlichung basiert auf Aktivitäten des Individuums. Das impliziert, daß diese Verinnerlichung individuell unterschiedlich ausfallen kann. Die auf Meichenbaum (1979) zurückgehende Selbstinstruktionsmethodik setzt genau an solchen – dann in der Regel defizitären – Prozessen an.
Diese Argumentation bringt natürlich auch Folgerungen und Konsequenzen für eine handlungstheoretische Position mit sich. Der soziale Aspekt des individuellen Handelns entsteht nicht erst in der Kooperation, sondern ist bereits in der Handlungsstruktur angelegt. Durch die Interiorisation werden Handlungserfahrungen anderer und die daraus resultierenden Gegenstandsbedeutungen erworben (vgl. Volpert, 1992, S. 57ff.). Auch wenn wir beim einzelnen Individuum die Regulation des gegenständlichen Handelns betrachten - es sei an das "berühmte" Beispiel des Nagel-in-die-Wand-Schlagens von Miller, Galanter und Pribram (1973) erinnert –, so haben wir kein völlig autonomes Subjekt vor uns, sondern vielmehr ein Subjekt, das seine Handlungskompetenz im sozialen Zusammenhang erworben hat.
Bezogen auf die Ausgangsproblematisierung einer (bisher zu) starken Betonung der Aktualgenese in handlungstheoretischen Positionen läßt sich diese nun relativieren. Im Prinzip wird eine Verknüpfung von gesellschaftlich-historischer und ontogenetischer Entwicklung als Voraussetzungen für die Aktualgenese angenommen. Das Individuum erwirbt Gegenstandsbedeutungen von Dingen der (sozialen) Welt, insbesondere den je spezifischen Werkzeuggebrauch. Dieser bezieht sich – am Beispiel des Nagel-in-die-Wand-Schlagens – nicht nur auf den Umgang mit "materialisierten" Werkzeugen (in diesem Fall der Hammer), sondern wesentlich auf "innere" Werkzeuge (also Denken, Planen, Vorstellen). Für die Handlungstheorie war immer die "Antizipation" von zentraler Bedeutung. Sie setzt voraus, daß die Handlungsvollzüge verinnerlicht sind und daß sie losgelöst von spezifischen Reizbedingungen aktualisiert werden können. Dies ermöglicht dem Individuum, in "relativer Autonomie" (vgl. Volpert, 1987) zu handeln.
Alle komplexeren Antizipationsprozesse bauen auf Vorstellungsprozessen auf. Dabei ist Vorstellung nicht auf die (zumeist bildhafte) Realisierung von Sinneserfahrungen reduziert, vielmehr geht es um das Vorstellen möglicher

Handlungsvollzüge und ihrer Konsequenzen. Die handlungstheoretische Auffassung von mentalem Training als innerem Probehandeln (vgl. z. B. Volpert, 1971, S. 102) weist in diese Argumentationsrichtung. Der äußere Handlungsvollzug hat quasi Werkzeugcharakter; letztlich geht es darum, bestimmte Konsequenzen des Handelns herzustellen. Wahrgenommene und vorgestellte Ausgangsbedingungen, personale Handlungsvoraussetzungen und erwünschte Konsequenzen werden mental verknüpft, erprobt und bewertet. Diese inneren Mittel werden im Verlauf der Ontogenese erworben. Vor allem im klinischen Bereich zeigen sich sehr markant Defizite, wenn solche Funktionsbereiche gestört sind (vgl. Luria, 1970).
Im Prinzip kann sich die handlungstheoretische Position auf entsprechende Überlegungen der kulturhistorischen Schule stützen. Als "Verbindungsglied" fehlt allerdings eine Konzeption des Lernens, besser: des Lernprozesses. Es geht dabei um die Frage, wie sich Handlungsstrukturen aufbauen und ausdifferenzieren lassen. Z. B. könnte die Frage nach Funktionen von Handlungsfehlern für den Lernverlauf zu einer Neubewertung der vielfältigen Befunde der Feedback-Forschung führen (vgl. auch Munzert, 1996). Ähnlich wäre mit der klassischen Einteilung nach Lernphasen zu verfahren, die sich relativ stark am äußerlich beobachtbaren Lernverlauf orientieren. Im Lernprozeß geschieht letztlich die "Verinnerlichung" der äußeren Strukturen. Er bildet die Verbindung von individuellen und gesellschaftlich-kollektiven Merkmalen, wie sie - in allgemeiner Form - im kulturhistorischen Ansatz thematisiert werden.

Handlungsintentionen - Intentionale Handlungen

Auf das Intentionsmerkmal und –verständnis ist noch einmal zurückzukommen, nicht zuletzt, weil es (immer wieder) diskutiert wird. Für die Ausarbeitung der handlungstheoretischen Perspektive hat diese Diskussion sicherlich besondere Bedeutung.

Bedeutung von Intentionen in der Handlungstheorie

Handlungstheoretische Positionen, wie sie vor allem in den 70er und 80er Jahren und vor allem in Deutschland bezogen wurden, haben unterschiedliche Merkmale benutzt, um Handeln zu definieren. So stellt etwa Werbik (1978) die Zukunftsbezogenheit, das sich Setzen von Zielen und das Bilden von Hypothesen über die Umwelt als zentrale Merkmale heraus. Eckensberger und Meacham (1984) listen die Zukunftsbezogenheit, die freie Wahl von Mitteln, die potentielle Bewusstheit von Zielen und Mitteln und die Verantwortlichkeit für die Folgen als konstituierende Merkmale zielgerichteter Handlungen auf. Für Kaminski (1981) impliziert Handeln mindestens einen Zeitverlauf, über welchen man tätig ist, einen antizipierten Zielzustand, eine irgendwie geartete Repräsentation des Zielzustandes, wahrgenommene und in Bezug auf den Zielzustand bewertete Effekte mit der Möglichkeit, Konsequenzen für das weitere Tätigsein abzuleiten (S. 96f.). Für Nitsch (1986) sind Handlungen in Abgrenzung zu Verhalten als allgemeiner Form von Lebensäußerungen unter subjektiver Absicht organisierte Verhaltensweisen, die weder nur durch somatische Bedingungen noch durch Umwelteinflüsse unmittelbar und eindeutig bestimmt sind noch zufällig erfolgen.

Handlungstheoretische Positionen, so mannigfaltig sie auch in ihren einzelnen Ausprägungen sein mögen, liegt somit als ein tragendes Moment die Annahme von Intentionalität zugrunde. Damit ist psychologiegeschichtlich ein zweifacher Kontrapunkt gesetzt zu den behavioristischen Konzeptionen einer weitgehenden Stimulusabhängigkeit des Verhaltens einerseits und einer kausalanalytisch-naturwissenschaftlichen Untersuchungs- und Argumentationsstruktur andererseits. In konzeptioneller Hinsicht ist mit dem Paradigmenwechsel hin zu einer handlungstheoretischen Konzeption eine vertiefte Beschäftigung mit dem Begriff der Intention verbunden (z.B. Nitsch, 1996). In methodologischer Hinsicht ist nach Mitteln und Wegen zu suchen, um teleologische (vs. kausale) Erklärungen empirisch zu fundieren.

Wesentlich ist in konzeptueller Hinsicht die Unterteilung der Intentionen auf unterschiedlichen Ebenen. Die Ebene der Ziele, die auf konkrete Handlungsergebnisse gerichtet ist, bildet die erste Ebene. Handlungen werden aber oft nicht nur zum Erreichen gewisser Ziele ausgeführt, sondern um damit verbundene Effekte zu erzielen. Diese Handlungszwecke stehen auf der zweiten Ebene der Intentionen. Ob Handlungen überhaupt ausgeführt werden, hängt jedoch auch weitgehend von der Sinndimension ab, die sich auf übergeordnete Wertvorstellungen als dritte Ebene bezieht (Nitsch, 1986, S. 212ff). Mit dieser Strukturierung der Intentionsdimension wird nicht nur ene Differenzierung sondern auch eine wesentliche Erweiterung der Handlungstheoriekonzeption erreicht, indem neben instrumentellen Handlungen gesellschaftlich-kulturelle und individuelle Werte einbezogen werden.

Nach Franke (1978) ist die Intention einer Handlung ein Konstrukt. Über diese Intentionskonstruktion ist eine (sportliche) Handlung erst existent im Sinne von interpretierbar. Im sozialen Kontext erfordert das Handeln eine Übereinstimmung über Intentionen (Cranach, Kalbermatten, Indermühle & Gugler, 1980). Handlung ist somit in soziale Übereinkünfte und Konventionen eingebettet, die sich als gesellschaftliche Wertvorstellungen in der Sinnebene des individuellen Handelns wiederfinden lassen. Hier wird Intention als relationales Konstrukt (s.o.) deutlich.

Intentionalität ist oft (miß-)verstanden worden als über alle Organisationsebenen und Teilprozesse bewußt kontrolliert und geplant. Übergeordnete Werte sind jedoch eher selten in ihrer handlungsorientierenden Funktion bewußt, aber nicht desto weniger wirksam.

Wenn man mit Nitsch (1996) darin übereinstimmt, daß die Intention als notwendige, aber keineswegs hinreichende Bedingung die eigentlich konstituierende Komponente für Handlungen ist, drängt sich eine etwas andere Betrachtung der hierarchisch-sequentiellen Organisation von Handlungen auf, als sie etwa bei Hacker (1978) oder Miller, Galanter und Pribram (1960) vorgenommen wird. Statt dessen ergibt sich ein Rahmenkonzept, das die Handlungsregulation multimodal versteht und neben den in eher kognitivistischen Handlungskonzepten dominierenden Planungs- und Regelungsvorgängen auch Aspekte der Affordanzextraktion und der Selbstorganisation beinhalten, dies unter Berücksichtigung von Bewegersystemeigenschaften und situativen Randbedingungen (Nitsch, 1994, 1996; Nitsch & Munzert, 1997). Der Intention kommt dabei in Verbindung mit der Antizipation zukünftiger Ereignisse eine zentrale Funktion für die Gesamtorganisation der Handlungen zu.

Intentionen sind erfahrungs- und damit weitgehend auch sprachabhängig. Wenn aufgrund unterschiedlicher Erfahrungen keine sprachlichen Abbilder existieren, ist eine konsensuale Diskussion über Handlungen und damit eine erfolgversprechende Intervention oder Instruktion in der Trainingspraxis nicht möglich.

Entstehung von Intentionen

Intentionen entwickeln sich aus der subjektiven Bewertung einer Situation als in irgendeiner Weise für die Person nicht befriedigend. Wichtig ist, daß ein von außen vorgegebener Auftrag, der aufgenommen wird, oder eine selbstgesehene Aufgabe nicht gleichgesetzt wird mit der Absicht, etwas zu tun. Aufträge müssen vom Handelnden akzeptiert werden und Aufgaben müssen als aktuell zur Bewältigung anstehend eingeschätzt werden, wobei unterschiedliche Beweggründe eine Rolle spielen können: die hohe Attraktivität, oder aber auch (auf einer höheren Intentionsebene) der eingesehene Sinn, etwa eine Fertigkeit wie Skifahren zu lernen, oder eine Wertvorstellung, die mit negativen Positionen innerhalb einer peer-group verbunden ist, wenn bestimmte Fertigkeiten nicht beherrscht werden.

Intentionen können aber auch gebildet werden aus Erfahrungen mit früheren Handlungen. Beispielsweise wenn bestimmte Mittel nicht zur Verfügung stehen und andere Intentionen entwickelt werden, etwa in der Skiwoche gar nicht zu versuchen, doch noch Skifahren zu lernen, sondern sich gut zu erholen und den Teint zu bräunen.

Situative Bedingungen können, auch wenn nicht eingegriffen wird, zu Konsequenzen führen. So rutschen etwa die schräg am Hang stehenden Ski mitsamt dem Anfänger rückwärts davon. Motorische Verhaltensweisen können dazu führen, daß andere Konsequenzen eintreten. Wenn das motorische Verhalten nicht nur reflexartig erfolgt, sondern in der Absicht eingesetzt wird,

eine bestimmte Konsequenz zu erreichen, sprechen wir von Bewegungshandlungen. In der Handlungsplanung sind auch die (subjektiv wahrgenommenen) Bedingungen und Affordanzen zu berücksichtigen, ebenso wie die an einem gewünschten Zielzustand orientierten Effekte. Falls die Situation nicht richtig interpretiert wurde, ist das gewählte Mittel nicht adäquat. Der einmal beschlossene Plan wird an der Realität daraufhin überprüft, ob er wirklich der Situation angemessen ist. So verstanden ist also das Umsetzen von Intentionen in Verhalten gleichzusetzen mit dem Lernen von Transformationsregeln (vgl. Nitsch, 1996).
In der Interpretation von Handlungen muß eine Einschätzung intendierter und nicht-intendierter Ergebnisse und Effekte vorgenommen werden, bzw. der Differenz zwischen den beiden. Neben der Kontrolle von Reiz und Reaktion, wie es im klassischen Experiment geschieht, muß eine an Intentionen interessierte Forschungsstrategie den Bedeutungsgehalt von Instruktionen und Kontextbedingungen berücksichtigen und daraus die erzielten Ergebnisse interpretieren, was nur über Innensicht- oder Selbstaussagedaten möglich ist (vgl. Groeben, 1986, S. 250).

Beispiele der Analyse und Darstellung von Intentionen

In verschiedenen Projekten wurden am Psychologischen Institut der DSHS Köln unterschiedliche Methoden der Erfassung und Darstellung von Innensichten entwickelt und ausprobiert. Ausgangspunkt waren die im Rahmen eines Techniktrainingsprojekts (vgl. Nitsch, Neumaier, de Marées & Mester, 1997) entwickelten Überlegungen und Instrumente zur Erfassung der internen Repräsentation von Bewegungen, um gezieltere und von den Sportlern besser umsetzbare Technikanweisungen und Bewegungskorrekturen geben zu können. Über spezielle Interviewtechniken unter Einbezug dialogischer Verfahrensweisen, die in Anlehnung an die im Forschungsprogramm Subjektive Theorien verwendeten Methoden der Innensichterfassung (s. Lippens, 1992, 1993; Scheele & Groeben, 1984, 1988) entwickelt wurden (s. Quinten, 1991, 1997), wird präskriptives und interpretatives Handlungswissen (Munzert, 1991) von Athleten erfaßt, was insbesondere bei automatisierten Bewegungsabläufen nicht einfach ist, weil keine bewußtseinsfähige Information mehr anfällt (vgl. Seiler, 1991). Die Befragungen richten sich deshalb weniger an der Frage aus "Wie machst Du das?" als an der Frage "Was willst Du erreichen, wodurch kannst Du das unter welchen Bedingungen erreichen, und woran merkst Du, ob Du das Ziel erreicht hast?" (vgl. auch Quinten & Mickler, 1997).
In Interviews mit Ruderern, teilweise unter Vorgabe von Instruktionen, lassen sich handlungsleitende Repräsentationen erfassen und rekonstruieren. Als Beispiel gibt Tabelle 1 eine kurze Sequenz wieder (aus Seiler, 1997, S. 14):

Tab. 1: Interviewausschnitt (Rudern) und Klassierung in verschiedene Konzepte.

Interviewausschnitt	Konzepte
Der Skull steht im Wasser nicht von alleine,	Auslöser
sondern man muß da Führungsarbeit leisten,	Mittel
daß der geradlinig durch das Wasser geht.	Intention
Und hinten hat man Probleme mit dem Ausheben.	Effekt
Das ist noch verstärkt dadurch, daß die Innenhebel hier so ein bißchen dünn sind, die Griffe	Bedingung

Die Darstellung in sog. Frames (Minsky, 1975; s. auch Caspar, 1989) erlaubt es, die in den Interviews gewonnenen Daten zu strukturieren, indem verschiedene Wissensanteile und die Relationen zwischen ihnen erhalten bleiben. Unter der Klassifizierung von Handlungen als intentionale Verhaltensweisen liegt es nahe, diejenigen Wissensbestandteile zusammenzufassen, die jeweils einer Intention zugeordnet werden können. Jeder dieser „Intentions-Frames" hat somit eine Anzahl „slots", wobei z.B. mehrere Bedingungen dazu führen können, daß ein eingesetztes Mittel einen bestimmten Effekt hat, oder verschiedene Mittel für dieselbe Intention repräsentiert sind. So nennt z.B. ein Ruderer drei Mittel, damit das Boot gut läuft: (1) der richtige Rhythmus, (2) das Skull muß gradlinig durch das Wasser laufen, und (3) auf dem Rollsitz nicht „schießen" (vgl. Seiler & de Marées, 1993).
Ein wesentliches Merkmal der erfassten Zweck-Mittel-Beziehungen ist, daß die Mittel als Teilbewegungen auch immer wieder Intentionen sein können, die durch tiefer liegende Operationen erreicht werden. Damit lassen sich Intentions-Mittel-Hierarchien darstellen, die der intentionalen Handlungsstruktur entsprechen, die auf die phänomenale Welt des Handelnden gerichtet ist (vgl. Nitsch, 1996). So hat beispielsweise der Ruderer aus obigem Beispiel zu Mittel (2) „das Skull muß gradlinig durch das Wasser laufen" folgende tiefer liegenden Zweck-Mittel-Relationen genannt:

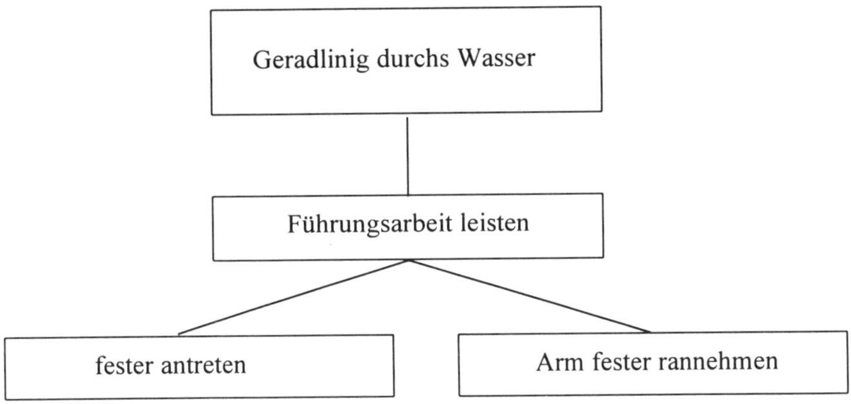

Abb. 3: Beispiel einer Zweck–Mittel–Hierarchie eines Ruderers.

Diese Handlungsstruktur braucht mit der biomechanisch beschriebenen Technik oder der Beurteilung der Bewegungstechnik durch den Trainer nicht überein zu stimmen. Von ihr müssten jedoch Technikkorrekturen ausgehen, damit der Athlet sie, in seinem Handeln orientiert an den entsprechenden (korrigierten, neuen) Intentionen, umsetzen kann.

In Trainingsinterventionen werden oft Anweisungen gegeben, von denen implizit angenommen wird, daß sie als Intentionen von den Sportlern akzeptiert werden. Dies verhält sich ähnlich der o.a. Beziehung zwischen Auftrag und Aufgabe. In Interventionsstudien mit Ruderern wurden verschiedene Vorgaben (Aufträge, Anweisungen) gegeben, wie eine Strecke gerudert werden sollte. Dazu wurde auf Daten verschiedener Meßparameter zurückgegriffen, die mit Hilfe biomechanischer Methoden erfaßt wurden, um etwa die Gier-, Nick- und Rollbewegungen des Bootes oder die Kraft an den Skulls zu dokumentieren. Es zeigt sich, daß viele biomechanische Daten erst vor dem Hintergrund der Intentionen und der zugehörigen Slotinhalte interpretierbar sind und handlungsrelevant werden (Seiler, 1997).

In anderen Untersuchungen mit dem Umkehrfahrrad wurden Intentionsstrukturen beim Neu- oder Umlernen einer Bewegung untersucht. Es handelt sich beim Umkehrfahrrad um ein Fahrrad, bei dem Lenkrichtung und Tretrichtung invertiert wurden (s. Seiler, 1991, 1995, 1996). Die Aufgabe an die Lernerinnen und Lerner besteht darin, mit diesem Fahrrad fahren zu lernen. Hierzu muß ausgehend von Zielvorstellungen, wie "Fahrrad fahren" aussieht und geht, gelernt werden, mit dem Fahrrad möglichst geradlinig eine Strecke von A nach B fahren zu können und dabei nicht hinzufallen. Diese relativ globale Intention wird mit unterschiedlichen Mitteln zu erreichen versucht, etwa möglichst wenig Lenkerausschläge zuzulassen oder (im Gegenteil) mit

großen Lenkerausschlägen zu beginnen und die Reaktionen des Systems darauf kennen zu lernen. Da aufgrund der Bewegungsautomatismen vom normalen Fahrradfahren Mikrolenkerbewegungen auftreten, wie sie fortlaufend zur Korrektur des Gleichgewichts notwendig sind, schafft zu Beginn niemand auch nur eine einzelne Pedalumdrehung. Die globale Intention muß somit aufgrund des Mißerfolges durch spezifischere und einfacher zu verfolgende Intentionen ersetzt werden. Ein Beispiel ist etwa das Rollen mit Abstützen der Füße am Boden (Laufrad). Mit zunehmender Übung und eintretendem Erfolg entwickeln sich dann wieder Komplexe von Teilbewegungen und die Teilbewegungen bleiben nicht mehr im Bewußtsein präsent.
Interessant ist in diesem Zusammenhang, daß die Lernenden ganz unterschiedliche Vorgehensweisen wählen und auch eklatante Unterschiede in den erzielten Leistungen auftreten. Der Schluß liegt nahe, daß die Ergebnisse von Erfahrungen mit Lernaufgaben abhängig sind. Das Bilden von neuen Intentionen und die Suche nach "(in sich geschlossene[n]) Wirkungsprozess[en]" (Nitsch, 1996, S. 79), die intendierte Effekte hervorzubringen in der Lage sind, scheint eine flexible Intentions–Mittel–Hierarchie zu entwickeln, die nicht nur zu schnellerem Lernen, sondern auch zu besserer variabler Verfügbarkeit führt.
Die angeführten Beispiele zeigen, daß die Erfassung und Darstellung von Intentionen mit dazugehörigen Bedingungen und Effekten hilft, die in der Handlungstheorie geforderten teleologischen Handlungserklärungen vorzunehmen.

Schlussbemerkung

Für die Ausarbeitung des handlungspsychologischen Ansatzes ist die Diskussion handlungstheoretischer Grundsatzfragen genauso relevant wie die Reflexion von Praxiserfahrungen. Die explorative Erforschung des Handelns (nicht zu verwechseln mit der Handlungsforschung i. S. e. action research) verlangt methodisch genauso eine besondere Berücksichtigung des Handlungssubjekts wie die (nicht nur hypothesen-) prüfende handlungspsychologische Forschung. Mit der Entwicklung der handlungstheoretischen Perspektive ist, ganz im Sinne von Kuhn (1962; s. auch Kuhn, 1972), ein Paradigmenwechsel verbunden, der allerdings – dies sollte deutlich werden eher als im Vollzug denn als vollzogen gesehen wird.

II

Psychologische Rekonstruktion des Handels im Sport

Handlung und Sport - Eindrücke, Reflexionen, Folgerungen

Gerhard Kaminski

Was steht zur Frage und was verhilft zu Antworten?

Bereits vor zweieinhalb Jahrzehnten plädierte Nitsch (1975) nachdrücklich dafür, die Sportpsychologie durch die Verwendung der (hier primär psychologisch zu verstehenden) Konzepte "Handlung" und "handeln" gleichsam auf eine neue, adäquatere Grundlage zu stellen. Auch ich gehörte damals - und das verbindet mich mit ihm ganz unmittelbar - zu denen, die sich dafür engagierten, handlungspsychologisches Potential in die Welt des Sports, in Theoriebildung, Forschung und Praxis hinein, zu vermitteln. Dieses Potential selbst weitete sich noch aus, und zwar bemerkenswert rasch, so daß Nitsch etwa zehn Jahre danach (1986; S.194) von einer "beinahe schon stürmischen Entwicklung handlungstheoretischer Konzeptionen" in der Psychologie sprechen konnte. Die Bemühungen um eine handlungspsychologische Neukonzipierung der Sportpsychologie waren von nicht geringem Enthusiasmus getragen, aber auch von mancherlei Unsicherheiten durchzogen, so daß es Nitsch geboten erschien (1986; S.194), vor Fehleinschätzungen und Fehlerwartungen zu warnen. Über die Jahre hin ist schon mehrmals versucht worden, diese Bestrebungen und ihren Ertrag aus einiger Distanz zu überschauen, zu systematisieren und - mehr oder weniger - kritisch zu reflektieren (vgl. beispielsweise Kaminski, 1979; Erdmann, 1990; Prohl, 1991). Da diese Entwicklungen bisher keineswegs zum Stillstand gekommen sind, liegt es nahe, sich immer wieder einmal zu fragen: Was ist daraus geworden? Inwiefern haben sich die ursprünglichen Intentionen, Erwartungen und Hoffnungen erfüllt? Wo stehen wir heute? Solche "formativ-evaluativen" Fragen aufzuwerfen, bietet das Ende eines Dezenniums (vom koinzidentellen Jahrhundert- oder gar Jahrtausend-Ende ist hier selbstverständlich besser zu schweigen) willkommene und würdige Gelegenheit.
Wie kann man zu Antworten auf diese Fragen gelangen? Ein Blick in neuere Lehrbücher der Sportpsychologie vermittelt als ersten Eindruck: Handlungstheoretische Perspektivik hat sich etabliert; sie ist weitgehend akzeptiert, auch wenn sie nicht sozusagen die Szene restlos beherrscht (vgl. z. B. auch Munzert, 1997). Aber wenn man, darüber hinaus, Genaueres erfahren und sich ein eigenes Urteil über den Stand der Dinge machen möchte? Eine seriöse Umfrage unter Beteiligten und Betroffenen würde einen eminenten Auf-

wand erfordern und zudem zunächst nur bis zu deren subjektiven Sichtweisen vordringen. Glücklicherweise steht seit einiger Zeit ein solchen Absichten hilfreiches, leicht zu handhabendes und zudem unbestechliches Instrumentarium - gewissermaßen als Alternative - zur Verfügung: Datenbank-Recherchen. Allerdings läßt auch deren Nutzung unvermeidlich noch mancherlei Spielräume für willkürliche Festlegungen und somit für Subjektivitäten und Selektivitäten in der Formierung der Evaluations-Materialbasis offen, erst recht in deren Bearbeitung. Immerhin kann ein(e) jede(r) die Generierung dieser Material-Ausgangsbasis (Publikationsangaben einschließlich "Abstracts") nachvollziehen und sie nach eigenem Gutdünken zu einer konkurrierenden Urteilsbildung verwenden.

Bei der Datenbank PSYNDEX entschied ich mich für die Such-Formel <(Handl* or Handeln) and Sport and (py=1990-1999)>, was 299 Einträge zutage förderte; bei PSYCLIT für <(action* or activit* or behavior*) and sport* and (py=1990-1999)>, was 1014 Einträge erbrachte; Angaben zu Fachzeitschriften-Artikeln, Monographien und Sammelwerken (beispielsweise Tagungsberichten) mit jeweils noch mehr oder weniger zahlreichen Einzelbeiträgen. (Vom Jahr 1999 konnten seinerzeit nur erst die Einträge der ersten Jahreshälfte aufgefunden werden.) Es ist zu ersehen, daß ich - um das Vorhaben nicht allzu aufwendig werden zu lassen – mich auf die Literatur der 90iger Jahre beschränkt habe. Zudem beschloß ich nach erster Exploration der Gesamt-Materialbasis, mich im Weiteren auf die Bearbeitung der deutschsprachigen Literatur zu beschränken, weil mir die Verhältnisse in den beiden Sprach-Communities, speziell hinsichtlich der Verwendung des Handlungs- bzw. action-Begriffs, zu heterogen erschienen. Aus der Liste der 299 Publikationsangaben schied ich (in zugegebenermaßen durchaus subjektiver Selektion) diejenigen aus, in denen auf "Handlung" und/oder "Sport" in einer eher untypischen, gleichsam peripheren, relativ unbedeutenden Weise Bezug genommen wird. Übrig blieben schließlich 130 Titel (darunter nicht wenige "kollektive", noch weiter aufzufächernde), die der weiteren, eigentlichen analytischen Arbeit zugrunde gelegt wurden. Dabei erwiesen sich - jeweils unter bestimmten Voraussetzungen - alle drei Text-Ebenen als verwendbar: allein schon die Titel-Formulierungen selbst, dann die Abstracts, und oft war selbstverständlich der Zugriff auf die Volltexte der Publikationen unumgänglich.

Je länger ich in dieser Materialbasis herumstöbere, um "Eindrücke" zu sammeln, desto mehr komme ich mir, überraschenderweise, (das würde anderen vermutlich genauso gehen) wie Goethes "Zauberlehrling" vor. Alles sich Aufdrängende angemessen solide zu verarbeiten und mitzuteilen, würde gut und gerne den Umfang einer Monographie erfordern. Da solches hier anzustreben inopportun wäre, bleibt mir nur, das sich stattdessen anbietende Format einer "Problemskizze" zu wählen, wie Nitsch (1997) diese Textsorte in einer vergleichbaren Lage einmal genannt hat. Das bedeutet, einzelne, besonders interessant und gewichtig erscheinende Problemkomplexe herauszugreifen, für sie eine sachlogisch vernünftige Abfolge zu suchen und sie einzeln nacheinander, eben mehr nur andeutend, vorzustellen und zu diskutieren. In diesem Nacheinander darf nicht außer Acht gelassen werden, daß diese Probleme teilweise miteinander verflochten sind. Die meisten von ihnen sind übrigens keineswegs unvertraut; sie wurden auch andernorts schon mehr oder weniger deutlich erkannt und angesprochen. Trotzdem erscheint es mir lohnend, sich ihnen auch einmal von dieser neuen Materialbasis aus zu nähern.

Die Vieldeutigkeit von "Handlung" in der Welt des Sports

Als erstes fällt auf, daß die Termini "Handlung" bzw. "Handeln" in dem selektierten Text-Corpus jeweils in unterschiedlicher Bedeutung gebraucht werden. Diese nahezu triviale Erfahrung mag niemanden überraschen, da diese Vieldeutigkeit schon oft thematisiert wurde. Jener Datenbank-Suchalgorithmus orientiert sich lediglich an Worthülsen; er kann nicht nach begrifflichen Bedeutungen differenzieren und sortieren. Dabei ist allerdings zu bedenken, daß "Handlung" und "Handeln" hier nur dann selektiert wurden, wenn sie mit "Sport" gemeinsam vorkamen. Und schon erscheint diese Erfahrung nicht mehr ganz so trivial; denn daß sich mindestens auf den Sport eine einheitliche "handlungspsychologische Perspektive" müßte anwenden lassen, davon scheinen nicht wenige Autoren überzeugt zu sein. Jedoch auch der Terminus "Sport" kann sehr unterschiedliche Bedeutungen annehmen, und mit ihnen variiert unter Umständen auch die Bedeutung von "Handlung". Etwas anders ausgedrückt: Das Wort "Handlung" kann - speziell auch in der komplexen Welt des Sports - mit unterschiedlichem begrifflichem Gehalt ausgestattet und verwendet werden. Wie kann diese Vieldeutigkeit transparent gemacht werden? Wie kann Übersicht und Ordnung in die verschiedenen aufweisbaren Bedeutungen gebracht werden?

Gradstufen konzeptueller Elaboration von "Handlung"

In einer ersten, vereinfachten und abstrakten Antwort werden die Ergebnisse nachfolgender Analysen vorweggenommen: Der Terminus "Handlung" steht, kann man sagen, für einen konzeptuellen Rahmen, der ein ganzes Ensemble potentieller Teilbedeutungen zusammenhält. In unterschiedlichen Verwendungskontexten werden jeweils unterschiedliche Teilbedeutungen aus ihrer Potentialität herausgehoben und explizit gemacht, weil sie je spezifisch benötigt werden, während jeweils andere Teilbedeutungen in Potentialität belassen werden. Solches Explizit-Machen kann dabei mehrfach, gewissermaßen progressiv, vollzogen werden, so daß Teilbedeutungen zunehmend

stärker differenziert, "aufgelöst" werden. Versucht man, die Bedeutungsvielfalt des Konzepts "Handlung" insgesamt zu überschauen, dann scheint sie sich, grob gesehen, (mindestens auch) nach "Auflösungsniveaus" ordnen zu lassen, gewissermaßen auf einer Dimension von minimaler bis hin zu höchst opulenter konzeptueller Ausstattung. Auf jeder Differenzierungsstufe erscheinen, nebeneinander, mehr oder weniger viele, in ihrem Bedeutungsprofil qualitativ unterschiedliche Handlungskonzept-Varianten.
In derartiges Ordnen sollen übrigens keinerlei Wertungen einfließen; d. h., Handlungskonzept-Varianten sollen nicht allein schon aufgrund ihrer Position innerhalb dieser Ordnung als mehr oder weniger akzeptabel beurteilt werden. Im Gegenteil: Man sollte vielmehr jeder vorfindbaren Handlungskonzept-Variante zunächst einmal apriorisch unterstellen, daß sie in ihrer begrifflichen Konstitution sinnvoll und zweckmäßig konfiguriert ist. "Zweckmäßig" meint hier die Annahme, daß jedes Handlungskonzept in seinem spezifischen Verwendungskontext (mindestens tendenziell) inhaltlich "ökonomisch" ausgestattet ist; daß es also jeweils dort, wo (und so weit, wie) dies erforderlich erscheint, Teilbedeutungen differenziert, "auflöst", und daß es sich dort, wo dies nicht erforderlich erscheint, größtmöglicher Einfachheit, Sparsamkeit befleißigt. - Ferner wird in diesem Ordnen nicht zwischen wertneutral-deskriptiven und wertbesetzten, normativen Handlungskonzepten unterschieden.

Beispiele aus der Fachliteratur

Einige Beispiele zur Konkretisierung, angeordnet in fünf Niveaus zunehmender konzeptueller Elaboriertheit des Terminus "Handlung". (Diese Rangierung kann und will nicht mehr als eine gewisse Plausibilität beanspruchen, da sie lediglich auf unüberprüfter subjektiver Einschätzung basiert.)
(1) In (vergleichsweise) *geringster* konzeptueller Elaboriertheit erscheint der Terminus "Handlung" (bzw. "Handeln") beispielsweise in dem Kontext, in dem er bei Pühse (1994) Verwendung findet ("Soziales Handeln im Sport und Sportunterricht"). Zwar verleiht ihm der Herausgeber in seiner Einführung, gewissermaßen nominell, eine durchaus höherrangige konzeptuelle Artikulation ("sinngeleitetes, ziel-, prozeß- und ergebnisreguliertes sowie erwartungsgesteuertes und umweltvernetztes Tun"). Auf diese kann jedoch innerhalb des dort ausgebreiteten Diskurses weithin verzichtet werden. Das heißt, es würde vermutlich zumeist kein Nachteil entstehen, wenn man "Handeln" durch (konzeptuell vagere, unverbindlichere Termini wie) "Sich-Betätigen", "Sporttreiben", "Sozialverhalten" o. ä. ersetzte. Strukturelle wie prozessuale Details der gemeinten Aktivitäten können weitgehend unexpliziert bleiben. – Entsprechendes gilt für den Verwendungskontext "Sportliches Handeln bei Depressionen", so wie er von Golz (1991) vorgestellt wird.

(2) Etwas mehr konzeptuelle Elaboriertheit ist schon gefordert, wenn sich Gabler (1997) bzw. Mohr und Gabler (1996) mit "fairem Handeln im Sportspiel" befassen. Zwar zielt Gabler dort primär auf eine konzeptuelle Differenzierung der motivationalen Basis "fairen Handelns"; dennoch müssen dabei auch am "Handeln" selbst einige Teilprozesse herausgehoben und konzeptuell artikuliert werden, wie beispielsweise das Erkennen und das Interpretieren "fairneß-thematischer Situationen", "Erwartungen an Handlungen", speziell an ihre "Konsequenzen", Verwerten von Wissen über Regeln, Sich-Entscheiden. Dagegen können andere Teilmomente des Handelns, etwa die Details der Ablaufsrealisierung, konzeptuell unartikuliert gelassen werden. Daß von dem Gesamtpotential des Konzepts "Handlung" dort, insgesamt gesehen, nur eingeschränkt Gebrauch gemacht wird, deutet sich möglicherweise auch schon darin an, daß teilweise der Terminus "faires Verhalten" (statt "Handeln") verwendet wird.
(3) Ein etwas höherer Grad konzeptueller Elaboriertheit ist bei Janssen, Katzenberger und Wegner (1997) anzutreffen. Dort geht es primär darum, die Wirksamkeit eines Taktiktrainigsprogramms für Sportspiele (speziell Handball) zu prüfen. Aber auch dabei müssen am "taktischen Handeln" bestimmte Teilprozesse konzeptuell artikuliert werden, im Prinzip ähnliche wie am "fairen Handeln" bei Gabler und Mohr: Erkennen und Interpretieren von Spiel-(Problem-)Situationen, "Assoziieren" von (erlernten) "Spielkonzeptionen" und "Aktionsgrundmustern", Sich-Entscheiden zwischen Handlungsalternativen. Das Rahmenkonzept "Handeln" wird hier jedoch noch dadurch weiter angereichert, daß das Teilkonzept "Situation" differenzierter artikuliert wird: Eine primäre Situationsauffassung ("Problemsituation") kann kognitiv in eine strategisch günstigere Version ("Aufgabensituation") transformiert werden, wobei für jede der beiden Versionen bestimmte deskriptive Parameter vorgesehen werden. – Eine etwa gleiche Einstufung kann die von Rieder (1997) dargestellte Untersuchung, wiederum zum "Entscheidungshandeln" in Sportspielen (Volleyball), erfahren. Eine weitere Anreicherung des Handlungskonzepts geschieht hier einerseits durch Spezifizierungen in Orientierungsprozessen, andererseits durch bestimmte Variationen in der Handlungsrealisierung. (Bemerkenswert ist übrigens auch hier wieder die Synonymität von "Entscheidungshandeln" und "Entscheidungsverhalten".)
(4) Ein noch höherer Grad konzeptueller Elaboration wird bei Ilg und Nieber (1996) erforderlich, wenn sie die Beziehungen zwischen "Lehrersprache und Schülerhandeln" (im Sportunterricht) untersuchen. Achtet man darauf, welche Aspekte am Schülerhandeln die Lehrer(innen) in ihren konkreten sportunterrichtlichen Äußerungen thematisieren, dann kommt man offenbar nicht umhin, "Handeln" in mindestens vier Teilprozesse aufzugliedern (Orientierungs-, Antriebs-, Ausführungs-, Kontrollregulierungen), die dann jeweils - mehr oder weniger - konzeptuell noch weiter differenziert werden müssen. - Eine vergleichbare konzeptuelle Differenzierung des "Ausführens absichts-

voller Handlungen" findet sich bei Strang (1991). Zwar steht hier (wiederum) die Entwicklung einer neuartigen Trainingsform (für Hochleistungssegeln) im Vordergrund, jedoch muß auch dafür "Handeln" zweckentsprechend nach Ausmaß und Inhalt konzeptuell artikuliert werden ("Kognitive Kontrolle", "Emotions-", "Energetisierungs-" und "Antizipations-Kontrolle"; teilweise mit weiteren konzeptuellen Differenzierungen). – Nur mit Einschränkungen kann der Beitrag von Mathesius (1994) diesem Niveau konzeptueller Elaboration zugeordnet werden. Auch diese Autorin macht es sich zur Aufgabe, die Entwicklung eines neuen Trainings (für leichtathletisches Laufen) theoretisch zu fundieren. Die konzeptuelle Artikulation beschränkt sich hier allerdings auf eine einzelne (im Rahmen eines übergreifenden Handlungsmodells definierte) "Handlungsphase" ("nach der Zielentscheidung"). "Handeln" wird dabei als "bewußtes und zielgerichtetes Eingreifen" spezifiziert (allerdings wird dem dann auch "automatisches Handeln" gegenübergestellt). Unter diesen Voraussetzungen wird "Handeln" durch vier (eigentlich fünf) Teilprozesse charakterisiert ("Bewertung des subjektiven Aufwandes", "Koordinieren"/"Optimieren", "Umstrukturieren", "Konzentrieren"). Im Zuge der weiteren theoretischen Präzisierung und Auflösung dieser Teilkonzepte werden dann jedoch so viele neue konzeptuelle Subkomponenten eingeführt, daß dieser Ansatz, insgesamt gesehen, schließlich eher der nächsten Stufe zugeordnet werden müßte.

(5) Auf dem Niveau *weitestgehender* konzeptueller Elaboration kommen Ansätze zusammen, die den Terminus "Handlung" (bzw. "Handeln") mit einem gewissen Vollständigkeits- und Allgemeinverwendungs-Anspruch - in Form von mehr oder weniger komplizierten "Handlungsmodellen" oder "Handlungstheorien" - mit Bedeutung füllen. Eine eindrucksvolle Sammlung derartiger Modelle haben Schnabel et al. (1995) zusammengetragen. Zwar stellt nur ein Teil von ihnen den Terminus "Handlung" ins Zentrum, jedoch ließen sich auch die meisten der anderen dort anzutreffenden Zentral-Termini (z. B. Bewegungskontrolle, Bewegungskoordination, Bewegungsregulation u. a.) unschwer und relativ risikolos in handlungstheoretische Terminologie überführen. – Auch die von Nitsch (1986; 1994; 1996) ausgearbeiteten Vorschläge zur theoretischen Artikulation von "Handeln" zeichnen sich durch eine besonders reichhaltige konzeptuelle Ausstattung aus. – Verhältnismäßig komponentenreich ist ferner das "Modell", das Maxeiner und Pitsch (1997; Pitsch & Maxeiner, 1995) entworfen haben, um Unterschiede des "Handelns" (sie verwenden stattdessen, nahezu bedeutungsgleich, "Informationsverarbeitung" als zentralen Terminus) zwischen "K(urzzeit)-Sportlern" und "L(angzeit)-Sportlern beschreiben und erklären zu können; d. h. zwischen Sportlern, die unter höchstem Zeitdruck zu agieren haben (z. B. Badminton-, Volleyball-, Eishockeyspieler) und solchen, die nicht unter derartigem Zeitdruck stehen (z. B. Triathleten, Langstreckenläufer, Turner, Langstreckensegelflieger).

Folgerungen

Welche Folgerungen lassen sich aus diesen ersten Eindrücken und Überlegungen ableiten?
(1) Schon ein erstes Durchmustern der Materialbasis läßt – einmal mehr (vgl. Lenk, 1978) – evident werden, daß "Handlung" bzw. "Handeln" (auch im Sport) nicht als "reale", in der Wirklichkeit "vorhandene", anzutreffende "Gegenstände" aufzufassen sind, die gleichsam darauf warten, nach und nach immer mehr (auch psychologisch) erforscht zu werden.
(2) "Handlung" und "Handeln" erweisen sich vielmehr als Termini, die mit vielerlei unterschiedlichen Bedeutungen erfüllt werden können und dennoch stets, jeweils spezifisch, ohne besondere Schwierigkeiten verstanden werden. Gemeinsam ist allen diesen Bedeutungsvarianten nur ein geradezu verschwindend kleiner Bestand von Kernbedeutungen. Zu ihnen gehören – soweit ich sehe - Prozeßhaftigkeit und Zielorientiertheit; nicht jedoch, beispielsweise, Bewußtheit oder Intentionalität (im Sinne von expliziter "Gewolltheit", Initiierung durch einen personhaften Akteur) oder Kontext- (Situations-, Umwelt- bzw. Umgebungs-)Bezogenheit.
(3) Was innerhalb des unbeschreiblich komplexen Geschehensstroms, als der sich menschlicher Lebensvollzug der Beobachtung darbietet, (selektiv) als "Handlung" bzw. als "Handeln" aufgefaßt wird und was an dieser Geschehensvielfalt alles "übersehen", ignoriert wird, ist jeweils durch ein spezifisches Handlungs-Konzept prädeterminiert, das offenbar um bestimmter Interessen willen zweckentsprechend ausgestaltet wurde.
(4) Sonach erscheint es problematisch, die Entwicklung eines Gesamt-Handlungsmodells anstreben zu wollen (vgl. Munzert, 1996); denn es ist offensichtlich, daß kein noch so umfassendes Modell alle bereits eingeführten konzeptuellen Varianten von "Handeln" bzw. "Handlung" in sich aufnehmen und dann noch für die unterschiedlichsten Zwecke und Kontexte verwendungsangemessen sein könnte.
(5) Man wird sich (zumindest auf absehbare Zeit) damit abfinden müssen, daß eine schier schranken- und regellos pluralistische Verwendung der Termini "Handlung" und "Handeln" Normalität ist. Allerdings erhebt sich angesichts dieser Lage – erneut und mit neuer Dringlichkeit - die Frage, unter welchen Aspekten irgendwelche konzeptuellen Ausgestaltungen dieser Termini, also Handlungskonzepte, Handlungsmodelle, Handlungstheorien, handlungstheoretische Perspektiven u. ä., bewertet werden können und sollen. Und dem vorgeordnet müßte gefragt werden, um welcher Zwecke willen Handlungskonzepte, Handlungsmodelle u. s. w. entworfen und verwendet werden (können) und was sie tatsächlich leisten (können).

Systematisierung von Handlungskonzepten nach inhaltlichen Aspekten

Bis hierhin wurde die Vielfalt der in der Materialbasis auftauchenden Bedeutungsvarianten von "Handlung" bzw. "Handeln" lediglich nach einer einzigen (zudem relativ vage definierten) formalen Dimension (Grad konzeptueller Elaboration) geordnet. Damit wird dieser immense Variantenreichtum jedoch noch nicht annähernd angemessen überschaubar gemacht. Die Frage nach weiteren, mehr inhaltlich ausgerichteten Ordnungen drängt sich auf. Aber wie könnte man zu solchen gelangen?

Ein akteurzentriertes Ordnungsmodell

Vor einer im Prinzip ähnlichen Problemsituation stehend, hat Nitsch (1994, S. 10ff.; vgl. auch 1996, S. 70f.) folgende Antwort vorgeschlagen: Wenn man "Handeln" ("human behavior in every-day surroundings") als dynamisches Wechselspiel zwischen Person und Umwelt(en) auffaßt, dann könnte man den "Gesamt-Handlungsraum" ("action space") systematisch nach "Raum-Typen" ("spaces") aufgliedern: "Handlung" ("action") steht - in graphischer Veranschaulichung - im (gemeinsamen) Zentrum von vier einander superponierten (durch vier Ellipsen repräsentierten) "Räumen" (physical space, biological space, psychological space, "social space). - Es wäre sicherlich durchaus möglich, die in meiner Materialbasis versammelten Bedeutungsvarianten von "Handlung" bzw. "Handeln" auf diese vier "Räume" aufzuteilen. Aber allein damit wäre noch nicht viel Disambiguierung geleistet, zumal zu erwarten wäre, daß der Großteil der angesammelten Varianten dem "psychological space" zugeteilt werden müßte. Besondere Beachtung verdient jedenfalls, daß Nitsch hier eine multidisziplinär angelegte Taxonomisierung gewählt hat. Allerdings stellt er dabei dann doch wieder das Individuum, die individuelle Handlung, ins Zentrum, gleichsam in den Schnittpunkt der vier disziplinären Perspektiven, obwohl er gleichzeitig davor warnt, der "Person"-Komponente in den "transpersonalen" Person-Umwelt-Interrelationen zu viel Gewicht zukommen zu lassen.

Sport als Alltagshandeln in ökologisch-psychologischer Perspektive

Die Handlungskonzepte, die sich in der von mir benutzten Materialbasis versammelt haben, legen mir eine etwas andere Form inhaltlicher Taxonomisierung nahe. Immerhin spielen auch in ihr Multidisziplinarität und Person-Kontext-Verbundenheit eine zentrale Rolle. Dabei möchte ich möglichst konsequent Nitschs (zuvor schon erwähntem) Hinweis folgen (1994, S.10),

daß Handeln (auch) im Sport primär Handeln in alltäglichen Umgebungen ("human behavior in every-day surroundings") ist. Handeln in alltäglichen Umgebungen ist bekanntlich die Domäne der Ökologischen Psychologie, so wie sie von R. G. Barker (Barker et Associates, 1978) verstanden, initiiert und über Jahrzehnte hin aufgebaut wurde. Es liegt daher nahe zu prüfen, ob dieser Ansatz dafür genutzt werden kann, jene Vielfalt von Handlungskonzepten in der Welt des Sports zu ordnen (vgl. dazu auch Drexel, 1985).
Wo auch immer sich etwas abspielt, das man als "Sportgeschehen" bezeichnen könnte, kommt ihm die Qualität des "Kulturellen" zu (Grupe, 1987), und zwar deswegen, weil es nur dann "Sport" genannt wird, wenn es im Rahmen bestimmter kultureingebundener, konventioneller Regeln und Normen geschieht. Dadurch wird aller Sport für die Ökologische Psychologie barkerscher Prägung in besonders problemloser Weise erreichbar, weil sich dieser Ansatz darauf konzentriert hat, kulturell geregeltes Alltagsgeschehen zu beschreiben und zu analysieren. Es sei daran erinnert, daß Barker (1968) menschliches Alltagsleben - mindestens das im Prinzip öffentlich zugängliche -, so wie es sich konkret und direkt beobachtbar verwirklicht, gewissermaßen in elementare (überindividuelle) Geschehenssysteme aufgegliedert sah, die er "Behavior Settings" nannte. Auch wenn diese Sichtweise inzwischen unter mehreren Aspekten relativiert und weiterentwickelt wurde (vgl. beispielsweise Kaminski, 1986a, 1989; Wicker, 1987, 1992), erweist sie sich doch speziell für eine Systematisierung der Welt des Sports und der in ihr verwendeten Handlungskonzepte als nützlich.
Beispiele für Behavior Settings wären etwa eine konkrete Schulunterrichtsstunde, eine konkrete Gerichtsverhandlung, ein Vereinsfest, ein Baseball-Spiel u. ä. m. Derartige Alltagsgeschehens-Einheiten werden (bei Barker) durch ein umfangreiches Ensemble von Beschreibungsmerkmalen charakterisiert, von denen hier vorerst nur die wichtigsten genannt zu werden brauchen. So kann für jedes Behavior Setting (BS) angegeben werden:

- zu welchem konkreten Zeitpunkt es *beginnt* und wann es *endet*;
- an welchem *Ort*, innerhalb welcher räumlichen Grenzen, es stattfindet;
- welche Arten von typischen Handlungsmustern (*"standing patterns of behavior")* in ihm anzutreffen sind (beispiels-weise eine Begrüßungsansprache beim Vereinsfest oder Fragen Beantworten in einer Unterrichtsstunde);
- nach welchem *"Programm"* der Gesamtablauf dieses Geschehens organisiert ist;
- auf welche Programm-Ziele (*"program circuits"*) das BS-Geschehen ausgerichtet ist;
- wie viele und welche (Arten von) Personen an ihm beteiligt sind (*"population"*);

- wie *Befugnisse* und *Pflichten* unter den Beteiligten (Inhabitanten, Partizipanten) verteilt sind (sechs "Involviertheitsstufen", *"penetration zones"*);
- in welchem *"Milieu"* (in welcher materiell-räumlichen "Umhüllung") sich das Geschehen abspielt und welche *"Verhaltensobjekte"* (Gebrauchsgegenstände aller Art) einbezogen sind;
- welchen (zeitlich überdauernden) Organisationsstrukturen (*"authority systems"*) ein BS gleichsam zugehört (z. B. einem Betrieb, einer Verwaltungseinrichtung, einem Schulsystem u. ä. m.)

Wendet man diese ökologisch-psychologische Perspektive auf den Sport an, folgt daraus zunächst die Behauptung, daß sich jegliches konkrete Sportgeschehen gleichsam im Format von Behavior Settings verwirklicht (vgl. Kaminski, 1983b, 1999a). Die Sport-Behavior Settings bilden sozusagen die Geschehens-Peripherie der zahlreichen diversen strukturellen Organisationsformen, die sich in der Welt des Sports etabliert haben (vgl. dazu Drexels "ökotheoretisches Rahmenkonzept", 1985). Für die systematische Beschreibung und Analyse der verschiedensten gesellschaftlichen Organisationsstrukturen gelten bekanntlich die Sozialwissenschaften (Teile der Sozialpsychologie eingeschlossen) als zuständig. Die überindividuelle systemare Geschehenseinheit "Behavior Setting" fungiert gewissermaßen als "Interface" zwischen der das Alltagshandeln des Individuums fokussierenden Psychologie und den Sozialwissenschaften, die sich mit überindividuellen sozialen Systemen aller Art befassen (Fuhrer, 1990b). Das heißt, daß in dem Geschehenssystem BS verschiedene disziplinäre Perspektiven zur Begegnung gebracht werden können, auch innerhalb der Welt des Sports. Alltagsgeschehen kann und sollte also unter mehreren, unterschiedlichen disziplinären Perspektiven gleichzeitig betrachtet werden, und zwar jetzt speziell vermittelt über die Einheit BS. Eine konkrete sportliche Betätigung eines Menschen wäre dann sowohl als "individuelles Handeln" eines (das BS-Geschehen zeitlich überdauernden) "Individualsystems" aufzufasssen wie auch als ein Partizipieren an einem konkreten (überindividuellen, temporären) BS-System (z. B. einer konkreten Sportunterrichtsstunde, einem konkreten Wettkampf u. a.). Eine individuumzentrierte und eine (spezifische) kontextzentrierte Sichtweise würden dann parallel, gleichgewichtig und komplementär eingesetzt.

Ein Behavior Setting übt "normative" (z. B. Freiheitsgrade einschränkende, aber auch Anreize und Standards setzende und steuernde) Wirkungen auf alle Partizipant(inn)en aus, ob sie es wissen und wollen oder nicht. So gesehen, kann man das BS als ein "normatives System" bezeichnen (Wicker & August, in press). Allerdings werden die Partizipant(inne)n in ihrem Handeln auch nicht gänzlich durch das BS determiniert. Es besteht gewissermaßen ein permanentes Spannungsverhältnis zwischen der kontextuellen Determinationskraft des BS und den spezifischen Eigeninteressen jeder/jedes einzelnen

Partizipantin/ten, die jede(r) in das BS "mitbringt". BSs lassen den einzelnen Partizipant(inn)en im Zuge der Realisierung der Programm-Ziele (mehr oder weniger) Freiräume für das Verfolgen von spezifischen Eigenzielen (**"goal circuits"**). Nimmt man nun ein Individuum, also beispielsweise einen konkreten Sportler, gewissermaßen "ganzheitlicher" in den Blick, also nicht nur innerhalb seiner einzelnen, je aktuellen Partizipationen an Behavior Settings, dann kann man es als ein "Individualsystem" auffassen und bezeichnen. So gesehen, "partizipiert" ein Individuum zwar, je aktuell, an einer Vielzahl unterschiedlichster Behavior Settings. Man kann jedoch, wie Wicker und August (in press) für den Lebensbereich "Arbeit" zeigen, von "Partizipation" auch noch in einem etwas erweiterten Sinne sprechen: Ein Individuum "partizipert" auch an anderen Arten von "normativen Systemen" in dem Sinne, daß es von ihnen, in ähnlicher Weise wie von BSs, normative Einwirkungen empfängt (jetzt einmal abgesehen davon, daß es seinerseits auch aktiv, mitgestaltend, auf alle diese kontextuellen Systeme einwirkt). Im Falle des Sports kämen dafür beispielsweise in Betracht Familie, Mannschaften verschiedener Art, Sportverein, Sportfreundschaften u. a. m. (vgl. z. B. Hahn, 1995).

Die Systematisierung des Alltagslebens mittels Behavior Setting (BS)-Genotypen

Wie könnte nun dieser ökologisch-psychologische Ansatz speziell für eine Taxonomisierung der Welt des Sports und der in ihr verwendeten Handlungskonzepte nutzbar gemacht werden? Dazu kann auf die theoretischen Ausführungen Barkers zur Klassifikation von BSs zurückgegriffen werden (1968, S.33ff., S.83ff.). Grundsätzlich, meinte er, können BSs auf so viele Weisen klassifiziert werden, wie sie Merkmale haben, in denen sie sich unterscheiden. Im Alltag pflege man jedoch BSs nach komplexen Ähnlichkeiten zu "Typen" zusammenzufassen bzw. auseinanderzuhalten. Diverse konkrete Sportunterrichtsstunden einer Schule differieren zwar in zahlreichen Details. Dennoch haben sie, aufs Ganze gesehen, mehr Ähnlichkeiten untereinander als mit konkreten Mathematik- oder mit Englischunterrichtsstunden. Man kann also, beispielsweise, einen BS-"Genotyp" " Sportunterrichtsstunde" konzipieren. Den Begriff "Genotyp" übernimmt Barker aus der Biologie. So wie der Genotyp eines Organismus durch sein genetisches Programm festgelegt werde, so sei es auch bei BSs ihr "Programm", das ihr Gesamt-Erscheinungsbild und ihr Funktionieren am weitreichendsten determiniere. BSs können sich mehr oder weniger ähneln. Eine Mathematikstunde und eine Englischstunde sind einander ähnlicher als beide einer Sportstunde. Aber alle drei Arten von Schulunterrichtsstunden ähneln einander mehr als, beispielsweise, einem Gottesdienst-BS oder einem Geburtstagsparty-BS. BSs sind einander um so ähnlicher, je ähnlicher ihre "Programme" sind. Da das

Programm eines BS relativ vieles von seinen prozessualen und seinen strukturellen Details festlegt, ähneln sich programm-ähnliche BSs zugleich auch in vielen Details.
Beim Zusammenfassen von konkreten BSs zu Genotypen sieht man also von gewissen Unterschieden ab, die zwischen den Ursprungs-Einheiten bestehen. Dieses Abstrahieren kann man in zweierlei Weise flexibel handhaben: Zum einen kann man (a) beim Zusammenfassen weniger oder mehr (unterscheidende) BS-Merkmale ignorieren; zum anderen (b) könnte man auch dazu übergehen, andere BS-Merkmale zu ignorieren, als es Barker selbst tat, und das hieße zugleich, andere BS-Merkmale als "Anker" für BS-Aggregationen zu verwenden als das "Programm" und die mit ihm am engsten verbundenen BS-Merkmale.
Zu (a): Im ersten Falle bildet man BS-Genotypen auf verschiedenen "Genotypisierungs-Niveaus" (womit jetzt allerdings etwas über Barker hinausgegangen wird). Ein schlechthin konkretes (BS-artiges) Alltagsgeschehenssystem wäre eine bestimmte Sportunterrichtsstunde an einem bestimmten Tag und Ort. Ihr am ähnlichsten wäre die Sportunterrichtsstunde, die der gleiche Sportlehrer zwei Tage später mit der gleichen Klasse in der gleichen Sporthalle durchführt. Barker würde hier nicht von zwei "BSs", sondern von zwei "occurrences" eines BS sprechen. Das BS könnte heißen "Sportunterricht der Klasse 3a im Schuljahr 1999/2000", und es mag vielleicht 80 "occurrences" umfassen. Andere BSs bestehen nur aus einer einzigen "occurrence", wie die "Schulweihnachtsfeier 1999". Man könnte nun durchaus die Auffassung vertreten, das (barkersche) "Schuljahr-BS" sei bereits eine Art "Aggregat" bzw. ein BS-Genotyp (1. Ordnung). Von diesem aus könnte man Sportunterrichts-BSs immer höherer Genotypisierungs-Niveaus bilden, indem man von immer mehr unterscheidenden Merkmalen absieht und somit immer umfangreichere Aggregate herstellt, denen BS-Genotypen immer höherer Ordnung entsprächen (die Sportunterrichtsstunden dieser Schülergruppe, über mehrere Schuljahre hin aggregiert; oder die Sportunterrichtsstunden aller Schulklassen dieser Schule in einer Woche; oder während eines ganzen Schuljahrs; oder die Schuljahrs-Sportunterrichtsstunden eines bestimmten Schultyps eines Bundeslandes u. s. w.) (vgl. dazu Drexels vier "Abstraktions"-Stufen, 1985; ferner Sommer & Wicker, 1991).
Zu (b): Es kann durchaus auch sinnvoll sein, BSs, beispielsweise, über das Merkmal "Milieu" zu BS-Genotypen (dann wieder unterschiedlicher Niveaus) zu aggregieren: Sportunterrichtsstunden im Freien oder aber in der Halle. Oder einen BS-Genotyp (auch wieder unterschiedlicher Niveaus) in einem speziellen "Populations"-Merkmal zu verankern: Sportunterrichtsstunden mit Grundschul-Erstkläßlern oder mit Mädchen in der Pubertät.
Darüber hinaus führt Barker noch ein ganz anderes Prinzip zur "Zusammenfassung" von BSs ein, eine andere Art von Zusammengehörigkeit, für die er den Begriff "authority system" verwendet. Die Unterrichtsstunden einer

Schule sind, als BSs, nicht voll "autonom"; ihre Programme werden vielmehr mit determiniert von Leitungsgremien der Schule, deren (u. a. Normen setzende) Arbeitssitzungen wiederum BS-Charakter haben. Diese Schulleitungs-BSs sind ihrerseits teilweise von übergeordneten Instanzen abhängig, die ihre direktiven Einflüsse ebenfalls in Gremiensitzungs-BSs zur Welt bringen. Eine solche Hierarchie von Über-/Unterordnungverhältnissen zwischen BSs nennt Barker ein "authority system".

Vorteile einer BS-theoretischen Artikulation sportlicher Betätigungen

Was haben diese Verfahren zur Klassifikation und zur Gruppierung von BSs mit der Welt des Sports und mit den in ihr verwendeten Handlungskonzepten zu tun? Die Welt des Sports ist bereits in hohem Maße und vielfältig organisiert, objektiv und subjektiv-kognitiv, in verschiedenartige "Einheiten" wie Verband, Verein, Schulsport, Fußball, Tennis, Wettkampf, Training u. a. m. Dementsprechend geht es hier nicht darum, (gleichsam "bottom-up", von BSs aus) neue Klassifikationen und Gruppierungen einzuführen. Vielmehr soll gezeigt werden, warum es vorteilhaft ist, die vertrauten Organisationsformen gewissermaßen zusätzlich BS-theoretisch zu interpretieren. Welche Vorteile kann man sich davon versprechen?
Wie gesagt: Handlungskonzepte sind, allem Anschein nach, von den Kontexten mit geprägt, mit konstituiert, in denen sie Verwendung finden. Mit "Verwendungskontexten" sind hier (auch) die Organisationsformen gemeint, von denen soeben einige beispielhaft genannt wurden. Abgesehen davon, war grundsätzlich empfohlen worden (s. o.), sportliche Betätigung eines Individuums stets sowohl als "Handeln" wie auch als ein "Partizipieren" (an kontextuellen Systemen) aufzufassen. Individuumzentrierte und kontextzentrierte Sichtweise sollten parallel, gleichgewichtig und komplementär eingesetzt werden. Wollen wir dieser Maxime folgen, dann erscheint es ratsam, das "Partizipieren an Kontexten" theoretisch so zu artikulieren, daß es mit Konzepten "individuellen Handelns" gleichsam in möglichst enge, unmittelbare Verbindung gebracht werden kann. Eben solches leisten zu können, ist einer der Vorteile einer BS-theoretischen Interpretation derartiger Kontexte. Zwar bietet sie zunächst nur eine verhältnismäßig grobrastrige, rahmenhafte Artikulation von Alltagsgeschehen an; diese bemüht sich jedoch, innerhalb dieses Auflösungsgrades der Betrachtung, um einen "realistischen" Aspektreichtum, gewissermaßen um deskriptive Vollständigkeit. Dabei sei daran erinnert, daß diese Alltagsgeschehens-Artikulation in den umfangreichen Untersuchungen der Barker-Gruppe auf einer außergewöhnlich breiten empirischen Basis entwickelt wurde, nichtsdestoweniger ist sie in vielen Hinsichten weiterer theoretischer Differenzierung und Präzisierung zugänglich. - Ferner hat BS-theoretische Interpretation den Vorteil, für alle Arten von Partizipieren (an einschlägigen kontextuellen Systemen) eine einheitliche

rahmentheoretische Artikulation bereitzustellen, so daß die Perspektiven "individuelles Handeln" und "Partizipieren" überall in gleicher Weise systematisch miteinander in Verbindung gebracht werden können.

BS-theoretische Rekonstruktion von Organisationsformen und Untergliederungen des Sports

Im folgenden soll zunächst etwas detaillierter erläutert werden, was hier mit "BS-theoretischer Interpretation sportspezifischer Kontexte" gemeint ist. Anschließend soll an einigen Beispielen aus der Fachliteratur konkreter verdeutlicht werden, welche Konsequenzen daraus für die Konstituierung und die Verwendung von Handlungskonzepten abzuleiten sind.

(a) Was üblicherweise als *"Sportart"* bezeichnet wird, kann (näherungsweise) als das Resultat einer ersten Form der Genotypisierung von Sport-BSs aufgefaßt werden. Unter der Bezeichnung *"Tennis"* werden, gewissermaßen auf höchstem Genotypisierungs-Niveau, alle BSs zusammengefaßt, deren Geschehensablauf nach einem bestimmten BS-Programm abgewickelt werden. Das BS-Programm käme in diesem Falle im wesentlichen dem Gehalt einer kanonischen, offiziellen Gesamtbeschreibung des Tennisspiels (speziell eines regelgerechten Spielablaufs) gleich. (Barker nahm einmal "Basketball" als Beispiel, 1968, S.94ff.) Unter anderem werden darin - BS-theoretisch gesprochen - Ziele, typische Handlungsmuster, Ablaufsorganisation, beteiligte Akteure, die Aufteilung ihrer Rechte und Pflichten, bestimmte "Milieu"- und "Verhaltensobjekte"-Charakteristika beschrieben. Konkrete Tennis-BSs entsprechen diesem "Programm", weil dieser kanonischen Sportart-Beschreibung in der Welt des Sports normative Qualität zukommt. Sosehr die konkreten BS-occurrences der verschiedensten Sportarten sich untereinander noch unterscheiden mögen, so ähneln sie sich jedenfalls untereinander insoweit, daß sie jeweils zu einem bestimmten Sportart-BS-Genotyp aggregiert werden können. - Ein weiteres illustrierendes Beispiel: Zentraler Anteil des BS-Programms beim Sportart-BS-Genotyp "Wasserspringen", sind "Sprünge" und "Sprungserien", "die vor dem Wettkampf festgelegt" werden (Semmler, 1996, S. 134).

(b) Diese Sportarten-BS-Genotypen können aufgrund verschiedener BS-Merkmale gewissermaßen nach Subtypen differenziert werden. Wenn man bei den BS-Parametern *"typische Handlungsmuster"* und *"Ablaufsorganisation"* ("Programm" im engeren Sinne) bestimmte Oberkategorien bildet, beispielsweise "kampfartige Handlungen", "besondere Ausdauer erfordernde Handlungen" u. a. m. So gelangt man zu den Subtypen *"Kampf-Sportarten"*, *"Ausdauer-Sportarten"* u. s. w.

(c) Eine andere Differenzierung von Sportarten-BS-Genotypen kommt zustande, wenn bei dem BS-Parameter "beteiligte Akteure" (*"population"*) primär auf die *Anzahl* der Hauptakteure geachtet wird; dann kann man etwa

"Ein-Personen-Sportarten", "Zwei-Personen-Sportarten" usw. unterscheiden. - Achtet man bei dem BS-Parameter "beteiligte Akteure" primär auf bestimmte *"Person"-Merkmale* der Hauptakteure, dann könnte das, z. B., zur Unterscheidung von *"Frauen-Sportarten"* und *"Männer-Sportarten"* führen.

(d) Setzt man mit einer Genotypenbildung wieder ganz von vorn an, also bei der Gesamtheit irgendwelcher Sport-BSs, und nimmt man dort *"Person"-Merkmale* der Hauptakteure als "Anker" für das Aggregieren, kommt das einer zweiten Strategie gleich, die, beispielsweise, zu dem BS-Genotyp *"Behindertensport"* führt. Unter dieser Bezeichnung werden alle BSs zusammengefaßt, in denen Behinderte die Sport Ausübenden sind (was dann mancherlei Implikationen für die BS-Ziele und andere BS-Parameter hat).

(e) Eine dritte Strategie der Genotypisierung von Sport-BSs resultiert in den Geschehenstypen, die Drexel (1999, S. 13) *"Gattungsformen* des Sports" nennt (z. B. Wettkampf, Training, Unterricht). Unter der Bezeichnung *"Wettkampf"*, beispielsweise, werden alle Sport-BSs zusammengefaßt, deren Gesamtgeschehen auf bestimmte, eben wettkampftypische, (und dabei jedenfalls gleichsam *sportwelt-immanente*) *Ziele* ausgerichtet ist (Ermittlung von Höchstleistungen bzw. Leistungsrangfolgen). Durch diese Ziele wird das jeweilige Sportart-BS-Programm in Details seines Geschehensablaufs beeinflußt, gleichsam überformt. - Demgegenüber zielt das Gesamtgeschehen in dem BS-Genotyp *"Training"* primär darauf ab, für Sport-BSs anderer Art (z. B. "Wettkampf") Zuarbeit zu leisten; speziell darauf, die beteiligten Hauptakteure für ein möglichst erfolgreiches Partizipieren an andersartigen Sport-BSs vorzubereiten. Das bedeutet unter anderem, daß im BS-Genotyp "Training" die Sportart-BS-Programme jeweils in ein übergeordetes BS-Programm (flexibel) eingegliedert sind, das die strukturelle und die prozessuale Organisation der konkreten Training-BS-occurrences rahmenhaft bestimmt und das von den Beteiligten im Prinzip beliebig gestaltet werden kann.

(f) Eine vierte Strategie der Genotypisierung von Sport-BSs verankert ihr Aggregieren in sportwelt-externen *Oberzielen*, die die Partizipanten als *Individualsyteme* gleichsam in die Sport-BSs mit hineinnehmen (beispielsweise Gesundheitserhaltung, Wiederherstellung körperlicher Funktionstüchtigkeit, Betreiben eines Hobbys, Gelderwerb u. ä. m.). Unter der Bezeichnung *"Rehabilitations-Sport"* können dann alle Sport-BSs zusammengefaßt werden, deren Gesamtgeschehen darauf ausgerichtet ist, bei bestimmten Kategorien von BS-Partizipanten zur Wiederherstellung einer mehr oder weniger beeinträchtigten körperlichen Funktionstüchtigkeit beizutragen.

(g) Eine fünfte Strategie der Genotypisierung von Sport-BSs setzt in deren institutionellem Umfeld an, bei den *"Authority Systems"*, denen die Sport-BSs jeweils institutionell eingegliedert sind (z. B. Sportverein, Schulsystem, Wirtschafts- oder Verwaltungsbetrieb). Unter der Bezeichnung, beispielsweise, *"Schulsport"* können dann alle Sport-BSs zusammengefaßt werden, deren

Gesamtgeschehen in manchen Parametern durch Instanzen verschiedener Hierarchieebenen eines Schulssystems mitbestimmt wird.
In entsprechender Weise könnten auch noch weitere in der Welt des Sports anzutreffende Organisationformen gewissermaßen BS-theoretisch rekonstruiert werden.

BS-theoretische Interpretation handlungstheoretischer Ansätze: Einige Beispiele

Die nachstehenden Beispiele sollen, wie gesagt, verdeutlichen, welche Konsequenzen aus einer BS-theoretisch begründeten Taxonomisierung von sportspezifischen Kontexten für die Konstituierung und die Verwendung von Handlungskonzepten abzuleiten sind. Dabei werden teilweise dieselben Fachliteraturbeiträge verwendet wie im Vorherigen, damit erkennbar wird, inwiefern BS-theoretisch begründete Taxonomisierung von sportspezifischen Kontexten und damit auch von Handlungskonzepten über die eindimensionale Ordnung nach "Auflösungs"- oder Elaboriertheits-Niveaus hinausgeht.

(a) Ilg und Nieber (1996) wollen "die Lehrersprache und ihren Einfluß auf das Handeln von Schülern" "auf der Grundlage eines handlungstheoretischen Ansatzes" analysieren (S. 57). Dazu werden "Wortprotokolle und Videoaufnahmen" aus schulischem Sportunterricht (sprach-)inhaltsanalytisch ausgewertet und die sprachlichen Äußerungen der Lehrerinnen jeweils bestimmten Teilkomponenten eines Modells "sport-motorischen Handelns" zugeordnet (z. B. "Orientierung", "Antrieb"). Welche Perspektiven ergeben sich, wenn die dort verwendete Artikulation von "Handeln" BS-theoretisch gestandortet und mit dem Konzept "Partizipieren an Kontexten" in Verbindung gebracht wird?

Die sportlichen Betätigungen der Schüler(innen) erscheinen dann primär (auf genotypischem Niveau vereinfacht beschrieben) als (partikuläres) "Partizipieren" an einem Sportunterrichtsstunden-BS. Der Ablauf dieses BS wird von einer Sportlehrerin (als "Single Leader", Barker, 1968, S. 51) gemäß einem BS-Programm gestaltet, das sie selbst konzipiert hat. In der Konzipierung dieses BS-Programms ist sie an ermöglichende und einschränkende Vorgaben gebunden (in Frage kommende Sportarten, verfügbare "Population", "Milieus", "Verhaltensobjekte" ["Nutzungsbedingungen" i. S. v. Rümmele, 1990], Zeiten). Diese Vorgaben wirken also von verschiedenen Ebenen des Schulsystems aus in die BS-Programm-Konzipierung für jede konkrete Sportunterricht-occurrence (und somit auch in diese selbst) hinein. Gewissermaßen eingeflochten in die lehrerin-spezifischen BS-Programme sind auch (an Unterrichtsverhältnisse spezifisch adaptierte) Versatzstücke aus unterschiedlichen Sportarten-BS-Genotypen. Wenn sich Schüler(innen) innerhalb dieser Sub-Settings sportlich betätigen, ist das also primär als ein "Partizipieren", als Sich-Beteiligen am Umsetzen von Vorgaben aus einem je konkreten BS-Programm-Kontext, zu interpretieren. Diese Vorgaben werden von

der Lehrerin für das BS-Programm nicht nur spezifisch ausgewählt, sondern sie werden auch von ihr in einer für sie selbst spezifischen Weise an die Schüler(innen) sprachlich vermittelt. Das bedeutet, daß sowohl das sportliche Sich-Betätigen der Schüler(innen) als auch dessen konzeptuell-sprachliche Artikulation aus diesem spezifischen BS-Kontext heraus mit geformt werden. Das sportliche Sich-Betätigen der Schüler(innen) jetzt auch als individuelles Handeln aufzufassen, müßte eigentlich implizieren, dieses jeweilige konkrete Umsetzen von BS-Programm-Vorgaben in seiner Gesamtheit handlungstheoretisch zu artikulieren. Das wird bei Ilg und Nieber offensichtlich nicht angestrebt. Vielmehr scheint es hier auszureichen, sportliches Sich-Betätigen lediglich in einer weitgehend kontext-unspezifischen Grobrastrigkeit als "Handeln" zu artikulieren (also auch sportarten-unspezifisch). (Das handlungsleitende BS-Programm-Wissen der Schüler(innen) ist viel inhaltsreicher als das spezielle Handlungswissen, das gewissermaßen zu einer bestimmten sportartgerechten Betätigung gehört.) - Fazit: Die Spezifität dessen, wie der Terminus "Handeln" bei Ilg und Nieber konzeptuell ausgefüllt wird, kann, meine ich, erst durch eine BS-theoretische Kontext-Interpretation angemessen deutlich erkennbar gemacht werden. Diese Interpretation widerspricht nicht den Ausführungen der Autoren, sondern sie will diese nur angemessen systematisch einordenbar machen.
(b) Maxeiner und Pitsch (1997; auch Pitsch & Maxeiner, 1995) interessieren sich für das Handeln, speziell für die "Informationsverarbeitung", bei K(urzzeit)- und bei L(angzeit)-Sportler(inne)n. K-Sportarten sind solche, bei denen den Sportler(inne)n für die "Informationsverarbeitung" (jedenfalls manchmal) deutlich weniger Zeit "zur Verfügung steht" als bei den L-Sportarten. Die Autoren schlagen zur Erklärung bestimmter, in Experimenten nachgewiesener (habitueller) Unterschiede zwischen K- und L-Sportler(inne)n ein "Modell der funktionellen Regulation" vor, das als Segment eines Handlungsmodells verstanden werden kann. Diese theoretischen Artikulationen werden also im wesentlichen im Hinblick auf individuelles Handeln konzipiert. Wie stellt sich dieser Ansatz demgegenüber in einer partizipations-, speziell einer BS-theoretischen Perspektive dar?
Zunächst müßte eine angemessene Anzahl von Sportarten-BS-Genotypen, genauer deren BS-Programme, analysiert werden, und zwar unter dem Aspekt, wo innerhalb der darin kanonisierten Geschehensabläufe den Partizipant(inne)n jeweils wieviel Zeit für ein anforderungsgemäßes Umsetzen der Vorgaben gelassen wird. Das würde – idealiter - erfordern, pro Sportart alle möglichen Grundformen und Varianten von zugelassenen bzw. geforderten Teilabläufen (als Szenarios) "genotypisch" virtuell durchzuspielen (vgl. dazu Göhner, 1979, 1992a, 1992b). Solches Vorgehen würde für jede der Sportarten erkennbar machen, unter welchen typischen aktuellen Bedingungen im Programm-Ablauf welche der BS-Partizipant(inne)n unter besonders hohem "Zeitdruck" stehen ("K-Konstellationen"; vgl. z. B. Kleinöder et al., 1994) und unter welchen Bedingungen weniger ("L- Konstellationen"). Für solches Durchspielen würde vorerst eine vortheoretisch-alltagspsychologische Geschehensartikulation ausreichen. Da-

durch hätte man also für jede der analysierten Sportarten so etwas wie eine Grundgesamtheit aller ihrer K-Konstellationen gewonnen. (In handlungstheoretischer Perspektive würde man von "K-Situationen" sprechen; vgl. z. B. "Kampfsituation" bei Hahn, 1991, S. 166.) Für jede Sportart könnte schließlich eine Art (u. U. mehrdimensionales) Gesamt-"K-/L-Profil" definiert werden. Danach müßte vereinbart werden, aufgrund welcher Profil-Kriterien man eine Sportart jeweils einer der beiden Extrem-Kategorien (K- bzw. L-Sportart) zuweisen will.
Wenn Sportler(innen) an konkreten occurrences der verschiedensten Sportarten-BS-Genotypen partizipieren, geraten sie immer wieder (auch) in die vom BS-Programm gewissermaßen bereitgehaltenen K-(bzw. L-)Konstellationen hinein. Wenn man jetzt solches Partizipieren (speziell an K-Konstellationen) präziser als individuelles Handeln möglichst allgemeingültig modellieren wollte, läge es nahe, sich dabei an einem möglichst breiten Spektrum von K-Sportarten und bei jeder von ihnen an der Grundgesamtheit ihrer K-Konstellationen zu orientieren. Demgegenüber erscheinen die von den Autoren genannten K-/bzw. L-Sportarten (Badminton, Volleyball, Eishockey vs. Triathlon, Langstreckenlauf, Turnen, Langstreckensegelfliegen) zwar plausibel, jedoch nicht systematisch ausgewählt. Entsprechendes gilt auch für die Auswahl der K-Konstellationen, mit denen die Autoren die K-Sportarten illustrieren. - Fazit: Die Spezifität der handlungstheoretischen Ausfüllung des Terminus "Informationsverarbeitung" bei Maxeiner und Pitsch bzw. die Unbestimmtheit ihrer "ökologischen Repräsentativität" können erst durch eine BS-theoretische Kontext-Interpretation erkennbar gemacht werden. Auch hier widerspricht diese Interpretation nicht den Ausführungen der Autoren, möchte sie aber systematisch besser einordenbar machen.
(c) Höner und Willimczik (1998) fragen sich, auf welche sportlichen Handlungen das von Heckhausen stammende, eine Handlung in vier Phasen aufgliedernde Rubikon-Modell sinnvoll anwendbar ist und wo man an die Grenzen seiner Anwendbarkeit stößt. Dabei beziehen sie in ihre Überlegungen auch verwandte handlungstheoretische Ansätze, von Kuhl und von Nitsch, mit ein. Sie argumentieren schließlich dafür, die Anwendbarkeitsgrenzen des Rubikon-Modells auf "sportliche Handlungen" im Variationsbereich zweier Handlungsparameter festzulegen, der "zeitlichen Dauer" und der "Komplexität" sportlicher Handlungen. Eine Handlung erscheint im Horizont der hier diskutierten Modelle im Kern als eine Entscheidung, deren Ergebnis bis zur (im Detail nicht weiter interessierenden) "Realisierung" mancherlei Anfechtungen ausgesetzt ist, denen widerstanden werden sollte. Wenn man sich diverse Arten von (sportlicher) Betätigung unterschiedlichster (objektiver) Dauer vor Augen führt, scheinen bei einem bestimmten Grad von Kürze diese Handlungs-Charakteristika nicht mehr gegeben zu sein: Der Akteur der Handlung "Torwurf im Handballspiel" mag vor ihrer Realisierung bei sich noch ein Sich-Entscheiden erleben können; dagegen wird man den untergeordneten (noch kürzeren) Vorgang "Ausholen zum Wurf" nicht mehr als Handlung auffassen wollen, also auch das Rubikon-Modell nicht mehr darauf anwenden wollen. In einem ähnlichen Sinne sei "Anziehen der Sportkleidung "

ein zu wenig "komplexer" Vorgang, als daß er noch "planungsbedürftig" und somit modellgerecht wäre, während dies von "Teilnahme an einer Kurseinheit" zweifellos gelte.
Wiederum erhebt sich die Frage, wie alles das, was hier mit "Handlung" bezeichnet wird, mit einer partizipations-, speziell einer BS-theoretischen Perspektive zusammengeführt werden kann. Diese Frage läßt sich gut anhand eines von den Autoren selbst verwendeten Beispiels beantworten: "Teilnahme an einer Tageseinheit eines Kurses zur Rückenschule" ist für die Autoren eine "Handlung", ebenso die hierarchisch übergeordnete "Teilnahme an einem mehrwöchigen Rükkenschulkurs". Es scheint sich anzubieten, dies beides ohne weiteres, im Sinne Barkers, als "Partizipieren an einer Rückenschule-BS-occurrence" bzw. als "Partizipieren an einem Rückenschule-BS" umzubenennen. Dies würde jedoch der Auffassung der Autoren nicht entsprechen, weil für sie "Teilnehmen" hier lediglich eine individuumzentriert-handlungstheoretische Bedeutung hat und eben nicht eine kontextzentriert-partizipationstheoretische. Genauer gesagt: In die Bedeutung des Terminus "Teilnehmen" gehen bei den Autoren zwei Teilbedeutungen ununterschieden ein: "Handeln auf einen Kontext hin" und "Handeln innerhalb dieses Kontextes". Entschließt sich ein Individuum, an einem (vielleicht auf acht occurrences ausgelegten) Rückenschule-BS zu partizipieren, dann ist das ein "Handeln auf einen Kontext hin", das man umstandslos mit dem Rubikon-Modell interpretieren kann. Jedoch sobald das Individuum (im Rahmen eines übergeordneten "personal project"; vgl. Little, 1983) seinen Beitritt zu dem Kurs erklärt hat, ist es selbst Partizipant dieses BS und damit dessen gesamtem Reglement unterworfen. Es handelt von da an "innerhalb dieses Kontextes" und weiß das auch. In seinem "Handeln auf eine occurrence hin" ("gehe ich zur dritten Tageseinheit hin oder nicht?") handelt das Individuum nicht in gleicher Weise "individuell" wie bei seinem "Handeln auf das Gesamt-BS hin"; denn bleibt es einer occurrence "willkürlich" fern, verletzt es die (formellen und informellen) Verpflichtungen, die es mit dem Beitritt eingegangen ist, was verschiedenerlei Konsequenzen für das gesamte kontextuelle System hätte. - Ferner: Wie sollte "tägliches Teilnehmen" (65) als "eine Teilhandlung" mit dem Rubikon-Modell interpretiert werden? Soll damit die handlungstheoretische Artikulation alles dessen, was als (individuelles) Sich-Betätigen innerhalb einer occurrence geschieht, gewissermaßen pauschal abgedeckt sein? Hier müßte also zunächst wieder die partizipations-, speziell die BS-theoretische Interpretation einsetzen, wonach ein(e) Partizipant(in) primär zur Umsetzung der occurrence-Programm-Vorgaben beiträgt, was zweifellos einem sehr "komplexen", vielschichtigen Geschehen von beträchtlicher zeitlicher Erstreckung gleichkommt. Welche Teilvorgänge in diesem Geschehen sinnvollerweise mit dem Rubikon-Modell (oder einem anderen Modell für individuelles Handeln) interpretiert werden könnten und welche nicht, bleibt also eine offene Frage, weil das Partizipieren am Kontext (bzw. das Handeln innerhalb des Kontextes) nicht detailliert, genau und repräsentativ genug beschrieben werden, um eine solche grundlegende Grenzziehung zu ermöglichen.

Die auf das "Rückenschule"-Beispiel angewandte Argumentation kann im Prinzip auf die meisten anderen von den Autoren eingefügten Beispiele übertragen werden: Den "individualhandlungs"-theoretischen Interpretationen sollten jeweils "partiziationstheoretische" voraufgehen, weil sonst potentiell wichtige Determinanten für das Individualhandeln außer acht gelassen werden könnten. - Wenn der Rückraumspieler sich von dem beschlossenen Torwurf durch den Zuruf eines Mitspielers abbringen läßt, nimmt dieser Zuruf nicht gleichsam wie ein singulärer, energiereicher Stimulus Einfluß auf das Umentscheiden, sondern bei dem Werfer geschieht vermutlich zunächst eine blitzschnelle spielsystemische Neuinterpretation der aktuellen "Konstellation", die durchaus kontext-angemessen und kontext-optimal sein kann (vgl. Kaminski, 1994). - Der trainierende Zehnkämpfer ist primär in verschiedene Systemkontexte eingebunden, auf die er in seinen individuellen Entscheidungen Rücksicht nehmen muß, der Langstreckenläufer mit seinen Wettkampfplanungen vermutlich ebenfalls, wie auch der Sportlehrer mit seiner Unterrichtsplanung (s. o. unter Abschnitt 3.6). – Fazit: Das Rubikon-Modell wird von Höner und Willimczik als ein individuumzentriert-handlungstheoretscher Ansatz vorgeführt, der keine Möglichkeiten zu angemessener theoretischer Artikulation des Partizipierens an kontextuellen Systemen anbietet. Wer sich sportlich betätigt, ist jedoch zumeist - sozusagen per definitionem - jeweils in konkrete, systemar organisierte Kontexte eingebunden. Deswegen muß die Anwendung dieses Modells gerade in der Welt des Sports oft als problematisch erscheinen, wenn ihr nicht jeweils eine "partizipationstheoretische" Analyse gleichsam vorgeschaltet wird. (Entsprechendes gilt auch für die Weiterentwicklung dieses Modells durch Kuhl.)

(d) Kunath (1997) macht sich Gedanken über das Verhältnis der Konzepte "Handlung" und "Tätigkeit" zueinander, die seiner Meinung nach beide weiterhin benötigt werden. Die Sportpsychologie in den neuen Bundesländern war und ist deutlich mehr an dem Konzept "Tätigkeit" orientiert, während in den alten das Konzept "Handlung" favorisiert wird. Er plädiert für das Konzept "Tätigkeit", weil es - in meiner Terminologie ausgedrückt - "partizipationstheoretische" Sichtweisen einfordere, die von Handlungstheorien (von Ausnahmen abgesehen; vgl. etwa von Cranach et al., 1986) nicht angemessen berücksichtigt werden.

Kunaths Plädoyer entspricht also der Tendenz nach dem Tenor meiner eigenen Argumentationen. Allerdings versammelt er unter dem nominellen Dach "Tätigkeit" (genauer: unter dessen kontextueller Bedeutungskomponente) sehr viele verschiedene Kontext-Bezeichnungen und damit Kontext-Varianten: Soziale Komponente, soziales Bezugssystem, Gruppe, aktuelle situative Spielbedingungen, sozialer Kontext, gesellschaftlich-sozialer Kontext, soziale Inhalte der Tätigkeit. Das Tätigkeits-Konzept soll in Erinnerung bringen bzw. halten, daß alle diese kontextuellen Bedingungen irgendwie auch in die "psychische Regulation" der einzelnen sportlichen Handlung hineinwirken. Über das Wie dieses Hineinwirkens werden jedoch keine hinreichend genauen Aussagen gemacht. Es wird keine theoretische Basis erkennbar, die es ermöglichen würde, die verschiedenen Arten von Kontexten systematisch einerseits zueinander, andererseits zu aktuellem sportlichem Sich-Betätigen (inklusive seiner "psychischen Regulation") ins Verhältnis zu setzen. Eine ökologisch-psychologische, speziell eine BS-theoretische Analyse erweist sich auch hier als hilfreich zur Aufklärung von Mehrdeutigkeiten und zur systematischen Differenzierung und Präzisierung.

"Fußballspielen" als "Tätigkeit"? (Kunaths zentrales Beispiel) Das könnte verstanden werden als: (a) die Realisierung einer konkreten BS-occurrence, also eines bestimmten Fußballspiels in seiner (kollektiven) Gesamtheit; sämtliche sportlichen Betätigungen darin würden wesentlich mit determiniert (oder "reguliert") durch den Sportart -BS-Genotyp "Fußball", dem das BS-occurrence-Programm zu entsprechen hat; (b) die Gesamtheit der sportlichen Betätigungen eines bestimmten Partizipanten innerhalb dieser occurrence ("partizipieren" im ursprünglichen Sinn); (c) bestimmte mehr oder weniger umfangreiche Teilgeschehen aus (b), die unter Umständen auch als "einzelne Spielhandlungen" aufgefaßt und handlungstheoretisch interpretiert werden könnten (vgl. Kaminski, 1994); (d) die Gesamtheit der Partizipationen eines bestimmten Individuums an irgendwelchen Fußballspiel-occurrences; (e) der "Lebensbereich" "Fußball" eines bestimmten Individuums (unter Umständen als "personal project" i. S. v. Little, 1983, interpretierbar), von dem (d) der Hauptanteil ist; bei Individuum A ist dieser Lebensbereich vielleicht von der zentralen Zielsetzung (oder dem "Motiv") getragen , mit (d) Geld zu verdienen, bei Indiviuum B vielleicht von dem "Motiv" (oder Zielkomplex), einen Teil seiner Freizeit sinnerfüllt zu gestalten. (In diesem Zusammenhang kann dann auch auf ein "Selbst" o. ä. verwiesen werden, das "personale Projekte" konzipiert, plant, bewertet und das somit "Beziehungen" zu eigenen "Lebensbereichen" hat.) - "Fußballspielen" als "Sporttreiben einer Gruppe von Menschen" kann verstanden werden als: (f) Realisierung einer konkreten Fußball-BS-occurrence, an der, gemäß dem Fußball-BS-Genotyp, eine bestimmte "population" mit typischen Funktionsverteilungen beteiligt ist; (g) ein mehrfaches Geschehen von (f), wobei die "population" immer aus denselben Personen besteht, einer Mannschaft, die als soziales System die verschiedenen occurrences in einem ähnlichen Sinne "überdauert", wie der einzelne Partizipant als Individualsysytem verschiedene BS-occurrences überdauert; (h) ein mehrfaches Geschehen von (f), wobei als "Gruppe" jetzt nicht eine "Mannschaft" gemeint ist, sondern gewissermaßen die Quellpopulation potentieller Mannschaftszugehöriger in einem Fußballverein. - "Kontextualität" im Zusammenhang von sportlichem Sich-Betätigen (nennt man es nun "Tätigkeit" oder anders) hat in BS-theoretischer Perspektive also mindestens acht klar unterscheidbare Bedeutungen angenommen. Folglich müssen die Fragestellungen bezüglich des Einflusses von "Kontextualität" auf einzelne, individuelle sportliche Betätigungen und ihre "psychische Regulation" dementsprechend differenziert und präzisiert werden, damit Wege für eine hinreichend präzise Beantwortung dieser Fragen aufgewiesen werden können. Solches noch weiter auszuführen, würde den hier vorgegebenen Rahmen allzu sehr strapazieren; dazu bedürfte es eigentlich eines eigenen Artikels. Jedoch

sollte nach den voraufgegangenen Darstellungen einigermaßen absehbar sein, wie hier weiter argumentiert werden könnte.
Zu den verbleibenden Teilen des Kunath-Beitrags sei nur so viel angemerkt: Für die Weiterverwendung des "Tätigkeits"-Konzepts (zusätzlich zum "Handlungs"-Konzept) führt der Autor mehrfach ins Feld, daß der "Einfluß" vieler (hier als kontextuelle Einheiten zu verstehender) Organisationsformen des Sports (Training, Schulsport, Freizeitsport, Breitensport, Gesundheitssport, Behindertensport) auf die individuellen sportlichen Betätigungen und ihre "psychische Regulation" mit handlungstheoretischen Konzeptualisierungen nicht spezifisch genug erfaßt werden könne. Diese kritische Einschätzung ist im Prinzip durchaus nachvollziehbar. Allerdings ist nicht absehbar, wie diesem Mangel allein schon mit Hilfe des "Tätigkeits"-Konzept in hinreichender Detailliertheit abgeholfen werden könnte. Eine BS-theoretische, jeweils bis auf "occurrences" und ihre "Programme" zurückgehende Analyse dieser "Einheiten" ließ erkennen, daß ihnen gewissermaßen sehr unterschiedliche konzeptuelle Konstitutionen innewohnen. Forschungstaugliche Fragestellungen bezüglich der "Einflüsse" dieser Einheiten lassen sich daher nur unter Berücksichtigung derartiger ökologisch-psychologischer Explikationen entwickeln. - Fazit: Das dem "Handlungs"-Konzept verwandte Konzept "Tätigkeit" erscheint primär dadurch als heuristisch nützlich, daß es die Berücksichtigung kontextueller Bedingungen bei der Analyse sportlicher Betätigungen (und somit eine "transaktionale" Betrachtung) anmahnt. So gesehen, könnte auch ihm eine Art "Interface"-Funktion zu bestimmten (sozialwissenschaftlich orientierten) Nachbardisziplinen hin zukommen. Allerdings müßten seine partizipationstheoretischen Anteile elaboriert und präzisiert werden.
(e) Der Artikel von Nitsch (1997) könnte geradezu darauf angelegt sein, etwas von dem auszufüllen, was bei Kunath offen gelassen ist. Während Kunath mit dem "Tätigkeits"-Konzept die Berücksichtigung vieler verschiedenartiger Kontextualitäten gleichzeitig anmahnt - speziell gegenüber dem "Handlungs"-Konzept -, wendet sich Nitsch nur einer einzigen Art von Kontextualität zu: dem Eingebunden-Sein individueller sportlicher Aktivität in ein "komplexes dynamisches" System "kollektiven Verhaltens" im Sportspiel (z. B. Handball; so auch bei Höner und Willimczik; Kunath exemplifiziert am Fußballspiel [vgl. auch Kaminski, 1994], Maxeiner und Pitsch beziehen sich auf Badminton, Volleyball und Eishockey). Nitsch fragt, wie man mit dieser komplexen Dynamik "umgehen" könne. Die Frage zielt nicht – jedenfalls nicht primär - auf Möglichkeiten zur Verbesserung sportspielerischer Praxis, sondern gemeint ist hier das theoretische In-den-Griff-Bekommen. Es fehle "eine integrative Theorie kollektiven Verhaltens im Sportspiel" (41). Nitsch selbst läßt sich bei seinen Überlegungen im wesentlichen von handlungs- und entscheidungstheoretischen Konzeptualisierungen leiten. Der Aspektvielfalt seines Beitrages in wenigen kommentierenden Zeilen gerecht zu werden, ist nicht möglich. Deshalb können hier nur einige, im gegenwärtigen Zusammenhang besonders relevant erscheinende Gesichtspunkte herausgegriffen werden. – Nitsch sieht Sportspiel durch zwei zentrale Wesens-

merkmale charakterisiert: "Komplexität " und "Kollektivitäts-Dynamik". Das erste wird in drei (jeweils noch weiter untergliederte) Teilaspekte aufgelöst: Bedingungs-, Verhaltens- und Entscheidungs-Komplexität. Innerhalb des zweiten Grundmerkmals werden "kollektives Verhalten" und "kollektive Entscheidung" unterschieden und ebenfalls noch konzeptuell differenziert. (Wenn Nitsch dort von "Partizipation" spricht, ist damit, alltagssprachlich, das Konzedieren von Mitentscheiden gemeint.) Unter der Bezeichnung "Felddynamik" werden schließlich noch zwei andersartige Interpretationsschemata einbezogen: "Spiel" als "System von Vorschriften" und "Selbstorganisation" im Sinne der Synergetik. Auch hier wieder die Frage: Welche Besonderheiten treten an dieser Interpretation des Verhältnisses von Kontextualität und "Handeln" hervor, wenn sie aus dem Blickwinkel der Ökologischen Psychologie betrachtet wird? - Nitsch argumentiert in dem Artikel offenbar nicht im Sinne der Maxime, sportliche Betätigung eines Individuums sollte durchgängig (komplementär) sowohl als "Handeln" wie auch als "Partizipieren" (an kontextuellen Systemen) aufgefaßt werden; wobei der kontextzentrierten Sichtweise immer ein gewisser Vorgriff vor der individuumzentrierten zuzugestehen wäre. Es hat den Anschein, daß er im Argumentationsablauf immer wieder zwischen verschiedenen Positionen wechselt: einer individuumzentrierten, einer systemar-kontextuellen und einer dritten - sagen wir "interaktionistischen" -, die in gewissem Sinne dazwischen angesiedelt ist. - In der "systemar-kontextuellen" Perspektive kommt er manchmal einer BS-theoretischen Sichtweise nahe, beispielsweise wenn er "Bedingungskomplexität" in "Personfaktoren", "Aufgabenfaktoren" und "Umweltfaktoren" untergliedert. Was darunter im einzelnen aufgeführt wird, könnte samt und sonders in (etwas anders aufteilende) BS-theoretische Systematik "umcodiert" werden (s. o.), nur daß dann nicht von (gleichsam additiven) "Faktoren", sondern von Komponenten eines Systemganzen gesprochen würde und die Einheit "Situation" dem aktuellen Gesamtsystem "BS-occurrence" untergeordnet würde. Auch die von Hagedorn zitierte Charakterisierung von Sportspielen (S. 52) kommt dem Format eines "Sportspiele"-BS-Genotyps recht nahe (s. o.), ebenfalls Nitschs Anmerkung dazu, "kollektives Verhalten" erfordere "die Festlegung eines übergreifenden 'Bezugssystems', innerhalb dessen individuelle Handlungsspielräume definiert sind"; ein wenig auch sein Vergleich eines Sportspiels mit einem Schachspiel ("System von Vorschriften"; S. 58). Dagegen wäre die der Synergetik entstammende "Selbstorganisations"-Auffassung, meine ich, mit einer BS-theoretischen nicht unmittelbar kompatibel, weil sich dabei Geschehen und Geschehensänderungen nicht ohne weiteres in Handeln dekomponieren ließen. - In der interaktionistisch-theoretischen Zwischenebene werden aus handlungstheoretischen Elementarfiguren (intrapersonale und interpersonale) Netzkonstruktionen zusammengefügt, ohne daß dadurch die systemare Ganzheitlichkeit von konkretem Sportspielgeschehen erreicht werden könnte. Die Denkergebnisse dieser interaktionistisch-konstruktivistischen Argumentationsebene könnten und sollten, meine ich, einmal damit verglichen werden, wie heute von den zuständigen Disziplinen der Phäno-

menbereich "sprachliches Geschehen" theoretisch aufgeschlossen wird. (Ein entsprechender Hinweis findet sich übrigens bei Kunath, 1997, S. 222; vgl. auch Kaminski, 1994.)
Wie sich Nitschs Interpretationsansatz und eine BS- bzw. partizipationstheoretische Position zueinander verhalten, tritt vielleicht besonders deutlich zu Tage, wenn man sich fragt: Sind denn im Verlauf aller Arten von Sportspielen, jeweils gewissermaßen querschnittlich und längsschnittlich gesehen, stets und überall gleichartig "komplexe" und "kollektiv-dynamische" Verhältnisse gegeben? Wenn nicht: Wie lassen sich entsprechende Unterschiedlichkeiten auf der Basis von Nitschs Interpretationsansatz (hypothetisch) vorhersagen oder auch nur beschreiben? Dies zu beantworten bereitet deswegen Schwierigkeiten, weil Nitschs Ansatz offenbar sogleich für alle Arten von Sportspielen gelten will. In BS- und partizipationstheoretischer Analyse würde man dagegen zunächst nur einen Sportspiel-BS-Genotyp bearbeiten, beispielsweise "Handball", und erst dann einzelne andere. Dabei würde sich allmählich zeigen, ob zwischen verschiedenen Sportspielen Ähnlichkeiten, "genotypische" Entsprechungen, bestehen, so daß aus je mehreren Sportspielen (genauer: BS-Genotypen) Sportspiele-BS-Genotypen höherer Ordnung gebildet werden könnten; und dies auf immer höherem Genotypisierungsniveau, d. h., unter Absehung von immer mehr Unterscheidendem. Schließlich mag es vielleicht sogar noch sinnvoll erscheinen, auch auf dem höchstmöglichen Niveau einen Sportspiele-BS-Genotyp zu konstituieren, der dann tatsächlich sämtliche Arten von Sportspielen repräsentiert. Bei der Bearbeitung eines einzelnen Sportspiel-BS-Genotyps könnte man sich zweier Zugänge bedienen: (a) das (kanonisierte) BS-Programm daraufhin analysieren, welche Abläufe, Geschehensphasen, "Konstellationen" potentiell zulässig oder geboten, somit erwartbar sind (s. o.); oder (b) konkrete Spiele (occurrences) mitverfolgen und aus ihnen typische, bei verschiedensten occurrences immer wieder auftretende (mehr oder weniger "umfängliche"; um nicht zu sagen "komplexe") Geschehens-Teilsysteme (gewissermaßen Subsettings verschiedener Subordinationsebenen) "heraussehen" (beispielsweise "Konterangriff"; von Nitsch selbst erwähnt und in einer Grafik typisch durchgespielt, S. 58; oder "fußballspezifische Grundspielsituationen" bei Allmer, 1997, S. 126). Jedes dieser Teilsysteme müßte dann in entsprechender Weise separat genauer analysiert werden. Auf solche Weise käme man dann auch auf Subsysteme wie "Manndeckung", "Raumdeckung", "den Ball halten", "dribbeln", die hier allerdings vorerst einen BS-theoretischen Status haben und nicht schon (wie in Nitschs Auflistung, S. 46) einen individualhandlungstheoretischen (als kognitiv repräsentierte "Entscheidungsalternativen").
Nitschs Interpretationsansatz läßt seinerseits gravierende Schwächen in der bisherigen Entwicklung der BS-Theorie deutlich hervortreten. Ihr mangelt es, wie schon mehrfach beklagt wurde, an einem konzeptuellen Instrumentarium und an einer dementsprechenden Methodik für eine detailliertere Beschreibung von BS-Programmen und (mehr oder weniger) programmentsprechenden Geschehensabläufen in BS-occurrences. In den grundlegenden Darstellungen des ökologisch-

psychologischen Ansatzes ist durchaus prinzipiell vorgezeichnet, wie dieses Desiderat ausgefüllt werden könnte. Gump (1987) hat demgemäß einen Vorschlag für die Beschreibung von Schulunterrichts-occurrences ausgearbeitet und ihn an einem konkreten Beispiel verdeutlicht. Er führt dabei zwei neue BS-theoretische Konzepte ein, "Programm-Segmente" und "action structures". Ein in höherem Abstraktionsgrad verbleibender, mehr auf das Zustandekommen neuer BSs zugeschnittener Vorschlag für die Artikulation von Geschehensabläufen in BSs stammt von Wicker (1992). Die "Theorie des Gruppenhandelns", die von Cranach et al. (1986) entworfen und am Segeln illustriert haben, basiert zwar nicht auf dem BS-Ansatz, sie kommt einer BS-theoretischen Analyse jedoch recht nahe und geht in der Detaillierung handlungs- und kommunikationstheoretischer Aspekte sogar über sie hinaus (vgl. dazu auch Kaminski, 1986b). Trotz dieser Defizite kann BS-Theorie durchaus auch jetzt schon mit Gewinn genutzt werden, und zwar gewissermaßen in rahmentheoretisch-heuristischer Funktion; was hier durch ihre mehrfache Anwendung demonstriert werden sollte. Wo es dann erforderlich erscheint, nach BS- und partizipationstheoretischer Vorarbeit zu individualhandlungstheoretisch begründeter Analyse überzugehen, kann man sicherlich von den in Nitschs Ansatz gegebenen Anregungen profitieren.
Fazit: Sportspiele stellen offenbar extrem hohe Anforderungen an eine psychologiebasierte geschehens-theoretische Artikulation. Das macht verständlich, warum das Fehlen einer "integrativen Theorie kollektiven Verhaltens in Sportspielen" beklagt werden kann (Nitsch; S. 41). Aber wie könnte eine solche überhaupt beschaffen sein, falls sie denn als anstrebenswert angesehen wird? Kann es sie denn jemals geben? Wozu sollte sie dienlich sein? Nitsch wirft diese Fragen nicht auf. Er scheint mit seinen Konzeptualisierungen zu einer solchen integrativen Theorie beitragen und ihr den Weg bereiten zu wollen. Allerdings kommen Zweifel auf, ob die von ihm gewählte Angehensweise in hinreichend praxisrelevante Forschungsfragestellungen transformiert werden kann, ohne daß dem partizipationstheoretische, deskriptiv-differenzierende Vorarbeit vorgeschaltet wird. Die Geschehensanteile von Sportspielen, die handlungstheoretischer Artikulation unterworfen werden sollen, lassen sich, meine ich, erst vermittels BS-theoretischer (oder verwandter) Geschehensanalysen genügend konkret eingrenzen und bestimmen.

Folgerungen

(1) Wenn sich konkretes Sportgeschehen stets im Rahmen kulturell definierter und geregelter Geschehenssysteme realisiert, somit sportliche Betätigung von Sportler(inne)n überall in entsprechende systemare Kontexte eingebunden ist, liegt es nahe, die verwirrende Vielfalt von Handlungs-konzepten, die sportliche Betätigungen zu artikulieren versuchen, primär nach solchen Kontexten zu ordnen.

(2) Für ein derartiges Ordnen bieten sich traditionelle Organisationsformen und Untergliederungen des Sports an (beispielsweise "Sportarten", "Sportgattungen" u. a.) Dabei ist zu beachten, daß wir es - wie in ökologisch-psychologischer (speziell BS-theoretischer) Perspektive zu erkennen ist - mit mehreren, im Prinzip voneinander unabhängigen Aufgliederungsprinzipien zu tun haben (s. o.).
(3) Wenn sich die vorfindbaren Handlungskonzepte danach unterscheiden, aus welchem Verwendungszusammenhang sie stammen, dann erhebt sich die Frage, an genau welche kontextuellen Bedingungen die Handlungskonzepte jeweils gleichsam angepaßt werden. In ökologisch-psychologischer Sicht sind es primär BS-Genotypen, speziell deren "Programme", da diese die wesentlichste Grundlage für die systemare Strukturierung der konkreten Geschehensabläufe in den BS-occurrences bilden.
(4) Die der Welt des Sports zugehörenden BS-Genotypen sehen jeweils spezifische Arten und Anzahlen von Akteur(inne)n ("Partizipant[inn]en") vor, mit jeweils spezifischer Funktionen-Verteilung. Dementsprechend stellt sich die Frage, für wen und für welche der von ihm/ihr innerhalb des BS wahrgenommenen Funktionen eine handlungstheoretische Artikulation angestrebt wird. Die meisten der vorfindbaren Handlungskonzepte (Handlungsmodelle u. s. w.) sind auf die sportlichen Aktivitäten der Sportler/innen zugeschnitten (wobei der Blick oft auf "Bewegungshandlungen" fokussiert und verengt wird). Handlungstheoretische Konzeptualisierungen werden aber auch für die Aktivitäten von Trainer(inne)n (Krohne & Hindel, 1992; Thorhäuer, H.-A., 1993), Lehrer(inne)n (Ilg & Nieber, 1996), Therapeut(inn)en (Hölter, 1994), Zuschauer(inne)n (Beckmann, 1991; Strauß, 1994) vorgeschlagen; entsprechendes ist auch für noch andere Arten von Partizipant(inn)en denkbar (vgl. Kaminski, 1979).
(5) Wie könnte die Kontextbezogenheit handlungstheoretischer Konzeptualisierungen noch präziser bestimmt und beschrieben werden? Was handlungstheoretisch artikuliert werden soll, ist in erster Linie jeweils gleichsam die "Ausfüllung", die Umsetzung partizipatorischer Funktionen und Vorgaben in irgendwelchen Sport-BS-occurrences durch bestimmte Arten von Akteur(inn)en. Bei dieser Umsetzung ist den Partizipant(inn)en allerdings mehr oder weniger Spielraum gelassen für individualspezifische Modulationen. Ungeachtet dessen ist ihr Partizipieren, auch insgesamt gesehen, zu großen Anteilen mit determiniert durch die psychophysische Ausstattung, die sie als Individualsysteme sozusagen in die BS-occurrences mit hineinnehmen (und nach ihrem Verlassen wieder mit hinausnehmen). Auch dieses beides, diese Modulationen und manches vom Individualsystem Mitgebrachte, kann Gegenstand handlungstheoretischer Artikulation werden.
(6) Was verspricht man sich von handlungstheoretischen Konzeptualisierungen? Was soll mit ihnen jeweils erreicht werden (vgl. Kaminski, 1979; Bierhoff-Alfermann, 1986, S. 26ff.)? Sollen durch sie – beispielsweise - be-

stimmte Geschehensausschnitte präziser wahrnehmbar, erlebbar, benennbar gemacht werden? Sollen bestimmte Geschehensausschnitte dadurch klarer gegliedert werden? Sollen innerhalb eines Geschehens bestimmte Teilkomponenten kognitiv miteinander in Verbindung gebracht werden? Hofft man, dadurch bestimmte Phänomene präziser und angemessener verstehen oder erklären, vielleicht auch bestimmte Geschehensausschnitte effizienter optimieren zu können? Verspricht man sich dadurch heuristischen Gewinn für das Generieren fruchtbarer neuer Forschungsfragestellungen? Offensichtlich muß hier jeweils noch danach unterschieden werden, wer an möglichen Vorzügen handlungstheoretischer Geschehensartikulation interessiert ist: der/die Wissenschaftler/in, der/die Trainer/in, der/die Sportlehrer/in, der/die Sportler/in. (Man könnte hier von einer "Kontextabhängigkeit" handlungstheoretischer Konzeptualisierungen in einem weiteren Sinne sprechen, wenn man den "Kontexten" auch noch die dort jeweils an solchen Konzeptualisierungen Interessierten mit ihren jeweiligen Interessen zurechnet.) Je nachdem, auf welche (ausgesprochene oder unausgesprochene) Zielsetzung handlungstheoretisches Artikulieren innerhalb eines spezifischen Verwendungskontextes ausgerichtet ist, wird man mehr oder weniger Anteile der entsprechenden Aktivitäten in die Konzeptualisierungen einbeziehen. Im Minimalfall ist mit dem Terminus "Handeln" derart wenig (auch kontext-) spezifischer konzeptueller Gehalt verbunden, daß er synonym mit "Verhalten", Tätigsein", "Sich-Betätigen", "Aktivität" gebraucht werden kann. Das entgegengesetzte Extrem resultiert aus dem (wie auch immer begründeten) Interesse, mit einer handlungstheoretischen Artikulation möglichst viele verschiedene Aspekte sportlichen Sich-Betätigens zu erfassen und dabei auch noch einen möglichst hohen Auflösungsgrad anzustreben (vgl. Abschnitt „Gradstufen konzeptueller Elaboration von „Handlung""). Je weniger von dem, was an einem bestimmten Geschehensausschnitt beobachtbar ist, mit einer Konzeptualisierung erfaßt wird, um so größer ist der verbleibende "Phänomenüberhang" (vgl. Kaminski, 1983a). – Abgesehen davon wird man diejenigen spezifischen Anteile eines Geschehens mit Vorrang konzeptualisieren, deren konzeptuelle Artikulation im Sinne der verfolgten Ziele besonders wichtig erscheint, und die weniger relevanten mehr oder weniger übergehen oder ausklammern. Nachfolgend einige wenige Beispiele für derartige Fokussierungen: "Antizipationen unter Zeitdruck" beim Tennis (Kleinöder et al., 1994); "Informationsverarbeitung zur Handlungsvorbereitung unter Zeitdruck" beim Volleyballspiel (Maxeiner & Pitsch, 1997); "Wahrnehmen" beim Anlauf zu turnerischen Stützsprüngen (Trillhose, 1996); "Planen" und "mentales Verarbeiten" beim Tischtennis (Klarius et al., 1997); "volitive Akte" im Fußballspiel (Allmer, 1997); "subjektives Empfinden der eigenen Kompetenz" beim Orientierungslauf (Härer & von der Werth, 1995).

Problematisches an handlungstheoretischen Konzeptualisierungen

Das mittels Datenbankrecherche zum Themenkomplex "Handlung und Sport" angesammelte Textmaterial provoziert, wie gesagt, eine Vielzahl von Überlegungen und bietet Ansatzpunkte für vielerlei evaluative Analysen und Folgerungen. Die vorstehenden Argumentationen nahmen ihren Ausgang von dem augenfälligen Variantenreichtum der Konzepte "Handlung" und "Handeln". Von da aus lag es nahe, sich zunächst mit der Frage nach Taxonomisierungsmöglichkeiten zu befassen. Dies wiederum führte in den Problemkomplex der Kontexteingebundenheit bzw. der Kontextspezifität von Handlungskonzepten hinein. Der Diskussion dieser Themen wurde verhältnismäßig viel Raum gegeben. Das hat – angesichts des vorgegebenen Rahmens – zur Folge, daß andere, sich von der Materialbasis her gleichermaßen anbietende, anschließende Themenkomplexe im folgenden nur noch sehr knapp und kursorisch behandelt werden können, wobei auf Literaturbelege weitgehend verzichtet werden muß.

Ökologische Perspektive und Handeln

Für beide Themenkomplexe - Taxonomisierung von Handlungskonzepten (s. Abschnitt „Die Systematisierung des Alltagslebens mittels Behavior Setting (BS)-Genotypen“) und deren Kontexteingebundenheit (s. Abschnitt „Folgerungen“) - wurde das begriffliche Instrumentarium der Ökologischen Psychologie genutzt. Schon dabei kam mehrfach die Frage in den Blick, wie die Konzepte "Handlung" und "Handeln" in die ökologische Perspektive eingeordnet und systematisch mit ihr verbunden werden könnten (s. o.). Jedwede sportgemäße Betätigung wurde dort primär als ein "Partizipieren" an einem BS (speziell an einem BS-"Programm") aufgefaßt, und "Handeln" wurde gleichsam als die Ausfüllung, die Umsetzung partizipatorischer Funktionen und Vorgaben in irgendwelchen Sport-BS-occurrences durch konkrete Akteure/innen interpretiert.

Nun kann man die in der Materialbasis aufzufindenden Handlungskonzepte auch einmal daraufhin zu betrachten versuchen, inwieweit sie sich dafür eignen, in die ökologische Perspektive eingefügt, mit dem Partizipations-Konzept zusammengeführt zu werden; inwieweit sie "ökologietauglich" erscheinen. Ein erstes Kriterium dafür könnte sein, in welchem Maße ein Handlungskonzept "transaktionaler" Sichtweise und Begrifflichkeit nahekommt (vgl. Kaminski, 1994). Solches müßte sich u. a. in Ausmaß und Art der Einbeziehung umgebungsdeskriptiver Komponenten zeigen. Tatsächlich tauchen in der Materialbasis jedoch, von wenigen Ausnahmen abgesehen (vgl. z. B. Fikus, 1990), umgebungsdeskriptive Partialkonzepte nur relativ selten auf. Wo Umgebung thematisiert wird, geschieht dies zumeist entweder

summarisch, mittels vage belassener Globalbegriffe wie "Situation", "Kontext", "Umwelt", oder gleichsam punktuell, durch Erwähnung von Geräten und/oder anderen partikulären Umgebungsbedingungen. Anders gesagt: Ein handlungstheoretisch fundierter Ansatz, in dem der (objektive) Handlungskontext konsequent, konstitutiv, explizit und für den Prozeßablauf kontinuierlich mit berücksicht würde, war nicht aufzufinden. Relativ am meisten nähern sich transaktionaler Angehensweise manche derjenigen Ansätze an, die sich mit der Dynamik von Sportspielen befassen (vgl. z. B. Nitsch, 1997). Ansonsten dominiert eine personzentriert-individualpsychologische Auffassung von "Handeln", überwiegend angewandt auf den/die einzelne(n) Sport Ausübende(n), wobei dann "Handeln" oft auf ein "Sich Bewegen" eingeschränkt erscheint.
Die ökologische Perspektive fordert dazu heraus und leitet dazu an, konkretes Alltagsgeschehen jeweils möglichst in seiner – vorläufig gesprochen (s. u.) – "Gesamtheit", in aller seiner "Komplexität" in den Blick zu nehmen (vgl. z. B. Rapp, 1997), so auch Sportgeschehen. Wenn man, so eingestellt, darauf achtet, wieviel von solcherart "angeschautem" Alltagsgeschehen mittels der in der Materialbasis vorzufindenden Handlungskonzepte jeweils in den Griff zu bekommen ist, dann wird evident, daß diese in einen höchst komplexen, breiten Geschehensstrom hinein jeweils nur sehr schmal und selektiv, ausschnitthaft und zudem gleichsam verschiedenenorts zugreifen. Dieser Eindruck wird erhärtet, wenn man sich die bunte Vielfalt der (sich in ihren Bedeutungen mehr oder weniger entsprechenden, ähnelnden, überlappenden) Termini vor Augen führt, mit denen die handlungstheoretisch zu artikulierenden Gegenstände bezeichnet werden. Einige Beispiele: Zielgerichtete Handlungen, motorische, sportliche, sportmotorische Handlungen, Handlungsprozeß, -ausführung, Aktion, (sportliches) Leistungshandeln, Performanz, (sportliche) Tätigkeit, Bewegungen, (sportliche) Bewegungshandlungen, Bewegungsvollzug, -produktion, -ausführung, -realisation, -organisation, -ablauf, (komplexe) Willkürbewegung, (sportliche) Spielhandlungen, Sportspieltätigkeit. Angeregt durch das Bemühen, die hier offenbar werdende Lage zu charakterisieren, entfaltet sich das Bild vom hyperkomplexen Geschehensstrom weiter zu einer angereicherten Metapher: Vor dem inneren Auge entsteht die Vorstellung, daß in einen breiten Strom hinein von verschiedenen, gänzlich unkoordiniert positionierten, verankerten Booten aus jeweils mehr oder weniger schmächtige Netze zum Fang ausgeworfen werden (handlungstheoretische Konzeptionen symbolisierend). (Daß nicht wenige "Erkenntnisfischer" ihre Netze primär in schmalen, künstlich angelegten Bachläufen, sprich "Laborbedingungen", auswerfen, sei hier nur am Rande vermerkt.)
Die Komplexität des Sport-Alltagsgeschehens wird darüber hinaus fast noch deutlicher zum Bewußtsein gebracht, wenn man die Vielzahl von Teilkonzepten an sich vorüberziehen läßt, die – aus der Materialbasis unschwer zu

extrahieren - innerhalb und im Umkreis von handlungstheoretischen Ansätzen Verwendung finden. Für sie alle hält die Realität des Sport-Alltagsgeschehens (je eigene oder durch Zwischenglieder vermittelte) Ansatzstellen bereit. Auch für diese terminologische Vielfalt einige Beispiele, relativ beliebig herausgegriffen und ungeordnet aufgelistet: Aktuelles Befinden, Kontrollprozesse, Aufmerksamkeitsdistribution, Strategie, Informationsaufnahme, Ausdauer, Kraft, Orientierung, Emotion, Willensimpuls, Bewegungswahrnehmung, Gedanken, Absicht, interne Repräsentationen, Zielsetzung, Feedback, Bezugssysystem, Sprache, Wissen, Erfolgserwartung, flow, Entscheidung, Plan, Anstrengung, Konzentration, Verarbeitungstiefe, Bewußtsein, Regulationsebene. (Ihre Gesamtmenge - allerdings nur mit mancherlei Willkür eingrenzbar - beliefe sich mindestens auf die dreifache Anzahl.)

Umgehen mit der Komplexität konkreten Sport-Alltagsgeschehens

Es mag zunächst befremdlich und gewissermaßen ungerecht erscheinen, wenn hier - unter Berufung auf die ökologische Perspektive - ausgerechnet handlungstheoretischem Konzeptualisieren vor Augen geführt werden soll, wie weit es noch davon entfernt ist, konkretes Alltagsgeschehen in seiner ganzen Komplexität zu erfassen. Können sich nicht gerade psychologisch-handlungstheoretische Ansätze – auch im Bereich des Sports - mit Recht zugute halten, gegenüber komplexem menschlichem Verhalten in besonderem Maße aufgeschlossen zu sein? In der Tat gibt es dafür mancherlei gewichtige Indizien:

(1) Nicht wenige handlungstheoretische Konzeptionen beziehen sich ausdrücklich auf "Alltagshandeln" (vgl. z. B. von Cranach et al., 1986; Nitsch, 1994; vgl. dazu auch Kaminski, 1990).

(2) Es gehört in der Regel zum Kern des Selbstverständnisses handlungstheoretischer Ansätze, sich zu den Vorzügen einer "integrativen" Sichtweise zu bekennen. Das kommt dem Bestreben gleich, der – gewissermaßen als "real" unterstellten - Komplexität des Gegenstandes in höherem Maße gerecht werden zu wollen, als es andernorts (beispielsweise in laborexperimentell basierter Forschung und Theoriebildung) vielfältig anzutreffen ist (vgl. z. B. Kaminski, 1979; Nitsch, 1986, S. 206).

(3) Es gibt handlungstheoretische Konzeptionen, die sich durch einen besonders extensiven Integrations-Anspruch auszeichnen. Die - soweit ich sehe - differenzierteste, weitaus am meisten elaborierte stammt von Nitsch (1986; vgl. auch Munzert, 1996). Er stellt darin für die deskriptive und interpretative Artikulation von Handlungsgeschehen ein perspektiven- und komponentenreiches konzeptuelles Instrumentarium bereit, in dem sozusagen nichts unberücksichtigt gelassen werden soll, das an der Determination dieses Geschehens - nach derzeitiger Auffassung - irgendwie Anteil hat. Nicht nur

"psychische" Teilprozesse (wie beispielsweise Wahrnehmung, Denken, Gedächtnis, Emotionen, Motivation), sondern auch ihre "somatischen" Grundlagen werden mit bedacht; auch das soziale und das materiale Handlungsumfeld, jeweils in objektiver Beschaffenheit wie in der subjektiven Sicht des/r Aktuers/in. Zudem wird dem Handlungsgeschehen eine querschnittliche funktionale Gesamtorganisation nach "Regulationsebenen" sowie eine phasenhafte zeitliche Organisation hypostasiert.
(4) Manche handlungstheoretischen Ansätze versuchen - in der Nachfolge insbesondere von Miller, Galanter und Pribram (1960) -, sich der Komplexität menschlichen Alltagshandelns über das Konzeptualisierungsprinzip der Hierarchisierung anzunähern. Dabei werden im Handlungsgeschehensstrom - idealiter gleichzeitig - Ablaufseinheiten unterschiedlichster zeitlicher Erstreckung (sozusagen unterschiedlichster Größenordnung) beachtet, konstituiert, identifiziert, funktional interpretiert, und die Einheiten der verschiedenen Hierarchie-Ebenen werden interpretativ miteinander verknüpft.
Möglicherweise ließen sich durch umsichtiges Suchen und Nachdenken noch weitere Indizien für die Komplexitäts-Tauglichkeit vorfindbarer handlungstheoretischer Ansätze beibringen. Allerdings darf trotz aller dieser Indizien nicht die ökologische Perspektive selbst aus dem Blick geraten; darf nicht vergessen werden, was mit der durch sie vermittelten Anschauung von "Komplexität " des (Sport-)Alltagsgeschehens gemeint war (vgl. Abschnitt „Ökologische Perspektive und Handeln"). Wenn man sich dessen erinnert und sich dann neuerlich in den Texten der Materialbasis umschaut, drängen sich mancherlei Fragen, Eindrücke und Überlegungen auf:
(a) Es fällt auf, daß Autoren den handlungstheoretischen Ansatz, an dem sie sich in ihrer eigenen Forschung orientieren, in ihren Publikationen in der Regel nicht zu andersartigen handlungstheoretischen Ansätzen ins Verhältnis setzen; allenfalls zu solchen, die dem ihren besonders nahe stehen. (Von kompilierenden und referierenden Darstellungen sei hier einmal abgesehen.) Wie läßt sich das verstehen? Sicherlich wäre für das Verständnis nichts gewonnen, dafür einfach nur Mangel an Interesse und Aufgeschlossenheit verantwortlich machen zu wollen oder das Bestreben, unnötig erscheinenden Darstellungsaufwand zu vermeiden. Plausibel erscheint mir die folgende, vielleicht etwas gewagte Hypothese: Es fehlt an einem allgemein anerkannten, gewissermaßen übergreifenden Koordinaten- und Bezugssystem (man denke etwa an das periodische System der Elemente in der Chemie), das es ermöglichen würde, die veschiedensten handlungstheoretischen Ansätze je für sich zu standorten und sie in ihren wechselseitigen Beziehungen zueinander zu charakterisieren (vgl. dazu z. B. Kaminski, 1983a). Solange ein derartiges (von der ökologischen Perspektive aus zu konstituierendes) generelles Koordinatensystem nicht verfügbar bzw. nicht konzeptuelles Gemeingut geworden ist, artikuliert jeder Ansatz seinen spezifischen Interessen- und Gegenstandsbereich mittels eines eigenen Koordinatensystems und läßt alles,

das nicht assimilierbar erscheint, unbeachtet. Etwas anders gesehen: Solange keine "Anschauung" von dem Gegenstandsfeld "Sport-Alltagsgeschehen" aufgebaut und präsent ist, so wie es sich in ökologischer Perspektive darstellt, kann sich auch für die diversen partikulären Positionen (Forschungsansätze) kein jeweiliges Standortbewußtsein innerhalb eines Gegenstands-Gesamtfeldes ausbilden.

(b) Es fällt auf, daß in den Forschungsberichten handlungstheoretisch fundierter Ansätze kaum explizite Aussagen über den beanspruchten Geltungsbereich zu finden sind. In der Regel wird offen gelassen, auf welche Gegenstandsbereiche die Konzepte und Befunde jeweils angewendet werden könnten und für welche sie nur eingeschränkt oder überhaupt nicht als zuständig erachtet werden. Zur Verdeutlichung nur ein kleines Beispiel: Handlungstheoretische Konzeptionen sind fast ausschließlich "monoaktional" angelegt; das soll heißen, es ist jeweils eine einzelne (mehr oder weniger untergliederte) Handlung mit ihren funktionalen Implikationen, die theoretisch artikuliert wird. Warum wird dem nicht jeweils ein Hinweis darauf angefügt, daß eine solche Konzeption für die Interpretation des Funktionierens von "Mehrfachhandeln" (vgl. Fuhrer, 1984) nicht ohne weiteres zu verwenden ist? Ein solcher Hinweis wäre keineswegs inopportun; denn bekanntlich haben bereits Barker und Wright (1955) innerhalb ihrer ökologischen Perspektive erkennbar gemacht (vgl. auch Rapp, 1997), daß große Anteile des alltäglichen Verhaltensstroms als Mehrfachhandeln aufzufassen sind. Es gibt gute Gründe anzunehmen, daß das auch für Sport-Alltagsgeschehen gilt (vgl. Kaminski, 1973). - Auch im Falle dieser "Auffälligkeit" bietet sich die Erklärungshypothese an, daß in der Regel nicht aus einer "ökologischen" Sicht auf den Gegenstand heraus handlungstheoretisch konzeptualisiert wird, sondern daß ein spezieller, partikulärer Interessenfokus zur Ausgangsbasis der Entwicklung einer handlungstheoretischen Konzeption wird, deren Partikularität nicht verortet und beschrieben werden kann.

(c) Es fällt auf, daß im Rahmen von handlungstheoretischem Argumentieren häufig mit einigen zwar gängigen, jedoch weitgehend unscharf belassenen Begriffen operiert wird. Herausragender Beliebtheit erfreut sich dabei der Terminus "Regulation", der auf vielerlei Weise spezifiziert erscheint (beispielsweise: Handlungs-, Bewegungs-, Zustands-, Aktivitäts-, Entscheidungs-, Aufmerksamkeits-, Gedächtnis-, Psycho-, psychomotorische, sensumotorische, kognitive, psychische, psychophysische, volitive Regulation). Vermutlich hat dieser Terminus allmählich eine etwas diffuse, schematische Kernbedeutung angenommen, deren Ursprung im Regelkreismodell zu suchen ist (vgl. Nitsch, 1986, S. 220ff.). Wo man ihn verwendet findet, vermittelt er oft den Eindruck, als übe er eine Art Platzhalter-Funktion aus. Das heißt, "Regulation" steht wie ein Kürzel für einen Verbund summarisch hypostasierter Mikro-Prozesse, deren Wirksamkeit zwar bestimmte beobachtbare Effekte zugeschrieben werden, die jedoch theoretisch unartikuliert gelassen werden. Ein Konzept dieser Art hat somit keine präzise Bedeutung, es scheint jedoch für eine Verständigung unter Gleich-Interessierten hinreichend bedeutungshaltig zu sein. In vergleichbarer Rolle sind, beispielsweise, auch Termini wie "Kontrolle", "Koordination", "Steuerung", "Informationsverarbeitung", "Situation", "Ebene" anzutreffen. Die Verwendung derartiger Konversations-Konzepte mag durchaus nützlich und geradezu unvermeidlich sein. (Ich bin überzeugt, daß auch ich selbst in Wort und Schrift fleißig von ihnen Gebrauch mache.) Trotzdem scheint es mir angezeigt – zumal wenn sie durch Häufung auffällig werden -, immer wieder einmal darüber nachzudenken, wo ihre Verwendung sinnvoll und akzeptabel ist und wo sie bedenklich zu werden beginnt. Problematischer Gebrauch könnte vielleicht ein Symptom dafür sein, daß die Komplexität konkreten (Sport-)Alltagsgeschehens – so wie sie in ökologischer Perspektive erscheint - nicht detailliert genug beachtet und vorgestellt wird und daß mit ihr gleichsam zu respektlos umgegangen wird.

(d) Es fällt auf, daß die graphischen Konfigurationen (Flußdiagramme, Blockdiagramme u. ä.), die der verbalen Darstellung handlungstheoretisch orientierter Ansätze des öfteren beigegeben werden, in ihrer Gesamtheit eine nachgerade verwirrende Diversität aufweisen (vgl. dazu beispielsweise Schnabel et al., 1995). Offenbar sollen diese Visualisierungen helfen, die beschriebenen Ansätze transparenter und verständlicher zu machen. Die Vielfalt vorfindbarer handlungstheoretischer Konzeptionen (vgl. Kapitel „Die Vieldeutigkeit vin „Handlung“...“.) läßt erwarten, daß ihr ein entsprechender Variantenreichtum derartiger Graphiken korrespondiert. Jedoch wird dieser Variantenreichtum darüber hinaus noch durch andere Varianzquellen erheblich ausgeweitet. So birgt allein schon das Verhältnis, in dem eine handlungstheoretische Konzeption selbst zu der/n beigegebenen Visualisierung(en) steht, mancherlei Variationsmöglichkeiten in sich. Die augenfällige Prägnanz einer solchen graphischen Repräsentation legt nahe, sie selbst für das eigentliche "Modell" (o.ä.) zu halten. Es darf jedoch nicht außer acht gelassen werden, daß jede Komponente einer Graphik einer präzisen Bedeutungsbestimmung bedarf, also einer Zuordnung zu bestimmten Anteilen der grundlegenden, verbalen Konzeptionsdarstellung. Die in der Materialbasis aufzufindende Variantenfülle solcher Visualisierungen vermittelt allerdings den Eindruck, daß deren Konstruktion nicht an einem allgemein anerkannten Kanon orientiert ist. Die gleichen graphischen Elemente können sehr unterschiedliche Repräsentationsfunktionen annehmen. Insbesondere für die Zuordnung zwischen graphischen Repräsentationen und der verbalen Konzeptionsdarstellung scheint es danach keine (semantischen und syntaktischen) Regeln zu geben. Sozusagen "anything goes". So kann es unter anderem durchaus vorkommen, daß unterschiedliche Kategorialbereiche (z. B. "erlebens"-bezogene, "verhaltens"-bezogene, "physis"-bezogene Komponenten) in einer Graphik bedenkenlos miteinander vermengt werden. Die in einem bestimmten Ansatz jeweils spezifisch intendierten Zuordnungen zwischen Elementen graphischer Repräsentationen und Komponenten der verbalen Konzeptionsdarstellung werden selten hinreichend präzis expliziert. In der Regel wird auch nicht expliziert, welche Anteile der verbal beschriebenen Gesamtkonzeption graphisch repräsentiert werden und welche graphisch unrepräsentiert bleiben. Wenn schon die Komponenten derartiger Graphiken in ihren Beziehungen zur verbalen konzeptionellen Basis nicht selten mehr oder weniger unklar bleiben, dann bleiben erst recht die Beziehungen intransparent, die sie zu irgendwelchen Anteilen konkreter Wirklichkeit haben. Gelegentlich bedienen sich Autoren zur Darstellung eines komplizierteren Ansatzes jeweils mehrerer, deutlich unterschiedlicher Graphiken. Dabei kann es Schwierigkeiten bereiten, diese konsistent miteinander zu verknüpfen. Darin kommt ein grundsätzliches Problem zum Vorschein: Je deutlicher sich – unter anderem vermittelt durch die ökologische Perspektive – sozusagen eine Anschauung von der ganzen "Komplexität" des Sport-Alltagsgeschehens herausbildet, um so mehr wird evident, wie eng begrenzt die Darstellungsmöglichkeiten in einer zweidimensionalen, statischen graphischen Repräsentation sind, die noch "lesbar" bleiben soll. Damit wird zunehmend offensichtlicher, daß stets nur ein - wie auch immer gearteter – relativ kleiner Ausschnitt aus der "Realität" bzw. aus einer realitätsbezogenen theoretischen Konzeption graphisch visualisiert werden kann. Um so dringlicher erscheint es dann aber auch, zu Konventionen in Form von Prinzipien und Standards für derartiges graphisches Repräsentieren zu gelangen.

(e) Es fällt auf, daß Sport-Alltagsgeschehen in Berichten über handlungstheoretisch orientierte Forschung in der Regel nur in verhältnismäßig geringem Auflösungsgrad beschrieben wird. Genauer gesagt: Zumeist sind empirische Untersuchungen auf einen bestimmten Typ von Partialgeschehen fokussiert: Aufmerksamkeit, Konzentration, aktuelle Gefühlszustände, Bewältigungsbemühungen, Antizipationen, volitive Akte, Attributionen, Entscheidungen u. a. m. Diese untersuchen und überhaupt erst einmal beschreiben zu wollen, nötigt die Forscher und Autoren dazu, ein dafür angemessenes Auflösungsniveau zu wählen. In den Berichten entsteht jedoch oft dann der Eindruck eines Mißverhältnisses zwischen dem Detaillierungsgrad, der auf das jeweilige fokale Phänomen angewandt wird, und der (vergleichsweise geringen) deskriptiven Auflösung seines näheren und weiteren Geschehensumfeldes. Es hat den Anschein als ob den Autoren das nichtfokale Geschehen nur unverhältnismäßig grobrastrig vor Augen steht, wiewohl man andernorts Beispiele dafür findet, wie derartiges Geschehen - im Prinzip - wesentlich feinkörniger (und damit gleichsam ökologisch "vollständiger" und präziser) beschrieben werden kann (vgl. beispielsweise Göhner, 1979, 1992a, b, 1999; vgl. auch Fuhrer; 1984, Rapp, 1997; auch differenzierte, ernst genommene Selbstbeobachtung könnte dort oft schon zu

einem Korrektiv werden). Angesichts dieses Mißverhältnisses erheben sich Zweifel, ob auch die fokalen Phänomene selbst ökologisch angemessen beschrieben und methodisch erfaßt werden und ob die Fragestellungen jeweils ökologisch adäquat konzipiert und formuliert werden. Beispielsweise drängt sich des öfteren die "ökologische" Frage auf, wieviel (bzw. wie wenig) Zeit denn ein "natürlicher", alltagsgemäßer Geschehensablauf für das Auftreten und das Wirksamwerden des einen oder anderen fokalen Phänomens in der Regel läßt (vgl. dazu Kaminski, 1994).
Diesen Zweifeln und Fragen darf nicht ein impliziter Appell entnommen werden, handlungstheoretisch orientierte sportpsychologische Forschung sollte künftig generell nur noch so feinkörnig wie möglich konzipiert und realisiert werden. Forschungsfragestellungen sollen durchaus weiterhin gleichsam auf sehr unterschiedlichen Organisationsniveaus des (Sport-) Alltgsgeschehens angesiedelt sein können. Wünschenswert wäre allerdings, daß stets so etwas wie ein "ökologisches" Gesamtbild möglicher Auflösungniveaus hergestellt und im Bewußtsein behalten wird, damit - wo auch immer man einen Schwerpunkt setzt - mögliche Wechselbeziehungen zwischen den Gegenstandseinheiten verschiedener Funktionsniveaus mit bedacht und berücksichtigt werden. Derjenige Forschungsbereich, der das Gemeinte am leichtesten modellhaft einsichtig machen kann, scheint mir die Analyse des Sprachproduktions-Geschehens in den Sprachwissenschaften zu sein (vgl. Kaminski, 1994; vgl. dazu auch Abschnitt „BS-theoretische Interpretation handlungstheoretischer. . . (e)).

Über Handeln hinaus

In allen Publikationen, die von dem Such-Algorithmus zu der Materialbasis aggregiert wurden, geht es in irgendeiner Weise um "Handlung und Sport". Dennoch wird ein großer Anteil dieser Arbeiten von den bisher vorgetragenen Überlegungen noch gar nicht in ihrem Kern betroffen. Das hat seinen Grund darin, daß die bisherigen Argumentationen so gut wie ausschließlich auf "Partizipieren" und auf "Handeln" ausgerichtet und eingeschränkt waren, das heißt auf bestimmte Formen der Interpretation von konkretem, aktuellem (Alltags-)Geschehen. Die Analyse von "Handeln" ist in der Sportpsychologie jedoch oftmals, wenn nicht gar zumeist, letztlich nur deswegen interessant und bedeutsam, weil "Handeln" in irgendwelchen Hinsichten "verbessert", also verändert werden soll. Damit richtet sich der Blick auf das Wiederholen gleichartiger oder ähnlicher Partizipations- bzw. Handlungsgeschehen, und es kommt zu einem Vergleichen mehrerer Wiederholungen. Ein solches Vergleichen ist sowohl intra- als auch interindividuell möglich. Hat sich, im ersten Falle, von einer zu einer anderen Handlungsrealisierung hin etwas in einem erwünschten Sinne verändert, kann man, u. a., von "Lernen" (Gelernt-Haben) sprechen. Auch wenn sich im interindividuellen Vergleich eine

Handlungsrealisierung gegenüber derjenigen von einem/r anderen Akteur(in) irgendwie als "besser" erweist, gibt es bekanntlich verschiedene Möglichkeiten, diese Differenz zu interpretieren. In beiden Fällen nimmt der Terminus "Handlung" eine neue, zusätzliche Bedeutung an. Er meint nicht nur, wie bisher, ein konkretes Beispiel aktuellen Geschehens, sondern darüber hinaus etwas "Strukturelles", Überdauerndes, so etwas wie ein "Handlungs-System", das einem/r Akteur(in) zur Verfügung zu stehen scheint und das er/sie zu unterschiedlichen Zeitpunkten (wieder) aktualisieren kann; als Bestandteil seines/ihres "Wissens" und/oder "Könnens". Dieses (wie auch immer im Detail gedachte) Strukturelle ist es, an dem sich möglichst etwas durch Lernen zum Besseren hin verändern soll. Faßt man gewissermaßen eine Familie solcher "Handlungs-Systeme" zu einem Genotyp (relativ niedrigen Niveaus) zusammen, kann man dafür den Terminus "Fertigkeit" einsetzen. - Und führt man das *Wie* eines aktuellen Handelns erst einmal irgendwie auf ein aktualisiertes strukturelles Handlungssystem zurück, dann drängt sich übrigens auch die Frage auf, *warum* die Aktualisierung dieses Strukturellen jeweils zu einem bestimmten Zeitpunkt geschieht, die Frage nach der "Motivation" des Handelns; beispielsweise in Form der Frage nach der Aktualisierung bestimmter (ebenfalls als strukturell hypostasierter) "Motive".
Aus dem Gesagten ergibt sich, daß alles bisherige Bemühen, die "ganze Komplexität" von Sport-Alltagsgeschehen - so gut es geht - vorstellbar und anschaubar werden zu lassen, gleichsam noch zu kurz gegriffen hat. Nimmt man das "Handeln Wiederholen" (im Sport: "Trainieren", "Üben") und seine beobachtbaren Auswirkungen mit hinein, dann kommen nochmals gänzlich neue Gesichtspunkte ins Spiel. Hier nun, kann man sagen, versagt die zuvor immer wieder verwendete ökologische Perspektive weitgehend. Sie hat für diese Blickfelderweiterung (bislang) keine hinreichenden eigenen Konzeptualisierungen anzubieten. Verschiedentlich wird versucht, zur Füllung dieser Lücke das "Skript"-Konzept einzusetzen (vgl. Kaminski, 1989; Fuhrer, 1990a). Abgesehen davon, kann man die Ablaufsorganisation von Lern- und/oder Lehr-Prozessen (also von Handlungswiederholungen) als Handeln auf höherem Organisationsniveau auffassen. Diese systematischen Erweiterungen der handlungstheoretischen Perspektive zu einer lerntheoretischen bedürften einer umfangreichen, gesonderten Darstellung, die hier nicht geleistet werden kann. Und doch kann die Thematik hier nicht ganz ausgeklammert werden; und zwar aus folgendem Grund:
In der Materialbasis ist eine beachtliche Anzahl von "Hybrid- Konzepten" anzutreffen. Sie sind so konstruiert, daß in ihnen jeweils ein Bedeutungsanteil in die Sphäre aktualistisch-handlungstheoretischen Denkens hineinreicht, der andere in der Sphäre lerntheoretisch-strukturellen (zumeist auch differentiell-psychologischen) Denkens beheimatet ist. Typische Beipiele sind: "Handlungsfähigkeit", "Konzentrations"-, "Wahrnehmungs"-, "Repräsentations"-, "Entscheidungs"-Fähigkeit, "koordinative Fähigkeit", "Antizipati-

onskoinzidenzfähigkeit", "Vorstellungskompetenz", "Gleichgewichts-Regulationskompetenz", "Konzentrations-Stabilität", "Handlungssicherheit", "Handlungszuverlässigkeit", "Handlungsorientierung". Jedes dieser Konzepte bedürfte eigentlich einer detaillierten, spezifischen Analyse. Davon muß hier abgesehen werden; vielmehr kann jetzt nur noch in aller Kürze auf das ihnen gemeinsame Problematische eingegangen werden. Alle diese Konzepte müssen sich die Frage gefallen lassen, wie bei ihnen jeweils das funktionale Zusammenspiel zwischen Strukturellem und Aktuell-Geschehenshaftem genau gedacht ist. Gewiß, bei den meisten von ihnen mag das eigentlich Gemeinte durch die gewählten Termini intransparent und mißverständlich bezeichnet sein. Jedoch wäre den zugrunde liegenden Problemen mit einer Präzisierung der Terminologie allein nicht beizukommen. Nehmen wir ein Beispiel: "Handlungsfähigkeit". Mit "Handeln" kann - auch und gerade in der Welt des Sports - so verschiedenartiges und so kompliziertes Geschehen bezeichnet werden, daß schlechterdings nicht vorstellbar ist, alles dieses könnte gleichsam eindimensional von einer einzigen strukturellen Einheit aus, von einer "Handlungs-Fähigkeit" aus, variabel gemacht werden. Selbst wenn der Terminus nicht so verstanden wird, bleibt die Frage, was genau innerhalb dieses unübersehbar vielen Geschehenshaften, das mit "Handeln" bezeichnet werden kann, mit einer wie auch immer gearteten "Fähigkeit" funktionell verkoppelt sein soll und wie dieses Zusammenspiel funktionieren soll. Je komplexer man sich - vielleicht durch die ökologische Perspektive angeregt - Sport-Alltagsgeschehen vorzustellen gestattet, um so problematischer muß es einem erscheinen, diesem gewissermaßen eine einzelne strukturelle Einheit (wie "Fähigkeit") gegenüberzustellen. Wenn es in wiederholtem Handeln irgendwelche empirischen Evidenzen gibt, die die Annahme von relativ stabilem Überdauerndem zu stützen vermögen, dann sollte nach Möglichkeiten gesucht werden, diese Stabilität in einer Weise zu interpretieren, die mit einer angemessenen handlungstheoretischen Artikulation des Sport-Alltagsgeschehens in Einklang zu bringen ist. - Im Prinzip ähnlich könnte auch für die anderen Geschehens-Komponenten der Hybrid-Konzepte argumentiert werden (beispielsweise "Aufmerksamkeit", "Konzentration" [vgl. dazu Kaminski, 1994], "Wahrnehmung", "Entscheidung", "Vorstellung", "Regulation", "Koordination"), sowie auch für die anderen dort auftauchenden strukturellen Bedeutungsanteile (beispielsweise "Kompetenz", "Stabilität", "Orientierung").

Mit der Blickfelderweiterung vom "Handeln" zum "Handeln Wiederholen" (und damit zum "Handeln Verändern", zum "Handeln Lernen") kommen noch weitere Aspekte ins Spiel, die die Wechselbeziehungen zwischen Geschehenshaftem und Strukturellem zusätzlich komplizieren. Die Art und Weise, wie sich handlungsartiges Geschehen bei häufigem Wiederholen in seiner Ablaufsorganisation unter Umständen fundamental ändert, wird bekanntlich mit dem Begriff "Automatisierung" zusammenfassend charakterisiert. In diesem Zusammenhang kommt auch die Frage nach Grenzen der Anwendbarkeit des Konzepts "Handeln" auf. Soll man von "Handeln" nur dann sprechen, wenn eine Aktivität gewissermaßen "bewußter Kontrolle" unterworfen ist? Oder kann auch von "automatisiertem" (sozusagen ehemaligem) Handeln mit guten Gründen behauptet werden, daß es weiterhin "handlungsähnlich" organisiert ist? Weitere Fragen schließen sich an: Was heißt "bewußt" im Zusammenhang mit "Kontrollieren" ("Steuern", "Regulieren") des Handelns? Welche Instanz "kontrolliert", und wie funktioniert "Kontrolle" im Detail? Unter anderem in diesem Kontext tauchen dann auch die strukturellen Konzepte "Selbst" oder "Ich" mit von ihnen abgeleiteten (teilweise mehrdeutigen) Hybrid-Konzepten (wie "Selbstkontrolle", "Selbstregulation", "Selbststeuerung", "Selbstaufmerksamkeit", "Selbstmotivation", "Selbstverpflichtung", "Selbstwirksamkeitserwartung") in handlungstheoretischen Interpretationen und Erörterungen auf. Zu allen diesen Aspekten und Konzepten gibt es Verwendungsbeispiele in der Materialbasis, die evaluativer Kommentierung harren, welche hier jedoch nicht mehr geleistet werden kann.

Einige Schluß-Folgerungen

Eindrücke, die sich beim Durchmustern der hier verwendeten Materialbasis formieren, erst recht daran anschließende Reflexionen, entstehen nicht in einem koordinatenlosen Niemandsland. Die vorangegangenen Ausführungen waren zumeist an dem Denk- und Erfahrungsrahmen der Ökologischen Psychologie orientiert. Solche orientierenden, paradigmatischen Bezugsrahmen haben jeweils ihre spezifischen Vorteile, Schwachstellen und Probleme, wie zuvor schon gelegentlich deutlich wurde (vgl. dazu McGrath, 1981). Abschließend seien einige ansatztypische Probleme und ihre Implikationen nochmals in knapper Zusammenfassung zur Sprache gebracht.

(1) Unter Berufung auf die "ökologische Perspektive" wurde immer wieder auf die "Komplexität" des Alltagsgeschehens verwiesen; manchmal fast so, als würde ihr eine Art normative Qualität zugestanden. Was ist mit dieser "Komplexität" gemeint? Genauer besehen, sind dabei zwei Bedeutungen auseinanderzuhalten: Zum einen ist dabei an "das Alltagsgeschehen selbst" zu denken, d. h., an die Geschehensrealität, von der wir selbst in jedem Augenblick ein Teil sind, die wir selbst ständig irgendwo und irgendwie tatsächlich leben (gegebenenfalls also auch Sport-Alltagsgeschehen). Diese Realität "funktioniert" unablässig, irgendwie organisiert, mit und/oder ohne unser Zutun. Sie ist in ihrer Gänze nicht zu erfassen, reicht gewissermaßen weit hinaus über alle unsere Bemühungen, ihrer irgendwie in toto gedanklich oder anschaulich habhaft oder ansichtig zu werden. Wir können sie nur relativ diffus und extrapolativ gedanklich "setzen" als Bedingung für die Möglichkeit bestimmter Erfahrungen, die wir machen. Um dieses uns grundsätz-

lich Übergreifende, unsere Möglichkeiten Überschreitende, in sich unfaßbar Vielfältige der "Alltagsgeschehens-Realität selbst" andeutend zu charakterisieren, können wir ihr - wie hilflos - das Attribut "Komplexität" zusprechen. - Davon zu unterscheiden ist das "Bild", das wir uns von dieser Realität zu machen versuchen; und darum ging es im wesentlichen in den vorangegangenen Ausführungen. Dieses "Bild" entsteht allmählich aus unseren Bemühungen, uns gedanklich und anschaulich der sozusagen unzulänglich hypostasierten "Alltagsrealität selbst" und der ihr zugeschriebenen "Komplexität" anzunähern. Insofern kann auch das "Bild" dann als "komplex" charakterisiert werden, in sich mehr oder weniger "komplex" sein. Dieses Bild kann mehr oder weniger diffus bzw. strukturiert, durchorganisiert sein. Man kann sich das an einem Beispiel klar zu machen versuchen: Einem spezifisch Unkundigen dürfte sprachliches Geschehen, z. B. lautsprachliches Produktions- oder Rezeptionsgeschehen, jeweils wie ein zwar in sich irgendwie gegliederter, aber doch - sagen wir - ganzheitlich dahinfließender Strom vorkommen. Wer dagegen schon etwas mit Sprachwissenschaft Kontakt hatte, mag in sein "Bild" aufgenommen haben, wie dieses Geschehen in verschiedene "Ebenen" und für sie spezifische "Einheiten" aufgegliedert werden kann (phonetische, phonologische, semantische, syntaktische u. s. w.). Trotzdem mögen die Inter-Ebenen-Beziehungen in seinem Bild noch vage bleiben. Bei einem/r Sprachwissenschafler(in) hingegen ist das Bild noch durch viele weitere Strukturierungen angereichert; es ist - idealiter - so "komplex", wie es zu einem bestimmten wissenschaftshistorischen Zeitpunkt bestenfalls sein kann.

Der "ökologischen Perspektive", so wie sie hier vertreten wird, liegt die Intention zugrunde, das "Bild" vom (Sport-)Alltagsgeschehen der "Realität" des (Sport-)Alltagsgeschehens möglichst weitgehend anzunähern. Die "Komplexität" dieser "Realität" wird uns durch eine Vielzahl partikulärer Indikatoren signalisiert, die uns einzuschätzen gestatten, ob wir mit der Approximierung unseres Bildes vorangekommen sind oder nicht. Zur progressiven Differenzierung des Bildes im Sinne einer Approximierung kann vieles einzeln beitragen, verschiedenartige Konzeptualisierungen und Erfahrungen, die gleichsam aggregativ in das Bild "eingebaut" werden. Aber diese aggregative Differenzierung des Bildes wird sich nur einstellen, wenn sie intendiert wird. Man kann auch Anteile des Bildes auf einem niedrigeren Strukturiertheitsniveau belassen (vgl. das Beispiel "Sprachprozesse"). Aus dem Gesagten kann man ableiten: Die auf die "Realität selbst" verweisenden "Komplexitäts-Indikatoren" sind eine Art Korrektiv für die Weiterentwicklung ökologisch-psychologischer Konzeptualisierungen, und diese wiederum können als Entwicklungs-Korrektiv für relativ "unökologische" psychologische Ansätze fungieren.

(2) Es drängt sich nun die Frage auf, wie "Komplexität", in dem soeben erläuterten Sinne verstanden, wissenschaftlich in den Griff zu bekommen ist.

Innerhalb des barkerschen Ansatzes der Ökologischen Psychologie betreibt man derartige Approximierung auf zwei sehr unterschiedlichen Auflösungsniveaus und von ihnen aus, vereinfacht gesehen, in gegensätzlicher Richtung: Das Behavior Setting-Konzept artikuliert (der Intention nach) die "umfänglichsten" überindividuell-aktuellen Alltags-Geschehenssysteme als Ganze (s. Abschnitte „Sport als Alltagshandeln..." und „Die Systematisierung des Alltagslebens..."), relativ grobrastrig zunächst, und artikuliert dann weiter, gleichsam von oben nach unten in der Auflösung fortschreitend, Partialprozesse darin (Barker, 1968). Das Verhaltensstrom-Konzept dagegen (vgl. Barker et Associates, 1978) setzt bei möglichst feinkörniger (durch Verhaltensbeobachtung gerade noch erreichbarer) Auflösung an (Mikro-Handlungen und ihren Details) und arbeitet sich von da aus "nach oben" voran, durch Mit-Beachten größerer Handlungsgeschehens-Einheiten (vgl. z. B. Rapp, 1997). Bei Barker selbst war es noch nicht zu einem Zusammentreffen und einer Integration dieser beiden strategischen Ansätze und Artikulationsrichtungen gekommen (vgl. dazu Kaminski, 1986b, 1989, 1994, 1999a).
Die Ökologische Psychologie barkerscher Prägung hat einige spezifische Vorzüge: Sie betreibt Approximierung grundsätzlich "vor Ort", sozusagen in Tuchfühlung mit der zu approximierenden Alltagsgeschehens-"Realität", möglichst ohne diese in der Natürlichkeit ihres Ablaufs zu beeinträchtigen ("naturalistische" Vorgehensweise). Somit ist sie den korrektiven Impulsen irgendwelcher Komplexitäts-Indikatoren unmittelbarer ausgesetzt als nicht-naturalistische (beispielsweise laborexperimentelle) Ansätze. Es gehört dabei zu ihren Grundprinzipien, über längere Zeiten und zudem möglichst kontinuierlich im Kontakt mit dem Gegenstand zu bleiben und ihn in seiner systemaren Beschaffenheit und "Vollständigkeit" ernst zu nehmen ("ganzheitliche" Sichtweise). Sie läßt die durch Verhaltensbeobachtung mögliche Feinkörnigkeit der Gegenstandsartikulation - auch dann, wenn die Arbeitsschwerpunkte anderswo gesetzt werden - nie ganz aus dem Blick.
Trotz dieser Vorzüge reicht die so zu erzielende Artikulation des "Bildes" von Sport-Alltagsgeschehen für viele Zwecke, um derentwillen eine wissenschaftliche Analyse dieses Gegenstandes angestrebt wird, nicht aus. Beispielsweise kann es erforderlich werden, für bestimmte Geschehensphasen den Auflösungsgrad zu erhöhen (etwa mittels Bildaufzeichnung, Zeitlupen-Darstellung). Zwar gibt es gewisse diesbezügliche Fortschritte auch in ökologisch-psychologisch ausgerichteter Methodik (vgl. Craik, 1994), bei der zudem (mit "Selbstkonfrontations"-Methodik) versucht wird, etwas von dem erlebnishaften, kognitivemotionalen Binnengeschehen mit einzubeziehen, das im klassischen ökologisch-psychologischen Ansatz weitestgehend ausgespart wurde. Jedoch fehlt es dabei u. a. noch an naturalistischer Kontinuität und "Vollständigkeit". Die ökologisch-psychologische Selbstbeobachtungsmethodik von Rapp (1997) geht bezüglich der beiden genannten Defizite über den Ansatz von Craik hinaus. Jedoch vermöchte auch sie, trotz bemer-

kenswerter Fortschritte, noch nicht alle Artikulationsanforderungen (beispielsweise hinsichtlich des Auflösungsgrades) zu erfüllen, die an eine wissenschaftliche Analyse von Sport-Alltagsgeschehen gestellt werden können. Somit muß die konzeptuelle, "perzeptive" und "epistemische" Anreicherung des Bildes von Sport-Alltagsgeschehen auch weiterhin zusätzlich mit Hilfe von Konzepten vorangebracht werden, die aus vergleichsweise unökologischen, nicht-naturalistischen Ansätzen stammen. (Dazu können bekanntlich, wo erforderlich, auch Ansätze gehören, die in biowissenschaftlichen Disziplinen beheimatet sind.) Allerdings müßten sich alle Ansätze, die sich an diesem Anreichern beteiligen wollen, die Frage stellen, ob ihre Beiträge gewissermaßen alltagstauglich sind, ob sie mit dem bereits vorentwickelten, "ökologiegestützten" Bild kompatibel sind, ob sie hinreichend "ökologisch repräsentativ" sind (vgl. dazu Kaminski, 1994).
Wie sollte dieses aggregativ angereicherte "Bild" in seiner Gesamtheit kognitiv faßbar, überschaubar gemacht werden können? Das Verlangen nach der Erarbeitung einer integrativen konzeptuellen Gesamtorganisation des Bildes drängt sich auf. Es ist abzusehen, daß alle Versuche, diesem Verlangen nachzugeben, immer wieder nur in Provisorien resultieren können. Ausgangsbasis für derartige Bemühungen müßte, meine ich, stets die ökologische Perspektive in ihrer ganzen, an der Alltagsgeschehens-"Realität" orientierten Breite sein. Ein einzelnes Konzept, wie beispielsweise "Handeln", würde zur basalen Strukturierung eines solchen Gesamtbildes nicht hinreichen. Wenn das Konzept "Handlung" integrative Potenz entfalten kann, dann jedenfalls nur in spezifisch einzugrenzenden Gegenstandsfeldern. Vorstellbar wäre stattdessen, daß man versucht, das aggregativ angereicherte "Gesamtbild" von Sport-Alltagsgeschehen, formal gesehen, in Konzeptualisierungs-Hierarchien überschaubar zu machen. Solches ist, im Prinzip, in der Ökologischen Psychologie vorgezeichnet, und es wurde in den vorstehenden Ausführungen andeutungsweise praktiziert: Ein relativ umfängliches Alltagsgeschehens-System (hier: ein "Behavior Setting") wird in seiner Gesamtheit rahmenhaft-grobrastrig deskriptiv-theoretisch artikuliert, und es werden dann für bestimmte eingrenzbare Untersysteme oder Teilaspekte differenziertere, höher auflösende, partialtheoretische Konzeptualisierungen ausgebildet und in den übergreifenden Rahmen eingebettet. Dieses Strukturierungsprinzip könnte gewissermaßen rekursiv zu fortschreitend differenzierterer konzeptueller Artikulation des Gegenstandsbereichs herangezogen werden. Dabei wäre darauf zu achten, daß die Konzeptualisierungen miteinander kompatibel sind, so daß sie konsistent miteinander verbunden werden können (vgl. Kaminski, 1999b).
(3) Alle vorangegangenen Erörterungen zum Thema "Handlung und Sport" und alle bisher daraus abgeleiteten Folgerungen haben bestimmte Belange der Sport-Praxis noch unberücksichtigt gelassen, die mit dem Thema "Kommunizieren über Sport-Alltagsgeschehen" angesprochen werden. Die fort-

schreitende wissenschaftliche Erschließung des Gegenstandsfeldes Sport-Alltagsgeschehen bringt eine zunehmende Differenzierung, somit Komplizierung des Bildes von Sport-Alltagsgeschehen mit sich. Das führt notwendigerweise - aufs Ganze gesehen - zu einer Erschwerung der Kommunikation über Sport-Alltagsgeschehen. Für die an Sport wissenschaftlich Interessierten fällt diese Erschwerung relativ wenig ins Gewicht. Sie muß hingenommen und irgendwie verkraftet werden wie in allen anderen Bereichen der Wissenschaftsentwicklung auch. In der Praxis des Sports hingegen ist und bleibt das Kommunizieren über das Sport-Alltagsgeschehen im Prinzip in viel höherem Maße alltagssprachnah, an alltagssprachliche Konzeptualisierungen gebunden. Aus den wohletablierten Normen dieses Kommunizierens heraus werden sich Widerstände dagegen erheben, das Bild von Sport-Alltagsgeschehen zunehmend (konzeptuell und epistemisch) zu komplizieren, weil dann die Kommunikation unpraktikabel zu werden droht. Daraus dürfte ein sich fortschreitend verschärfendes Spannungsverhältnis zwischen Wissenschaft und Sportpraxis resultieren. Dieses Spannungsverhältnis wird dadurch noch dramatischer, daß beide, Wissenschaft und Sportpraxis, - mindestens teilweise - aufeinander angewiesen sind. Wissenschaftliche Analyse des Sport-Alltagsgeschehens zielt großenteils letztlich darauf ab, zur Verbesserung irgendwelcher Sport-Praxis beizutragen. Erträge dieser Bemühungen können ihren letzten Zweck jedoch nur dadurch erreichen, daß sie von der Sport-Praxis rezipiert und umgesetzt werden. Und die Wissenschaft selbst kann wiederum nicht ohne Anregungen und Rückmeldungen aus der Sportpraxis vorankommen. Somit nimmt die ohnehin sattsam vertraute Frage, wie zwischen diesen beiden Positionen vermittelt werden kann, an Dringlichkeit zu. Vermutlich wird sich ein eigenständiger Aufgabenbereich entwickeln müssen, dem es obliegt, permanent als Interface zwischen sportbezogener wissenschaftlicher Theoriebildung und Forschung einerseits und der auf wissenschaftliche Fundierung angewiesenen sportlichen Praxis andererseits zu fungieren. Dabei ist allerdings zu bedenken, daß sportbezogene (psychologische) Wissenschaft ohnehin nicht als einheitliche Position anzutreffen ist, sondern daß sie von sich aus bereits Varianten ausgebildet hat, die der Sport-Praxis mehr oder weniger entgegengegangen sind (vgl. Nitsch, 1986). Abgesehen davon, scheint von dem skizzierten Spannungsverhältnis auch die Versuchung ausgehen zu können, die Kluft zwischen Wissenschaftstradition und Sportpraxis gewissermaßen kurzschlüssig zu überbrücken; das soll heißen, durch Untersuchungsansätze, die eine sorgfältige Aneignung von bereits erarbeitetem wissenschaftlichem Gemeingut vermissen lassen und sich stattdessen damit begnügen, Praxisnah-Adhocistisches, Provisorisches zu produzieren. Die fast beunruhigende Variabilität der in der Materialbasis vorzufindenden Ansätze zum Thema "Handlung und Sport" könnte zu einem nennenswerten Anteil durchaus der Wirkung dieser Versuchung geschuldet sein.

Volition und Handlung

Henning Allmer

Zur Wiederentdeckung des Willens

Zu Beginn des 20. Jahrhunderts erfolgte in der Psychologie eine rege Erörterung des Willensbegriffs, deren prominentesten Vertreter Narziß Ach und Kurt Lewin waren. Die erwartete Vertiefung der wissenschaftlichen Auseinandersetzung mit der Willensthematik blieb in der Folgezeit aber aus, denn der Willensbegriff verlor - zumindest in der westlichen Psychologie - an wissenschaftlicher Reputation und wurde zum Tabuwort. Heckhausen, der 1962 selbst verkündete „Den Willen brauchen wir nicht mehr!“ (zit. nach Sokolowski, 1999, S. 27) resümiert (1987c, S. 122): „Ab 1970 ist alles getilgt, was begrifflich an den Willen erinnern könnte. Nur in der russischen Psychologie scheint die Verwendung des Willensbegriffs bis heute ungebrochen zu sein“. Der Psychologie fehlte es offensichtlich am guten Willen, sich mit der Willensthematik wissenschaftlich auseinander zusetzen. Den historisch Interessierten könnte die verschiedentlich gestellte Frage herausfordern, worin Begründungen für die wissenschaftliche Ignoranz dem Willensbegriff gegenüber zu sehen sind. Aus historischer Sicht könnte aber auch nach den Folgen der Vernachlässigung der Willensthematik für die Psychologie gefragt werden

Aus der Sicht des heutigen Kenntnisstandes der Willenspsychologie hat der lange Verzicht auf den Willensbegriff dazu geführt, dass „ganze Abschnitte im Handlungsverlauf mit ihren charakteristischen Phänomenen unbeachtet geblieben und schließlich abhanden gekommen sind“ (Heckhausen, Gollwitzer & Weinert, 1987, S. VI). Für diese Lückenhaftigkeit der wissenschaftlichen Analyse des menschlichen Handelns stehen die in der Psychologie immer wieder gefundenen Löcher - wie das theoretische Vakuum zwischen Kognition und Handlung (vgl. Miller, Galanter & Pribram, 1960, S. 11), das Handlungsloch in der Motivationspsychologie (Heckhausen, 1981, S. 331) oder die Lücke zwischen Intention und Verhalten (Frese & Sabini, 1985, S. 18). Weitgehend unbeachtet geblieben sind die Fragen, wie Intentionen gebildet und realisiert werden, ob und auf welche Weise die Realisierung erfolgt, ablaufende Handlungen fortgeführt oder beendet werden.

Mit Beginn der 70er Jahre sind in der Psychologie vermehrt Bemühungen zu erkennen, die entstandenen Lücken zu schließen. Wegbereiter war die Entwicklung handlungstheoretischer Grundpositionen, mit denen die Aufsplittung der Psychologie in traditionelle Teilgebiete überwunden werden sollte und die funktionale Einheit kognitiver, motivationaler, volitionaler, emotionaler und motorischer Prozesse postuliert wurde. Vor diesem Hintergrund ist ein deutlicher Trend zu beobachten, der das (Wieder-)Erwachen des wissenschaftlichen Interesses an der Willensthematik signalisiert. Das Willenskonzept wird „wiederentdeckt“ (Nitsch, 1984) und „wiederaufbereitet (Heckhausen, 1986a). Die Willensthematik erfährt einen neuen Aufschwung, wie das umfassende Werk von Heckhausen, Gollwitzer & Weinert (1987) „Jenseits des Rubikon: Der Wille in den Humanwissenschaften“ belegt. Damit wird ein lange Zeit brachliegendes und vergessenes Forschungsterrain - anknüpfend an die Tradition der deutschen Willenspsychologie - reaktiviert und hoffähig gemacht - allerdings in einem neuen begrifflichen Gewand, denn der Begriff Wille wird durch Volition ersetzt (vgl. Nitsch, 1984; Heckhausen, 1986a).

Das wissenschaftliche Interesse zumeist der Vertreter der „klassischen" Motivationspsychologie richtet sich vermehrt auf die Frage, aus welchen Gründen mit dem Umsetzen intentionsbezogener Handlungen begonnen bzw. nicht begonnen wird (vgl. Kuhl, 1983; Heckhausen, 1986a,b; Heckhausen, Gollwitzer & Weinert, 1987). In der bisherigen Motivationspsychologie endeten die Analysen nämlich mit der Wahl der bevorzugten Handlungsalternative - also vor dem Handlungsvollzug. Insbesondere mit der Unterscheidung zwischen Motivation und Volition als „zwei verschiedenen Bewusstseinslagen“ (Heckhausen, 1986a, S. 3), die durch einen Rubikon voneinander getrennt sind, wird versucht, die lange Zeit bestehende Lücke zwischen Motivation und Handlung zu schließen. Während die Motivationsphase durch die Prozesse des Abwägens und Auswählens gekennzeichnet sind, ist für die Volitionsphase die Konkretisierung der (Ziel-)Intention sowie deren Abschirmung gegenüber konkurrierenden Intentionen typisch. Zur Bedeutung der volitionalen Prozesse formuliert Heckhausen (1987b, S. 92): „Um den Zugang zum Handeln zu gewinnen und um realisiert zu werden, muß ein intendiertes Handlungsziel konkreten Zuschnitt erfahren haben und gegen den Andrang konkurrierender oder gleichzeitig nach Realisierung strebender Zielintentionen abgeschirmt werden“.

Mit diesem Ansatz wird einerseits der Alltagserfahrung Rechnung getragen, dass einmal gefasste Vorsätze nicht zwangsläufig in konkretes Handeln umgesetzt werden. Andererseits wird mit der traditionellen Auffassung der Motivationspsychologie gebrochen, dass Motivation und Handlung unmittelbar verknüpft sind. Zentrale Bedeutung erlangt die Phase der Handlungsinitiierung (vgl. Heckhausen, 1987c, S. 138), in der jenseits des Rubikon postintentionale Willensvorgänge vor Beginn des konkreten Handelns ablaufen. Das Augenmerk wird dabei auf jene volitionalen Prozesse gerichtet, die den Übergang einer gebildeten Intention in konkretes Handeln regeln. „Denn angesichts wechselnder Gelegenheiten und einer Fülle unerledigter Intentio-

nen, die auf verschieden hohen Ebenen der Übergeordnetheit auf ihren Abruf warten, muß manchmal noch geprüft werden, welche der konkurrierenden Intentionen jetzt zum Zuge kommen soll" (Heckhausen, 1986a, S. 5).
Mit der Wiederaufnahme der Willensthematik in die Psychologie wurde gleichsam ein Wechsel der Betrachtungsperspektive vorgenommen, denn in Anlehnung an die klassische Willenspsychologie von Ach und Lewin wurde nicht eine definitorische Klärung des Willensbegriffs versucht, sondern die Analyse der funktionalen Bedeutung des Willens für das Handeln in den Blick genommen. Diese Sichtweise beinhaltet zweierlei: Zum einen wird der Wille - entsprechend dem Systempostulat der Handlungstheorie (vgl. Nitsch, 1986, S. 200) - nicht isoliert von anderen psychischen Funktionen betrachtet, sondern in dem wechselseitigen Bezug zu anderen psychischen Funktionen und deren Zusammenwirken im Handlungsgeschehen erforscht. Zum anderen gilt, dass sich - entsprechend der handlungstheoretischen Grundthese, dass Psychisches Handlungen reguliert und durch Handlungen reguliert wird (vgl. Nitsch, 1975) - die funktionale Bedeutung des Willens nur aus dessen Beziehung zur psychischen Handlungsregulation bestimmen lässt. Damit stellt sich vorrangig nicht die Frage, was unter Willen zu verstehen ist, sondern welche handlungsregulatorische Funktion Willensprozesse haben. Für diese prozessorientierte Betrachtungsweise des Willens wird der Begriff der *volitiven Handlungsregulation* gewählt.

Phasen der volitiven Handlungsregulation

Geht man davon aus, dass - aus handlungspsychologischer Sicht - Handeln als absichtliche Verhaltensorganisation unter subjektiven Ziel-, Zweck- und Sinnsetzungen zu verstehen ist (vgl. Nitsch, 1986), stellt sich die grundsätzliche Frage, wie eine Person Intentionen bildet und verwirklicht und in welcher Weise dieser Bildungs- und Verwirklichungsprozess volitiv reguliert wird. Zur Ausdifferenzierung dieses Prozesses der Intentionsbildung und -verwirklichung wird auf die Arbeit von Heckhausen und Kuhl (1985) zurückgegriffen, in der der lange Weg vom Wunsch bis zum Handeln nachgezeichnet wird, das handlungspsychologische Phasenablaufmodell von Heckhausen (1986a) herangezogen, in dem die Phasen der Intentionsbildung, -initiierung, -realisierung und -desaktivierung unterschieden werden, sowie das triadische Phasenmodell des Handlungsablaufs von Nitsch (1986) zugrunde gelegt. Auf dieser Grundlage unterscheiden wir die Phasen der Intentionsbildung, Intentionsinitiierung, Intentionsbeibehaltung und Intentionsbeendigung (vgl. Abb. 1).

Phase der Intentionsbildung

Für die Phase der Intentionsbildung sind zwei Prozesse grundlegend:

(a) die *Absichtsbildung*, die die Kalkulationen von Absichten und die Entscheidung für eine Absicht umfasst und

(b) die *Vorsatzbildung*, die auf der Grundlage von Planungsprozessen zum Entschluss für eine intentionsrelevante Handlung führt.

Die Unterscheidung der Phase der Intentionsbildung in Absichts- und Vorsatzbildung, die auch Gollwitzer (1987a, S. 356) vornimmt, hat gegenüber der Trennung in die präintentionale Motivations- und postintentionale Volitionsphase von Heckhausen (1986a,b) den Vorteil, dass sowohl die bei der Absichtsbildung als auch der Vorsatzbildung wirksam werdenden volitiven Regulationsprozesse elaboriert werden können.

In der Phase der *Absichtsbildung* stellt sich - prozessorientiert - die Frage, wie eine Person zu Absichten kommt und wie Absichten selegiert werden. Die Entwicklung einer Absicht, kann man sich - in Anlehnung an Heckhausen und Kuhl (1985) - als einen „Umwandlungsprozess" von begehrenswerten End-Zuständen und Lebensinhalten in erfüllenswerte und erfüllbare Wünsche vorstellen. Von vielem, was uns in unserer Umwelt umgibt, fühlen wir uns angezogen, vieles schätzen wir als begehrenswert ein, möchten wir auch können, tun und haben. Andere Umweltanreize sprechen uns weniger an, lassen uns unberührt oder rufen Abneigung oder Ablehnung hervor. Diese Einschätzung der Anreizwerte erfolgt weitgehend unabhängig davon, ob die Person bereits konkrete Realisierungsmöglichkeiten sieht, d.h. es geht um die Beurteilung der Anreize „an sich". Das, was als erstrebenswert erachtet wird - ohne dass bereits Realisierungsmöglichkeiten eingeschlossen sind -, wird in Anlehnung an Heckhausen und Kuhl (1985) und Heckhausen (1987a) als *Wunsch* definiert. Wünsche die darauf gerichtet sind, etwas Bestimmtes erreichen oder verweiden zu wollen, resultieren aus der Bewertung der subjektiven *Bedeutsamkeit* eines gegebenen oder antizipierten Person-Umwelt-Bezugs (vgl. Abb. 1). Die subjektive Bedeutsamkeitsbewertung basiert nicht nur auf der kognitiven, sondern auch auf der emotionalen Einschätzung einer gegebenen und antizipierten Handlungssituation, die emotionale Zustände und Befindlichkeiten wie Wohlbefinden, Missbefinden, Widerwillen auslösen kann.

Die Umwandlung eines Wunsches in eine Absicht hängt von der subjektiven Bewertung der *Kontrollierbarkeit* des Wunsches ab (vgl. Abb. 1). Hierunter fallen zum einen *allgemeine Kontrollüberzeugungen*, die beinhalten, ob eine Person die Erfüllung bestimmter Wünsche für beeinflußbar oder nicht beeinflußbar. Zum anderen gehört zur Kontrollierbarkeitsbewertung die Einschätzung der *individuellen Kontrollmöglichkeiten*. Damit ist gemeint, ob eine Person glaubt, fähig zu sein und geeignete Möglichkeiten finden zu können, um das Wünschenswerte zu realisieren („ich könnte das wahrscheinlich").

Allgemeine Kontrollüberzeugungen und individuelle Kontrollmöglichkeiten bestimmen die wahrgenommene *Handlungskompetenz* (vgl. Kompetenz-/Selbstwirksamkeitserwartungen von Bandura, 1977, 1986).
Auf der Grundlage der angenommenen Kontrollierbarkeit werden die subjektiv bedeutsamen Wünsche realitätsorientierter und bekommen den Status von Absichten der Ausprägung „Ich möchte“ (vgl. Kuhl, 1983, S. 107; Heckhausen & Kuhl, 1985). Gegenüber der Wunschvorstellung sind die gebildeten Absichten näher an den Handlungsvollzug herangerückt, ohne allerdings auf eine bestimmte Handlung bereits festgelegt zu sein (vgl. „deliberative mind-set“, Gollwitzer, 1993; Taylor & Gollwitzer, 1995). Wenn die Absicht gebildet wurde, etwas Bestimmtes anzustreben bzw. nicht anzustreben oder etwas Bestimmtes zu tun oder zu unterlassen, dann stehen Nutzen und Realisierbarkeit der Absicht nicht mehr in Frage. Absichten stellen daher die *motivationale* Komponente der Intentionsbildung dar.
Aufgrund der Bewertung der Absichten hinsichtlich Bedeutsamkeit und Kontrollierbarkeit können bestimmte Absichten, die als nicht erfüllbar angesehen werden, fallen gelassen werden. Im Augenblick noch nicht realisierbar erscheinende Absichten werden im „Absichtsgedächtnis“ (Dörner, 1982, S. 57) gespeichert und zu einem späteren Zeitpunkt erneut Bewertungsprozessen unterzogen. Sie dauern - solange Bedeutsamkeit und Realisierbarkeit noch in Frage stehen - über eine gewisse Zeit in sogenannten „top-spin“-Schleifen (Heckhausen & Kuhl, 1985, S. 140) an. Es müssen aber nicht alle Wünsche in Absichten umgewandelt werden, denn es existieren auch Wünsche, deren Realisierung nicht ernsthaft überlegt und angestrebt wird, da von unerfüllbaren Wünschen eine beträchtliche Lebensmotivation ausgehen kann.
Da Menschen zu einer bestimmten Zeit verschiedene Absichten haben, die sich in der Regel nicht auf einmal erledigen lassen, ist die Entscheidung zu fällen, welche Absicht den Vorzug erhalten soll, welche Absicht aufzuschieben oder aufzugeben ist. Dieser Entscheidung liegen *Abwägprozesse* zugrunde, mit denen die subjektive Bedeutsamkeit und Kontrollierbarkeit der einzelnen Absichten kalkuliert wird. Das Ergebnis der *Absichtskalkulation* ist die Entscheidung für eine vordringlich zu behandelnde Absicht. Mit der Entscheidung erhöht sich der Grad der *Selbstbestimmung* der gebildeten Absicht gegenüber (vgl. Brehm & Cohen, 1962; Haisch, Osnabrügge & Frey, 1983).

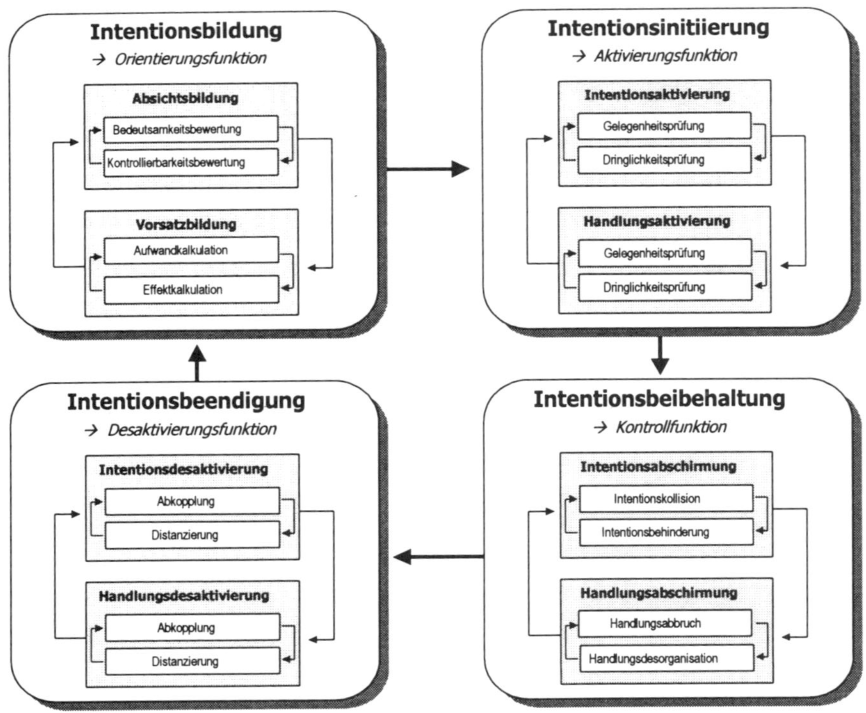

Abb. 1: Modell der Intentionsbildung und Intentionsrealisierung.

Da die Entscheidung für eine Absicht nicht problemlos oder unter Umständen auch nicht getroffen werden kann, sind volitive Regulationsprozesse erforderlich (vgl. „Selektionsvolition“ nach Kehr, 1999), die den Prozess der Absichtsbildung unterstützen und abschließen, damit nicht ein unendlicher Prozess der Absichtskalkulation abläuft. Die Beendigung der Absichtskalkulation wird durch die Fazittendenz (Heckhausen, 1985) unterstützt, die auf den Abschluss der auf die Absichten bezogenen abwägenden Für- und Widerüberlegungen drängt. „Die Fazittendenz ist also von der Vorstellung abhängig, die der Elaborierende von dem hat, was durch Einholen erreichbarer Informationen und deren Verarbeitung noch grundsätzlich geklärt werden könnte“ (Heckhausen, 1985, S. 2). Häufig fällt es schwer, die Absichtskalkulation zu beenden und eine Entscheidung zu fällen, weil man glaubt, noch nicht genügend Klarheit zu haben und nach zusätzlichen Informationen suchen zu müssen. Mit letzter Sicherheit werden aber Entscheidungen nicht zu treffen sein, da die Bedeutsamkeit und Kontrollierbarkeit einer Absicht in der Regel nicht endgültig abschätzbar sind. Entscheidungen schließen in der Regel ein bestimmtes Maß an Unsicherheit ein, denn „die ‚vermutete Klärungsmöglichkeit' (ist) in aller Regel geringer als das ‚gewünschte Klärungsmaß'“ (Heckhausen, 1985, S. 3).

Für den Fall eines hohen individuellen Klärungsanspruchs dürfte es schwerfallen, die Absichtskalkulation abzuschließen. Die Fazittendenz kann in diesem Fall nur wirksam werden, wenn man entweder den Klärungsanspruch reduziert („Mut zur Lücke“), sich mit einer „befriedigenden“" und nicht „optimalen“ Lösung zufrieden gibt (vgl. Nitsch, 1986, S. 238) oder die Entscheidung an sogenannten „Sparsamkeitsregeln“ (Kuhl, 1983, S. 271) orientiert. Der Abschluss der Absichtskalkulation gelingt ohne stark ausgeprägter Fazittendenz, wenn ein niedriger Klärungsanspruch und ungewohnt hohe Informationskosten vorliegen (Heckhausen, 1985). Die Absichtskalkulation kann auch ohne Wirksamwerden der Fazittendenz beendet werden, wenn die Wunschvorstellungen einer Person mit sozialen Normen unverträglich sind und die Person sich mehr oder weniger gezwungen fühlt, fremdgesetzte Handlungsorientierungen – in Sinne von Muss-Absichten (vgl. Kuhl, 1983) – zu übernehmen.

Wenn die Entscheidung für eine Absicht getroffen ist, wird die Person Überlegungen anstellen, wie, auf welchem Wege und mit welchen Mitteln die Absicht am besten verwirklicht werden könnte (vgl. „Ausführungsintentionen“, Gollwitzer, 1993). Mit diesen ausführungsbezogenen Überlegungen wird - entsprechend der von Heckhausen (1986a, 1986b) formulierten Rubikon-Metapher - die Schwelle der auf Bedeutsamkeit und Kontrollierbarkeit bezogenen Absichtskalkulation überschritten und mit Planungsprozessen begonnen. Im Vordergrund der gedanklichen „Voraus-Beschäftigung“ (Heckhausen, 1986b, S. 12) steht nun die Frage: Wie und wann soll gehandelt werden, um die auf Umsetzung gerichtete(n) Absicht(en) zu verwirklichen?

Da in der Regel zur Verwirklichung ein und derselben Absicht vielfältige und in gewissem Grade austauschbare Handlungsalternativen zur Verfügung stehen, sind Überlegungen und Bewertungen erforderlich, um die günstigste Handlungsalternative und Gelegenheit zur Verwirklichung der Absicht herauszufinden. Welche Handlungsalternative ausgewählt wird, hängt von zwei aufeinanderbezogenen Kalkulationsprozessen ab: der Aufwandkalkulation und der Effektkalkulation.

Im Fall der *Aufwandkalkulation* wird abgeschätzt, welchen psychophysischen sowie zeitlichen, finanziellen und organisatorischen Aufwand die Realisierung der einzelnen Handlungsalternativen erfordert. Das Ausmaß des erforderlichen Aufwandes wird durch die individuellen Fähigkeiten, die Handlungsalternative überhaupt ausführen zu können, der individuellen Aufwandbereitschaft sowie die gegebenen fördernden oder hemmenden Realisierungsmöglichkeiten der Umwelt bestimmt. Da alle zur Wahl stehenden Handlungsalternativen ein bestimmtes Ausmaß an Aufwand verlangen, wird jener Handlungsalternative der Vorzug gegeben, die entweder den geringsten Aufwand erfordert oder für die im Falle der Realisierung bzw. Nichtrealisierung der eingesparte Aufwand am größten ist.

Die *Effektkalkulation* meint die Bewertung der mit den Handlungsalternativen jeweils antizipieren positiven und negativen Konsequenzen. Mit den einzelnen Handlungsalternativen werden in der Regel sowohl positive als auch negative Effekte antizipiert, so dass für jede Handlungsalternative eine Nutzen/Schaden-Abwägung vorgenommen wird. Die Entscheidung fällt zugunsten jener Handlungsalternativen aus, deren positive Effekte höher als die negativen gewichtet werden. Dabei werden u. U. unangenehme Effekte in Kauf genommen, um erstrebenswerte Effekte aufrechtzuerhalten oder herbeizuführen. Die Effektkalkulation bezieht sich nicht nur darauf, welche handlungsspezifischen Effekte auftreten können, sondern auch auf die Wahrscheinlichkeit, mit der das Auftreten der mit den Handlungsalternativen verknüpften Effekte angenommen wird (*Effektwahrscheinlichkeit*).

Aufwand- und Effektkalkulation stellen keine unabhängigen Bewertungsprozesse dar, sondern sind auf einander bezogen. Die zur Auswahl stehenden Handlungsalternativen werden intentionsbezogen hinsichtlich Ökonomie und Nützlichkeit bewertet. Für jede Handlungsalternative wird auf diese Weise eine *Aufwand-Effekt-Relation* bestimmt. Ausgewählt wird die Handlungsalternative, für die sich eine günstige Aufwand-Effekt-Relation ergibt, d. h. der Effekt rechtfertigt den Aufwand. Fällt demgegenüber die Aufwand-Effekt-Relation ungünstig aus, erweist sich die Handlungsalternative als ungeeignetes Mittel. Die Entscheidung zwischen den Handlungsalternativen basiert nicht nur auf rationalen Kalkulationsprozessen, sondern orientiert sich – in Anlehnung an die Unterscheidung von Bagozzi (1992) in instrumentelle

Überzeugungen (instrumental beliefs) und Emotionen gegenüber den Mittel (affects toward means) – auch an gefühlsmäßigen Stellungnahmen.
Das Ergebnis des Kalkulationsprozesses der zur Verfügung stehenden Handlungsalternativen führt zu dem *Vorsatz*, der fest legt, mit welcher Handlungsalternative, zu welcher Gelegenheiten und zu welchem Zeitpunkt eine Absicht realisiert werden soll (vgl. Bestimmungsstücke der Vornahmen von Sokolowski, 1999, S. 31). Zur Vorsatzbildung gehört nicht nur die Vorab-Festlegung der günstigen Realisierungsgelegenheit, sondern auch die Vornahme, bestimmte Situationen, die als realisierungsgünstig erscheinen, aktiv aufzusuchen oder herzustellen. In Anlehnung an Miller, Galanter & Pribram (1973) wird der gefasste Vorsatz als ein bereits entwickelter, aber noch nicht ausgeführter Plan definiert, der Vornahmen enthält, was man tun bzw. unterlassen will, welche Handlungen wann und wie ausgeführt werden sollen (Festlegung von Implementationsschritten im Dienste der Absichtsverwirklichung, vgl. Heckhausen 1986a, S. 4; Gollwitzer, 1987a). Der Vorsatz stellt daher die *instrumentelle Komponente* der Intentionsbildung dar.
Mit der Vorsatzbildung wird der gedankliche Rubikon endgültig überwunden und sind die gebildeten Absichten realisierungsorientierter geworden (vgl. Heckhausen, 1986a, S. 4). Für diejenigen Absichten, die den Rubikon passiert haben, ist der Grad der *Selbstverpflichtung* (commitment) diesen Absichten gegenüber gestiegen, der für das „wirkliche“ Wollen einer Absicht von entscheidender Bedeutung ist (vgl. „implemental mind-set”, Gollwitzer, 1993; Taylor & Gollwitzer, 1995). Durch die Selbstverpflichtung werden die ursprünglichen Absichten weniger störbar, wird der Blick auf die Realisierung des Vorsatzes gerichtet und die Handlungsorientierung „ich will“ geschaffen (vgl. „Ich will wirklich“ (Ach, 1935, S. 201), „Jetzt will ich“ (Stern, 1950, S. 548)). Mit der Volition „Ich will“ wird zum Ausdruck gebracht, dass man sich festgelegt hat, etwas Bestimmtes tun zu wollen, um eine erstrebenswerte Absicht zu verwirklichen. Im Vergleich zur gebildeten Absicht ist der Vorsatz elaborierter, denn der Prüfprozess hinsichtlich Gelegenheit, Zeit, zur Verfügung stehender Mittel, Dringlichkeit und Wichtigkeit (vgl. OTIUM-Check nach Heckhausen & Kuhl, 1985) bewirkt die Konkretisierung und Verbindlichkeit einer zunächst noch unverbindlichen Absicht.
„Die Wahrscheinlichkeit, daß ein Bedürfnis zur Intention wird, wächst mit der Gelegenheit, das gewünschte Ziel zu erreichen, wie viel Zeit für seine Verwendung aufgewendet wird, inwiefern das Ziel persönliche Wichtigkeit hat, inwieweit die Dringlichkeit sich erhöht und ob momentan verfügbare Mittel vorhanden sind, das Ziel zu erreichen“ (Heckhausen & Kuhl, 1985, S. 137).
Absichten, die durch gebildete Vorsätze selbstverpflichtender geworden sind, werden *Intentionen* genannt. Sie legen einerseits den angestrebten Endzustand fest, der sich durch das zu erreichende Ziel, den damit verfolgten Zweck und erfüllten Sinn differenzieren lässt (vgl. Nitsch, 1986, S. 212).

Ziel-, zweck- und sinnbezogene Intentionen - von Heckhausen (1986b) wird nur der Aspekt der Zielintention genannt - stellen Wirkgrößen für das konkrete Handeln in dem Sinne dar, dass „sie gleichsam als Zielvorstellungen vor dem ‚geistigen Auge' stehen und dem Handeln fortlaufend die Richtung weisen" (Heckhausen, 1986b, S. 5). Intentionen sind einerseits Handlungsorientierungen, die noch nicht realisierte, d.h. antizipierte Zustände und Veränderungen repräsentieren und an denen die konkreten, intentionsrelevanten Handlungen ausgerichtet werden (vgl. Absichtsbildung). Andererseits sind Intentionen unmittelbar auf die Handlungsausführungen bezogen (vgl. Vorsatzbildung). Damit ist gemeint, dass Intentionen sich (auch) darauf beziehen, wie, wann und wo eine Person Handlungen ausführen will.

Berücksichtigt man, dass zur Intentionsverwirklichung Intentionen und intentionsrelevante Handlungen initiiert, ausgeführt und beendet werden müssen, ist es erforderlich, dass in dem zu entwickelnden Vorsatz Initiierungs-, Ausführungs- und Desaktivierungsvorsätze formuliert werden (vgl. Heckhausen, 1986b, S. 11).

Die Bildung von *Initiierungsvorsätzen* beinhaltet, dass für die Umsetzung der anstehenden Intention in konkretes Handeln der passende Zeitpunkt und die günstigste Gelegenheit formuliert werden (vgl. „Bezugsvorstellung" von Ach, 1910). Das bedeutet, dass für die beabsichtigte Handlung „realistische Ausführungsgelegenheiten" (Nitsch, 1986, S. 254) zu definieren sind und der Ausführungskontext der Handlung spezifisch zu beschreiben ist (vgl. Kuhl, 1983, S. 109). Die Initiierungsvorsätze legen das wann und wo des Handelns fest und tragen vor allem dazu bei, gebildete Intentionen zur Überwindung der Schwelle zum konkreten Handeln zu verhelfen und ein ständiges Aufschieben der Intentionsrealisierung, das Verpassen oder Auslassen von günstigen Gelegenheiten zu vermeiden. Nach Heckhausen (1987d, S. 148) werden Initiierungsvorsätze erforderlich:

„1) wenn die Realisierung das Eintreten hoch spezifischer Gelegenheiten voraussetzt und diese erst noch geschaffen oder gestaltet werden müssen; 2) wenn die Initiierung sich gegen die Feldkräfte der Situation durchsetzen muß und deshalb vorweg an spezifische Auslösebedingungen geknüpft wird ...; 3) wenn viele konkurrierende oder einige wichtigere Zielintentionen den Zugang zum Handeln blockieren; 4) wenn das Vorkommen von Gelegenheiten selten oder deren Nutzung dringlich ist; 5) wenn zu befürchten ist, daß man im entscheidenden Moment die Zielintention ‚vergißt', weil nichts an sie erinnert".

Die *Ausführungsvorsätze* richten sich zum einen auf kritische Punkte des Handlungsablaufs, die Kontrolle der Handlungsausführung und die Sicherung des Handlungsvollzugs gegenüber Störungen (vgl. „Zielvorstellung" von Ach, 1910). „Sie sollen Fehlern, vorzeitigen Abbrüchen oder Mißerfolgen vorbeugen, auch auf eventuelle Komplikationen vorbereiten" (Heckhausen, 1986b, S. 11). Das Vorausplanen dessen was zu tun ist - als wesentlicher

Bestandteil der „Vornahmehandlung" von Lewin (1926) -, „schafft damit für einen späteren Zeitpunkt Aufforderungscharaktere, die unmittelbar auf das Hinausgehen hindrängen und damit die Durchführung der beabsichtigten Handlung unmittelbar herbeiführen oder wenigstens doch sehr erleichtern" (Lewin, 1926, S. 379). Ausführungsvorsätze stellen - so gesehen - vorausgenommene Bewältigungen schwieriger Situationen dar, die das Handeln in der konkreten Situation fördern. Zum anderen beziehen sich die Ausführungsvorsätze auf die Strukturierung der gebildeten Intentionen. Mit den intentionsbezogenen Ausführungsvorsätzen werden Intentionen, die nur über vorher festgelegte Zwischen- und Teilintentionen zu erreichen sind, hierarchisch strukturiert und in eine sequentielle Anordnung gebracht (vgl. Zielplanung, Nitsch, 1986, S. 242 ff.).

Während bei den Ausführungsvorsätzen die Kontrolle des Intentions- und Handlungsverlaufs im Vordergrund steht, betreffen die *Desaktivierungsvorsätze* die Beendigung der Intentions- und Handlungsrealisierung. Insbesondere wenn das Handlungsergebnis ungewiss ist, ist es für den Handlungsabschluss nützlich, bereits vorab „Mindeststandards für das zu erreichende Handlungsergebnis" (Heckhausen, 1986b, S. 13) festzulegen.

Die Initiierungs-, Ausführungs- und Desaktivierungsvorsätze „nehmen kritische Punkte oder Phasenabschnitte des intentionsrealisierenden Handlungsablaufs vorweg und sollen den Handelnden darauf einstellen" (Heckhausen, 1986b, S. 10). Mit diesen Vorsätzen - im Sinne „metavolitionaler Vorkehrungen" (Heckhausen, 1986a, S. 6) - werden gedanklich vorab Vorbereitungen und Vorkehrungen getroffen sowie Handlungsschritte vorausgeplant und „sozusagen auf Vorrat bereitgelegt" (Heckhausen, 1987d, S. 149), mit denen vorhersehbaren Schwierigkeiten bei der Initiierung, Beibehaltung und Beendigung der Intention und der intentionsrelevanten Handlung bevorzugt begegnet werden soll. Vorsätze fungieren - bildlich gesprochen - als „Hilfs-Sheriffs" der Intentionsverwirklichung (Heckhausen, 1987c, S. 131), indem sie die Initiierung der Handlung begünstigen und die Intentionsrealisierung bis zur Intentionsverwirklichung vorantreiben.

Der Prozess der Intentionsbildung beschreibt - zusammenfassend - den Entstehungsprozess von noch nicht verpflichtenden Absichten zu Intentionen, denen sich eine Person durch die gebildeten Vorsätze gegenüber verpflichtet fühlt. Zu differenzieren sind der vor dem Rubikon liegende Entscheidungsprozess für eine wünschenswerte und realisierbare Absicht und der Umwandlungsprozess von Absichten in vorsatzgestützte Intentionen, mit dem der Rubikon überwunden wird. Die Intentionsbildung endet mit dem Entschluss, eine Absicht in bestimmter Weise und zu einer bestimmten Gelegenheit realisieren zu wollen.

Die Phase der Intentionsbildung, mit den Teilprozessen der Absichts- und Vorsatzbildung, muss nicht immer durchlaufen worden sein, um mit der Intentionsverwirklichung beginnen zu können. Dies ist der Fall, wenn auf

vorhandene Intentionen zurückgegriffen werden kann, so dass die Intentionsbildung vor der Intentionsverwirklichung überflüssig wird (vgl. Heckhausen, 1987c). Dies gilt einerseits für zwischenzeitlich unterbrochene Intentionsverwirklichungen, deren Wiederaufnahme keine neuerliche Intentionsbildung erfordert. Andererseits werden übergeordnete Intentionen - im Sinne von „Strebenszielen" (Nitsch, 1986, S. 244) -, die nur annäherungsweise erreichbar sind und „unstillbare" Intentionen (Gollwitzer, 1987b, S. 180) darstellen, vor der Intentionsrealisierung nicht erneut ausgearbeitet, sondern bei entsprechender Gelegenheit abgerufen. Hierdurch entsteht der Eindruck eines „glatten Übergangs von einer Handlung zur nächsten" (Heckhausen, 1987c, S. 136), weil Anzeichen eines sorgfältigen Abwägens und Prüfens nicht erkennbar sind. Die für die Intentionsbildung aufgezeigten Kalkulations- und Planungsprozesse reduzieren sich in diesem Fall auf eine blitzschnelle Prüfung, ob die Gelegenheit zur Realisierung einer schon längst gebildeten Intention günstig ist oder nicht. Die Phase der Intentionsbildung wird - so gesehen - nicht zum Regelfall, sondern „nur in unerwarteten Augenblicken oder in Situationen mit fraglicher Günstigkeit oder bei neu aufgetauchten Problemen herausgefordert" (Heckhausen, 1987c, S. 137).
Die volitive Handlungsregulation, die den Prozess der Absichtsbildung und Vorsatzbildung schützt und unterstützt, dient der Entscheidung für eine bestimmte Absicht und deren vorausplanenden Realisierung. Diese lenkende Funktion der Volition, die in Metaphern wie Weichensteller und Steuermann zum Ausdruck kommt (vgl. Weinert, 1987, S. 16), verweist auf die *Orientierungsfunktion* der volitiven Handlungsregulation in der Phase der Intentionsbildung (vgl. Abb. 1).

Phase der Intentionsinitiierung

Die Alltagserfahrung lehrt immer wieder, dass eine Person nicht immer das ausführt, was sie sich vorgenommen hat. Einmal gefasste Vorsätze werden demzufolge nicht zwangsläufig in konkretes Handeln umgesetzt, sondern bleiben häufig „gute" Vorsätze. Daraus ist zu folgern: Intentionen sind notwendige, aber keine hinreichenden Bedingungen dafür, dass gehandelt wird (vgl. Heckhausen & Kuhl, 1985). In der Phase der Intentionsinitiierung stellt sich somit die Grundfrage, wovon es abhängt, ob und unter welchen Bedingungen einer Person die Initiierung einer Intention gelingt. Zu klären ist, welche der zur Realisierung drängenden Intentionen aktiviert werden soll, welche aufzuschieben oder aufzugeben ist. Zwei Prozesse sind zu unterscheiden: die Intentionsaktivierung und die Handlungsaktivierung.
Zur *Intentionsaktivierung* gehört zum einen, dass eine aktuell ablaufende Intentionsverwirklichung entweder unterbrochen oder beendet wird. Wenn die aktuell ablaufende Intentionsverwirklichung noch nicht abgeschlossen ist und sich auch nicht unterbrechen lässt, wird die Gelegenheit zur Intentions-

aktivierung als ungünstig beurteilt und auf die Intentionsrealisierung verzichtet. Demgegenüber wird die vorgenommene Intention aktiviert, wenn die *Gelegenheitsprüfung* die in den Initiierungsvorsätzen festgelegten Situationsbedingungen für die Intentionsrealisierung signalisiert (vgl. Abb. 1). Zum anderen wird die Aktivierung einer Intention von der *Dringlichkeitsüberprüfung* bestimmt, die darüber entscheidet, ob eine Intention gegenüber anderen zur Realisierung drängenden Intentionen durchgesetzt wird oder nicht (vgl. Abb. 1). In Anlehnung an die Theorie der Absichtsregulation (vgl. Dörner 1982; Dörner u.a. 1983, S. 419) ist „für die jeweilige Auswahl der Absichten der jeweilige Auswahldruck entscheidend" (Dörner u.a., 1983, S. 418). Danach wird diejenige Absicht ausgewählt und ausgeführt, deren Auswahldruck in Abhängigkeit von Wichtigkeit, Dringlichkeit, Zeitaufwand und Erfolgswahrscheinlichkeit in der aktuellen Situation maximal ist (vgl. Dörner 1982, S. 59).

In Abhängigkeit von der Gelegenheitsprüfung und Dringlichkeitsprüfung wird der *Intentionsentschluss* gefasst, mit dem eine vorgenommene Intention den Impuls zur Intentionsrealisierung erhält. Die Nichtumsetzung einer vorgenommenen Intention ist zu erwarten, wenn die Entscheidung, mit der Intentionsrealisierung zu beginnen, nicht entschlossen genug getroffen werden kann, sondern immer wieder hinaus gezögert wird, weil noch kein tolerierbares Maß an Entscheidungssicherheit hinsichtlich der Gelegenheitsprüfung und Dringlichkeitsprüfung vorliegt. Dieses Hinauszögern des Intentionsentschlusses erhöht die Wahrscheinlichkeit, dass andere, zunächst zurückgedrängte Intentionen zum Zuge kommen und umgesetzt werden.

Voraussetzung für die Intentionsinitiierung ist neben der Intentionsaktivierung die *Handlungsaktivierung*, die von der Einschätzung bestimmt wird, ob die gegebene Gelegenheit wirklich günstig ist, um mit der vorgenommenen Handlung zu beginnen. Diese *Gelegenheitsprüfung* orientiert sich an den in der Vorsatzbildung formulierten Initiierungsvorsätzen, die den passenden Zeitpunkt und die günstige Gelegenheit für die Umsetzung der anstehenden Intention in konkretes Handeln definieren (vgl. Abb. 1). Sieht eine Person einen Situationskontext als günstige Gelegenheit zur Handlungsrealisierung an, erfolgt die Handlungsaktivierung (vgl. Abb. 1). Wenn aufgrund der Gelegenheitsprüfung die im Vorsatz antizipierte und festgelegte Ausführungsgelegenheit (noch) nicht gegeben ist, bleibt die Handlungsaktivierung aus. In diesem Fall muss der Handlungsvorsatz vorstellungsmäßig „aufgehoben" werden und auf Abruf warten, bis die definierten günstigen Ausführungsbedingungen eingetreten sind.

Die Handlungsaktivierung wird zusätzlich zur Gelegenheitsprüfung von der *Dringlichkeitsprüfung* beeinflusst. Danach wird jene Handlung aktiviert, für die aufgrund der gegebenen Situationsbedingungen der Realisierungsdruck am größten ist, während aufschiebbare Handlungen zu nächst nicht aktiviert werden. Die Gelegenheitsprüfung und Dringlichkeitseinschätzung endet mit

dem *Handlungsentschluss*, durch den die Intention die „Handlungsschwelle“ (Kuhl, 1987, S. 105) überschreitet und der Impuls zur Handlungsausführung gegeben wird, der den Start zum Handeln frei gibt (vgl. „Action Launching Impuls“ (ALI), Heckhausen & Kuhl, 1985). Wenn der Handlungsimpuls gegeben ist, gibt es kein Zurück mehr und wird jene Handlung ausgeführt, die man sich zur Intentionsrealisierung vorgenommen hat.
Probleme der Handlungsaktivierung bestehen zum einen darin, dass man sich vorschnell auf die erstbeste Gelegenheit stürzt, weil man nicht geduldig das Eintreten einer vielleicht noch günstigeren Gelegenheit abwarten kann. Zum anderen kann die Handlungsaktivierung ausbleiben, weil man eine Gelegenheit nach der anderen verstreichen lässt - nicht nur, weil man auf noch bessere Bedingungen hofft -, sondern auch, weil man in der gegebenen Situation nicht entschieden genug die Initiative ergreifen kann („auf die lange Bank schieben“). Je mehr eine Person zögert, um mit der vorgenommenen Handlung zu beginnen, desto eher wird eine andere Intention zum Zuge kommen, da durch die Unentschlossenheit die motivationale Wirksamkeit der vorgenommenen Intention vor dem Handlungsvollzug mit zunehmender Wartezeit nachlassen kann, „denn es ist eher unwahrscheinlich, dass die Motivationslage im Augenblick der Vornahmenbildung mit der im Augenblick der Gelegenheit identisch ist“ (Sokolowski, 1999, S. 31). Die Handlungsinitiierung wird ausbleiben, weil die Intentionsverwirklichung inzwischen an Bedeutsamkeit und Dringlichkeit verloren hat.
Intentions- und Handlungsaktivierung wachsen in besonderem Maße, wenn eine unverhoffte und unwiederbringbare Gelegenheit zur Verwirklichung einer Intention entstanden ist. Diese Situationskonstellation des „Jetzt oder nie“ erfordert die sofortige Nutzung der Gelegenheit („Gelegenheit beim Schopfe greifen“). In solchen Situationen wird die Initiierung einer aktuellen oder zu einem früheren Zeitpunkt gebildeten Intention wegen der hohen Dringlichkeitseinschätzung als unaufschiebbar erlebt („So eine Gelegenheit kommt bestimmt nicht wieder“; „Dieser Augenblick ist wie geschaffen dafür“). Die Intention wird sich gegenüber einer anderen Intention problemlos durchsetzen können, weil deren Verwirklichung weniger dringlich ist und zu einem späteren Zeitpunkt vorgenommen werden kann.
Zur Unterstützung der Intentionsinitiierung wurde von Heckhausen (1985) die Fiat-Tendenz - unter Bezug auf das „Fiat“ des Willens („es geschehe“) von James (1890) - entwickelt, von deren Stärke die Wahrscheinlichkeit des Beginns der Intentionsverwirklichung bestimmt wird. Vorzug wird jener Intention gegeben, für die der aktuelle Situationskontext günstiger zur Intentionsverwirklichung im Vergleich zu anderen Intentionen ist. Nach Heckhausen (1987c, S. 138) wird die Fiat-Tendenz „angeregt, sobald man eine Gelegenheit zur Realisierung dieser Intention wahrnimmt oder vorstellungsmäßig antizipiert. Einmal angeregt, muss sie eine bestimmte Stärke erreichen, um statt der gegenwärtig ablaufenden Tätigkeit oder statt eines Zustandes von

Nicht-Handlung eine Handlung zu initiieren, die die infragestehende Intention realisieren kann".
Die funktionale Bedeutung der volitiven Handlungsregulation in der Phase der Intentionsinitiierung liegt - zusammengefasst - darin, dass die Handlungsausführung zum rechten Augenblick, d.h. bei passender Gelegenheit aktiviert und die zur Realisierung drängende Intention gegenüber konkurrierenden Intentionen durchgesetzt wird. Die *Aktivierungsfunktion* (vgl. Abb. 1) trägt dazu bei, dass mit der Intentionsinitiierung solange gewartet werden kann, bis die vorweggenommene günstige Gelegenheit eingetreten ist, dass gebildete Vorsätze bis zur günstigen Gelegenheit „aufgehoben" bleiben und Vorsätze wegen der mitunter langen Wartezeit nicht wieder „vergessen" werden. Zudem sind volitive Regulationsprozesse erforderlich, damit die günstige Gelegenheit mit Entschlussfreudigkeit genutzt wird, die das „plötzliche und augenblickliche, unverzügliche Sich-Entschließen" (Wellek, 1966, S. 190) meint und die Intentions- und Handlungsaktivierung begünstigt. Die volitive Handlungsregulation sorgt für den Intentions- und Handlungsimpuls, durch den der Handlungsvollzug in Gang gesetzt und die Intentionsverwirklichung auf den Weg gebracht wird.
Der Übergang zwischen Intentionsbildung und Intentionsinitiierung erfordert keineswegs immer die volitive Handlungsregulation, sondern kann aus einer „blitzschnellen ‚Passungsprüfung'" (Heckhausen, 1987, S. 136) zwischen der antizipierten und aktuell gegebenen Gelegenheit resultieren. „Im glatten Fall ist die Passungsprüfung auf Günstigkeit der bestehenden Situation für eine bestimmte Zielintention ein Ereignis wie das Einklinken der Gelegenheitsintention: ‚hic Rhodos, hic salta!'" (Heckhausen, 1987c, S. 137). Dieses blitzartige Anspringen auf eine günstige Gelegenheit wird umgangsprachlich mit „sich einen Ruck geben" beschrieben und von Stern (1935, S. 547) als „Willensruck" bezeichnet.

Phase der Intentionsbeibehaltung

Begonnene Handlungen müssen keineswegs bis zur endgültigen Intentionsverwirklichung zu Ende geführt werden, da häufig Handlungen nicht durchgehalten, sondern vorzeitig abgebrochen werden, ohne dass die angestrebte Intention erledigt wurde. Handlungen werden auch zwischenzeitlich unterbrochen, um die Verwirklichung anderer Intentionen zu verfolgen, für die sich - möglicherweise unerwartet - günstige Gelegenheiten ergeben haben. Intentionen können auch während des Handlungsvollzugs aufgegeben werden, so dass sie ihre Wirksamkeit für weiteres Handeln verlieren. Hieraus ergibt sich für die Phase der Intentionsbeibehaltung die zentrale Frage, welche Prozesse die Beibehaltung der Wirksamkeit der Intention und der begonnenen Handlungsrealisierung garantieren, bis die Intentionsverwirklichung

tatsächlich erreicht ist. Eine Frage, die für die zeitgenössische Willenspsychologie kennzeichnend ist.
Die erfolgreiche Realisierung einer aktivierten Intention setzt voraus, dass die aktivierte Intention handlungswirksam bleibt, nicht aus dem Auge verloren wird und weiterhin Priorität anderen Intentionen gegenüber besitzt. Berücksichtigt man, dass eine Intention zur Ausführung gelangt, wenn sie sich gegenüber konkurrierenden Intentionen durchsetzen konnte, ist für die Realisierung einer Intention wichtig, dass sie diesen Status gegenüber den „unterlegenen" Intentionen im Handlungsvollzug behauptet. Eine besondere Gefährdung für die Beibehaltung der aktivierten Intention ist gegeben, wenn sich während der Intentionsrealisierung günstige Gelegenheiten für die Realisierung einer anderen, zunächst zurückgestellten Intention einstellen. Ob im letzteren Fall die ursprüngliche Intention bis zur Erledigung weiterverfolgt, nach einer gewissen Zeit die Intentionsverwirklichung unterbrochen oder sofort aufgegeben und dem Situationsdruck nachgebend auf die „unterlegene" Intention gewechselt wird, ist noch weitgehend unerforscht (vgl. Schütt, 1986). Mit der *Intentionsabschirmung* (vgl. Kuhl, 1983; Nitsch, 1986, S. 255) ist angezielt, die Intentionsrealisierung angesichts „nachdrängender" Intentionen (Kuhl, 1983, S. 314) aufrechtzuerhalten und eine *Intentionskollision* mit konkurrierenden Intentionen zu verhindern (vgl. Abb. 1).
Prozesse der Intentionsabschirmung sind weiterhin erforderlich, wenn die Intentionsrealisierung nicht wie angenommen verläuft und die Gefahr besteht, die Intentionsverwirklichung aufzugeben. Dies ist der Fall, wenn die Intentionsrealisierung unter erschwerten Bedingungen durchgeführt werden muss, die die Realisierungswahrscheinlichkeit einer Intention reduzieren. In Anlehnung an den Person-Aufgabe-Umwelt-Bezug des Handelns (vgl. Nitsch, 1986) stellen ungünstige personale Voraussetzungen (z. B. Müdigkeit, Unlust), unterfordernde oder überfordernde Aufgabenanforderungen und widrige Rahmenbedingungen (z.B. starker Gegenwind) unterscheidbare *Intentionsbehinderungen* dar, die den erfolgreichen Fortgang der Intentionsrealisierung erschweren und die Gefahr erhöhen, die Intentionsrealisierung aufzugeben (vgl. Abb. 1).
In diesem Fall müssen volitive Kontrollprozesse eingesetzt werden, die die Intentionsrealisierung gegenüber dem Wirksamwerden der reduzierten Erfolgswahrscheinlichkeit der Intentionsverwirklichung abschirmen und verhindern, dass die Intentionsrealisierung nicht fortgesetzt wird. Wenn beispielsweise die anfängliche Handlungsmotivation abnimmt, so dass die weitere Intentionsrealisierung unter erschwerten motivationalen Bedingungen (z. B. Gleichgültigkeit, Desinteresse und Abneigung) durchgeführt werden muss, sind volitive Kontrollprozesse erforderlich, die die weitere Intentionsrealisierung gegenüber der entstandenen motivationalen Distanzierung abschirmen, um die aktivierte Intention bis zur erfolgreichen Verwirklichung

der Intention beizubehalten (vgl. „imperative Konzepte“ der Volition von Sokolowski, 1997).
Die Funktion der volitiven Handlungsregulation in der Phase der Intentionsbeibehaltung besteht in der Intentionsabschirmung, die bewirkt, dass die Handlungswirksamkeit der aktivierten Intention angesichts bestehender oder antizipierter Behinderungen der Intentionsrealisierung erhalten bleibt und ein Aufgeben der Intention verhindert wird. Intentionen trotz gegebener Behinderungen bis zur erfolgreichen Intentionsverwirklichung weiterzuverfolgen, kann durch sogenannte „Durchhalteparolen“ (Schwarzer, 1989, S. 28) erreicht werden, mit denen intentionsbehindernden Bedingungen widerstanden werden kann („resistence to temptation“", Kuhl, 1984). „Metakognitive Abschirm- und Durchhaltetendenzen können dafür sorgen, dass man nicht ‚abdriftet’, nicht die Handlung unterbricht und nicht seine Aufmerksamkeit anderen Dingen widmet“ (Schwarzer, 1992, S. 73).
Zur erfolgreichen Intentionsverwirklichung gehört nicht nur, die aktivierte Intention gegenüber Intentionskollision und Intentionsbehinderung abzuschirmen, sondern auch das Gelingen der intentionsrelevanten Handlungsrealisierung. Kann eine Handlung wie vorgenommen realisiert werden, ist die Wahrscheinlichkeit hoch, dass die Intentionsrealisierung erfolgreich abgeschlossen wird. Wenn die Handlungsrealisierung nicht reibungslos verläuft, sondern durch antizipierte oder auftretende Handlungsbedingungen beeinträchtigt wird, kann dies einerseits zum *Handlungsabbruch* führen (vgl. Abb. 1). Vor allem wiederholte Misserfolge im Verlaufe der Handlungsrealisierung können Begründungen sein, eine begonnene Handlung abzubrechen, weil die bisher realisierte Handlung nicht mehr als erfolgversprechend angesehen wird. Wenn sich die Handlung offensichtlich als unrealistisch und ungeeignet zur Intentionsverwirklichung herausgestellt hat, ist der Handlungsabbruch verständlich. Vielfach wird aber eine aktivierte Handlung bei auftretenden Realisierungsschwierigkeiten vorschnell aufgeben. Zur erfolgreichen Handlungsrealisierung gehört demzufolge, dass trotz Misserfolge die begonnene Handlungsrealisierung beibehalten und nicht abgebrochen wird. Zu diesem Zweck sind Kontrollprozesse notwendig, die - in Anlehnung an die Intentionsabschirmung - als *Handlungsabschirmung* bezeichnet werden und eine begonnene Handlungsrealisierung vor dem *Handlungsabbruch* schützen (vgl. Abb. 1).
Ein weiteres Problem der Handlungsrealisierung besteht darin, dass der ursprünglich eingeschlagene organisierte Handlungsverlauf verlassen und auf inadäquate Handlungen gewechselt wird. Sichtbar werden solche Handlungsdesorganisationen z.B. in Situationen, in denen die Verwirklichung einer bedeutsamen Intention gefährdet ist und mit Übereifer und Überengagement der Handlungsrealisierung nachgegangen wird, oder in Situationen, in denen die Erfolgswahrscheinlichkeit der Intentionsverwirklichung sehr hoch ist (Überlegenheitssituationen), und – im Falle von Überheblichkeit -

leichtfertig agiert und die vorgenommene Handlungsrealisierung nicht mehr konsequent weiterverfolgt wird. Um sich in diesen Situationen nicht vom vorgenommenen Handlungsweg abbringen zu lassen, muss die Handlungsrealisierung gegenüber der (motivational bedingten) *Handlungsdesorganisation* abgeschirmt werden (vgl. Abb. 1). Mit der Handlungsabschirmung wird daher das Ziel verfolgt, die organisierte Handlungsrealisierung fortzusetzen.
Aus der Erörterung der in der Phase der Intentionsbeibehaltung stattfindenden Prozesse lässt sich für die volitive Handlungsregulation ableiten, dass deren funktionale Bedeutung in der Aufrechterhaltung der Handlungswirksamkeit der aktuell gegebenen Intention und der organisierten Fortführung der begonnenen Handlungsrealisierung liegt. Die volitive Handlungsregulation setzt ein, wenn (1) die handlungswirksame Intention vor Intentionskollision oder Intentionsbehinderung bewahrt (*Intentionsabschirmung*) und (2) die Handlungsausführung vor Abbruch oder Desorganisation geschützt werden soll (*Handlungsabschirmung*). Diese Form der volitiven Handlungsregulation entspricht im Grundsatz dem von Kuhl (1983, S. 315) entwickelten Konzept der „Handlungskontrolle (i.w.S.)", in dem Motivations- und Ausführungskontrolle unterschieden werden. Einer direkten Übernahme des Begriffsinventars standen die starke motivationspsychologische Ausrichtung und die Verwendung des Handlungskontrollbegriffs im engeren Sinne (als Abschirmung gegenüber konkurrierenden Motivationstendenzen, Kuhl, 1987, S. 104) entgegen.
Die volitive Handlungsregulation nimmt in der Phase der Intentionsbeibehaltung *Kontrollfunktion* wahr (vgl. Abb. 1) und zwar in der Weise, dass die Intentions- und Handlungsrealisierung überwacht und gegebenenfalls korrigiert wird (vgl. Beckmann, 1986, S. 55). Zu regeln ist, dass eine Intention bis zur Intentionsverwirklichung handlungswirksam bleibt und die Handelungsrealisierung bis zum Abschluss organisiert durchgeführt wird. Als Metapher für die Kontrollfunktion der volitiven Handlungsregulation bietet sich das Brennglas an, durch das „Energien auf ein Handlungsziel bei gleichzeitiger Abschottung gegenüber anderen Einflüssen" (Weinert, 1987, S. 20) gebündelt werden.
Mit der volitiven Handlungsregulation in der Phase der Intentionsbeibehaltung ist nicht die Vorstellung verbunden, an der einmal gefassten Intention strikt festzuhalten und eine Intention um jeden Preis zu verfolgen. Bestimmte Intentionen wieder fallen zu lassen, intentionsbezogene Handlungen abzubrechen, ist nicht mit dem Eingeständnis von Schwäche gleichzusetzen, sondern kann auch Ausdruck der Einsicht von nicht mehr realisierbaren Intentionen sein. Problematischer erscheint vielmehr, wenn nicht realisierbare Intentionen nicht erkannt und weiter verfolgt werden und andere Intentionen demzufolge nicht zum Zuge kommen können. Es ist daher wichtig, zu erkennen, wann die Realisierung einer Intention nicht mehr angezeigt ist, „um den Organismus davor zu bewahren, auf ein unerreichbares Ziel fixiert zu blei-

ben, wodurch die Realisierung neuer Absichten gefährdet würde“ (Kuhl, 1983, S. 269). Entsprechendes gilt für die Beibehaltung von Zielen, die unökonomischen Aufwand erfordern.

Phase der Intentionsbeendigung

Auf den ersten Blick scheint sich die Frage zu erübrigen, ob und in welcher Weise die volitive Handlungsregulation in der Phase der Intentionsbeendigung notwendig ist, denn für Intentionen, deren Erreichung klar definierbare Kriterien zugrunde liegen, sind zusätzliche, die Intentionsrealisierung beendende Prozesse nicht anzunehmen. Da aber nicht alle Intentionsrealisierungen ein „klar umrissenes Endziel“ (Kuhl, 1983, S. 322) aufweisen, sind volitive Regulationsprozesse insbesondere für Intentionsverwirklichungen, die einen mehrphasigen Handlungsvollzug erfordern, unerlässlich. Diese Intentionsverwirklichungen haben nicht immer „am Ende einer einzelnen Handlungsphase ein sich klar heraushebendes Zwischenziel“ (Heckhausen, 1987d, S. 149), so dass Volitionsprozesse zur Desaktivierung der Intention wirksam werden müssen. Dass auch die Desaktivierung einer Handlung zum Problem werden kann, hat Heckhausen (1987d) mit der Analyse der Desaktivierungsfehler, die in der vorzeitigen und zu späten Desaktivierung der Handlungsrealisierung bestehen können, aufgezeigt. Er resümiert (1987d, S. 167):

„Zusammenfassend läßt sich zu den Desaktivierungsfehlern sagen, daß vorzeitige Desaktivierungen auf einer überlappenden gleichthematischen Tätigkeit beruhen, deren Erledigung die Intention der Haupthandlung vorübergehend abhanden kommen, gleichzeitig aber ein Gefühl entstehen läßt, daß da noch etwas zu erledigen sei. Die Fälle von zu später Desaktivierung scheinen sich nicht auf das eigentliche Handlungsergebnis, sondern auf Vornahmen der Initiierung und Ausführung zu beziehen, die obwohl inzwischen gegenstandslos geworden, noch weiter bestehen und so ein gewisses Eigenleben, das sie teils von dem eigentlichen Intentionsziel unabhängig macht, an den Tag legen“.

Vor diesem Hintergrund kann der volitiven Handlungsregulation - in Anlehnung an die Desaktivierungsvorsätze - *Desaktivierungsfunktion* zugeschrieben werden, die zwei Aspekte umfasst: die *Intentionsdesaktivierung* und die *Handlungsdesaktivierung* (vgl. Abb.1). Probleme der *Intentionsdesaktivierung* sind zum einen anzunehmen, wenn eine Intention beibehalten wird, obwohl diese wiederholt erfolgreich abgeschlossen wurde. Dieses Festhalten an der Intention gilt z.B. für Personen, die „sich in ‚erfolgsbesetzten‘ Handlungsbereichen“ einkapseln (Kommer & Röhrle, 1981, S. 129), oder für Personen mit geringer heuristischer Kompetenz, die „bei Absichten, für die die epistemische Kompetenz hoch ist und bleibt, lange verharren“ (Dörner u.a. 1983, S. 416). Die erfolgreiche Intentionsrealisierung führt nicht zur *Abkopplung* von der Intentionsverwirklichung, sondern die Verwirklichung der Intention wird - dessen ungeachtet - fortgesetzt (z.B. „der Spatz in der

Hand ist mir lieber als die Taube auf dem Dach"). Die Einkapselung in erfolgsbesetzte Intentionsbereiche vermittelt zwar Erfolgssicherheit, schränkt aber die Auseinandersetzung mit anderen Intentionsbereichen ein. Eine fehlende Abkopplung von der vorangegangenen Intentionsrealisierung ist weiterhin gegeben, wenn nach Misserfolgsserien unrealistisch gewordene Intentionen nicht aufgegeben werden (vgl. Kuhl, 1987, S. 284), sondern rigide beibehalten werden. Dadurch wird die Intentionsverwirklichung nicht desaktiviert und die Neubildung von Intentionen verhindert.

Zum anderen verläuft die Intentionsdesaktivierung nicht problemlos, wenn die vorgenommene Intentionsrealisierung fehlgeschlagen oder unerledigt geblieben ist und „als ‚degenerierte Intention' fortbestehen (bleibt), und immer wieder in Form störender Gedanken („Intrusionen") ins Bewusstsein (dringt)" (Beckmann, 1999, S. 16). In diesem Fall misslingt die *Distanzierung* von der Intentionsverfehlung oder der nicht in Angriff genommenen Intentionsverwirklichung (vgl. Abb. 1), so dass die Verwirklichung anderer Intentionen erschwert oder nicht vorgenommen wird.

Vor diesem Hintergrund besteht die Funktion der volitiven Handlungsregulation darin, die Abkopplung von der Intentionsrealisierung zu unterstützen und die Distanzierung von der gescheiterten Intentionsrealisierung zu erreichen, damit die Orientierung auf die Verwirklichung anderer Intentionen erfolgen kann.

Probleme der *Handlungsdesaktivierung* bestehen zum einen darin, dass eine Person sich von der ablaufenden Tätigkeit nicht lösen und kein Ende finden kann. Der Computerfreak, der Stunde um Stunde am Computer sitzt, oder der karriereorientierte Manager, der ohne Unterbrechung arbeitet, sind Beispiele dafür, dass die *Abkopplung* von der ablaufenden Handlung nicht geschafft wird. Dies „In-eine Tätigkeit-vertieft-sein" hat zwar den Vorteil, dass die Handlungsrealisierung weitgehend unbehelligt von externen Störungen verlaufen kann, erschwert aber den Prozess des Loslassens und birgt die Gefahr in sich, dass die Realisierung anderer Handlungen in Verzug gerät. Probleme der Handlungsdesaktivierung können zum anderen auch nach der Handlungsbeendigung entstehen, wenn die *Distanzierung* von der vorangegangenen Handlung nicht gelingt (vgl. Abb. 1). So kann im Falle des Misserfolges die gedankliche Auseinandersetzung z.B. in negativen „Selbstbewertungsschleifen hängen bleiben" (Beckmann, 1986, S. 62) oder im Falle des Erfolges über längere Zeit eine emotionale Handlungsgebundenheit besteht und ein gedankliches „Auskosten eines besonders erfolgreichen Handlungsergebnisses" (Beckmann, 1986, S. 54) stattfindet.

Diese Gebundenheit an das Ergebnis der abgelaufenen Handlung verhindert die rechtzeitige Handlungsdesaktivierung und gefährdet die Umschaltung auf nachfolgende Handlungen. Daraus ergibt sich für die volitive Handlungsregulation die funktionale Bedeutung, dass durch sie die Distanzierung von der vorangegangenen Handlung unterstützt und die Orientierung auf die neue

Handlung vorgenommen wird. Möglichkeiten, das Ausbleiben einer Desaktivierung zu vermeiden, liegen z.B. in der präziseren inhaltlichen Formulierung von Desaktivierungsvorsätzen (z.B. Zeitmarken für die Handlungsbeendigung festlegen), in Maßnahmen, die einem zu tiefen Eintauchen in den Handlungsvollzug und dem Sich-nicht-lösen-können entgegenwirken oder in Maßnahmen, die die Handlungswirksamkeit anderer, bis jetzt zurückgedrängter Handlungsintentionen stärken.

Fazit

In den meisten Konzepten, in denen Willens- und Volitionsprozesse thematisiert wurden, werden in der Regel einzelne der dargestellten Aspekte der funktionalen Bedeutung volitiver Prozesse für die Intentionsbildung und -verwirklichung behandelt. Die Akzentuierung des Forschungsinteresses Lewins (1926) auf die „Vornahmehandlung", die Betonung des „Willensakts" bei Ach (1910) sowie das Konzept der Handlungskontrolle im Sinne der Absichtskontrolle (Kuhl, 1983, S. 251) belegen, dass das Volitionsgeschehen entweder ausschnitthaft - und damit unvollständig - konzipiert wird oder Volitionsprozesse nur für spezifische Phasen des Handlungsverlaufs angenommen werden.
Auch mit der von Heckhausen (1986a) vorgenommenen Unterteilung des Handlungsprozesses in aufeinanderfolgende Motivations- und Volitionsphasen werden volitive Prozesse auf bestimmte Segmente des Handlungsgeschehens begrenzt, nämlich auf die präaktionale Phase, die mit der Intentionsinitiierung abgeschlossen wird, und die Phase der eigentlichen Intentionsrealisierung. Die Tatsache, dass die beiden Volitionsphasen von zwei Motivationsphasen („Wählen" und „Bewerten") eingerahmt werden, vermittelt den Eindruck, dass die motivationspsychologische Forschungstradition von Heckhausen einen stärkeren Einfluss auf die Konzeptentwicklung hatte, als die handlungstheoretischen Strömungen in der Psychologie (vgl. hierzu Heckhausen, 1987c, S. 121).
Betrachtet man die mit „Motivation" gekennzeichnete Phase des Abwägens und Wählens als eine in sich geschlossene Handlungseinheit, müssten ebenso wie für die intentionsrealisierende Phase des Handelns (volitive) Vermittlungsprozesse angenommen werden, die die Handlung „Abwägen und Wählen" initiieren, angesichts antizipierter und auftretender Behinderungen beibehalten und zu einem „angemessenen" Zeitpunkt beenden. Aus dieser Sicht sind auch für die Motivationsphase des Abwägens und Wählens regulierende volitive Prozesse zu postulieren, die den Fortgang des Abwägens und Wählens überwachen, gegebenenfalls unterstützen und beenden (vgl. hierzu das Konzept der „Selektionsvolition" von Kehr, 1999). Dass Heckhausen solche volitionalen Vermittlungs- und Kontrollprozesse nicht ausschließt, lässt sich aus der von ihm formulierten Vermutung ableiten (Heckhausen, 1987c, S.

128): „Man könnte ja auch vermuten, dass die motivationalen Prozesse des Elaborierens, Wägens und Wählens bis zur Intentionsbildung - zumal sie seltener auftreten als die volitionalen Prozesse - ebenfalls des Schutzes und der Unterstützung bedürfen".

In dcm Konzept der *volitiven Handlungsregulation* wird die funktionale Bedeutung von Volition nicht auf eine einzelne Handlungsphase, die Realisationsphase, beschränkt, sondern volitive Prozesse sind in allen Phasen des Handlungsverlaufs wirksam (vgl. auch von Cranach, 1997; Goschke, 1997; Kehr, 1999; Sokolowski, 1996). Danach ist Volition als „formales Regulationsprinzip" (Weinert, 1987) aufzufassen, das bei er Kalkulation und der Entscheidung für eine wünschenswerte und grundsätzlich realisierbare Absicht, deren Umsetzung in einen selbstverpflichtenden Vorsatz sowie der Initiierung, Beibehaltung und Beendigung einer erstrebenswerten Intention wirksam wird.

Im Konzept der volitiven Handlungsregulation, ist eingeschlossen, dass Handlungen als bewusst und rational regulierte Verhaltensweisen aufgefasst werden. Aus dieser bewussten - auf der höchsten Regulationsebene angesiedelten - Verhaltensorganisation den Schluss zu ziehen, dass automatisierte Handlungen ohne volitive Regulation abgewickelt werden, ist nachweisbar nicht zutreffend. In Anlehnung an Düker (1983) wird die Auffassung vertreten, dass automatisierte Handlungen (wie z.B. Gehen, Autofahren, Stricken) keine reflektorischen Vorgänge darstellen, die ihrer volitiven Regulation gänzlich enthoben sind, sondern immer noch in gewissem Maße der volitiven Regulation bedürfen. Allerdings ist eine direkte Beobachtbarkeit der volitiven Regulation nicht gegeben, da „sich durch Übung lediglich die Intensität des Wollens stark vermindert (hat), so dass sie unter die Beobachtungsschwelle sinkt" (Düker, 1983, S. 15f.). Automatisierte Handlungen, bei denen „das Wollen unterschwellig und damit unbemerkbar weiterwirkt" (Düker, 1983, S. 16), sind demzufolge von den weiteren Analysen zur volitiven Handlungsregulation nicht auszuschließen.

Aus diesem Grundverständnis von Volition wurden folgende funktionale Bedeutungen volitiver Regulationsprozesse für die Intentionsbildung *und* Intentionsrealisierung abgeleitet:

(1) die *Orientierungsfunktion* in der Phase der Intentionsbildung, in der die Entscheidung für eine Absicht und der Entschluss für einen Vorsatz volitiv zu regeln sind;

(2) die *Aktivierungsfunktion* in der Phase der Intentionsinitiierung, in der der Intentions- und Handlungsimpuls zu geben ist;

(3) die *Kontrollfunktion* in der Phase der Intentionsbeibehaltung, in der Abschirmungsprozesse bewirken, dass eine aktivierte Intention handlungswirksam und die Handlungsrealisierung intentionsbezogen organisiert bleibt;

(4) die *Desaktivierungsfunktion* in der Phase der Intentionsbeendigung, in der die Intentions- und Handlungsdesaktivierung erfolgen muss, um die Umschaltung auf nachfolgende Handlungen sicherzustellen.

Mit den der volitiven Handlungsregulation zugewiesenen funktionalen Bedeutungen wurde ein Bezugsrahmen geschaffen, der sowohl die notwendige Integration volitiver Prozesse in den gesamten, mehrphasigen Prozess der Intentionsbildung und Intentionsrealisierung zulässt, als auch die phasenspezifische Betrachtung des Volitionsgeschehens (z.B. während der Handlungsrealisierung) ermöglicht.

Computermodelle aus dem Blickwinkel der handlungstheoretischen Psychologie

Stefan Künzell

Übersicht

In diesem Beitrag soll versucht werden, die Möglichkeiten, aber auch die Grenzen der Verwendung von Computermodellen für den Erkenntnisgewinn handlungspsychologischer Forschung zu erkunden. Dabei wird, in Anlehnung an Nitsch (1986), die Situation als Konstellation von Person-, Umwelt- und Aufgabenfaktoren daraufhin überprüft, in wie weit sie sinnvoll vom Computer simuliert werden können. Hier wird erörtert, welche Möglichkeiten dieses Vorgehen bietet und vor allem, welche Probleme und Schwierigkeiten dabei auftreten können.
Der Sinn der Simulationen von Umwelt und Aufgabe liegt vor allem darin, in Experimenten wohldefinierte und dennoch komplexe Handlungssituationen zu präsentieren. Damit kann die für die experimentelle Psychologie typische Reduktion der Umwelt auf einige wenige unabhängig Variablen überwunden werden. Das Modell der Person soll helfen, ihre handlungsregulierenden Prozesse zu verstehen und zu erklären.

Eigenschaften von Modellen

Modelle werden in unserem Alltag in vielfältigster Weise wie selbstverständlich benutzt. Wir spielen mit Matchbox-Autos oder Modelleisenbahnen, benutzen einen Stadtplan, um uns in einer fremden Stadt zurechtzufinden. Ein Architekt baut ein Modell, um dem Bauherrn eine Vorstellung über seinen Entwurf zu geben, und den Aufbau des Wassermoleküls verstehen wir am besten durch ein Modell der Wasserstoff- und Sauerstoffatome.

Jedes Modell kann nach Stachowiak (1973 S. 131 f.) durch drei Merkmale gekennzeichnet werden, das Abbildungs-, das Verkürzungs- und das pragmatische Merkmal. Die ersten beiden Merkmale werden von Steinbuch prosodisch elegant charakterisiert: „Modelle unterscheiden sich in irgendwelchen Merkmalen von ihren Originalen – sonst wären sie nicht deren *Modelle*, aber sie haben auch manches mit ihnen gemeinsam – sonst wären sie nicht *deren* Modelle“ (Steinbuch, 1971, S. 55). Das pragmatische Merkmal macht das Kernstück von Stachowiaks „allgemeiner Modelltheorie“ aus. Modelle werden immer „a) für bestimmte – erkennende und/oder handelnde, modell-

benutzende – Subjekte, b) innerhalb bestimmter Zeitintervalle und c) unter Einschränkung auf bestimmte gedankliche oder tatsächliche Operationen" (Stachowiak, 1973, S. 132 f.; im Original alles mehrfach hervorgehoben) erstellt. Modelle sind also ein unter pragmatischen Aspekten verkürztes Abbild eines Originals. Die Angemessenheit eines Modells ist davon abhängig, für wen, wann und zu welchem Zweck ein Modell erstellt wird.
Da das Psychische als Erkenntnisgegenstand der Psychologie nicht als konkret gegeben „begreifbar" ist, dienen Modelle auch zu seiner Konstituierung. „Für die Psychologie ist die *konstituierende* Funktion von Modellen besonders zu beachten. Denn, was in der Psychologie zu untersuchen ist, was also der psychologische „Gegenstand" ist, das definiert sich weitgehend via Modelle, die zumeist *als Metaphern* aus ausserpsychologischen Kontexten übernommen werden." (Herzog, 1984, S. 96)..
Aus diesen Eigenschaften folgt der nicht-empirische Charakter von Modellen (vgl. z.B. Herzog, 1984, S. 94f.). Modelle lassen sich empirisch nicht belegen oder falsifizieren. Wenn ein empirischer Sachverhalt nicht durch ein Modell abgebildet wird, bedeutet dies nur, dass er vom Ersteller des Modells im Bezug auf Adressat, Zeitpunkt oder Modellzweck als unwichtig angesehen wird. Sollte dies allerdings bei zu vielen Sachverhalten der Fall sein, wird das Modell unattraktiv. Es modelliert das Original nicht mehr angemessen.
Was denn nun an einem Original wichtig und was unwichtig ist, darüber gehen die Meinungen meist auseinander. Die Frage, die sich die Psychologie stellen muss, ist also die nach der *Angemessenheit* ihrer Modelle. Dabei ist diese Angemessenheit natürlich relativ. Jeder Wissenschaftler hat sein eigenes, vielleicht nicht expliziertes Modell von Person, Umwelt oder Aufgabe. Und jeder wird in jedem Modell bestimmte Eigenschaften vermissen. Wenn wir also ein Modell bewerten, d.h. seine Vorzüge oder Nachteile benennen, müssen wir es mit anderen Modellen vergleichen.

Computermodelle

Der Computer ist *das* Werkzeug zur Modellbildung schlechthin. Die Eigenschaften des Originals werden durch ein Computerprogramm modelliert, und fast jedes Computerprogramm ist ein Modell eines originären Gegenstands oder Prozesses. Die besonders hilfreiche Eigenschaft des Computerprogramms ist seine Flexibilität. Falls beispielsweise einige Eigenschaften des Modells nicht mit dem Original übereinstimmen, muss das Computermodell nicht gleich verworfen werden, sondern kann durch eine Veränderung des Programms dem Original schrittweise angenähert werden. Gleiches gilt, wenn am Original neue, wesentliche Aspekte, die zu modellieren sind, entdeckt werden.

Zahlreiche Computermodelle sind heutzutage schon im Einsatz, es wird kaum noch ein Auto gebaut, kaum noch ein Pilot an den Steuerknüppel eines Düsenjets gelassen, ja mancher Frisör schneidet keine Haare mehr, ohne dass zuvor an einem Computermodell eventuelle Fehler oder Verbesserungen gesucht worden wären.
Um psychologische Theorien zu generieren und zu veranschaulichen werden, wie oben schon erläutert, immer Modelle benutzt. Sehr oft werden dabei Abbildungen mit mehreren Kästchen und noch mehr Pfeilen zwischen diesen verwendet, um der *scientific community* (für wen?) die aufgestellte Theorie zu erklären (wozu?). Doch Papier ist bekanntlich geduldig, und gerade in komplizierteren Modellen ist es schwierig, die Konsequenzen der verschiedenen Verbindungen zu überblicken. Insbesondere bei zeitlichen Abhängigkeiten sind die Grenzen des intuitiven Verstehens durch „scharfes Hinsehen" schnell erreicht.
Hier kann die Implementation des Modells auf einem Rechner Abhilfe schaffen. „Die Modellkonstruktion [mit dem Computer, S.K.] erzwingt also Vollständigkeit, Explizitheit und Präzision der theoretischen Annahmen. Die Explizierung der theoretischen Annahmen führt oft dazu, daß man Implikationen der Theorie sieht, die zunächst unsichtbar waren" (Dörner, 1994, S. 381). Das Computermodell ist also ein Instrument zur Explizierung und mithin zur Generierung von Theorien.
Im folgenden Kapitel sollen die Möglichkeiten des Einsatzes von Computermodellen in der handlungstheoretischen Psychologie untersucht werden.

Computermodelle und handlungstheoretische Psychologie

Grundlage des Handelns ist nach Nitsch (1986, Abb. 20) der Person-Umwelt-Bezug, wobei sich die Umwelt auf einer sozialen und materialen, die Person auf einer psychischen und einer somatischen Ebene analysieren lässt. Der klassische experimentalpsychologische Ansatz versucht, die kausalen Wechselwirkungen zwischen Person und Umwelt im Labor zu erkunden. Dabei muss aber die Komplexität der Zusammenhänge im „wirklichen Leben" reduziert werden, in der Regel auf einige wenige unabhängige Variablen, die dann systematisch manipuliert werden. Diese unabhängigen Variablen bilden sozusagen ein extrem reduziertes Umweltmodell. Die Reduktion ist meistens so einschneidend, dass nicht von einem Modell geredet wird. Und dies zu Recht: Die Gemeinsamkeit der Eigenschaften und Prozesse mit dem Original „Umwelt" ist tatsächlich unangemessen gering. Zwar werden in der Regel die Effekte der unabhängigen Variablen auf das an den Versuchspersonen gemessene Verhalten erkannt, doch dies entspricht, wie Nitsch provokant formuliert, im Ergebnis, dass wir „Alles über Nichts" wissen (1997, S. 5, Übersetzung S.K).

Die handlungspsychologische Herangehensweise steht einer solchen Forschungsmethode kritisch gegenüber. Es gilt, die Organisationsprinzipien komplexer dynamischer Systeme zu untersuchen („Systempostulat", Nitsch, 1986). Dies erfordert eine „Akzentuierung von Feldstudien und Einzelfallanalysen" mit „Betonung der unreduzierten (...) Wirklichkeit des Alltagshandelns" (a.a.O., S. 207).
Doch bekanntermaßen fangen wir uns damit ebenso gravierende Probleme ein. In Feldstudien ist ein experimentelles Design nicht möglich, denn jedes Alltagshandeln wird in der Regel schon dadurch verfremdet, dass eine Beobachtung durch den Forscher stattfindet. Erst recht können keine wohldefinierten, kontrollierten, vergleichbaren Alltagssituationen hergestellt werden. Durch die Komplexität der Welt können beobachtete Effekte ihre Ursache in allen möglichen, nicht erkennbaren, geschweige denn reproduzierbaren Situationsfaktoren haben. Wiederum von Nitsch (1997, S. 5) provokant formuliert, wissen wir dann „Nichts über Alles".
Es sind verschiedene Möglichkeiten vorgeschlagen worden, diesem schon lange bekannten Dilemma zwischen interner und externer Validität zu begegnen, beispielsweise die Strategie multipler Aufgaben (Heuer, 1988; beispielhaft in der Sportwissenschaft angewendet von Szymanski, 1997). Hier soll die von Nitsch schon mehrfach (1991, S. 39; 1997, S. 22) vorgeschlagene Methode der Computersimulation daraufhin untersucht werden, ob sie aus handlungstheoretischer Perspektive einen Lösungsansatz bieten kann und mit welchem Gewinn Computermodelle der Umwelt, der Aufgabe und der Person in das handlungspsychologische Methodenrepertoire eingehen können.

Computermodelle der Aufgabe und der Umwelt

In Computermodellen können auch komplexe Zusammenhänge simuliert und kontrolliert werden. Die hinter einer Simulation von Umwelt und Aufgabe stehende Idee wird durch folgendes Gedankenexperiment deutlich: Nehmen wir an, wir hätten einen Super-Computer, der die komplette soziale und materiale Umwelt simulierte. Alles in der Umwelt wäre durch diesen Computer gesteuert – das Verhalten der Mitmenschen, die Dinge, die auf dem Schreibtisch liegen, der Motor des von der Versuchsperson gefahrenen Autos.[1] Dieser Computer würde von dem Forscher programmiert, so dass er alle Umwelterfahrungen im Leben der Versuchspersonen steuerte. Hier könnten

---

[1] Dies ließe sich übrigens nicht simulieren, in dem das Gehirn einer Versuchsperson an einen Computer angeschlossen wäre, der alle Wahrnehmungsinhalte in efferente Nervenimpulse übersetzte und die Auswirkungen aller Afferenzen in der Umwelt berechnete. In einem solchen Fall müsste nämlich auch der Körper, oder besser, der Leib des Menschen vom Computerprogramm mit simuliert werden, der aber ein unteilbarer Bestandteil der handelnden Person ist.

unterschiedliche Handlungen von Versuchspersonen in der exakt gleichen Umweltsituation eindeutig auf innerhalb der Person liegenden Faktoren zurückgeführt werden, und diese herauszufinden ist ein Ziel psychologischer Forschung.

Das Gedankenexperiment jemals zu verwirklichen ist (glücklicherweise) utopisch. Vor allem die soziale Umwelt exakt zu simulieren ist zurzeit völlig unmöglich und wird es wohl auch bleiben. Deutliche Fortschritte gibt es aber bei der computerunterstützten Simulation der materialen Umwelt.

Dörner und Mitarbeiter haben in zahlreichen Computersimulationen versucht, Handlungsstrategien von Versuchspersonen in dynamischen Umweltsituationen zu erkunden. Die Versuchsperson soll am Computer ein System steuern, in dem verschiedene Variablen beeinflussbar sind. Diese Variablen hängen komplex miteinander zusammen und entwickeln sich dynamisch. Die Zusammenhänge sind der Versuchsperson zum Teil unbekannt.

Ein typisches Beispiel (vgl. Dörner, Kreuzig, Reither & Stäudel, 1983): Die Vp sitzt als mit einer diktatorischen Vollmacht ausgestattete Bürgermeisterin des virtuellen Städtchens Lohhausen vor dem Bildschirm. Sie hat die Möglichkeit, in das Gesundheitswesen, die Bildung, die Industrie zu investieren oder sich um Sport und Kultur zu kümmern. Sie kann auch von jedem ein bisschen tun. Die Entwicklung Lohhausens wird der Vp in Form von Rückmeldung über Arbeitslosenzahlen, die Anzahl der Wohnungssuchenden, Haushaltssituation, Produktion und einem zusammenfassenden Wert „Zufriedenheit der Bewohner“ zurückgemeldet.

Ein zweites, etwas weniger komplexes Beispiel (Reichert & Dörner, 1988): Die Vp soll als Leiterin eines Kühlhauses die ausgefallene Klimaanlage ersetzen und die Temperatur mit einem Stellrad regeln. Die Temperatur folgt natürlich nicht linear den Einstellungen auf dem Stellrad, sondern ist dynamisch abhängig von der Störgröße, d.h. der Außentemperatur, und die Regelmechanismen setzen zudem noch zeitverzögert ein.

Die hier eingesetzten Computermodelle testen also nicht die Reaktion auf eine einzelne unabhängige Variable, sondern das Handeln von Versuchspersonen in einem System mit reduzierter, wohldefinierter Komplexität und Dynamik. Dörner beobachtet in diesen Experimenten typische Handlungsfehler, dass beispielsweise der Anstieg des exponentiellen Wachstums nicht richtig eingeschätzt oder die dynamische Wirkung einer Handlung nicht berücksichtigt wird. Er vergleicht „gute“ mit „schlechten“ Versuchspersonen und sucht die Unterschiede, wie beispielsweise die Anzahl der gestellten Fragen oder die Anzahl der Entscheidungen. Die Ergebnisse können hier nicht im Einzelnen dargestellt werden, sind aber sehr lesbar in Dörner (1989) zusammengefasst.

Eine Gefahr bei der Interpretation des Handelns der Vp besteht darin, dass der Forscher das von ihm entworfene Modell mit der tatsächlichen Realität *gleichsetzt*. Dieser Gefahr ist Dörner teilweise erlegen. So berichtet er (1989,

S. 200ff.) über „magische“ Hypothesen als Lösungsstrategien. Versuchspersonen glauben daran, dass zur Regelung des Kühlhauses z.B. 23 eine gute Zahl sei oder dass man nur ungerade Zahlen benutzen dürfe. Daraus ist aber keinesfalls der Schluss zu ziehen, dass die Vp auch bei der *tatsächlichen* Aufgabe im *wirklichen* Leben, die Temperatur eines Kühlhauses zu regeln, derartige magische Hypothesen bilden würden. Nein, diese Art von Hypothese beruht m.E. plausiblerweise darauf, dass in etlichen Computerspielen es darauf ankommt, magische, nur begrenzt logisch ableitbare Regeln zu finden. Die Vpn sind nicht dem Fehler des Versuchsleiters gefolgt und haben das Modell für die Realität genommen, sondern es gesehen als das, was es ist: Ein Computerspiel!

Gleiches geschah auf anderer Ebene mit einem im Spiel Gescheiterten, der die Eigenschaften der Computersimulation für sein schlechtes Abschneiden verantwortlich machte und vermutete, dass getestet werden sollte, wie lange er sich frustrieren ließe. Dies wird von Dörner als die Bewältigung des Zielkonflikts durch eine „Verschwörungstheorie“ interpretiert. Dabei nahm die Vp die Situation wahr wie sie war, nämlich als ein typisches psychologisches Experiment, in dem Situationen wie von der Vp vermutet durchaus einmal vorkommen können. Dass sie in der wirklichen Situation die gleiche Verschwörungstheorie entwickeln würde, erscheint eher unwahrscheinlich.

Weiterhin muss sich der Forscher darüber im klaren bleiben, dass bei einem solchen Experiment ein „Scheitern“ der Vpn nur heißt, dass ihr Modell der Situation nicht mit dem vom Versuchsleiter programmierten Modell übereinstimmt. Gewöhnlich ist das programmierte Modell zwar stringenter und plausibler als das der Vpn, dies muss aber nicht immer der Fall sein. In einer Simulation, in der die Vpn 20 Jahre lang für das Wohlergehen eines Stammes in der Sahelzone verantwortlich waren, schnitten erfahrene Manager, die von Dörner so genannten „Entscheidungspraktiker“, besser ab als „Entscheidungslaien“, Studierende, bei denen „eher mehr Interesse und Erfahrungen im Hinblick auf Ökologie und ‚Dritte Welt‘ vorhanden“ war (a.a.O., S. 297). Hier stellt sich natürlich die Frage, ob das Modell nicht auch von einem „Entscheidungspraktiker“ erstellt wurde, so dass Personen mit gleichen Wertmaßstäben und Handlungsstrategien in diesem Modell besser abschneiden müssen als Personen, die andere Prioritäten setzten. So weitreichende Schlüsse wie das Zurückführen des Leistungsunterschieds auf eine höhere „operative Intelligenz“ der Manager (a.a.O., S. 298) müssen auf jeden Fall kritisch hinterfragt werden.

Mit diesen Beispielen soll nicht gegen die Methode der Computersimulation der Umwelt im psychologischen Experiment argumentiert werden. Immerhin werden dort psychische Phänomene auf einer Komplexitätsebene untersucht, die klassischen psychologischen Experimenten verschlossen bleibt. Dies darf jedoch nicht dazu führen, die Beschränkungen durch die Verkürzungen in der Modellsituation aus den Augen zu verlieren.

Computersimulationen der Person

Während Simulationen der Umwelt dazu dienen, die Handlungsstrategien von Vpn in dieser Simulation experimentell zu erfassen, haben Modelle der Person eine grundsätzlich andere Funktion. Ihr Zweck ist es, das komplexe Geschehen der menschlichen Handlungsorganisation zu ordnen, zu kategorisieren und anschaulich zu machen oder, wollen wir Herzog (1984) folgen, den Forschungsgegenstand erst zu konstituieren. Werden diese Modelle im Computer implementiert, sichert dies die Widerspruchsfreiheit des Modells, denn logische Inkonsistenzen würden im Computer zwangsläufig zu Programmfehlern führen.

Ein Problem haben die meisten Modelle – und alle Computermodelle – mit der Intention, dem bewussten Entscheiden für oder gegen eine Handlung. Letztlich werden bewusste Prozesse immer durch ein nicht mehr weiter explizierbares Kästchen modelliert, in dem dann „Wille", „Bewusstsein", „Intention" oder ähnliches steht. In Computermodellen wird dieses Kästchen von außen, sprich vom Programmierer des Modells, mit irgendwelchen Zahlen, die einen Zustand repräsentieren sollen, entsprechend gefüllt. Dies ist notwendig, denn wenn ein Computermodell die Entstehung eines bewussten Prozesses simulieren könnte, bedeutete dies konsequenterweise, dass der Computer Bewusstsein besäße.

Dieses Ausklammern des Entstehens von intentionalen Prozessen widerspricht scheinbar dem Intentionspostulat und damit der eigentlichen Idee einer handlungstheoretischen Psychologie. Sie spricht erst dann von Handlung, wenn „ein Verhalten *unter subjektiven Absichten* (...) organisiert wird" (Nitsch, 1986, S. 208, Hervorhebung S.K.). Diese Handlungsintentionen sind in einem hierarchischen Modell der Sinn-Zweck-Ziel-Schichtung strukturiert (a.a.O., Abb. 22). „Mit jedem Handeln stellt sich also die Ziel-, Zweck- und Sinnfrage, und sie wird jeweils vor dem Hintergrund von Ziel-, Motiv- und Werthierarchien beantwortet." (a.a.O., S. 213, im Original alles hervorgehoben). Nun ist wohl unumstritten, dass – gerade im Sport – eine Vielzahl von Handlungen unter hohem Zeitdruck durchgeführt werden müssen. Es ist unplausibel anzunehmen, dass bei der Planung dieser Handlungen alle intentionalen Hierarchiestufen „abgearbeitet" werden. Neurobiologische Erkenntnisse legen nahe, dass dies nicht nur für Handlungen unter Zeitdruck gilt: „Wir müssen (...) davon ausgehen, daß auch bei uns Menschen das allermeiste, was unsere Interaktion mit der Umwelt steuert, unserem bewußten Erleben nicht zugänglich ist." (Roth, 1996, S. 31). Allerdings ist die Ausbildung einer bewussten Intention keine notwendige Voraussetzung für die Gültigkeit der handlungstheoretischen Betrachtungsweise, denn „dies [die hierarchische Strukturierung der Handlungsintentionen, S.K.] bedeutet nicht, daß für jede Handlung der Ziel-, Zweck- und Sinnbezug immer auch *hergestellt* und *bewußt* wird" (Nitsch, 1986, S. 213, Hervorhebungen S.K.). Damit

wird die Möglichkeit eingeräumt, dass implizite, nicht bewusste Intentionen Handlungen organisieren können. Die Angemessenheit von Computermodellen auf nicht bewusste Prozesse zu beschränken erscheint mir plausibel, denn in solchen Modellen muss kein Homunkulus implementiert werden, dessen Existenz oder gar Gesetzmäßigkeiten zurzeit noch völlig unklar sind, der aber bei der bewussten Handlungsorganisation eine im wahrsten Sinne des Wortes entscheidende Rolle spielt.
Hier soll nun nicht die inzwischen fast unüberschaubare Anzahl der Computermodelle, die in der Psychologie entwickelt wurden, kurz angerissen werden. Stattdessen stelle ich mit dem Konnektionismus einen Ansatz vor, der mit einer der handlungstheoretischen Psychologie komplementären Strategie versucht, kognitive Prozesse des Menschen zu beschreiben und erklären. Erstere nähert sich *top-down*, ausgehend von Sinnfragen auf der Ebene von Normen und Werten, der Handlungsregulation des Menschen an. Im Konnektionismus wird eine *bottom-up*-Strategie verfolgt. Die interessante Frage, ob sich die beiden komplementären Ansätze ergänzen, ob sie sich „irgendwo in der Mitte treffen" können, soll am Schluss dieses Abschnitts angesprochen werden.

Formales Modell eines Neurons

Ausgangspunkt des Konnektionismus ist auf der untersten Ebene die formale Modellierung eines Neurons, die zuerst von McCulloch und Pitts (1943) durchgeführt wurde und mit leichten Anpassungen noch heute aktuell ist. Dabei besitzt das künstliche Neuron, auch „Einheit" (Unit, z.B. Rumelhart u.a., 1986) oder „McCulloch-Pitts-Zelle" (z.B. Rojas, 1993) genannt, in der Regel folgende Eigenschaften:

- Es erhält Eingaben von beliebig vielen anderen Neuronen.
- Es verarbeitet diese Eingaben durch Aufsummierung.
- Es vergleicht die Summe der Eingaben mit einem Schwellenwert. Ist dieser Schwellenwert überschritten, „feuert" das Neuron, wenn nicht, dann nicht[2].

Sicherlich sind die komplexen Eigenschaften des natürlichen Neurons in diesem Modell nicht annähernd abgebildet, doch reichen, wie wir noch sehen werden, schon diese grundlegenden Eigenschaften aus, um damit Ausschnitte aus kognitivem Verhalten zu simulieren.

Formales Modell eines neuronalen Netzwerks

Eine Ebene darüber werden neuronale Netzwerke, d.h. eine Anhäufung von vielen untereinander verbundenen Neuronen, modelliert. Auf dieser Ebene

---

[2] Statt dieser „Alles oder Nichts"-Regel wird häufig eine sigmoidale Ausgabefunktion benutzt, bei der in der Nähe des Schwellenwerts die Stärke der Ausgabe von dem Wert der Summe der Eingabe nichtlinear abhängt (vgl. z.B. Rojas, 1993).

werden die „Architektur“ des Netzes sowie die „Lernregeln“ festgelegt. Je nach Ziel der Modellierung haben sich hier unterschiedliche Modelle entwikkelt. Sie teilen aber alle folgende Gemeinsamkeiten:

- Künstliche Neuronen sind mit vielen anderen Neuronen verbunden. Die Verbindungen sind *gerichtet* und *gewichtet*.
- Die Gewichte der Verbindungen sind *adaptiv*. Sie verändern sich in Abhängigkeit von der formulierten Lernregel und den Eigenschaften der Ein- und Ausgabevektoren.
- Die Veränderung der Gewichte hängt nur von dem Zustand der Neuronen, die sie verbinden, ab. D.h. es findet nur eine *lokale* Informationsverarbeitung statt, eine globale Information ist nicht nötig.
- In künstlichen neuronalen Netzen wird das „Wissen“ *parallel* und *verteilt* repräsentiert. Es gibt keine symbolischen Knoten, also Neuronen, die für einen bestimmten Bewusstseinsinhalt stehen, sondern das Wissen entsteht als Prozess aus der Interaktion zwischen den langfristig sich verändernden Gewichten und den aktuellen Aktivierungen der Neuronen.

Das mehrschichtige Netzwerk ist die am häufigsten anzutreffende Netzarchitektur. Alle Neuronen der Schicht *n-1* sind mit genau allen Neuronen der Schicht *n* verbunden. Weitere Verbindungen gibt es nicht. Das dabei meistens angewandte Lernverfahren ist der backpropagation-Algorithmus (z.B. Rumelhart, Hinton & Williams, 1986). Die Aufgabe des Netzes ist es, die Relation zwischen einer Ein- und einer Ausgabemenge zu erlernen. Dazu wird das Netz mit Beispielen trainiert. Dem Netz werden die Eingabevektoren (Elemente der Eingabemenge) eingegeben und das zunächst mit zufälligen Gewichtungen initialisierte Netz produziert eine Ausgabe. Diese Ausgabe wird mit der tatsächlich zugeordneten Ausgabe verglichen und ihr Abstand als Fehler dem Netz zurückgemeldet. Die Netzgewichte werden mit Hilfe des backpropagation-Algorithmus, einem lokalen Gradientenabstiegsverfahren, so verändert, dass sich der Abstand verkleinert. Dies geschieht mit allen Trainingsvektoren und muss oft wiederholt werden. Wenn sich das Netz nicht in einem lokalen Minimum „verfängt“, wird die Beispielrelation erlernt. In aller Regel werden nun vom Netz auch im Transfertest alle nicht in der Beispielmenge enthaltenen Elemente der Eingabemenge den korrekten Ausgabevektoren zugeordnet. Da bei diesem Verfahren stets ein Fehler zurückgemeldet wird, sprechen wir auch vom „überwachten Lernen“.

Unüberwachtes Lernen findet statt, wenn es nicht darum geht, Relationen zwischen Ein- und Ausgabemengen zu finden, sondern wenn die Eigenschaften der Eingabevektoren selbst ein Ordnungskriterium bilden. Ein typischer Anwendungsfall ist die Mustererkennung, wo verschiedene Muster aufgrund ihrer Ähnlichkeit als gleich bzw. ungleich erkannt werden müssen, beispielsweise das Erkennen der Gleichheit eines Gesichts mit oder ohne Bart. Dies kann durch eine modifizierte Form von Hebbschem Lernen (Hebb,

1949) gelernt werden. Dabei werden einfach nur die Gewichte zwischen zwei bei gleicher Eingabe feuernden Neuronen verstärkt, die anderen abgeschwächt.
Betrachten wir den Lernprozess der Netze als Veränderungen von Zuständen im Vektorraum, der durch die Gewichte aufgespannt wird, so verhalten sich die Netze wie dynamische Systeme. Sie können in der Sprache der Synergetik beschrieben werden (z.B. Haken & Stadler, 1990)

Formales Modell kognitiver Prozesse

Eine weitere Ebene höher können wir die Dynamik des Netzes als ein Modell für einfache, unbewusste kognitive Prozesse verstehen. Die Eingabevektoren entsprechen hier der Erregung der Rezeptoren bzw. den physiologischen Korrelaten von Intentionen (s.o.), das Weiterleiten der Erregung entspricht der Bearbeitung im Arbeitsgedächtnis. Die Inhalte des Langzeitgedächtnisses sind in den Verbindungen gespeichert. In diesem Modell ist also ein kognitiver Prozess dadurch gekennzeichnet, dass er immer eine Interaktion zwischen Kurz- und Langzeitgedächtnis ist. Es gibt keine symbolischen Inhalte im Langzeitgedächtnis, sondern Erinnerungsprozesse werden immer dynamisch konstruiert. Für spezielle kognitive Funktionen können wir spezifische Teilnetze annehmen.
Jordan und Rumelhart (1992) haben ein Modell entwickelt, das das Bewegungslernen simuliert (s. Abb. 1). Sie gehen davon aus, dass der Mensch zwei Relationen lernen muss, um sich bewegen zu können. Die eine Relation ist der Zusammenhang zwischen den intendierten Ergebnissen, dem aktuellen, wahrgenommenen Zustand der Umwelt und den motorischen Kommandos. In der Kontrolltheorie wird diese Relation als „inverses Modell" bezeichnet, da, invers zu der üblichen Denkweise der Physik, nicht aus vorgegebenen physikalischen Größen ihre Effekte berechnet werden, sondern genau umgekehrt die zum Erreichen eines Effekts benötigten Größen ermittelt werden müssen. Diese Relation sorgt für die motorische Steuerung und Kontrolle, sie ist verantwortlich dafür, dass ein intendiertes Ziel auch erreicht werden kann.

Die andere Relation ist der Zusammenhang zwischen den motorischen Kommandos, dem aktuellen, wahrgenommenen Zustand der Umwelt und den erwarteten Ergebnissen. In der Kontrolltheorie heißt sie Vorwärtsmodell. Diese Relation möchte ich „Bewegungsgefühl" nennen[3]. Von einem

[3] In einer früheren Publikation (Künzell, 1996) wird das Vorwärtsmodell als Modell für die Bewegungsvorstellung bezeichnet, was ich aber inzwischen nicht mehr glücklich finde, da die Bewegungsvorstellung oft ein bewusster Prozess ist, während sich der Geltungsanspruch konnektionistischer Modelle auf implizite, unbewusste Prozesse beschränken sollte.

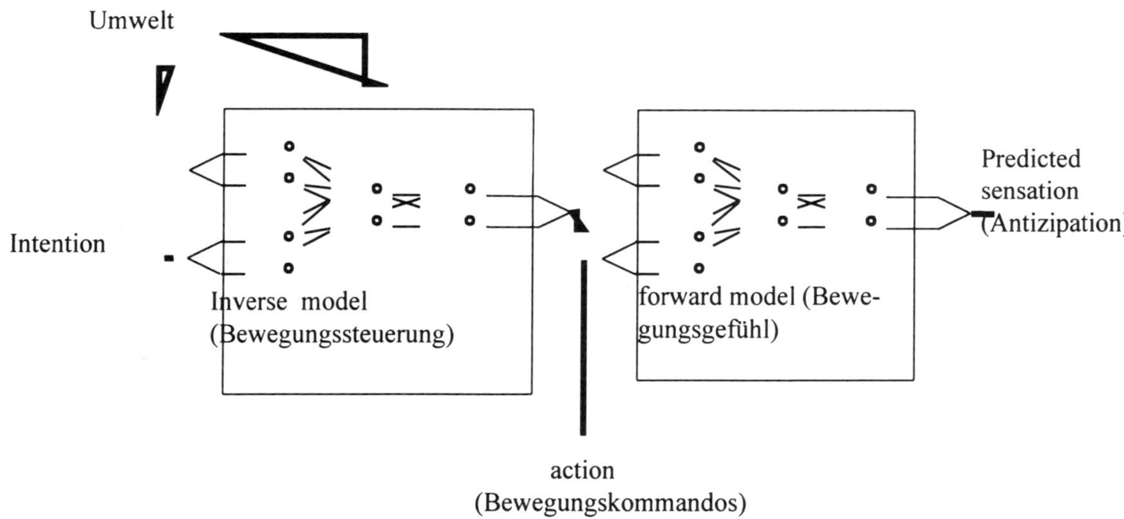

Abb. 1: Ein konnektionistisches Modell zum Bewegungslernen nach Jordan und Rumelhart (1992). Die geklammerten deutschen Begriffe sind hinzugefügt. Sie übersetzten die Begriffe der Kontrolltheorie in die Sprache der Sportwissenschaft.

Menschen mit gutem Bewegungsgefühl erwarten wir, dass er die Ergebnisse seiner Bewegungen gut antizipieren kann, und umgekehrt ist es so, dass jemandem, der dies nicht gut kann, auch kaum ein gutes Bewegungsgefühl zugesprochen wird. Vorwärtsmodell und Bewegungsgefühl sind also zumindest semantisch kongruent.
Nach diesem Modell muss nun, um Bewegungen zu erlernen, zunächst einmal das Vorwärtsmodell halbwegs erworben sein, denn der Bewegungsfehler, der in der Umwelt wahrgenommen wird, muss für das lernende System in einen Fehler in die Ebene der motorischen Kommandos übersetzt werden. Genau dies aber leistet das Vorwärtsmodell, das Bewegungsgefühl. Erst wenn dies möglich ist, kann eine Bewegung zielgerichtet verändert, sprich gelernt werden.

Ein Beispiel

Nach dem Vorbild des Modells von Jordan und Rumelhart (1992) habe ich (Künzell, 1996) das Erlernen eines Positionswurfs im Basketball mit einem künstlichen neuronalen Netzwerk simuliert. Das Netz wird mit zufälligen Gewichten initialisiert, d.h., das Netz verfügt über keinerlei „Vorerfahrung". Zunächst wird das Vorwärtsmodell erlernt, indem das Netz mit (innerhalb plausibler Grenzen) zufälligen Abflugwinkel- und -geschwindigkeitskombinationen trainiert wird. Das Netz soll die entsprechende Flugweite des Balles „erlernen". Es produziert aufgrund seiner Dynamik eine Ausgabe, die „geschätzte" Flugweite des Balls. Die Differenz zur tatsächlichen Flugweite wird dem Netz als Fehler zurückgemeldet. Dabei werden, wie schon oben erwähnt, ausschließlich die drei Vektoren Abflugwinkel, -geschwindigkeit und der Fehlervektor dem Netz präsentiert, das „Lernen" erfolgt über den backpropagation-Algorithmus. Nach 2000 Durchgängen à 500 Trainingsvektoren wird die Abbildung zwischen Ein- und Ausgabevektoren in guter Näherung vom Netz modelliert. Es „hat jetzt ein Gefühl dafür", wie weit der Ball bei bestimmten Wurfparametern fliegt. Insbesondere „weiß" es auch, was es tun muss, um weiter oder kürzer zu werfen.
Damit kann nun auch das inverse Modell trainiert werden. Dabei muss das Netz „lernen", je nach Distanz zum Korb die entsprechenden Winkelkombinationen zu finden. Dies gelingt nach 800 Trainingsdurchgängen recht gut. Das Netz findet jetzt zu der intendierten Korbentfernung die passenden Wurfparameter.

Rückschlüsse vom Modell auf menschliches Verhalten

Einige Rückschlüsse für das menschliche (und wohl auch tierische) Lernen von Bewegungen sind schon im letzten Abschnitt angedeutet worden. Wenn wir Bewegungen erlernen wollen, müssen wir nach diesem Modell zuerst zumindest implizit ein Gefühl dafür entwickeln, welche Effekte unsere Bewegungen auf die Umwelt haben. Dieses Gefühl vermittelt dann die Richtung der Bewegungskorrektur. Auf das Basketballbeispiel bezogen muss zunächst ein Gefühl dafür vorhanden sein, wie weit ein Ball fliegt, wenn wir ihn werfen. Insbesondere müssen wir wissen, dass er weiter fliegen wird, wenn wir ihn kräftiger werfen, und welche Abwurfwinkel überhaupt geeignet sind. Dies erscheint zwar selbstverständlich und bringt jeder, der das erste mal einen Basketball in die Hand nimmt, schon mit sich. Aber das konnektionistische Modell deckt auf, dass auch dieser Lernprozess irgendwann stattgefunden haben muss.

Wie können wir uns das erste Erwerben eines Bewegungsgefühls vorstellen? Jordan und Rumelhart (1992) schlagen hier vor, dass dies die Funktion der Strampelbewegungen eines Babys ist. Dabei werden quasizufällige Muskelaktivitäten erzeugt, und das Baby lernt, wie sich die Extremitäten dabei bewegen. Das Strampeln dient also dem Erwerb eines grundlegenden Bewegungsgefühls. Erst nachdem dies einigermaßen erworben ist, ist das Baby in der Lage, zielgerichtete Bewegungen, d.h. die Bewegungssteuerung bzw. das inverse Modell zu erlernen.

Das Funktionieren eines solchen bottom-up Modells im Computer heißt nun keineswegs, dass die menschliche Informationsverarbeitung solche Teilfunktionen enthalten muss. „Wenn wir wissen, wie ein gegebenes Problem von einem Computer gelöst werden kann, wissen wir – dem Optimismus einiger Neuronale-Netzwerke-Freaks zum Trotz – noch nichts über die vom Menschen angewandten Strategien, das gleiche Problem zu lösen“, lautet das vernichtende Urteil von Nitsch (1997, S. 15, Übersetzung S.K.).

Wirklich gar nichts? Zunächst einmal liefert das Computermodell so etwas wie einen Existenzbeweis: Es ist möglich, das gegebene Problem mit den im Computermodell verwendeten Mitteln zu lösen. Und im Fall eines konnektionistischen Modells kann ergänzt werden, dass dazu nicht notwendig eine zentrale Instanz oder ein zentraler Prozessor den Lernprozess steuern muss. Konnektionistische Netzwerke haben bewiesen, dass durch die komplexe, dynamische, verteilte, parallele Interaktion der im Prinzip „dummen“ Neuronen auf der Ebene der Netzwerke „intelligentes“ Verhalten (wie z.B. Musterdiskriminierung) entstehen kann. Dies ist zwar in der Biologie schon lange bekannt, so können „dumme“ Termiten durch lokale Informationen „intelligent“ ihren Bau erstellen. Doch konnte (und kann?) man sich bei der menschlichen Kognition keine intelligente Leistung ohne eine zentrale Instanz vorstellen.

Nun heißt ein Existenzbeweis aber nur, dass etwas so funktionieren *könnte*, nicht aber, dass es auch beim Menschen so funktioniert. Der Konnektionismus behauptet aber, dass künstliche neuronale Netze angemessene Modelle für menschliche Informationsverarbeitungsprozesse seien. Dabei sind mindestens zwei Schwierigkeiten zu beachten.

Die eine liegt jeder bottom-up Strategie zu Grunde: Diese Strategie geht davon aus, ein gegebenes komplexes Problem zunächst zu ignorieren und

sich auf die kleinsten „Problematome" zu konzentrieren, im Konnektionismus die künstlichen Neuronen. Diese werden gelöst (d.h. als Prozedur oder Modul auf dem Rechner implementiert), dann wird versucht, mithilfe dieser Lösungen „Problemmoleküle", dann „Problemsubstanzen" zu lösen (um im Bild zu bleiben), und so weiter, bis schließlich das ganze komplexe Problem gelöst worden ist. Die Schwierigkeit dabei ist, dass niemand garantiert, mit diesem Verfahren tatsächlich an dem gewünschten Ziel anzukommen. Es kann leicht passieren, dass die präsentierte „Lösung" mit dem eigentlichen Ausgangsproblem nicht mehr allzu viel zu tun hat, dass unerkannte, aber notwendige „Problematome" nicht implementiert wurden oder dass ihre Wechselwirkungen unberücksichtigt blieben und daher die Lösung nicht erreicht werden konnte.
Das zweite Problem ist, dass selbst eine perfekte Nachbildung eines Ausschnitts der menschlichen Kognition mit dem Rechner noch nicht beweist, dass die zugrunde liegenden Prozesse angemessen modelliert sind. Typisches Beispiel für eine Diskrepanz ist die Simulation eines Schachspielers durch ein Computerprogramm. Dieses Modell kann inzwischen besser Schach spielen als der amtierende Weltmeister, aufgrund der eingesetzten *brute-force*-Strategie sind aber Rückschlüsse auf Mechanismen menschlicher Informationsverarbeitungsprozesse völlig unplausibel. Dieses Problem hat vermutlich auch Nitsch in seinem obigen Zitat angesprochen.
Doch es gibt Möglichkeiten, den Schwierigkeiten zu begegnen. Das Unternehmen „Erforschung der menschlichen Kognition" wird schon sehr lange betrieben, und es sind schon auf fast allen Ebenen Modelle entwickelt und empirisches Wissen erhoben worden. Daran muss sich eine konsequente bottom-up Strategie „entlanghangeln". In ein konnektionistisches Modell sollen also theoretische und empirische Erkenntnisse aus Ansätzen, die sich auf höheren (und evtl. auf noch niedrigeren) Ebenen mit Kognition befassen, einfließen. Wenn auf mehreren Ebenen gezeigt werden kann, dass die Ergebnisse von Simulationen mit künstlichen neuronalen Netzen empirischen Daten oder theoretischen Vorhersagen aus anderen psychologischen Paradigmen entsprechen, wird die Plausibilität eines konnektionistischen Modells wachsen.

Konnektionismus und handlungstheoretische Psychologie

Wegen ihrer komplementären Forschungsstrategie erscheinen die handlungspsychologische und die konnektionistische Herangehensweise als gegensätzlich. Dieser scheinbare Gegensatz beruht auf der Unterschiedlichkeit der Betrachtungsebenen. Während die Handlungspsychologie eher die Makroebene des menschlichen Verhaltens und Erlebens ins Visier nimmt und von dort aus *top-down* weiterarbeitet, erkundet der Konnektionismus die „microstructure of cognition" (so der Untertitel des einflussreichen Werks von Rumelhart u.a. (1986) bzw. McClelland u.a. (1986)). Doch wenn wir

von der Betrachtungsebene einmal abstrahieren, lassen sich einige Gemeinsamkeiten finden, die eine „Begegnung auf der mittleren Problemebene" zumindest nicht ausschließen.
Sowohl der handlungstheoretische als auch der konnektionistische Ansatz gehen davon aus, dass das Psychische am besten als ein komplexes dynamisches System angesehen wird. Daraus folgt, dass einfache Ursache-Wirkungs- oder Reiz-Reaktions-Zusammenhänge keine adäquaten Erklärungen für menschliches Handeln sind. Auf der Makroebene führt dies zur Einbeziehung komplexer Intentionshierarchien, auf der Mikroebene zu komplexen Interaktionen von Erregungsvektoren und Gewichtematrizen. Damit wird deutlich, dass menschliches Handeln nicht durch Umweltreize determiniert sein kann, sondern dass vergangene bedeutungshaltige Erfahrungen unser Verhalten beeinflussen, dass Handlungen eben durch dieses komplexe dynamische System reguliert werden (Regulationspostulat, vgl. Nitsch, 1986). Dies wird in *beiden* Ansätzen vorausgesetzt.
Schwieriger wird es bei der Betrachtung der Intention. Hier müssen zwei verwegene Hypothesen angenommen werden, um den offenkundigen Widerspruch zwischen dem Intentionspostulat der Handlungstheorie (vgl. Nitsch, 1986) und dem ohne ein Modell der Intention arbeitenden Konnektionismus aufzuheben.

1) Die in konnektionistischen Netzen im Training („Erfahrung") angesammelten Verhaltens- und Bewertungsrelationen können bei genügender Komplexität und Dynamik mit Intentionen verglichen werden. (In den meisten konnektionistischen Netzen erfolgt die Bewertung allerdings von außen durch Fehlervorgaben. Für die Implementation von systeminternen Bewertungen müssen Bedürfnisse oder Emotionen modelliert und in das Netz integriert werden, vgl. auch Dörner, 1999).
2) Das, was wir Menschen als „Intention" erleben, ist ein von *vorbewussten* Bewertungsrelationen im limbischen System gesteuerter Prozess. Intentionsbildung ist dann ein Vorgang, der *nach* den nicht bewusstseinsfähigen komplexen Aktivitäten des durch Erfahrung erworbenen Bewertungssystems als *Begleiterscheinung* auftritt. Neurobiologische Befunde deuten auf die Richtigkeit dieser Hypothese hin (vgl. Roth, 1996).

Das Modell der Intentionsbildung stellt offensichtlich eine Art Trennlinie zwischen konnektionistischen und handlungspsychologischen Modellen dar, an deren Überwindung aber zurzeit in den verschiedensten Wissenschaftsdisziplinen gearbeitet wird.

Schlussbemerkungen

Das Leben, die Welt, der Mensch sind komplizierte, komplexe Systeme. Wie wir mit dieser Komplexität umgehen, Wichtiges von Unwichtigem unterscheiden, ist eine der faszinierendsten Leistungen unseres handlungsregulierenden Systems. Wollen wir Aussagen über diese Leistungen machen, können wir sie nicht erhalten, indem wir Verhalten in ohnehin schon niedrigkomplexen Laborsituationen beobachten. Um aber der Komplexität Herr zu werden, bietet es sich an, den Computer als Hilfsmittel zu benutzen.

In Computermodellen kann, wie wir gesehen haben, die Komplexität sowohl der Umwelt als auch des menschlichen Wahrnehmens und Handelns in wohldefinierten Ausschnitten abgebildet werden, ohne dass ihre Reduktion in Trivialität mündet.

Da die handlungstheoretische Psychologie menschliches Handeln in seiner Ganzheit und Komplexität, unter Berücksichtigung sowohl der Person als auch von Umwelt und Aufgabe, verstehen will, drängt sich ihr die Verwendung von Computermodellen als Werkzeug zur Durchdringung komplexer Systeme geradezu auf.

III

Handlungspsychologische Beiträge zu spezifischen Themen der Sportpsychologie

Effizienz und Kongruenz: fundamentale Aspekte menschlichen Handelns

Susanne Maria Quinten

Zusammenfassung

Effizienz und Kongruenz werden als fundamentale Aspekte menschlichen Handelns betrachtet. Am Beispiel der Bewegungshandlungen werden effizienz- und kongruenzbezogene Regulationsvorgänge mit Bezug auf die Propriozeption näher beschrieben. Die kongruenzbezogene Handlungsregulation macht die Integration identitätsdynamischer Überlegungen in die handlungstheoretische Konzeption erforderlich. Hierzu wird auf das Konstrukt „Bewegungsselbstkonzept" zurückgegriffen; die handlungsregulierenden Funktionen des Bewegungsselbstkonzepts werden im Zusammenhang mit übergeordneten kongruenzbezogenen Organisationsprinzipien (Selbstwert, Konsistenz, Selbstexploration) beleuchtet und am Beispiel der Herausbildung einer Bewegungsvorstellung beim Neulernen einer Bewegung konkret veranschaulicht. Allgemeine Konsequenzen für bewegungspädagogisches Handeln sowie für die tanztherapeutische Behandlung chronischer Schmerzen am Bewegungssystem werden aus diesen Überlegungen abgeleitet.

Effizienz und Kongruenz als fundamentale Aspekte menschlichen Handelns

> „Wir haben es nicht mit dem Funktionieren von Maschinen, sondern mit dem Handeln von Menschen zu tun." (Nitsch & Munzert, 1997, S. 109)

Ab dem Moment der Zeugung ist der Mensch in Kontakt mit der Umwelt und muß sich aktiv mit ihr auseinandersetzen: mit den ökologischen Bedingungen ebenso wie mit den sozialen Gegebenheiten. Diese Auseinandersetzung zwischen Person und Umwelt erfolgt in der Regel im Hinblick auf eine zu bewältigende Aufgabe (Nitsch, 1986). Im Rahmen der Aufgabenbewältigung werden zwei Aspekte besonders deutlich:
1. Effizienzaspekt: die Aufgabenbewältigung muß effizient sein, sie muß erfolgreich sein, es geht darum, die Handlungsintention zu erreichen. Eine Voraussetzung hierfür ist die Fähigkeit, Handlungen kontrollieren zu können.
2. Kongruenzaspekt: die Aufgabenbewältigung muß kongruent[1] sein, sie muß mit dem Subjekt des Handelns stimmig sein. Voraussetzung hierfür ist, daß das Handlungsgeschehen und seine Folgen an das Subjekt des Handelns rückgebunden werden, es muß Selbstbezug hergestellt werden.
Effizienz und Kongruenz werden in diesem Sinne als gleichberechtigte fundamentale Aspekte menschlichen Handelns betrachtet. Im Handeln wird der Person-Umwelt-Bezug im Rahmen der Aufgabenbewältigung unter den Aspekten Effizienz und Kongruenz aktiv hergestellt und gestaltet (Quinten, 1994, S. 25). Durch das Herstellen von Selbstbezug werden identitätsdynamische Vorgänge in Gang gesetzt (Harré, s. dazu 1984; Frey & Haußer, 1987; vgl. auch Filipp, 1979, S. 130-139), so daß Handeln als identitätsdynamisches Geschehen aufgefaßt werden kann: Im und durch Handeln entwickelt sich Psychisches, werden Persönlichkeit und Identität konstituiert; umgekehrt sind an der Handlungsregulation identitätsdynamische Vorgänge beteiligt. Die Einführung des Kongruenzaspektes macht demnach die Integration identitätsdynamischer Überlegungen in die handlungstheoretische Konzeption erforderlich.

---

[1] Der Begriff „Kongruenz" wurde von Rogers eingeführt; er wurde hier übernommen, da er sich gut dazu eignet, das Herstellen des Selbstbezuges im Rahmen der Aufgabenbewältigung zu kennzeichnen. Unter Kongruenz verstand Rogers die „Identität mit den eigenen Erfahrungen,...die Bereitschaft, diese ohne Verzerrungen oder Umdeutungen wahrzunehmen und zur eigenen Person gehörig anzuerkennen" (Howe & Minsel, 1990, S. 331). Handlungskompetent ist nach Rogers derjenige Mensch, der mit sich selbst identisch ist (Rogers, zit. in Bürgermann & Reinert, 1984, S. 107).

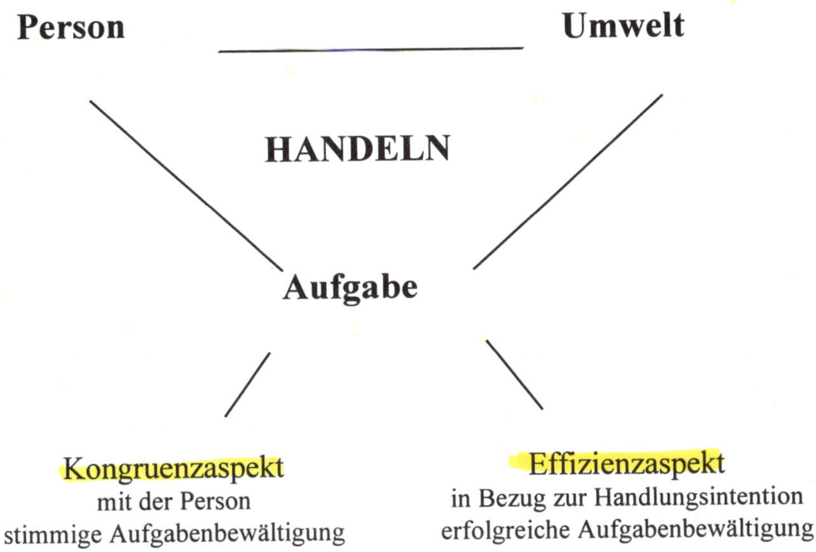

Abb. 1: Effizienz und Kongruenz als fundamentale Aspekte menschlichen Handelns.

Harré (1984) beschreibt den Vorgang der Identitätskonstitution in vier Teilvorgängen: Im Rahmen der Appropriation werden selbstbezogene Informationen von der Person aufgenommen und in der Transformation verarbeitet. Die so gewonnene Selbstsicht (Selbstdefinition) bzw. konstruierte erwünschte Selbstsicht wird in der Öffentlichkeit dargestellt (Publikation) und kann so Einfluß auf die Umwelt ausüben, kann selbst „materialisierter“ Bestandteil sozialer oder materialer Umweltstrukturen werden (Konventionalisation). Das Selbstkonzept spielt bei diesen identitätsdynamischen Teilvorgängen als operationalisierbare Größe eine zentrale Rolle. Selbstkonzepte werden mit Frey und Haußer (1987) als die „generalisierte subjektive Auffassung einer Person über relevante Merkmale ihrer selbst“ (S. 20) definiert. Sie entstehen aus der Verarbeitung vielfältiger selbstbezogener Informationen in bedeutsamen Situationen. Das bedeutet, daß Selbstkonzepte immer im Verbund mit Umwelt- und Aufgabengegebenheiten zu definieren sind.

Aus diesen Überlegungen ergeben sich Konsequenzen für die Regulation menschlichen Handelns (s. w. u.). Es kann davon ausgegangen werden, daß sowohl effizienzbezogene, als auch kongruenzbezogene Regulationsvorgänge in allen Phasen der Handlungsregulation (Antizipation, Realisation, Interpretation) stattfinden, wobei deren Zusammenspiel besonders im Bewegungshandeln deutlich zum Ausdruck kommt. Denn Bewegungen sind einerseits für die effiziente Aufgabenbewältigung notwendig, da die Umsetzung von Handlungsplänen in entsprechendes äußeres Verhalten in der Regel an Bewegungsausdruck gebunden ist. Andererseits ist auch der Selbstbezug (Selbstwahrnehmung, Selbstgefühl, Selbsterkennen, Selbstausdruck bzw. -darstellung) an Bewegung gebunden. Grundsätzlich scheinen solche Handlungssituationen günstig zu sein, in denen es dem Handelnden gelingt, nicht nur die Handlungsintention zu erreichen und effizient zu handeln, sondern auch Selbstbezug herzustellen und kongruent zu handeln, also Effizienz und Kongruenz miteinander zu verbinden. Wird der Kongruenzaspekt vernachlässigt oder abgewertet, dann bleibt Handeln instrumentell, wird als selbstentfremdet oder als sinnlos erlebt, kann auf Dauer zu Erkrankungen führen. Ebenso kann eine chronische Überbetonung des Selbstbezuges negative Auswirkungen auf den Menschen haben (s. Abschnitte 4-6).

Bewegungshandeln

> „Der Akzent bei der Analyse und Beeinflussung von Bewegungsprozessen liegt somit nicht auf der 'Bewegung' schlechthin...., sondern auf dem 'Sich-Bewegen': *Wir* bewegen *uns*. In dieser Sicht bedeutet dann Bewegungslernen genauer Sich-Bewegenlernen"
> (Nitsch & Munzert, 1997, S. 111)

Allgemeine Überlegungen

Handeln verwirklicht sich eigentlich in den Bewegungen des Menschen (Rubinstein, 1962, zit. in Nitsch & Munzert, 1997, S. 111), so daß unter handlungstheoretischem Verständnis von Bewegungshandeln gesprochen werden kann (ausführlicher siehe dazu Nitsch & Munzert, 1997, S. 111ff.). Im Bewegungshandeln kommen Effizienz und Kongruenz in ihrem Zusammenwirken besonders deutlich zum Ausdruck. Auf drei Aspekte soll dabei besonders hingewiesen werden:

a) Wenn man davon ausgeht, daß beim Bewegungshandeln Kongruenz und damit identitätsdynamisches Geschehen stattfindet, dann muß auch davon ausgegangen werden, daß dieses seinen Ausdruck in den Bewegungen des Menschen sucht; Bewegungshandeln ist immer auch Ausdruck der Person (Nitsch & Munzert, 1997). Im günstigen Fall dienen die Handlungspläne, die die Publikation von Identität ermöglichen, auch den Effizienzkriterien. Dies wäre zum Beispiel der Fall, wenn eine Abwehrspielerin im Basketball sich in ihren effizienten Abwehraktionen als listig, dynamisch und angriffslustig erleben kann und dies einen gewünschten Aspekt ihres Selbstverständnisses trifft. Häufig gelingt diese Übereinstimmung jedoch nicht, wie im Beispiel von Leist und Loibl (1986), in dem eine Volleyballspielerin zwar über die erforderlichen motorischen Eigenschaften verfügt, um den ankommenden Ball zurück zu schmettern, diesen aber nur antippt, weil sie sich in dem Männlichkeit symbolisierenden Schmetterschlag unweiblich vorkommt. Hier passen die (unter Effizienzkriterien) geforderte Bewegungsform und Bewegungsdynamik nicht zu den Bewegungen, die (unter Kongruenzkriterien) für die Spielerin zum Ausdruck ihres Frauseins erforderlich wären. Die Auswahl von Handlungsplänen, die sowohl unter Effizienz als auch unter Kongruenzaspekten optimal sind, scheint eher die Ausnahme als die Regel zu sein.

b) Die Präferenz für bestimmte Sportarten oder für Lieblingsbewegungen im Tanzen könnten i.S. eines „selbstinduzierten Identitätswandels“ (Siegert & Chapman, 1987) verstanden werden. So berichtet zum Beispiel eine im Leistungssport beheimatete Probandin von dem Wunsch, Tanzen zu lernen, weil sie darin die Chance sieht, sich selbst hinsichtlich ihrer weiblichen Identität weiterentwickeln zu können (s. ausführlich dazu Quinten, 1994, S. 50-52 und 171-176). Beim selbstinduzierten Identitätswandel setzt sich die handelnde Person mit bestehenden und erwünschten Selbstbildern auseinander und intendiert letztere. Das Hineinschlüpfen in vorgegebene und mit spezifischen Bedeutungen belegte Bewegungshandlungen kann als Probehandeln in der entsprechenden erwünschten Identität verstanden werden. Hieraus läßt sich eine wesentliche persönlichkeitsfördernde Funktion sportlichen Handelns, und Bewegungshandelns allgemein, ableiten. Bewegungslernen kann dann ebenfalls verstanden werden als Eingriff in die Identitätsdynamik. Auch Koordinationsprobleme könnten aufgrund dieser Überlegungen in einem neuen Licht erscheinen. Koordination bezieht sich dann auch auf die Anbindung der Bewegungen an das Subjekt des Handelns. Koordinationsprobleme würden in diesem Sinne dadurch entstehen, daß es dem Individuum nicht gelingt, in der Bewegungsausführung effizienz- und kongruenzbezogene Vorgänge zu koordinieren.

c) Im Hinblick auf die Koordinierung von effizienz- und kongruenzbezogenen Regulationsvorgängen beim Bewegungshandeln ist folgendes zu beachten: im günstigen Fall unterstützt die kongruenzbezogene Regulation die effiziente Aufgabenlösung. Umgekehrt stellen effizienzbezogene Vorgänge persönlichkeitsfördernde Einflüsse bereit. Im ungünstigen Fall stören sich beide Regulationsvorgänge derart, daß die Aufgabe nicht, nicht vollständig oder fehlerhaft bewältigt wird. Oder aber die Aufgabe wird effizient gelöst, gleichzeitig wird die Persönlichkeitsentwicklung beeinträchtigt, zumindest bedroht. Im Falle einer Bedrohung oder Verunsicherung des Selbst (wie z.B. in Lernsituationen, in therapeutischen Labilisierungsphasen oder in Überforderungssituationen) scheint auf jeden Fall das Selbstsystem derart aktiviert zu werden, daß kongruenzbezogene Regulation Vorrang vor effizienzbezogener Regulation erhält - auch auf Kosten einer effizienten Aufgabenlösung (vgl. dazu auch Gollwitzer, 1987).

d) Wenn kein Handlungsplan gefunden wird bzw. entwickelt werden kann, der beiden Handlungsaspekten genügt, muß entschieden werden, ob die Handlung eher zu Effizienz- oder zur Kongruenzzwecken genutzt wird. Bei der Bildung konkurrierender Intentionen stellt sich dann die Frage, welche Intentionen den „Wettstreit um die Ausführungsmittel im Körper gewinnen" (Raeithel, 1984). Diese Frage ist umso brisanter, je stärker das Bewegungsverhalten als zentraler Definitionsraum für die Identität genutzt wird.

e) Ein verbindendes Element für diese Fragen könnte in der Funktion der Propriozeption (auch als Kinästhesie oder Bewegungsempfinden bezeichnet) liegen. Denn ihr kommt die doppelte Funktion zu, sowohl Bewegung zu kontrollieren, als auch Selbstbezug herzustellen. Im nächsten Abschnitt wird diese Doppelfunktion der Propriozeption genauer dargestellt. Die Schulung der Körperwahrnehmung im Rahmen von Techniktraining bekommt dann einen zusätzlichen Sinn: mit der Körperwahrnehmungsschulung wird die Doppelfunktion der Propriozpetion gefördert, wenn im Trainingsprozeß kongruenzbezogene Vorgänge mit bedacht und berücksichtigt werden.

Zur Doppelfunktion der Propriozeption

Die Propriozeptoren (auch bewegungsempfindende oder kinästhetische Analysatoren genannt) befinden sich in Muskeln (Muskelspindeln), Sehnen (Golgiapparate) und Gelenken (Gelenkrezeptoren). Über das Reafferenzprinzip ermöglichen sie es dem Menschen, Körperhaltung, Körperlage, Stellung der Gelenke und einzelner Körperteile zueinander und Bewegungen wahrzunehmen, zu planen und zielgerichtet einzusetzen. Selbst in Ruhestellung sind die Propriozeptoren durch die Einwirkung der Schwerkraft aktiviert, so daß eine Körperwahrnehmung beim Nicht-Bewegen möglich ist (Borchert, 1996, 119). Propriozeptive Informationen sind bewußtseinsfähig, nicht bewußtseinspflichtig (Doering & Doering, 1993; Meinel & Schnabel, 1987, S. 63ff.). Ob sie in das Bewußtsein des Menschen gelangen, hängt z.B. von der Fähigkeit zur Selbstwahrnehmung und von der Aufmerksamkeitslenkung (Grosser & Neumaier, 1982, S. 77) ab. Funktional ist die Propriozeption mit allen anderen Sinnesanalysatoren eng verbunden, verfügt jedoch über eine höhere Leitgeschwindigkeit und Differenzierungsfähigkeit als diese. In den traditionellen Modellen der Bewegungsregulation übernimmt die Propriozeption primär Kontrollfunktion. Von Uexküll u.a. (1994) weisen auf eine

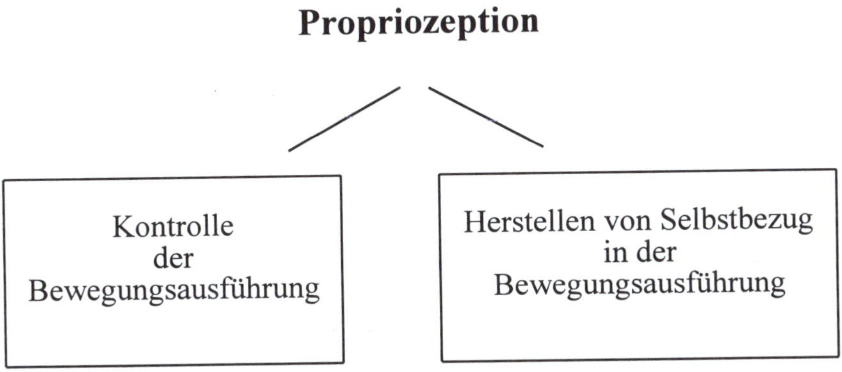

Abb. 2: Funktionen der Kinästhesie imHandlungsgeschehen.

weitere wichtige Funktion der Propriozeption hin: sie ist Voraussetzung dafür, daß der Mensch im Bewegen Selbstbezug herstellen kann, d.h. daß sich der Mensch mit seinen Bewegungen als verbunden erleben kann. Die propriozeptiven Erfahrungen werden von ihnen als Zeichen definiert, mit denen sich der Körper „selbst spüren und dieses Spüren erleben kann ..." (1994, S. 16). Propriozeptive Wahrnehmungen sind bereits in den ersten Lebensmonaten wesentliche Voraussetzung dafür, daß der Säugling ein Gefühl von Urheberschaft ausbilden und regelmäßige innere Gefühlsqualitäten erleben kann (Borchert, 1996). Beides trägt wesentlich zu dem „Empfinden eines Kernselbst" bei. In der tänzerischen Bewegung kommt der Vorgang des sich selbst Spürens im Bewegen besonders deutlich zum Ausdruck. Die Motorik

> „...wird sensorisch zurückempfunden und in diesem Selbstgefühl der eigenen Tätigkeit liegt die Lustquelle aller und somit auch der tänzerischen Bewegung. Nur ist für den Tanz gerade dieses Erlebnis entscheidend! Denn während alle anderen geführten, zielgerichteten Bewegungen einen Gegenstand meinen...und das Selbstgefühl des Sichbewegens nur nebenher empfunden bzw. erlebt wird, wird im Tanz die Bewegung als solche zum subjektiven Datum, zum eigentlichen Gegenstand des Erlebens" (Muchow in Heyer 1958, 44, zit. in Fritsch 1988, S. 59).

Je nach dem, welche Funktion der Propriozeption im Erleben des handelnden Individuums überwiegt, wird Bewegungshandeln eher instrumentell oder authentisch erlebt (vgl. Bartenieff, 1980), geht es eher um Kontrolle der Bewegungshandlung oder um Identifikation mit der Bewegungshandlung, wird eher der Effizienzaspekt oder der Kongruenzaspekt des Handelns betont.

Nach den bisherigen eher allgemein gehaltenen Ausführungen stellt sich die Frage, wie effizienz- und kongruenzbezogene Regulationsvorgänge beim Handeln konkret koordiniert werden können. Im folgenden Kapitel wird am Beispiel der Bewegungsvorstellung das Zusammenspiel von Effizienz und Kongruenz veranschaulicht. Hierzu ist jedoch vorab erforderlich, das Konstrukt des Bewegungsselbstkonzeptes in seinen handlungsregulierenden Funktionen zu skizzieren.

Zum Zusammenspiel von Kongruenz und Effizienz im Bewegungshandeln

> „Neben die eigentliche Regulation der Bewegungsausführung treten somit noch andere Regulationsprozesse, die sich nicht auf den (psychomotorischen) Funktions*ablauf*, sondern auf die (psychovegetative) Funktions*lage* beziehen. Entscheidend ist dabei, daß hier nicht autonome physiologische Regulationsprozesse gemeint sind, sondern mehr oder weniger gezielt und willkürlich vorgenommene Versuche der Selbstbeeinflussung." (Nitsch & Hackfort, 1979, S. 299).

Das Bewegungsselbstkonzept

Ausgangspunkt ist die Annahme, daß in allen drei Phasen der Handlung - Antizipations-, Realisations- und Interpretationsphase (Nitsch, 1986) - sowohl effizienzbezogene, als auch kongruenzbezogene Regulationsvorgänge stattfinden. Die *effizienzbezogenen Vorgänge* sind sozusagen für den intendierten Handlungseffekt verantwortlich, die *kongruenzbezogenen Vorgänge* gewährleisten die Anbindung von Handeln und Handlungsfolgen an das Subjekt des Handelns, stellen also Selbstbezug her. Das *Bewegungsselbstkonzept*[2] stellt bei all diesen Teilvorgängen eine wichtige Bezugsgröße dar.

---

[2] Für Selbstkonzepte, die in der Auseinandersetzung mit dem eigenen Bewegungsverhalten oder mit einem zu imitierenden Bewegungsmodell aktualisiert bzw. entwickelt und handlungsrelevant werden, wurde der Begriff *Bewegungsselbstkonzept* eingeführt (Quinten, 1994, S. 28). Bewegungsselbstkonzepte sind das Produkt selbstreflexiver Vorgänge beim Bewegungshandeln. Strukturelle Aspekte des Bewegungsselbstkonzepts sind z.B. die subjektive Auffassungen der Person über ihre eigenen Bewegungsfähigkeiten und -fertigkeiten, über ihr eigenes geschlechtstypisches Bewegungsverhalten, über ihre typische Gangart, über ihren typischen Bewegungs- bzw. Körperausdruck bei momentanen Befindlichkeiten, über ihr bevorzugtes Bewegungsverhalten, usw.

Es beeinflußt nicht nur die selbstbezogenen Vorgänge beim Bewegungshandeln und damit die kongruenzbezogene Handlungsregulation, sondern auch die effizienzbezogene Handlungsregulation. Denn Selbstkonzepte stellen grundsätzlich einen Rahmen bereit, innerhalb dessen situationsbezogene Informationen - also neben selbstbezogenen Informationen auch umwelt- und aufgabenbezogene Informationen - aufgenommen und verarbeitet werden. Diese bilden dann die Grundlage für die Generierung von Handlungsplänen, -zielen und -konsequenzen (s. dazu Filipp, 1975) in der Antizipationsphase einer Handlung. In der Literatur finden sich drei übergeordnete Regulationsprinzipien, die Einfluß auf die handlungsregulierenden Funktionen des Bewegungsselbstkonzepts nehmen: Selbstwertorientierung, Konsistenzorientierung, Selbstexplorationsorientierung.

Übergeordnete kongruenzbezogene Regulationsprinzipien

Selbstwertorientierung

Es kann im Handeln primär darum gehen, eine günstige Bewertung der eigenen Person herbeizuführen. Dann wird das Prinzip *„Selbstwertorientierung"* wirksam. Ein Bedürfnis nach positiver Selbstwertschätzung wird v.a. Personen mit niedrigem Selbstwertgefühl zugeschrieben. In der Literatur werden zahlreiche Strategien aufgeführt, die der Erhaltung bzw. Erhöhung des eigenen Selbstwertgefühles oder der Abwehr einer Selbstwertbedrohung dienen (zusammenfassend bei Quinten, 1994, S. 36). Selbstkonzepte bilden dabei die Grundlage für die Einschätzung des Selbstwertes. Bei der Regulation von Bewegungshandlungen kann das zum Beispiel Auswirkungen auf die Wahrnehmung und Verarbeitung von situationsbezogener Information oder auf die Auswahl bzw. Entwicklung von Handlungsplänen haben:

- Die Wahrnehmung und Verarbeitung situationsbezogener Informationen geschieht unter Maßgabe der Selbstwerterhöhung bzw. der Abwehr von Selbstwertbedrohung. In Lernsituationen kann das zum Beispiel dazu führen, daß die Aufmerksamkeit besonders auf solchen Bewegungssequenzen, Bewegungsmerkmalen oder -qualitäten liegt, die der Lernende als bekannt und gekonnt identifiziert und in ihnen die Möglichkeit sieht, seine Kompetenz darzustellen. Als „Ankerstellen" werden diese dann zuerst und bevorzugt aufgenommen und umgesetzt, andere hingegen ausgeblendet oder verzerrt. Für die Herausbildung einer Bewegungsvorstellung bedeutet das dann nicht selten, daß sie falsch oder lückenhaft wird (s. ausführlich dazu Abschnitt 3.3).
- Bei der Auswahl bzw. Entwicklung von Handlungsplänen haben diejenigen Planbestandteile Vorrang, die den Selbstwert nicht bedrohen bzw. diesen erhöhen. Es werden dann zum Beispiel solche Pläne ausgesucht bzw. entwickelt, die kontrollierbare (in der Regel bereits erlernte) Teil-

bewegungen beinhalten oder mit denen sich die übende Person im positiven Sinne identifizieren kann, weil sie positiv bewertete Selbstaspekte symbolisieren. Im Lernprozeß dienen diese Teilbewegungen als „Ankerstellen". Eher gemieden werden bei der Planentwicklung solche Bewegungsteile oder -qualitäten, die das Nicht-Beherrschen sichtbar machen. Schließlich können bei der Entwicklung von Handlungsplänen auch solche Bewegungselemente oder -qualitäten integriert werden, die zwar eine positive Selbstdarstellung und damit eine positive Selbstbewertung ermöglichen, die jedoch nicht mit der Zielbewegung übereinstimmen. Dann hätte sich die kongruenzbezogene Regulation gegenüber der effizienzbezogenen durchgesetzt. Beobachtbare „Fehler" bei der Bewegungsausführung resultieren dann nicht primär aus Koordinations- oder Lernschwierigkeiten, sondern erfüllen wichtige Funktionen im Rahmen kongruenzbezogener Regulationsvorgänge.

Konsistenzorientierung

Geht es im Handeln primär darum, eine konsistente Sicht von sich selbst aufrecht zu erhalten, dann wird das *Prinzip „Konsistenzorientierung"* wirksam. Alle Aktivitäten dienen dann dem obersten Ziel, die Selbstkonsistenz der Person zu behaupten. Hierzu initiiert der Handelnde Erfahrungen, die zu seiner Selbstsicht passen und widersetzt sich jenen, die nicht mit seinem Selbstverständnis vereinbar sind. Das Selbstkonzept stellt hier die Basis für diese Konsistenzprüfungen dar. Der Handelnde wird solche Verhaltensweisen zeigen und solche Informationen aufnehmen, die mit dem Selbstkonzept korrespondieren. Inkongruente Erfahrungen können von inneren Spannungen und Konfusion begleitet sein. Unter konsistenztheoretischen Annahmen wird jede Abweichung einer Information vom Selbstkonzept als bedrohlich erlebt und aktiviert Abwehrreaktionen gegen die Inkonsistenz. Konsistenz kann über verschiedene Strategien realisiert werden (zusammenfassend Quinten, 1994, 37-38), für die Regulation von Bewegungshandlungen können folgende bedeutsam sein:

- Es wird aktiv nach solchen situationsbezogenen Informationen gesucht, die die Selbstdefinition bestätigen. Zum Beispiel werden Bewegungsmuster oder -qualitäten, die einen Aspekt der eigenen Person repräsentieren, bevorzugt ausgesucht.
- Die Auswahl bzw. Entwicklung von Handlungsplänen richtet sich danach, ob die Planbestandteile die vorhandene Selbstdefinition bestätigen. Zum Beispiel werden solche Bewegungsabfolgen und -qualitäten integriert, die zu Aspekten der Selbstsicht passen; Elemente, die inkongruent sind, werden eliminiert oder so abgeändert, daß sie zur Selbstsicht passen. Dies ist der Fall beim Beispiel der Volleyballerin (s.o.), die zwar über die motorischen Fertigkeiten zum Schmetterschlag verfügt, diese aber offensichtlich nicht in ihren Handlungsplan integriert hat.

Selbstexplorationsorientierung

Schließlich kann Handeln primär von dem Ziel geleitet sein, Erkenntnisse über sich selbst zu gewinnen, auch wenn damit selbstwertschädigendes Feedback verbunden ist oder Inkonsistenz erlebt wird. Dann wird das Prinzip „*Selbstexplorationsorientierung*“ wirksam. Anzunehmen ist, daß dieses Regulationsprinzip nur unter solchen Bedingungen wirksam wird, die den Handelnden keine negativen Konsequenzen seines Handelns befürchten lassen und die grundsätzlich durch eine vertrauensvolle Atmosphäre geprägt sind. Auch die Umsetzung erwünschter Selbstbilder kann hier eingeordnet werden. Bei Vorherrschen von „Selbstexplorationsorientierung“ lassen sich u.a. folgende Einflüsse des Bewegungsselbstkonzeptes als relevant für das Bewegungshandeln beschreiben: Handlungsziele und -pläne werden im Hinblick darauf gebildet, daß im Handeln neue Selbsterfahrungen gemacht werden können, also z.B. zu erfahren, welche Bewegungen man gut kann oder wieviel Kraft man zur Verfügung hat oder mit welchen Bewegungen die momentane Befindlichkeit am besten ausgedrückt werden kann (z.B. im Rahmen einer Bewegungsimprovisation). Diese Erfahrungen können dazu führen, daß Selbstkonzepte verworfen, zumindest ausdifferenziert oder verändert werden. Hingegen werden in der Regel solche Handlungsziele und -pläne gemieden, die zu physischen oder psychischen Schädigungen und Bedrohungen führen können (s. Griffin & Keogh, 1982). Bewegungsselbstkonzepte (z.B. über die eigenen Bewegungsfertigkeiten, über Fitneß, u.ä.) dienen hier als ein Bezugsrahmen für Entscheidungen.

Beispiel: Herausbildung einer Bewegungsvorstellung beim Neulernen einer Bewegung

Sich-Bewegen bedeutet auch, daß sich die Person so zeigt, wie sie ist, sie stellt mit jeder Bewegungshandlung auch ihre Identität nach außen dar. Denn Selbstdarstellung ist in weiten Teilen an den Körper und Bewegung als Träger menschlicher Identität gebunden. Das Neulernen von Bewegungen bedeutet damit immer auch Eingreifen in identitätsdynamische Vorgänge, Bewegung lernen heißt Identität verändern. Die Erweiterung des Bewegungsrepertoires durch Bewegungslernen trägt dann dazu bei, mehr und differenziertere Möglichkeiten der Identitätsdarstellung zu erwerben. Das bedeutet aber auch, daß nicht nur die Realisierung der Handlungsintention angestrebt werden kann (also effizienzbezogen reguliert wird), sondern daß gleichzeitig auch der Bezug zum Subjekt des Handelns und damit kongruenzbezogen reguliert werden muß. Am Beispiel der Herausbildung einer Bewegungsvorstellung beim Neulernen von Bewegungen soll das Zusammenspiel von effizienz- und kongruenzbezogenen Prozessen veranschaulicht werden.
Zu Beginn eines Lernprozesses besteht in der Regel ein hohes Maß an Unsicherheit für den Lernenden, die es zu bewältigen gilt. Die Bestätigung der

aktualisierten Selbstdefinition i.S. der Konsistenzorientierung kann in der frühen Lernphase als eine Bewältigungsform angesehen werden. Erste Veränderungen des Bewegungsverhaltens können bei solchen Bewegungssequenzen oder -qualitäten ansetzen, die mit der aktualisierten Selbstsicht stimmig sind oder die für die Selbstdefinition nicht bedeutsam sind. Bei Konsistenzorientierung wird jede Information, die vom aktualisierten Selbstkonzept abweicht, als eine potentielle Bedrohung des Selbst abgewehrt. So kann davon ausgegangen werden, daß selbst-bestätigende Bewegungsinformationen eher aufgenommen werden, und daß selbst-diskrepante Bewegungsinformationen eher gemieden werden oder durch Reinterpretation an das bestehende Selbstkonzept assimiliert werden. Diese Vorgänge sind häufig nicht bewußt. In der Literatur wird von Wahrnehmungsabwehr und Wahrnehmungsverzerrung gesprochen (vgl. dazu Neubauer, 1976). Für die Herausbildung einer Bewegungsvorstellung durch Vor- und Nachmachen bedeutet das, daß diejenigen Bewegungsinformationen, die nicht zum Selbstkonzept passen, gar nicht erst wahrgenommen werden, was zu unvollständiger Bewegungsvorstellung führen kann. Kommt es zur Wahrnehmungsverzerrung, dann werden Bewegungsinformationen zwar wahrgenommen, sie werden jedoch an bestehende Selbstkonzepte bzw. -erfahrungen assimiliert; d.h. es kommt zur Verfälschung der tatsächlichen Bewegungsinformation in Richtung bestehender Erfahrungen. Wenn zum Beispiel eine Tanzschülerin das Selbstkonzept über ihre momentane Befindlichkeit aktiviert, daß sie dynamisch und schwungvoll ist, dann konstruiert sie möglicherweise im Akt der Bewegungswahrnehmung dynamische Teile, die im Bewegungsmodell nicht enthalten sind. Hier ist die Bewegungsvorstellung eher falsch als unvollständig. Selbstkonzept-dissonante Bewegungsinformationen führen dann möglicherweise zu spezifischen Fehlerbildern, zumindest zu Problemen im Lernprozeß.

Effizienz und Kongruenz in verschiedenen gesellschaftlichen Handlungsfeldern

Der Effizienzaspekt und der Kongruenzaspekt werden in verschiedenen Handlungsfeldern unserer Gesellschaft unterschiedlich gewichtet. In wirtschaftlichen Produktionszusammenhängen oder auch im Leistungssport steht eher der Effizienzaspekt im Vordergrund. (Allerdings könnten sportliche Höchst- bzw. Ausnahmeleistungen dadurch erklärt werden, daß sich effizienzbezogene und kongruenzbezogene Prozesse gleichermaßen günstig im Handlungsgeschehen entfalten.) In therapeutischen Zusammenhängen steht eher der Kongruenzaspekt im Vordergrund. Im pädagogischen Kontext ist die Notwendigkeit der Integration beider Aspekte am offensichtlichsten, da es in einer demokratischen Gesellschaft bei Erziehung immer auch um die Selbstverwirklichung des Menschen geht (vgl. Bürgermann & Reinert,

1984). Im erfahrungsorientierten Lernen (vgl. Groddeck, 1978) sind beide Prozesse miteinander verbunden. Pädagogisches Handeln, das kongruente Vorgänge vernachlässigt und eher das schnelle, effiziente Funktionieren betont, „läuft Gefahr, die (...) Eigengesetzlichkeit der seelischen Abläufe im Kind nicht zu beachten, Spontaneität auszuschalten und damit die Entwicklung einer selbständigen Persönlichkeit zu behindern“ (v. Uexküll u.a., 1994, S. 47).

Im alltäglichen Leben genügt in der Regel die effiziente Aufgabenlösung, um das Handlungsziel zu erfüllen. Übersehen wird dabei häufig, daß dies auf Kosten einer kongruenten, also mit der handelnden Person stimmigen, Aufgabenlösung geschieht. Der Kongruenzaspekt gerät zunehmend in den Hintergrund, nicht selten scheint er gar die effiziente Aufgabenlösung zu stören. Die oft diskutierten Phänomene der Instrumentalisierung des Körpers, der Entfremdung vom Körper und von den Bewegungen lassen sich hier anbinden. Von Uexküll u.a. (1994) weisen in diesem Zusammenhang auf die Tendenz hin, daß der Mensch in unserer Gesellschaft seine biologischen und psychischen Prozesse immer mehr den technischen Abläufen anpaßt und wie diese 'funktioniert'.

> „Bei diesem Versuch geht häufig die Verbindung zu den Gesetzen der organischen Welt und damit auch zu den eigenen psychosomatischen Prozessen verloren: z.B. geduldiges Abwarten, Rücksicht auf die Eigengesetzlichkeiten der eigenen Lebensvorgänge, das 'Geschehenlassen' auch eigener Stimmungsänderungen, die Beachtung rhythmischer Lebensvorgänge wie der Abfolge von Spannung und Entspannung. (...) Verbunden mit diesem Verhalten ist die Forderung an Ärzte und Medikamente, eine beeinträchtigte körperliche Effizienz sofort und kurzfristig wieder herzustellen...“ (S. 47).

Marianne Kjiellrup (1993) beschreibt diese Gedanken für die Arbeitswelt sehr anschaulich :

„Haben sie jahrelang gleichgültig, mechanisch oder abweisend manuelle Arbeit verrichtet, so haben sie damit eine permanente Kontaktstörung hervorgerufen, die sich zwangsläufig gegen sie selbst richtet: sie sind diese Beziehung nicht eingegangen, sind kontaktlos geblieben. Die Reaktion darauf zeichnet sich als Blockierung im Körper ab, d.h. in Spannungen, die die Durchblutung und die Energieströme im Körper hemmen.“ (S. 28).

Das Auseinanderbrechen effizienz- und kongruenzbezogener Handlungsvorgänge kann mit als eine anthropologische Bedingung für die Entstehung von psychosomatischen Erkrankungen betrachtet werden. Denn dann sind die Bereiche des Empfindens, der Erfahrung und des Erlebens - also Vorgänge, die an das Subjekt des Handelns rückgebunden sind - von den Bereichen des Kontrollierens, Bewirkens und Beherrschens meist abgespalten (Groddeck, 1978, S. 141ff.). Bei Menschen mit chronischen Schmerzen an den Bewegungsorganen (z.B. chronische Rückenschmerzen, Fibromyalgieerkrankung) scheinen effizienz- und kongruenzbezogene Regulationsvorgänge immer weiter auseinander zurücken. Sandweg und Riedel (1996) beschreiben diese Menschen als Menschen, „die es schwerer haben als andere, zu sich selbst zurückzufinden“ (S. 120). Körperliche Schmerzen tragen in frühen Lebensjahren mit dazu bei, daß der Mensch ein eigenes Körperbild und Selbstgefühl entwickeln kann (Hirsch, 1998). Schmerzen bringen den Körper wieder ins Bewußtsein und führen den Menschen wieder zu sich selbst zurück - wenn auch auf eine unangenehme und leidvolle Art und Weise. In dieser Argumentation liegt es nahe, den rapiden Anstieg an chronischen Schmerzen in unserer Gesellschaft (s. dazu Kröner-Herwig, 1999) als Versuch der Gegensteuerung gegen die zunehmende Entfremdung vom und Instrumentalisierung des Körpers zu sehen.

Aus den vorangegangenen Ausführungen ergeben sich vielschichtige Konsequenzen in all jenen Anwendungsfeldern, in denen Bewegungshandeln - das Sich-Bewegen - eine zentrale, konstituierende Funktion übernimmt, also beispielsweise in bewegungsorientierten pädagogischen Konzeptionen für den Schulsport, im Leistungssport (z.B. Techniktraining, Neulernen von Bewegungen), in bewegungsfundierten therapeutischen Methoden und Verfahren (z.B. Tanztherapie, Bewegungstherapie, Sporttherapie, Rückenschulen) oder im Arbeitsbereich (z.B. Ökonomisierung von Arbeitsbewegungen). Im nächsten Kapitel werden einige grundlegende Gedanken für das tanz- und bewegungspädagogische Handeln skizziert.

Allgemeine Konsequenzen für tanz- und bewegungspädagogisches Handeln

> „Entsprechend sind Trainingsinstruktionen und -rückmeldungen nicht nur an äußeren Parametern, sondern auch an Erlebniskriterien zu orientieren.“ (Nitsch & Munzert, 1997, S. 169).

Die Bewegungs- und Tanzpädagogik greift mit ihren Aufgabenstellungen explizit auf das Sich-Bewegen zurück. Unter der o.a. Sichtweise berührt sie damit sowohl effizienz-, als auch kongruenzbezogene Regulationsvorgänge. Im Rahmen effizienzbezogener Regulationsvorgänge werden Bewegungstechniken, Bewegungsfertigkeiten vermittelt und sogenannte Bewegungsfähigkeiten wie Ausdauer, Kraft, Schnelligkeit, Flexibilität, Koordination geübt und verbessert. Bewegungsanweisungen oder -korrekturen erfolgen im Hinblick auf die effiziente Lösung der Bewegungsaufgabe, als Sollwert dient dabei in der Regel ein idealtypisches, an externen Bewegungsnormen orientiertes Leitbild. Eine solche Sollwertorientierung greift aus handlungstheoretischer Sicht zu kurz. Denn Abweichungen von diesen „externen“ Sollwerten können mit Blick auf den skizzierten Kongruenzaspekt durchaus als funktional sinnvoll - und nicht als zu korrigierende Fehler - verstanden werden (s.

Nitsch & Munzert, 1997, S. 169). Die „Außenorientierung" läuft Gefahr, den sich-bewegenden Menschen als „Objekt der Trainingssteuerung" (a.a.O., 1997, S. 169) und nicht als aktiv Handelnden zu betrachten. Unter dem Kongruenzaspekt wird deutlich, daß mit jedem Bewegungsangebot bzw. mit jeder Bewegungsaufgabe identitätsdynamische Vorgänge in Gang gesetzt werden - und das bedeutet, daß auch kongruenzbezogene Regulationsvorgänge wie z.B. Selbst-Erfahrungen, Selbstausdruck, Selbstdarstellung, Selbstwirksamkeit u.ä. im pädagogischen Handeln berücksichtigt werden müssen. Quinten (1994) hat exemplarisch beschrieben, wie unter Berücksichtigung kongruenzbezogener Regulationsprozesse zum Beispiel Bewegungslernsituationen gestaltet, Bewegungsfehlerdiagnosen durchgeführt und Bewegungskorrekturen formuliert werden können.

Eine handlungstheoretisch fundierte bewegungsbezogene Pädagogik kommt nicht umhin, ähnlich wie sie für den körperlich-funktionalen Bereich auf Entwicklungschancen und Gefahren (z.B. in der funktionellen Anatomie oder in der Sportmedizin und Sporttraumatologie) aufmerksam macht, auch ausdrücklich Stellung zu beziehen zu Entwicklungschancen, Grenzen und Gefahren bewegungspädagogischen Handelns in Bezug auf die Identitätsdynamik und Persönlichkeitsentwicklung der ihr anvertrauten Menschen. Für die Tanzpädagogik fordert Artus (1997) die Integration von Selbsterfahrungsmöglichkeiten im Tanzunterricht: „Eine Tanzpädagogik, die sich dieser Zielsetzung (nach Selbstverwirklichung; d. Verf.) verpflichtet fühlt, hat die Aufgabe zu lösen, die Verbesserung der tänzerischen Fähigkeiten und das Streben nach persönlichem Wachstum bei den Tanzenden, bezogen auf das identitätsdynamische Geschehen beim Tanzen, miteinander zu verbinden." (Artus, 1997, S. 17). Und: „(...) Der tanzpädagogische Prozeß ist so zu gestalten, daß das Lernen von Tanzbewegungen und das damit verbundenene identitätsdynamische Geschehen (...) zu einer Einheit verschmelzen." (a.a.O.). Artus beschreibt ein vierstufiges Modell für den Umgang mit Selbsterfahrungsmöglichkeiten im Tanzunterricht: Die Selbsterfahrung findet im tanzpädagogischen Prozeß keine bewußte Beachtung, gleichwohl sie immer stattfindet (1), sie wird auf der Erlebnisebene in den tanzpädagogischen Prozeß integriert (2), sie wird im tanzpädagogischen Prozeß bewußt als Möglichkeit zum persönlichen Wachstum genutzt (3) und sie verbindet sich im tanzpädagogischen Prozeß mit der transpersonalen Ebene (4).

Tanztherapeutische Aspekte bei der Behandlung chronischer Schmerzen am Bewegungssystem am Beispiel der Fibromyalgie

> „Dies aber heißt, daß entscheidend dafür, ob eine Krankheit ausbricht und wie sie jeweils verläuft, sowohl die biologische als auch die psychische und soziale Situation ist, in der sich eine Person befindet. Dies gilt sowohl für organische als auch psychische Krankheiten (...)! (Nitsch, 1981, S. 114).

Bei Menschen, die chronisch an Schmerzen der Bewegungsorgane leiden, scheinen Effizienz und Kongruenz im Handeln nicht mehr integriert. Sandweg und Riedel (1996) beschreiben auf der Grundlage einer quantitativ-empirischen Studie dieses Klientel als Menschen, „die es schwerer haben als andere, zu sich selbst zurückzufinden (...). Gleichzeitig haben diese Menschen... eine Abwehrstruktur, in der Gefügigkeit, Regeltreue, und altruistisches Bemühen nach ihrer eigenen Einschätzung eine besondere Rolle spielen. Es ist also denkbar, daß wir es hier mit einer spezifischen Abwehrform bzw. Bewältigungsstrategie zu tun haben, die bestimmte Ich-Funktionen verstärkt, nämlich diejenigen, die der zielstrebigen Bewältigung nach außen dienen, unter Zurückstellung derjenigen Ich-Funktionen, die sozusagen zu sich selbst zurückführen." (S. 120).
Die Propriozeption - wörtlich übersetzt: Sich-selbst-in-Besitz-nehmen (v. Uexküll u.a., 1994, S. 79) - kann offenbar einer ihrer Funktionen, nämlich Selbstbezug herzustellen, nicht mehr nachkommen. Diese Vermutung wird unterstützt durch die klinische Beobachtung, daß chronische Bewegungsschmerzpatienten häufig in ihrer Körper- und Selbstwahrnehmungsfähigkeit beeinträchtigt sind. In der Folge sind auch weitere selbstbezogene Vorgänge wie Selbsterkennen, Selbstgefühl, Selbstausdruck entsprechend gestört und scheinen zu einer typischen „Schmerzidentität" zu führen.
Bei der Fibromyalgie handelt es sich um eine chronische Erkrankung des Bewegungssystems mit Bewegungsschmerzen, ohne daß faßbare organische Ursachen diese begründen. Laut American College of Rheumatology sind zwei Kriterien für die Klassifikation von Fibromyalgie ausreichend: das Vorhandensein eines weit ausgebreiteten andauernden Schmerzes („widespread pain") sowie lokaler Druckschmerz an 11 von 18 „tender-points". Müdigkeit, subjektive Schwellungsgefühle, Beeinträchtigung der inneren Organe (Herzrasen, Magen-Darm-Beschwerden, Kopfschmerzen, etc.), allgemeine Schwäche und schlechte Kondition sowie Rückenschmerzen werden ebenfalls - als nicht rheumatologische Merkmale - von Betroffenen beschrieben (s. Sandweg, i. Dr.; vgl. dazu Kissel & Mahnig, 1998). Als Entstehungsursachen wurden in den letzten 20 Jahren viele, z.T. widersprüchliche

Aussagen in der Literatur genannt (Kröner-Herwig, 1997). Kelemen, Stratz und Müller (1998) fassen zusammen: „Am ehesten kann die Fibromyalgie als Reaktionsform des Organismus auf unterschiedliche, meist über länger Zeiträume andauernde physische und psychische Reizzustände angesehen werden, die zu peripheren und zentralen Fehlsteuerungen führen. Neben der Schmerzsymptomatik im Bewegungsapparat begleiten in den meisten Fällen funktionelle und vegetative Störungen das Krankheitsbild" (S. 44). Letztlich scheinen drei Systeme im Zusammenhang mit der Fibromyalgie eine große Rolle zu spielen: das muskuloskeletale System, das neuroendokrine System und das zentrale Nervensystem (s. ausführlich dazu Weigent, Bradley, Blalock & Alarcón, 1998). Aktuell wird die Fibromyalgie auf eine Überempfindlichkeit des Nervensystems zurückgeführt (Hypervigilanz-Hypothese) - wobei sowohl das nozizeptive System (niedrige Schmerzschwelle und geringe Schmerztoleranz bei verschiedenen nozizeptiven Stimulusmodalitäten), als auch das gesamte Wahrnehmungssystem (Reizdifferenzierungsverlust, Reizabwehr) betroffen scheinen. Die in den Klassifikationskriterien genannte erhöhte multilokuläre Druckschmerzhaftigkeit bei Fibromyalgie kann folglich als eine von mehreren Manifestationen einer durch allgemeine Schwellenveränderung und reduzierte Differenzierungsfähigkeit gekennzeichnete Reaktion auf externe Stimulation verstanden werden (Dohrenbusch et al., 1997, S. 334). Psychologische Studien weisen keine spezifischen psychischen Auffälligkeiten der Fibromyalgieerkrankung nach; Untersuchungsergebnisse ähneln eher dem psychologischen Bild, das andere chronische Schmerzkranke auch aufweisen, wie z.B. depressive Verstimmung (zusammenfassend Keel, 1992). Fibromyalgiepatienten tendieren dazu, Stimuli bereits dann negativ zu bewerten, wenn sie von anderen Menschen noch nicht als aversiv bewertet wurden (Kröner-Herwig, 1997). Mehrheitlich wird anerkannt, daß psychische Risikofaktoren die Fibromyalgieentstehung begünstigen: schlimme Schicksalsschläge werden ebenso genannt wie traumatische Lebenserfahrungen (z.B. Bombenangriffe, körperliche Mißhandlungen, Schläge), Armut, fehlende Nestwärme, Hunger und Verlassenheit (Heinl, 1998).

Da die Ursachenfrage bei vielen chronischen Bewegungsschmerzen nicht eindeutig geklärt ist, richtet sich die Behandlung in der Regel auf die Symptomverbesserung wie z.B. Schmerzlinderung, Entspannung oder Verbesserung der körperlichen Fitneß. Dabei werden ärztliche, psychologische, physiotherapeutische und bewegungstherapeutische Maßnahmen bei der Behandlung - bevorzugt in Gruppen - gemeinsam eingesetzt. Bewegungstherapeutische Methoden - und die Tanztherapie ist hier einzuordnen - scheinen dabei einen günstigen Zugang zu den an Fibromyalgie erkrankten Menschen zu ermöglichen. Die Tanztherapie ist eine körper- und psychotherapeutische Methode, die auf die menschliche Bewegung allgemein - und auf den Tanz im Besonderen - zurückgreift, um die psychophysische Integration des Individuums zu fördern (Deutsche Gesellschaft für Tanztherapie, o. J.). Wissenschaftlich durchgeführte Studien zur Anwendung der Tanztherapie bei chronischen Schmerzen am Bewegungssystem liegen bisher nicht vor (eher praxeologisch orientierte Überlegungen finden sich bei Quinten 1998a,1998b,1998c,1998d, 1999, i. Dr.). Es fehlt ein theoretisches Modell, aus dem sich Thesen für eine empirische Überprüfung spezifischer Wirkfaktoren tanztherapeutischer Interventionen in der Behandlung chronischer Schmerzen am Bewegungssystem ableiten lassen. Die handlungstheoretische Konzeption – insbesondere unter Berücksichtigung der skizzierten effizienz- und Kongruenzbezogenen Regulationsvorgänge – kann ein solches Rahmenmodell bereitstellen. Ausgangspunkt ist dabei die Annahme, daß Menschen mit chronischen Schmerzen am Bewegungssystem in ihrem Handeln effizienz- und kongruenzbezogene Regulationsvorgänge nicht (mehr) optimal koordinieren können und/oder in der kongruenzbezogenen (identitätsdynamischen) Regulation beeinträchtigt sind. Daraus entwickeln sie im Laufe der Zeit eine spezifische „Schmerzidentität“ (s. Stübs, 1992). Hoffmann und Egle (1993) fassen zusammen: „Ausnahmslos alle Untersucher, die sich mit dem Schmerzsyndrom von Patienten ohne hinreichende organische Erklärung ihres Schmerzerlebens befaßt hatten, waren beeindruckt von der Festigkeit und Ungebrochenheit, mit der die Kranken trotz aller ergebnislosen Untersuchungen und negativen Befunde an ihrer somatischen Schmerzkonzeption festhielten...“ (S. 144). Da das menschliche Sich-Bewegen zentral an der Identitätskonstitution beteiligt ist (s. Quinten, 1994), kann die Tanztherapie als geeignete Behandlungsmethode eingesetzt werden. Der Mensch, der an seinen Bewegungsorganen Schmerzen erleidet, ist in all seinen psychischen, sozialen und körperlichen Lebensbereichen - also in seiner Handlungsfähigkeit - eingeschränkt (s. Heinl, 1991). Wenn das Sich-Bewegen weh tut, bedeutet das auch, daß die Identitätskonstitution schmerzt. Welches könnten spezifische identitätsdynamische Regulationsvorgänge sein, die das Handeln von Menschen mit chronischen Schmerzen am Bewegungssystem auszeichnen?

Aus dem klinischen Kontext wird immer wieder berichtet, daß Menschen mit chronischen Schmerzen am Bewegungssystem (z.B. Rückenschmerz- oder Fibromyalgiepatienten) in ihrer Selbstwahrnehmungsfähigkeit (z.B. Gefühlswahrnehmung und -differenzierung, Körperwahrnehmung) beeinträchtigt sind (s. dazu z.B. Sandweg & Riedel, 1996) bzw. daß die Bereitschaft, dem, was sie von sich selbst wahrnehmen, handlungsleitende Bedeutung zu geben, oft sehr gering ist. Aktuelle Forschungsergebnisse zur Fibromyalgie (s.o.) legen die Vermutung nahe, daß die Funktionen des perzeptiven Nervensystems beeinträchtigt sind, was möglichkerweise die Defizite in der Bewegungs- und Selbstwahrnehmung erklären könnte.

Fibromyalgiepatienten haben häufig frühe Traumatisierungen und Defiziterfahrungen im Leibgedächtnis gespeichert (s.o.) und der Einsatz von Bewe-

gungs- und Körperübungen kann u.U. solche negativen Selbsterfahrungen reaktivieren. Das Schmerzen-haben beim Bewegen kann in diesem Sinn als natürlicher Widerstand gegen das erneute In-Kontakt-kommen mit den schmerzlichen frühen Erfahrungen verstanden werden; lieber bewege ich mich nicht, als daß meine seelischen Schmerzen wieder spürbar werden. Hier müßte tanztherapeutische Arbeit versuchen, gemeinsam mit dem Patienten neue sinnvolle Bedeutungen für seine Bewegungen im aktuellen oder zukünftigen Lebenskontext zu erschließen, was zuerst die Bearbeitung der frühen traumatischen bzw. defizitären Erfahrungen voraussetzt. Wenn die konkrete Bewegungsausführung Schmerzen bereitet, ist die aktuelle Handlungsfähigkeit enorm beeinträchtigt, sowohl bzgl. Effizienz, als auch Kongruenz. Die Folgen sind allmähliche Verarmung der Ausdrucks- und Selbstdarstellungsmöglichkeiten sowie der sozialen Interaktionsmöglichkeiten, Defizite im Aufbau eines elementaren Gefühls sozialer Zugehörigkeit, Reduzierung der Gestaltungsmöglichkeiten, Verlust von Selbstwirksamkeitsgefühlen und Selbstwerterleben. Viele tanztherapeutische Übungen in der Fibromyalgiebehandlung zielen deshalb darauf ab, die Handlungs- bzw. Bewegungsmöglichkeiten zu erweitern. Zu berücksichtigen ist hierbei, daß Publikation immer auch präsentative Anteile mit sich bringt, was durchaus als Gefährdung erlebt werden kann. Eine Bewältigungsstrategie hierfür besteht darin, daß die Ich-Beteiligung im Handlungsvollzug verringert wird (z.B. durch Betonung der Handlungseffizienz). Ein Vorgang, der langfristig allerdings die Entfremdung vom eigenen Körper begünstigt.
Aus den bisherigen Überlegungen läßt sich zusammenfassend ein wichtiges Arbeitsprinzip der Tanztherapie begründen, das in der Behandlung chronischer Bewegungsschmerzen eine besondere Bedeutung bekommt: das Sich-Bewegen darf nicht allein in seinen funktionalen, effizienten Qualitäten erlebt werden, sondern sollte immer auch als Ausdrucks-, Darstellungs- und/oder Kontaktmöglichkeit, also in seinen kongruenten Qualitäten, vermittelt werden.

Handeln zwischen Angst und Kontrolle

Thomas Schack

Einleitung

Ein beachtlicher Teil römischer Geschichte mußte verstreichen, bis, etwa 100 Jahre nach Gründung der COLONIA, ein Mann mit *stoischen Grundsätzen* auf den Kaiserthron gelangte. *Mark Aurel*, der sich in seiner bewegten Regierungszeit selbst ständig bemühen mußte, die Kontrolle zu behalten, hinterläßt uns in seinen „Selbstbetrachtungen" interessante Aussagen zur Psyche. Er schreibt: *„Die Seele hat gewissermaßen eine Kugelform:* sofern sie sich weder nach irgendeiner Seite hin ausdehnt noch in sich selbst zurückzieht, weder sich verflüchtigt noch erliegt, wird sie leuchten wie ein Licht und die Wahrheit von allem und folglich auch die in ihr selbst befindliche erblicken." Wie jeder weiß, hat die Seele *nicht* immer eine Kugelform. Wenn wir Angst haben, zieht sie sich zurück, wird klein und verliert beinahe ihre *dritte Dimension.* Sie scheint dann gleichsam dem Zustand einer *Scheibe* entgegenzustreben. Dagegen ist sie voll und rund, bei Zuständen von Glück und Freude, also dann, wenn wir gelassen im *Hier und Jetzt handeln* und die Handlungssituation unter Kontrolle haben. Zustände von Angst, Glück und Freude sind, also neben anderen Zwischentönen, *Farben unseres Lebens*, die nicht ohne den Zusammenhang zu unserem *Tun* erschließbar werden. Mark Aurel schrieb dazu: „Die Außendinge, die Du mit *Furcht* oder *Hoffnung* suchst oder fliehst, kommen nicht zu dir, vielmehr kommst Du gewissermaßen zu ihnen." Damit gelingt es ihm nicht nur, auf verschiedene Pole unseres Fühlens zu verweisen, sondern auch darauf, daß es unsere *Aktivität* ist, die diese Pole erzeugt oder uns mit ihnen verbindet. Für den vorliegenden Beitrag war es interessant, solcherart Zusammenhänge zwischen Tun und Fühlen viele Jahre nach Mark Aurel *erneut* zu hinterfragen.

Beinahe 2000 Jahre weitere Geschichte mußten nach Mark Aurels Selbstbetrachtungen verstreichen, ehe man zur Bearbeitung solcher und weiterer Themen auf eine *Handlungstheorie* zurückgreifen konnte. Jürgen Nitsch (auch ein Mann mit stoischen Grundsätzen?) hat daran zweifellos einen hohen Anteil. Er hat mit seiner Person und seinen ausgesprochenen Fähigkeiten zum theoretischen Durchdringen wissenschaftlicher Sachverhalte nicht nur zur *Abrundung* einer Reihe von Abhandlungen beigetragen, sondern sicher auch so mancher Seele zu ihrer *Kugelform* verholfen. Auch künftig wird man auf sein *aktives Handeln* kaum verzichten wollen und können. Schließlich

kann man der Handlungstheorie zugutehalten was man will, die *Kugelgestalt der Seele* jedenfalls scheint dort bisher nur ungenügend berücksichtigt.
Der vorliegende Beitrag wird dieses „Dilemma“ nicht lösen können. Er versucht vielmehr, bereits erwähnte Zusammenhänge zwischen unserem Tun und Fühlen in das Zentrum der Aufmerksamkeit zu stellen. Deshalb werden zunächst einige Aspekte des Phänomens *Angst im Sport* behandelt. Es wird deutlich, daß im Rahmen der Sportangstforschung zur Abhandlung der Angst-entstehung teilweise unzureichend auf übergeordnete Prozesse der Handlungsorganisation, etwa *mentale Operationen der Intentionsbildung- und realisierung*, Bezug genommen wird. Dieser Beitrag wird deshalb versuchen, die Entstehung von Sportangst in den Kontext einer funktionalen Beeinträchtigung *Mentaler Kontrolle* während der Handlungsorganisation zu stellen. Ziel der weiteren Ausführungen ist es, anhand einer feldexperimentellen Studie aufzuzeigen, welche Möglichkeiten existieren, um sportängstlichen Personen einen *Weg* zu einem *kontrollierten* und *souveränen Handeln* zu eröffnen.

Angst im Sport

Für diesen Beitrag ist es zweckmäßig, zunächst auf ausgewählte Bereiche der Sportangstforschung einzugehen. Dabei wird einleitend der Weg zu einer *Theorie sportbezogener Ängstlichkeit* verdeutlicht. Anschließend werden Wege der Sportangstdiagnostik verfolgt.

Dimensionen sportbezogener Ängstlichkeit

In den 70er und 80er Jahren erlebte das Phänomen Angst geradezu einen Boom an Zuwendung in der sportpsychologischen Forschung. Die Thematisierung von Sportangst und die Suche nach wirksamen Angstreduktionstechniken gerieten zu Brennpunkten empirischer Untersuchungen. Dabei stand zunächst im angloamerikanischen, ebenso wie im deutschen Sprachraum die Thematik *Angst, Leistung und Lernen* im Mittelpunkt wissenschaftlichen Interesses. Wesentliche Forschungsfragen der Sportangstforschung zu diesem Themenbereich können einleitend anhand zweier Beispiele verdeutlicht werden.
In einer beinahe klassischen Arbeit haben Martens und Landers (1969) den Zusammenhang von Angst und motorischen Lernprozessen untersucht. Sie konnten bei einer komplexen motorischen Aufgabe zeigen, daß ängstliche Personen beim Bewegungslernen größere Probleme (operationalisiert über die Anzahl der Fehler) haben als nicht-ängstliche Versuchspersonen. Weiterhin wurde in ihrer Untersuchung deutlich, daß der Unterschied zwischen beiden Extremgruppen mit dem Lernfortschritt in weiteren Übungswiederholungen abnimmt. Etwa nach der Hälfte der Sitzungen (fünf von zehn)

hatten sich die Bewegungsleistungen beider Gruppen angenähert. Diese und weitere Studien legten nahe, die *personalen Faktoren* der Angstentstehung genauer zu untersuchen.
Einen stark beachteten theoretischen Zugang hierzu lieferte Spielberger (1972). Er traf (wie bereits Cattell & Scheier, 1961) die Unterscheidung von *Eigenschaftsangst (trait anxiety)* und *Zustandsangst (state anxiety)* und regte damit weitere Forschungen im Sport an (vgl. hierzu Hackfort & Schwenkmezger, 1985). Die Intensität der Zustandsangst ist nach Spielberger von der Zeit und Situation abhängig, variiert also stark. Eigenschaftsangst (Ängstlichkeit) dagegen meint die relativ stabile Neigung einer Person, häufig Situationen als bedrohlich einzuschätzen und so (im Vergleich zu anderen Personen) öfter mit einer erhöhten Zustandsangst zu reagieren. Nach Spielberger (1972) übernimmt damit die Eigenschaftsangst in streßrelevanten Situationen die Funktion einer intervenierenden Variablen, die als aktuelle Reaktion Zustandsangst entstehen läßt (vgl. auch Hackfort & Schwenkmezger, 1985, 1993; Schwenkmezger, 1985). Der Ansatz (von Spielberger) bzw. dessen sportspezifische Modifikation durch Martens (1977) gelangte damit zu einer zentralen Aussage: Während sich hoch - und niedrigängstliche Sportler in wenig selbstwertbedrohenden Situationen (z. B. Training) hinsichtlich ihrer Zustandsangst kaum unterscheiden, ändert sich der emotionale Zustand hochängstlicher Personen signifikant, sobald sie sich in eine selbstwertbedrohende Wettkampfsituation begeben. In einer solchen Streßsituation zeigt sich nun bei diesen Personen eine ausgeprägte Zustandsangst, während sich der Angstzustand von Niedrigängstlichen im Vergleich zur Trainingssituation kaum verändert.
Solche Zugänge gaben zunächst interessante Antworten auf eine Reihe von sportpraktischen Fragen. So wurde es z. B. mit dem o. g. Ansatz von Spielberger (1972) resp. Martens (1977) möglich, eine einfache Erklärung für den sog. „*Trainingsweltmeister*“ abzuleiten. Sportler mit einer erhöhten Eigenschaftsangst würden demnach zwar in Trainingssituationen optimale Leistungen erbringen, aber aufgrund der fatalen Wechselwirkung von *Person-* und *Situationsfaktoren* im Wettkampf versagen. Gerade die Frage, wie groß die Angst des Sportlers vor einem Wettkampf ist, und inwieweit sich diese Angst auf die Leistung auswirkt, ist eine Frage, die sich nicht nur Sportlern und Trainern oft stellt, sondern die auch von Sportpsychologen in diesem Zeitraum oft gestellt wurde. Der bereits erwähnte *Boom in der Sportangstforschung* wurde offensichtlich nicht nur durch die geringe Komplexität der Theorien zu *personalen* und *situativen* Bedingungen der Angstentstehung forciert, sondern insbesondere durch die Praxisrelevanz der Forschungsfragen. Einen nicht unerheblichen Anteil an dieser Entwicklung hatte die *Operationalisierung* der Eigenschafts- und Zustandsangst mittels ökonomisch einsetzbarer Testverfahren (z. B. State-Trait-Anxiety-Inventory von Spiel-

berger, Gorsuch & Lushene, 1970). Die Probleme, die mit dieser Entwicklung im Bereich der Diagnostik verbunden waren, werden später diskutiert.
Auf der Basis dargelegter und weiterer Ansätze differenzierte sich die Sportangstforschung in den 70er, 80er und 90er Jahren zunehmend aus. In den Anwendungsfeldern *Leistungssport, Schulsport, Risikosport* und *Rehabilitation* konzentrierte sich das Forschungsinteresse nicht mehr nur auf den Zusammenhang von Angst und Leistung, sondern auch auf den Verlauf des *Vorstartzustandes*, auf *Bedingungen* der Angstentstehung und auf die Entwicklung von *Diagnose-* und *Interventionsverfahren* (vgl. Allmer & Bielefeld, 1982; Hackfort & Schwenkmezger, 1985, 1989, 1993; Hackfort & Spielberger, 1989; Kleine, 1990a; Landers, 1980; Schack, 1997; Weinberg, 1990 u.a.). Es ist dennoch zweckmäßig, die Aufmerksamkeit des Lesers für die weiteren Ausführungen zunächst wieder auf den Zusammenhang von *Angst und Leistung* im Sport zu lenken. Das erscheint schon deshalb sinnvoll, weil sich zentrale Entwicklungen der Sportangstforschung im Bereich der *Theoriebildung* und der *Diagnostik* vorrangig aus Bemühungen um eine detailliertere Aufklärung dieses Zusammenhanges ergaben.
Wie bereits erwähnt, sollten mit dem Konzept der Eigenschafts- und Zustandsangst insbesondere verbesserte Aussagen darüber möglich werden, wie sich die Zustandsangst verschiedener Sportler in selbstwertbedrohenden Situationen entwickelt. Allerdings ist mit dieser *differentiellen* Perspektive auf personen- und situationsspezifische Faktoren der Angstdynamik noch nicht geklärt, welche Bedeutung eine erhöhte Angst für die *Leistung* haben wird. Das erste stark beachtete Modell hierzu geht auf Arbeiten von Hull (1943) zurück und wurde insbesondere von Spence und Spence (1966) weiterentwickelt. Die Autoren gingen in der sog. *Triebtheorie* davon aus, daß die *Leistung (P)* als eine *multiplikative Funktion* des *Trieb-und Erregungszustandes (D)* und der *Habitstärke (H)* beschreibbar wird (P=D x H). Dabei wird mit der Habitstärke die Stärke einer dominanten (motorischen) Reaktionsweise oder Fertigkeit bezeichnet. Diese kann dann bezüglich der aktuellen Aufgabe mehr oder weniger korrekt (angebracht) sein. Wenn beispielsweise eine motorisch relativ einfache Fertigkeit (z. B. Beugestütze) über einen längeren Zeitraum sicher erworben wurde, dann dürfte nach der Triebtheorie eine hohe Angst die Ausübung dieser Fertigkeit eher begünstigen oder beschleunigen. Unter der Voraussetzung, daß diese Fertigkeit für die Lösung der gewählten Aufgabe zweckmäßig ist, würde sich nun die Leistung erhöhen. Das wäre, wie in dem hier gewählten Beispiel, bei eher *einfachen Aufgaben* der Fall. Dagegen ist bei *komplexen Aufgaben* (und am Beginn des Lernprozesses) eher davon auszugehen, daß die verfügbaren (dominierenden) Reaktionen noch unzweckmäßig und nicht korrekt sind, so daß sich eine erhöhte Angst in diesem Fall ungünstig auf die Leistung auswirken würde. Somit ergeben sich bezogen auf die Aufgabenkomplexität

(hoch vs. niedrig) *gegenläufige* und *lineare* Zusammenhänge zwischen Angst und Leistung.

Die Triebtheorie wurde in mehreren Studien hinsichtlich ihrer Validität im Bereich der Motorik hinterfragt. Martens (1971, 1974) kommt auf der Basis von über 40 Studien zu dem Ergebnis, daß sich keine eindeutigen Befunde für die Gültigkeit dieser Theorie finden lassen. Diese und weitere Einwände gegen die Triebtheorie (etwa bzgl. der Operationalisierung zweckmäßiger Reaktionen in der Habit-Hierarchie) führten spätestens ab Anfang der 70er Jahre zu einer stärkeren Berücksichtigung der Annahme *kurvilinearer* Zusammenhänge zwischen Angst und Leistung. Dabei erfreute sich insbesondere die Annahme eines *umgekehrt-U-förmigen*-(∩)-Zusammenhanges zwischen Erregung und Leistung einer zunehmenden Popularität. Diese Beziehung, die von Yerkes und Dodson (1908) in Tierversuchen erstmalig aufgezeigt werden konnte, besagt, daß ein Erregungsanstieg bis zu einem optimalen Ausprägungsgrad mit einem Anstieg der Leistung einhergeht, während eine weitere Erhöhung der Erregung zu einem Leistungsabfall führt. Es finden sich viele Studien, die diese kurvilineare Beziehung zwischen Angst und Leistung zunächst zu unterstützen scheinen (vgl. etwa Fenz & Jones, 1972; Klavora, 1978). Solche Studien wurden auch in den 80er und 90er Jahren fortgeführt und ausgebaut. Eine genauere Betrachtung des methodischen Vorgehens legt allerdings Zweifel an der Validität der empirischen Forschung und der daraus abgeleiteten Aussagen nahe (vgl. hierzu insbesondere Neiss, 1988; Kleine & Schwarzer, 1991). Bemerkenswert erscheint hierbei weiterhin die Zurückhaltung der Mehrzahl der Forscher bei der *statistischen Prüfung* erhobener Daten auf Kurvilinearität und bei der *Berechnung* kurvilinearer Zusammenhänge. Ohne einen solchen Schritt bleibt allerdings wohl auch die Forschung zur Hypothese des umgekehrt-U-förmigen-Zusammenhanges zwischen Angst und Leistung eher spekulativ oder Beiwerk zu einer Annahme, die vorrangig intuitiv durch die Sportpraxis unterstützt wird.

Inhaltliche Probleme beim Umgang mit der umgekehrten U-Funktion ergeben sich teilweise daraus, daß der Zusammenhang *unikausal* als Wirkung der Erregung auf Leistungseffekte interpretiert wird. Es wird aber kein Zusammenhang und schon gar keine Wirkung *erklärt*, sondern nur ein Zusammenhang als nicht-monotone Funktion *beschrieben* (vgl. Nitsch, 1981). Man könnte aus der umgekehrten U-Funktion auch ableiten, daß die Athleten mit den besten Leistungen auch *optimal erregt* (oder motiviert) sind, während die schlechteren Athleten entweder in einem *apathischen* oder *übererregten* Zustand verharren. Solche und weitere Aussagen, die sich aus der umgekehrten U-Funktion ableiten lassen, sind damit möglicherweise wahr und dennoch *trivial* (vgl. Neiss, 1988; Schack, 1998). Die Popularität dieser Annahme ergibt sich damit wohl in erster Linie daraus, daß sie sich als eindeu-

tig *didaktogen* (praktisch gut für Lehr- und Trainingszwecke nutzbar) erweist.
Interessant dürfte weiterhin sein, daß mit dem Übergang von linearen zu kurvilinearen Zusammenhängen zwischen Angst und Leistung der *Aufgabenbezug* des Angstpotentials (der in der Triebtheorie hergestellt war) wieder verlorengegangen scheint. Einige weitere Untersuchungen hatten allerdings gezeigt, daß das optimale Erregungsniveau von der Komplexität der Aufgabe resp. Sportart abhängig ist (vgl. z. B. Fiske & Maddi, 1961; Oxendine, 1970). Nitsch (1981) verdeutlicht, daß sich das Erregungsniveau sowohl abhängig von der *Aufgabenart* als auch abhängig von der *Aufgabenschwierigkeit* als leistungsförderlich erweisen kann. In weiteren Ansätzen (z. B. Wine, 1971) wurde hervorgehoben, daß das leistungsoptimale Erregungsniveau nicht nur aufgabenabhängig sei, sondern zudem noch durch einen *personspezifischen* Aufmerksamkeitsverlauf moderiert würde.
Im Kontext einer solchen Entwicklung in der Sportangstforschung und weiterer Zugänge innerhalb der Streßforschung (vgl. Nitsch, 1981) heben Nitsch und Hackfort (1981) hervor, daß es zweckmäßig ist, *Person-*, *Umwelt-* und *Aufgabenkomponenten* als wesentliche Determinanten des Streß- und Angstgeschehens zu berücksichtigen. Handlungen und damit verbundene Streßphänomene würden sich somit nur aus der jeweiligen Person-Umwelt-Aufgabe-Konstellation erklären lassen (Nitsch & Hackfort, 1981, S. 277f.). Damit wurden schließlich auch *Prozesse der Handlungsorganisation* in ihrer Bedeutung für die Regulation des Angst- und Streßgeschehens bis hin zur sportmotorischen Leistung (vgl. Hackfort, 1983b) stärker in den Blickpunkt gerückt. Daß es sinnvoll ist, ein derart erweitertes Spektrum an Faktoren zu berücksichtigen, wenn man sich fragt, wie der Zusammenhang von Sportangst und Leistung moderiert sein könnte, zeigt weiterhin eine aufschlußreiche *Metaanalyse* zu diesem Thema von Kleine und Schwarzer, 1991 (vgl. weiterhin Kleine, 1990b). Die Autoren verweisen zusammenfassend darauf, daß Metaanalysen verdeutlichen, daß es sich beim Zusammenhang von Angst und Leistung um eine komplexe Thematik handelt, „und zwar nicht zuletzt deshalb, weil dieser Zusammenhang durch Personen-, Situations- und Aufgabenvariablen moderiert wird“ (S. 24).
Aus den bisherigen Ausführungen läßt sich weiterhin erkennen, daß es sich bei der Mehrzahl der dargestellten theoretischen Ansätze entweder um allgemeine (und keine sportbezogenen) Angsttheorien oder um deren Modifikation handelt. Ein ähnlich gelagerter Sachverhalt läßt sich schon jetzt für die Entwicklung von Diagnoseinstrumenten konstatieren. An diesem Defizit eigenständiger Theoriebildung und Methodenentwicklung setzt Hackfort (1983a; 1987a) an und entwickelt auf der Basis des o. g. handlungstheoretischen Ansatzes eine *Theorie sportbezogener Ängstlichkeit.* Da sportliches Handeln hinsichtlich eigener Merkmale spezifiert werden kann (vgl. Nitsch, 1975), erscheint es auch sinnvoll, Situationen sportlichen Handelns hinsicht-

lich angstauslösender Person-, Umwelt- und Aufgabenfaktoren zu hinterfragen. In dem angedeuteten Konzept wird *Ängstlichkeit* als eine *personale* Komponente in einer spezifischen Umwelt-Aufgabe-Konstellation verstanden. Diese Umwelt-Aufgabe-Konstellation wird dabei auch als *Angstpotential* bezeichnet. Erst im Wechselverhältnis der „Komponenten des personalen Faktors 'Ängstlichkeit' mit den Komponenten der Bedingungskonstellation 'Angstpotential'" (Hackfort & Nitsch, 1989, S.20) entwickelt sich Zustandsangst. Sportbezogene Ängstlichkeit selbst stellt sich so als die „latente, überdauernde Bereitschaft" dar, „in Sportsituationen Angst zu entwickeln" (Hackfort & Nitsch, 1989, S. 9). Auf der Basis dieses Konzepts und auf der Basis empirischer Untersuchungen leitet Hackfort (1983a, 1987a) verschiedene *Dimensionen sportbezogener Ängstlichkeit* ab. Diese Dimensionen sind: Angst vor *Blamage*, Angst vor *Konkurrenz*, Angst vor *Mißerfolg*, Angst vor *Unbekanntem*, Angst vor *Verletzung*. Weiterhin beachtenswert werden nach diesem Ansatz die spezifischen *Tätigkeitsbereiche* (z. B. Ballspiele), in denen sich sportliches Handeln vollzieht.
Auf der Basis sportspezifischer Diagnoseverfahren konnte später gezeigt werden, daß die Korrelation zwischen Angst in allgemeinen Lebenssituationen und Angst in sportspezifischen Situationen gegen Null geht (vgl. Bös & Mechling, 1985; Hackfort & Nitsch, 1989). Schlechte methodische Kennwerte ergaben sich für allgemeine Verfahren der Angstdiagnostik insbesondere im Zusammenhang mit experimentellen Untersuchungen im Sport und anschließender Veränderungsmessung (vgl. Schack, 1997). Damit liegen weitere Argumente dafür vor, daß die Annahme und theoretische Präzisierung einer sportspezifischen Ängstlichkeit berechtigt ist.
Abschließend soll an dieser Stelle bereits auf die Zweckmäßigkeit einer stärkeren Beachtung von Prozessen und Strukturen *Mentaler Kontrolle* in der Sportangstforschung hingewiesen werden. So lassen sich strenggenommen einige Phänomene ohne diese Bezugsetzung kaum thematisieren. Es bleibt bei einer alleinigen Fokussierung auf Angstphänomene beispielsweise offen, worin die Ursachen für *identische Leistungen* bei *unterschiedlichen Angstausprägungen* zu suchen sind. Hier stellt sich die Frage, welche Interaktionen zwischen Angst und Leistung vorliegen und insbesondere wie diese moderiert werden. So wird gut vorstellbar, daß mit einer erhöhten Erregung auch andere Prozesse der Zielsetzung, Kontrolle oder spezifische Meidungstendenzen angeregt werden, als bei einer vergleichsweise geringen Aktivierung.
Noch wahrscheinlicher ist die umgekehrte Perspektive, nämlich, daß es spezifische Leistungsrückmeldungen sind, die aufgrund entsprechender Soll-Ist-Wert-Vergleiche und damit verbundener Rückmeldungen über die momentane Kontrolle *emotional attribuiert* sind. Bemerkenswert ist an einem solchen Zugang, daß er zur Thematisierung emotionaler Prozesse die *intentionale Organisation* und *willentliche Strukturierung* des Verhaltens in den Vorder-

grund stellt, so wie das im Rahmen handlungstheoretischer Modelle u. a. von Hacker (1998), Leontjew (1979) und Nitsch (1981, 1986, in Druck; Nitsch & Hackfort, 1981) nahegelegt wurde. So verweist Leontjew darauf, daß Emotionen ohne Bezug zur Handlungsorganisation subjektiv nicht interpretierbar sind. Er schreibt weiterhin: „Die Besonderheit der Emotionen besteht darin, daß sie die Beziehung zwischen den Motiven ... und dem Erfolg oder der Möglichkeit der erfolgreichen Realisierung der ihnen entsprechenden Tätigkeit des Subjekts widerspiegeln." (Leontjew, 1979, S. 189). Die Realisierung intentional organisierten Verhaltens wird, wie weiter zu zeigen ist, mit den daran geknüpften emotionalen Zuständen durch spezifische Kontrollprozesse vermittelt. Dieser Beitrag wurde unter die Überschrift *Handeln zwischen Angst und Kontrolle* gestellt, um dem grundlegenden Bedürfnis menschlicher Individuen nach *Kontrolle der Handlungssituation* auch im Kontext der Sportangstforschung eine verstärkte Aufmerksamkeit zukommen zu lassen. Bevor auf diesen Bezug genauer eingegangen wird, soll im nächsten Abschnitt ein knapper Überblick über einige Entwicklungen in der *Sportangstdiagnostik* gegeben werden.

Wege der Sportangstdiagnostik

Von einer Reihe von Forschern wurde die Annahme unterstützt, daß sich Angstzustände auf drei Ebenen: auf einer *verbal-subjektiven Ebene*, der *Verhaltensebene* und einer *physiologischen Ebene* manifestiert (vgl. Borkovec, 1976; Lang, 1968 u. a.). Die Möglichkeiten zur Diagnostik auf diesen Ebenen werden bei Hackfort und Schwenkmezger (1985, 1989) und Krohne (1996) dargestellt. Die Ausführungen werden an dieser Stelle auf einige Fragebogen/Testentwicklungen und damit auf *eine* Verfahrensklasse (neben Eigenschaftslisten, Ratingverfahren u.a.) auf der verbal-subjektiven Ebene eingeschränkt. Dies ist an dieser Stelle angebracht, weil weitere Ausführungen zu Interventionsstudien (vgl. Abschn. 3.3; 4.4) im vorliegenden Beitrag auf einige dieser Testentwicklungen zurückgreifen.

Zunächst standen für die Diagnostik von Angst in der Sportpsychologie und Psychomotorik allein allgemeine Skalen zur Angstmessung zur Verfügung. Ein Fragebogen, der beispielsweise vor allem für die empirische Forschung zur bereits dargestellten Triebtheorie von Bedeutung war, ist die „Manifest Anxiety Scale" (MAS) von Taylor (1953). Dieser Fragebogen war zwar mit Bezug zur Theorie von Hull (1943), letztendlich aber auf Basis des Itempools des MMPI (Minnesota Multiphasic Personality Inventory) entstanden. Damit lagen die Bezüge des Verfahrens auch eher in einer charakterologisch orientierten Persönlichkeitspsychologie. Die Anwendung des Verfahrens in der Sportpsychologie war dementsprechend eingeschränkt.

Ein sehr stark genutztes Verfahren im Sport ist dagegen das bereits erwähnte State-Trait-Anxiety-Inventory (STAI) von Spielberger, Gorsuch und Lushe-

ne (1970) zur Operationalisierung von Eigenschafts- und Zustandsangst. Aufgrund der mangelnden Spezifizierung dieses Verfahrens auf Sportsituationen wurden mehrfach Modifikationen vorgeschlagen. So entwickelt Martens (1977) den Sport Competition Anxiety Test (SCAT). Er verändert dazu die Trait-Skala des STAI und geht dabei konzeptionell von einem Konstrukt aus, daß er *„competetive anxiety trait"* nennt. Der SCAT ist nach Angaben von Weinberg (1990) im angloamerikanischen Sprachraum das am stärksten genutzte Verfahren in der Sportangstforschung. Weiterhin legten Martens, Burton, Rivkin und Simon (1980) eine Abänderung der State-Skala des STAI als Competetive State Anxiety Inventory (CSAI-1) vor. Dieser Test umfaßt in seiner Weiterentwicklung zum CSAI-2 (Martens, Vealey & Burton, 1990) drei voneinander relativ unabhängige Skalen zur Erfassung *kognitiver* und *somatischer* Angst und *Selbstvertrauen.* Als Kritik an diesem Ansatz bleibt festgehalten, daß angstauslösende Faktoren in Anlehnung an die Theorie Spielbergers allein in selbstwertbedrohenden Situationen gesehen werden (vgl. Hackfort, 1987a). Für die Auslösung einer Angst vor Verletzung beispielsweise dürfte die Selbstwertbedrohung aber eher eine untergeordnete Rolle spielen. Ebenso lassen sich Sportsituationen nur schwer auf Wettkampfsituationen einschränken, wie das im SCAT vorgeschlagen wird. Empirisch bemerkenswert ist der Befund, daß sowohl verschiedene Versionen des STAI als auch der SCAT und der CSAI-1 bei ihrer Anwendung in der Sportangstforschung eher niedrig mit Sportleistung korrelieren „und somit keine nennenswerten Zusammenhangsunterschiede zwischen generellen und sportspezifischen Maßen bestehen" (Kleine & Schwarzer, 1991, S. 20).
Im deutschen Sprachraum wurden ebenfalls in Anlehnung an Spielberger solche Verfahren wie der *sportspezifische Trait-Angst-Fragebogen* (SAF) von Vormbrock (1983) entwickelt. Die Zielgruppe dieser und weiterer Entwicklungen (z. B. Sack, 1979) waren Sportstudenten. Damit blieben zunächst Kinder und Jugendliche ausgeklammert.
Hackfort (1983a) verweist auf dieses Defizit und legt mit dem Sportangst-Deutungsverfahren (SAD) eine theoretisch fundierte Verfahrensentwicklung vor (vgl. Hackfort & Nitsch, 1989). Gemäß der zugrundeliegenden Theorie sportbezogener Ängstlichkeit werden mehrere (bereits erwähnte) *Angstdimensionen* erfassbar. Darüberhinaus kann die sportbezogene Ängstlichkeit nach fünf Tätigkeitsbereichen (Turnen/ Gymnastik, Ballspiele etc.) spezifiziert werden. Die Items im SAD bestehen aus *zeichnerisch* dargestellten Situationen und sich daraus ableitenden Handlungsabläufen. Als Antwortkategorien werden gezeichnete Gesichtsausdrücke, die Angstabstufungen darstellen, vorgegeben. Damit erweist es sich sowohl für die Zielgruppe 7-10 jähriger Kinder als auch für kulturvergleichende Studien (aufgrund des nonverbalen Aufbaus) als geeignet. Das Verfahren verbindet somit Vorteile der projektiven Technik mit Prinzipien der Klassischen Testtheorie (KTT) und

erweist sich auch im Rahmen der Veränderungsmessung als reliables Instrument für Interventionsstudien (vgl. Schack, 1997).
Inzwischen liegen interessante Ansätze zur Weiterentwicklung des SAD vor. Seidel (1996) hat dieses Verfahren für die Verwendung in *Sportspielsituationen* ausdifferenziert. Der von ihm entwickelte Sportangsttest (SAT) ist für Kinder und Jugendliche im Alter von 14-16 Jahren für eine erweiterte Diagnostik im Sportspiel anwendbar. Von Schweinheim (1999) wurde das SAD um den Tätigkeitsbereich *Sportklettern* erweitert. *Geschlechtsspezifische* Aspekte der Angstdiagnostik wurden von Ostermann (1997) bearbeitet. Die Autorin nahm Bezug darauf, daß das SAD von den Testautoren vorrangig bei Jungen erprobt und validiert wurde. Sie modifizierte das Verfahren für Mädchen und erprobte diese Testvariante bei weiblichen Untersuchungsgruppen.
Eine weiterhin bemerkenswerte Verfahrensvariante zur Erfassung von Angst wurde von Bös und Mechling (1985) konstruiert. Der von den Autoren entwickelte *Bilder-Angst-Test* (BAT) erfaßt die Selbsteinschätzung von Kindern im Alter von 9-11 Jahren bei angstinduzierenden Bewegungshandlungen. Für die Anlage der Items wurde wie beim SAD ein projektiver Verfahrensansatz gewählt. Dabei bilden Fotos von spezifisch reizinduzierenden Situationen die Basis für die Provokation des Antwortverhaltens. Dieser Test orientiert auf die Erfassung *bewegungsbezogener Ängstlichkeit.* Er verfügt über zwei Skalen. Eine Skala bezieht sich auf Sporthallensituationen und eine weitere auf Schwimmsituationen.
Einige möglicherweise interessante *bereichsspezifische* Verfahren wurden in letzter Zeit auch für Erwachsene konstruiert. So entwickelten Krohne und Hindel (1990) für die Sportart Tischtennis ein spezifisches Inventar zur Diagnostik *interferierender Kognitionen.* Die Subskalen *„Selbstzweifel"*, *„Hilflosigkeit"* und *„emotionale Anspannung"* liefern u. a. Informationen, die für eine Sportangstdiagnostik in tischtennisspezifischen Handlungssituationen beachtenswert sind. Kleinert (2000) arbeitet an einem Forschungsinstrument, das *verletzungsbezogene Ängstlichkeit* im Sport diagnostiziert. Gerade in diesem Bereich (Verletzungsangst) besteht ein Mangel an eigenständigen Verfahrensentwicklungen (vgl. Krohne, 1996).
Die *Wege der Sportangstdiagnostik* werden letztendlich nicht an einer *Meßmethodologie* vorbeiführen können, bei der es um eine gezielte Kombination mehrerer Methoden im Sinne einer sukzessiven und abgesicherten Informationsgewinnung geht. So haben bereits Campbell und Fiske (1959) einen sog. *Multitrait-Multimethod-Ansatz* vorgeschlagen. "Multitrait" meint dabei die Beziehbarkeit der abhängigen Variablen auf verschiedene, voneinander unabhängige Konstrukte. Damit soll einer einseitigen Reduktion der Phänomenkomplexität über nur ein theoretisches Modell resp. Konstrukt entgegengewirkt werden. Gleichzeitig kommen unter Berücksichtigung des „multimethod"-Aspekts mehrere diagnostische Methoden zur Anwendung, um die Methodenvarianz spezifisch kontrollieren zu können. Hier wäre es also an-

gebracht, Angst auch über verschiedene Meßebenen hinweg zu diagnostizieren und geeignete Methoden (etwa Verhaltensbeobachtung und psychodiagnostische Tests) miteinander zu kombinieren. Nach der hier gewählten Perspektive: *Handeln zwischen Angst und Kontrolle* wäre es für eine solche Meßmethodologie allerdings weiterhin sinnvoll, auch Meßverfahren zur Angsterfassung mit solchen zur Diagnostik von Funktionskomponenten Mentaler Kontrolle zu kombinieren. (vgl. hierzu Schack, 1997; 1999ab; Schack & Lander, 1999b) Damit ist dieser Beitrag auch an einem Punkt angekommen, an dem es sinnvoll wird, *Angst* zunächst auf einer modelltheoretischen Ebene explizit in den Kontext *Mentaler Kontrolle* zu stellen.

Sportangst im Kontext Mentaler Kontrolle

Probleme innerhalb der Sportangst-Forschung

Zur Diagnostik von Sportangst und sportbezogener Ängstlichkeit liegen, wie bereits dargestellt, beachtenswerte Ansätze und methodische Verfahren vor. Damit wurden gleichzeitig die Voraussetzungen für die Ableitung und Evaluation von *Interventionsverfahren* zum Abbau von Angst im Sport verbessert.
Argumente für die Entwicklung solcherart technologischer Zugänge zum Angstabbau finden sich auf mehreren Ebenen. So wirkt sich Angst offensichtlich zunächst ungünstig auf die momentane Handlungsfähigkeit von Sportlern und Trainern aus. Daraus ergeben sich wieder spezifische Rückwirkungen auf die Sportpartizipation. Nitsch (1985, V) weist auf ungünstige Konstellationen für sportliches Handeln hin, wenn er schreibt: „...Sport ist dort, wo er zur formalen (wie in der Schule) oder zur subjektiv empfundenen Pflicht (wie gelegentlich im partnerbezogenen Freizeitsport) wird, nicht selten weniger Möglichkeit als vielmehr angstbesetzte Barriere der Motivbefriedigung. So finden sich sportbezogene Ängste bei Schülern angesichts einer bei Ausführung einer bestimmten Übung drohenden Verletzung oder Blamage, bei Sportlehrern, die sich in ihrer Funktion als Unterrichtsexperte oder Respektsperson gefährdet sehen, im Herzinfarktsport bei Rehabilitanten, die sich auf ein oft ungewohntes Terrain körperlicher Leistungsanforderungen begeben, und nicht zuletzt auch bei Leistungssportlern vor wichtigen Wettkämpfen, wenn ein für möglich gehaltener Mißerfolg die Entbehrungen eines intensiven Trainings entwerten und die weitere sportliche Karriere beeinträchtigen würde.“ Empirische Studien im Bereich des Kinder- und Jugendsports zeigten, daß ängstliche Kinder *schlechtere Ergebnisse* in sportmotorischen Tests erzielen. Ihre Leistungen im Sportunterricht sind *herabgesetzt*, und sie wenden sich *weniger* dem *Sport* in der Freizeit zu. Dabei wird das Phänomen sportbezogener Ängstlichkeit auch aus einer *pro-*

gnostischen Sicht für die Sportteilnahme beachtenswert. Längsschnittstudien verdeutlichen, daß sich Ängstlichkeit als ein aussagekräftiger Prädiktor für eine *abnehmende Sportaktivität* in der weiteren Entwicklung von Kindern und Jugendlichen erweist (vgl. hierzu Bös & Mechling, 1985; Hackfort & Nitsch, 1989; Fuchs, 1990; Schack, 1997).
Kinder und Jugendliche entwickeln oft *naive Angstbewältigungsstrategien*, um mit ihrer Angst unter den Bedingungen des Sportunterrichts oder Trainings *in eigener Regie* fertig zu werden. Solcherart naive Angstbewältigungsstrategien stellen somit spontane "Lösungen" für ein Problem dar, dessen Bewältigung nie Thema des Trainings oder Sportunterrichts wurde. Um eine neue Lösung finden zu können, müßten die Kinder im Problemlösebereich mit einem für diese Fragen kompetenten Experten (Trainer/Sportlehrer) interagieren können.
Solche und weitere Sachverhalte, für die sich recht eindeutige empirische Belege finden (vgl. weiterhin Schack, 1997), bildeten mehrfach den Anlaß, auf die Notwendigkeit problembezogener und effektiver Interventionsverfahren hinzuweisen. Erhebliche Lücken der Sportangstforschung zeigen sich aber gerade in diesem Bereich. Dieses Defizit wird besonders dann deutlich, wenn man einer in diesem Beitrag vertretenen Position folgt, die besagt, daß Interventionsverfahren hinsichtlich ihrer Herleitung theoretisch fundiert und hinsichtlich ihrer Wirkung empirisch überprüft sein sollten.
Die in der sportwissenschaftlichen Literatur vorfindbaren Interventionsvorschläge, die sich dem Problemfeld sportbezogener Ängstlichkeit im Schul- und Leistungssport zuwenden, werden zu einem beachtlichen Teil unter *Verzicht auf theoretisch begründete Modellvorstellungen* vorgestellt. Die Folgen bestehen oft in einem unbegründeten Eklektizismus von Technikvorschlägen. Der überwiegende Teil von vorgeschlagenen Interventionsverfahren wurde zudem *empirisch nicht* hinsichtlich der Wirkungen *überprüft*, die beim Einsatz im Bereich des Sports entstehen. Auf der Basis *vorfindbarer (empirischer) Interventionsstudien* werden wiederum kaum Rückschlüsse für die Theoriebildung und keine begründeten Ableitungen für eine spezifische Interventionstechnologie oder eine veränderte Aus- und Weiterbildung (etwa von Sportlehrern) möglich (vgl. Schack, 1997).
Wenn man einige *modelltheoretische Zugänge* zu Sportangst genauer betrachtet, so fällt auf, daß kaum Zusammenhänge zu übergeordneten *mentalen Prozessen der Intentionsbildung, -initiierung und -umsetzung* hergestellt werden. Eine solche Bezugnahme scheint allerdings für die Entwicklung effektiver Interventionsverfahren unumgänglich. So zeigt sich auch, daß der größte Teil empirischer Untersuchungen im Zusammenhang mit Sportangst auf *Angstbewältigung, Angstreduzierung* oder *Angstregulation* und damit mehr oder weniger eindimensional auf *Angst* fokussiert.
Um für die Entwicklung eines effizienten Interventionsverfahrens das Problemfeld sportbezogener Ängstlichkeit mit aktuellen Forschungsergebnissen

zu Selbstregulation (vgl. Kanfer, Reinecker & Schmelzer, 1996) und willentlicher Selbssteuerung (vgl. Kuhl, 1998) verbinden zu können, wurde für die vorliegende Untersuchung ein Modell *Mentaler Kontrolle* bevorzugt.

Problemlösevorschläge aus einer erweiterten Perspektive: Mentale Kontrolle

Das Streben nach Kontrolle wurde oft als ein grundlegendes Prinzip der Organisation menschlicher Handlungen aufgefaßt (vgl. Oesterreich, 1981; Volpert, 1994). Diesem Sachverhalt wurde insbesondere in willenspsychologischen Ansätzen bereits zu Beginn des 20. Jahrhunderts Beachtung geschenkt (vgl. Ach, 1935;). Nachdem zumindest in weiten Teilen der westeuropäischen und angloamerikanischen Psychologie über Jahrzehnte auf die Thematisierung von Willensprozessen weitgehend verzichtet wurde, finden sich heute verschiedene Ansätze, die sich erneut Willensphänomenen zuwenden. Um die eher *funktionsanalytische Perspektive* zur empirischen Untersuchung und modelltheoretischen Ausformulierung von Willensprozessen zu verdeutlichen, werden in der Allgemeinen Psychologie verstärkt solche Begriffe wie *Handlungskontrolle* (Kuhl & Beckmann, 1994) oder *Mentale Kontrolle* (Wegner & Pennebaker, 1993) herangezogen. Die Sportpsychologie kann auf eine eigene Tradition in der Thematisierung von Willensprozessen zurückschauen. Diese beinhaltet u. a. eine frühzeitige Wiederaufarbeitung dieser modelltheoretischen Perspektive (Nitsch, 1984) und erste Arbeiten, die Zusammenhänge zwischen Prozessen der Handlungskontrolle und Angstentstehung thematisieren (Hackfort, 1987b; Polster, 1985, 1988).
Modelle der Handlungskontrolle verweisen insbesondere auf beachtenswerte psychische Prozesse während und nach einer Intentionsbildung, so wie das die deutsche Willenspsychologie bereits zu Beginn dieses Jahrhunderts tat. Dabei werden die Prozesse, die mit der Bildung einer Intention einsetzen und deren Stabilisierung und Umsetzung gewährleisten, als *Handlungskontrollprozesse* definiert (vgl. Schack, 1997). Aus dieser Perspektive erscheinen auch *spezifische Leistungsdefizite* in einem neuen Licht; schließlich können *Handlungsintentionen* und *selbstregulative Kompetenzen* zu deren Umsetzung durchaus divergieren.
Aufbauend auf diese Perspektive wurde von uns der Zusammenhang zu eingangs geschilderten emotionalen Prozessen (Sportangst) durch ein Modell Mentaler Kontrolle (Schack & Lander, 1999a) hergestellt. Dieses Modell (Signo-Modell Mentaler Kontrolle) versucht einerseits, einen *funktionalen* Bezug von *Willensprozessen* zu weiteren *Strukturkomponenten des Psychischen* (Kognition, Emotion, Motivation) herzustellen. Weiterhin findet in diesem Zusammenhang ein Prinzip der Verhaltenssteuerung Berücksichtigung, das Vygotsky (1960) als *Signifikation* bezeichnete. Der Mensch zeich-

net sich demnach durch die Fähigkeit aus, im Rahmen der Kultur *Zeichen* als Mittel der Verhaltenssteuerung bewußt zu schaffen und intentional zu verwenden. Das kulturgeschaffene Zeichen wird zum *Mittel* einer inneren Aktivität, die auf die Selbststeuerung des Verhaltens abzielt und auch auf biotische Prozesse rückwirkt. Dabei kann jedes Symbol, das eine bestimmte Bedeutung innerhalb der Kultur hat, zu einem Zeichen werden.
Dieses Prinzip der Verhaltenssteuerung hebt sich vom Prinzip der *Signalisation* (Signalbedeutung von Reizen in der Folge von Konditionierungsprozessen) auf prärationaler Entwicklungsstufe ab. Während der Koevolution des individuellen Verhaltenspotentials und der soziokulturellen Rahmenbedingungen werden offensichtlich nicht nur neue Anforderungen an die Mentale Kontrolle des Verhaltens, wie etwa die Spezifizierung von Handlungsparametern nach außen (Auslöser) und innen (Handlungsschemata) gestellt. Darüber hinaus standen neue Mittel (kulturelle Zeichen, Symbole) zur Organisation höherer mentaler Funktionen zur Verfügung. So greifen kulturelle (externe) und mentale (interne) Präsentationen und Kontrollmechanismen ineinander. (Mentale Aktivitäten wirken über kulturelle Mittel und stimulieren resp. verändern sich damit wieder selbst).
Besondere Bedeutung kommt hierbei der Sprache bzw. der *inneren Sprache* zu. Das Wort erlaubt es, weitere Reize zu hemmen und die wesentliche Information zur Verhaltenssteuerung aus dem Gesamtkomplex der Einwirkung herauszulösen. Damit wird das Verhalten auf eine neue Art situationsunabhängig. Die fortlaufende Kontrollfunktion dieser Prozesse läßt (unter den Bedingungsfeldern menschlicher Entwicklung) willkürliche Handlungen außerordentlich flexibel werden, da es möglich ist, durch entsprechende Rückmeldungen (sprachliche Informationen) dieses Handeln einem Plan zu unterwerfen und es jederzeit zu stoppen oder zu modifizieren, wenn unvorhergesehene Ereignisse auftreten (vgl. Schack, 1997).
Auf der Basis o.g. Modellvorstellungen wurde es möglich, eine Dekompositionierung solch globaler Konzepte wie "Wille", "Willensspannkraft" etc. in einzelne *Funktionskomponenten* der willentlichen Handlungssteuerung vorzunehmen (vgl. weiterhin Kuhl, 1998). In Anlehnung an eigene experimentelle Untersuchungen und Arbeiten von Luria (1970, 1992) werden u.a. *folgende mentale Funktionskomponenten* unterschieden:

- *initiierungsbezogene* (gedächtnisbasierte) Komponenten, die mittels innerer Sprache für die Initiierung und Hemmung von Verhalten zuständig sind,
- *konzipierende* Komponenten (Mentale Modelle), zu denen sämtliche Kontroll- und Steuerprozesse in Beziehung gesetzt werden,
- *realisierungsbezogene* Komponenten, die die Handlungsausführung, insbesondere bei Problemen im Handlungsvollzug stabilisieren.

Die letztgenannten Komponenten arbeiten hauptsächlich über den Einsatz *von sprachlichen Strategien zur zielorientierten Kontrolle des Verhaltens.*

Insbesondere, wenn Schwierigkeiten im Handlungsvollzug auftreten, wird es erforderlich, Strategien einzusetzen, die für die Aufrechterhaltung Mentaler Kontrolle funktional nutzbar sind. Solche inner-sprachlichen Strategien unterstützen die Abschirmung und Realisierung einer Intention und damit die individuelle Handlungskompetenz. Ein Beispiel für eine solche Strategie wäre etwa eine *zielgerichtete und lernaktive Bewältigung von Mißerfolgen.*

In einer Reihe empirischer Untersuchungen konnte gezeigt werden, daß das Fehlen solcher inner-sprachlicher Strategien zu einer Beeinträchtigung Mentaler Kontrolle im Handlungsvollzug führt. Es könnte aus dieser Sicht auch angenommen werden, daß die Handlungen von ängstlichen Sportlern nicht nur beeinträchtigt sind, weil diese momentan Angst haben (vgl. 2.1), sondern präziser, daß sie Angst haben, weil ihre Mentale Kontrolle *funktional* beeinträchtigt ist. Sie bewerten und erleben das Nichtverfolgen-Können selbstgesteckter Ziele als spezifisches Defizit. Sportangst kann so nicht nur als *Ursache*, sondern ebenso konsequent als *Folge* einer Handlungsunterbrechung angesehen werden.

Für einen Sportler kann sich hier ein *Teufelskreis* zwischen vergangenen Mißerfolgen im Sport, der momentanen Bedeutsamkeit einer Situation, den physiologischen Reaktionen, die in der Situation auftreten sowie den Gedanken über diese Reaktion und entsprechend stereotypen Formen der inneren Sprache ergeben. Angst entsteht und verstärkt sich, weil unter diesen Bedingungen keine Konzentration auf die Handlung, sondern eine alleinige Konzentration auf die dysfunktionalen Begleiterscheinungen von Angstzuständen erfolgt (vgl. Abb. 1).

Da die o.g. Funktionskomponenten die Vermittlung Mentaler Kontrolle gewährleisten, war davon auszugehen, daß sie für Interventionsstudien in besonderer Weise relevant sind. Aus dieser Perspektive wird das alleinige Anzielen einer Angstreduktion bei funktionalen Störungen des Handlungsablaufes der Komplexität der Handlungsorganisation nicht gerecht, da der funktionale Hintergrund der Handlungsstörung, die mit Angst einhergeht, unbeachtet bleibt. Deshalb wurde die Entstehung von sportbezogener Ängstlichkeit in den Kontext einer funktionalen Beeinträchtigung zentraler (direktiver) Selbststeuerungsmechanismen gestellt und im Zusammenhang mit einem Handlungskontrolldefizit thematisiert. Die Ursachen für dieses Defizit sind gemäß der Modellannahmen im Signo Modell differenziert bestimmbar und bilden die Basis für die Ableitung von Interventionsstrategien.

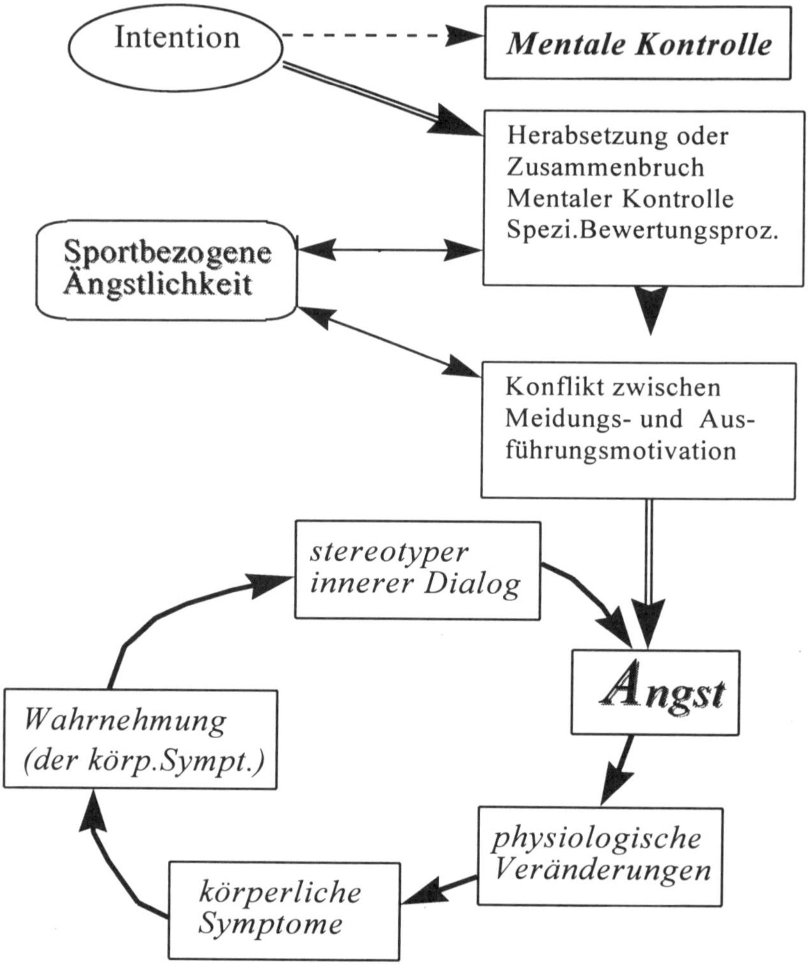

Abb. 1: Zusammenhänge zwischen Mentaler Kontrolle, sportbezogener Ängstlichkeit und Sportangst: Die Aufrechterhaltung von Sportangst stellt sich als sog. Teufelskreis dar.

Interventionsverfahren zur Entwicklung Mentaler Funktionskomponenten willentlicher Handlungssteuerung

Bezugnehmend auf das erwähnte Signo-Modell Mentaler Kontrolle (Schack, 1997; Schack & Lander, 1999a) wurden bereits mehrere Interventionsverfahren für das Problemfeld Angst und Streß im Sport entwickelt (Major, 1997; Schack, 1996; 1997; 1998; 1999b; Schack & Lander, 1999b; Ziemainz & Schack, 1999). Eine wesentliche Orientierung dieser Verfahren ist die, daß die grundlegenden Interventionsstrategien über die Angst des Individuums hinausgehen und versuchen, die Eigenaktivität und Mentale Kontrolle der Sportler zu entwickeln.

Die entwickelten Modellvorstellungen weisen ebenso wie empirische Untersuchungen (Schack, 1997) darauf hin, daß das Problem bei Sportangst primär nicht in der entstehenden Angst, sondern in der Konzentration auf dysfunktionale Begleiterscheinungen der Angst besteht. Die Unfähigkeit, sich willentlich der Konzentration auf physiologische Veränderungen, die Hemmung motorischer Funktionen etc. zu entziehen und Strategien zur Handlungsaktivierung einzusetzen, führt schließlich zur kognitiven und motivationalen Problemen im Handlungsvollzug. Deshalb setzen o.g. Interventionsverfahren zur Verbesserung der Mentalen Kontrolle im Sport auf ein *sprachlich unterlegtes Strategietraining.* Beachtenswert wird in diesem Zusammenhang, daß Angst nicht nur eine Störfunktion, sondern auch eine Aktivierungs- und Absicherungsfunktion zugesprochen werden muß. So geht Fuchs (1976, 1981) davon aus, daß die *Angstgrenze* bei sportlichen Aktivitäten in der Regel unterhalb einer *Könnensgrenze* liegt, so daß die entstehende Angst die bevorstehende Könnensgrenze anzeigt und vor dem Überschreiten schützt. (Das verweist auf die positive Seite dieser negativ *empfundenen* Emotion). Demnach kann das Ziel von Interventionsverfahren auch nicht darin liegen, eine völlige Angstfreiheit schaffen zu wollen, sondern eher darin, ein *kompetentes* und *gefahrengerechtes* Handeln im Sport anzuregen.

Ein Beispiel für ein solches Interventionsverfahren zur Entwicklung Mentaler Funktionskomponenten der Handlungssteuerung wird weiter unten im Zusammenhang mit der Effektkontrolle von Interventionsmaßnahmen konkretisiert.

Der Weg zwischen Angst und Kontrolle

In den nun folgenden Ausführungen soll prinzipiell aufgezeigt werden, welche Möglichkeiten existieren, um betroffenen Personen einen Weg von einem *Zustand der Angst* zu einem *kontrollierten und souveränen Handeln* zu eröffnen. Zunächst stellt sich die Frage, wie ein „verhärteter" Entwicklungszustand unzureichender Kompetenzen und unzweckmäßiger Handlungsstrategien im Kontext von Angsterleben aufgelöst und verändert werden kann. Hier erweist es sich als zweckmäßig, das Konzept der *Zone der nächsten Entwicklung* zu nutzen. Nach diesem Ansatz von Vygotsky (1992) wird es Novizen (ängstlichen Personen) möglich, Kompetenzen mentaler Kontrolle schrittweise in Phasen der Interaktion von Experten und Novizen zu erwerben. Eine wesentliche Frage ist damit weiterhin, wie solcherart Veränderungsprozesse gezielt induziert und auf der Basis von Veränderungsmessung evaluiert werden können. Dieser methodische Zugang wird abschließend auf die modelltheoretischen Überlegungen zur Mentalen Kontrolle bezogen, um anhand eines Beispiels differentielle Aussagen zur Entwicklung mentaler Funktionskomponenten im Sport treffen zu können.

Die Zone der nächsten Entwicklung

Von Vygotsky wurden Mikrountersuchungen empfohlen, die es erlauben, angezielte Veränderungen in einer "*Zone der nächsten Entwicklung*" zu diagnostizieren. Da Kinder durch die Interaktion mit Erwachsenen hinsichtlich bestimmter Lernprozesse profitieren, ist die "Zone der nächsten Entwicklung" definiert als *die Differenz zwischen dem Niveau, auf dem das Kind momentan selbständig Aufgaben löst und dem Niveau, auf dem das Kind Aufgaben unter gezielter Anleitung und Rückmeldung durch Experten lösen kann* (vgl. Vygotsky, 1978). Die "Zone der nächsten Entwicklung" stellt gleichzeitig ein Forschungsinstrument dar, das für die Diagnostik von Lernprozessen sowohl im Labor (z.B. bei Lerntests; vgl. Guthke & Wiedl, 1996) als auch zur Evaluation von Veränderungsprozessen im Feld (z.B. im Unterricht) geeignet ist. Gezielt konzipierte Veränderungsstudien erlauben es abzuschätzen, in welchem Maße sich Selbstregulationsstrategien bei einem Kind entwickeln und wie die Mentale Kontrolle von einem Experten auf das Kind schrittweise durch die Interaktion in einem Problemlösebereich übergeht.

Vygotsky geht damit prinzipiell von der Möglichkeit des Übergangs äußerer interaktiver Prozesse in *innere mentale Vorgänge* aus. Solche Möglichkeiten existieren sowohl in Trainings- als auch Unterrichtsprozessen, sollen aber weiterhin am Beispiel des Unterrichts verdeutlicht werden. Gemäß der von Vygotsky begründeten Konzeption der *kulturhistorischen Schule* ist der Unterricht nicht von Entwicklung abhängig, er erweist sich vielmehr als diejenige Kraft, die die Entwicklung am entscheidensten vorantreibt. Unterricht ist also ein notwendiges und immanentes Moment des Entwicklungsprozesses selbst. Vygotsky schreibt: "Ein wesentliches Merkmal des Unterrichts ist die Tatsache, daß er die Zone der nächsten Entwicklung schafft, das heißt, durch ihn werden beim Kind viele innere Entwicklungsprozesse ins Leben gerufen und in Bewegung gebracht, die das Kind zunächst nur in der Wechselwirkung mit der Umgebung, nur in der Zusammenarbeit meistern

kann, die aber eine innere Entwicklung erfahren und dann zum inneren Besitz des Kindes werden." (Vygotsky, 1987, S. 303).
Damit kann die *Zone der nächsten Entwicklung* als komplexes Anregungsmuster verstanden werden, das eine Art "guided participation" (Rogoff, 1991) ermöglicht und sich zwischen aktuellem Entwicklungsstand und einem Optimum an Entwicklungsanforderung aufspannt.
Damit ist auch nur der Unterricht gut, der der Entwicklung der Schüler vorauseilt (Vygotsky, 1987, S. 302). Von einem solch dynamischen Verständnis von Unterricht ausgehend, muß berücksichtigt werden, daß es *sensible Phasen der Entwicklung* und damit für bestimmte Fähigkeiten optimale Unterrichtsperioden gibt. Dies zeigt sich auch bezüglich selbstregulativer Fähigkeiten, die nach Vygotsky (1987) eine wesentliche Neubildung des Schulalters darstellen.
Die für die Selbstregulation wesentliche Steuerfunktion der Sprache entwikkelt sich dabei in differenziert nachvollziehbaren Phasen (Luria, 1961, 1967). Hier zeigt sich, daß die Entstehung eines organisierten Willensaktes eng mit der *sprachlichen* Entwicklung eines Kindes verbunden ist. Kontrollierte Handlungen entstehen in der menschlichen Ontogenese mit der Fähigkeit, sich durch den Einsatz sprachlicher Mittel von der unmittelbaren Situation zu lösen, sich unter Beteiligung der Sprache bzw. eines spezifischen verbalen Systems einer Absicht zu unterwerfen und damit eine *mittelbare* Beziehung zur gegenwärtigen Situation aufzubauen. Fähigkeiten zum effektiven Einsatz sprachlich vermittelter Handlungsstrategien entwickeln sich ab dem Alter von 9 bis 12 Jahren (vgl. Luria, 1993; Vygotsky, 1960). Erst in diesem Alter werden Kinder zunehmend fähig, eine Aufgabe zunächst im Medium der inneren Sprache zu erfüllen und danach das Handeln einem absichtsgeleiteten Plan zu unterwerfen. Dieser Sachverhalt ist hinsichtlich der allgemeinen Zielrichtung des (unter 4.4 darzustellenden) Interventionsverfahrens interessant: Am Ende des Grundschulalters werden sprachlich vermittelte Strategien in verstärktem Maße entwickelbar (vgl. weiterhin Kraska, 1993). Für einen Weg von Angst zu *Mentaler Kontrolle* sollte also Sportunterricht bezogen auf das eingangs angedeutete Problem der sportbezogenen Ängstlichkeit zu einer Art "individueller Entwicklungshilfe" (Rieder, 1976) für Kinder werden können.

Experimentelle Veränderungsstudien

Ein wesentliches Mittel zur *Induktion* solcher Lern- und Entwicklungsprozesse in dem hier dargestellten Unterrichts- (Trainings-) Kontext stellen Interventionsverfahren dar. Die hier thematisierten Interventionsverfahren kommen demnach nicht nach dem Unterricht sondern im Unterricht und dort als Modifikation von Aneignungsprozessen zum Einsatz. Mittels gezielt konzipierter Interventionsstudien wird es so möglich, die Wirkung angezielter Veränderungen in einer "Zone der nächsten Entwicklung" abzuschätzen. Für eine Beurteilung solcher Prozesse sind entsprechende experimentelle Designs, sowie ein Veränderungsmeßverfahren erforderlich, das erlaubt, solche Lerneffekte differentiell abzuschätzen. Da eine minimale Intervention in einem komplexen System *multiple* Folgen haben kann, liegt es nahe, Veränderungen im Parameterraum (Sportunterricht) umfassend zu beobachten. Ziel der für dynamisches Testen notwendigen Evaluationsmethodik muß es sein, *erwünschte* und *unerwünschte* Effekte über einen breiten Parameterraum hinweg auf einem *variablen* Auflösungsniveau zu kontrollieren. Hier geht es einmal um eine Art Hintergrundkontrolle oder eine *systembezogene* Perspektive der Evaluation, d.h. es muß auch beispielsweise abgeschätzt werden können, wie sich mit einem veränderten Sportunterricht zum Abbau sportbezogener Ängstlichkeit die Einstellung (weniger ängstlicher Schüler) zum Sportlehrer oder Unterrichtsfach verändert. Ebenso muß eine enge eher *problembezogene* Sicht erlauben, Interventionseffekte etwa bezüglich sportbezogener Ängstlichkeit valide abzuschätzen. Diese enge problembezogene Perspektive müßte ermöglichen, differentielle problembezogene Wirkungen der Intervention auf den Organismusfaktor *sportbezogene Ängstlichkeit* in verschiedenen Subgruppen beobachtend zu kontrollieren. Damit werden (wie erwähnt) eine multivariate experimentelle Versuchsplanung und ein spezifisches Design nötig, so daß schließlich Interventionseffekte für die Gesamtgruppe, Subgruppen und den Einzelfall abschätzbar sind. Nur mittels einer solch differentiellen Analyse und eines solch variierbaren Evaluationsfokus' wird einschätzbar, ob die Interventionsfolgen sinnvoll und vor allem verantwortbar sind und ob nichttolerierbare Nebeneffekte auftreten.

So könnten Interventionen, die beispielsweise sportbezogene Ängstlichkeit bei hochängstlichen Schülern abbauen, in einem ungünstigen Fall etwa die Einstellung von weniger ängstlichen Schülern zum Sportlehrer verschlechtern, weil dieser den Sportunterricht anders als bisher gewohnt gestaltet. Es müßten also Veränderungen im Parameterraum möglichst vollständig und auf einem *variablen Auflösungsniveau* kontrolliert werden. Zu diesem Zweck wurden für die weiterhin darzustellende Untersuchung auch eigene Diagnoseinstrumente entwickelt und letztendlich die Interventionswirkung über 30 Variablen hinweg evaluiert. So soll einmal eine Art Hintergrundkontrolle oder eine *systembezogene Perspektive* der Evaluation möglich werden, weiterhin aber auch eine enge, eher *problembezogene Sicht* der Lerneffektkontrolle (Schack, 1997).

Weitere Anforderungen an die Forschungsmethodik ergeben sich aus der Sportangstforschung: Da Angst, wie bereits erwähnt, auch eine positive Wirkung im Handlungsvollzug zugeschrieben werden muß - schließlich schützt sie uns vor Gefahren - kann das Ziel einer Intervention nicht in einer einseitigen Angstreduktion, sondern höchstens in einer *optimalen Handlungskontrolle* gesehen werden. Das heißt auch, daß der Abschätzung von Interventi-

onseffekten nicht ein Interventionsziel zugrundegelegt werden kann, das ökologisch sinnlos ist: so etwa eine absolute Angstfreiheit. Ein anzuwendendes Modell der Veränderungsmessung müßte also diesbezügliche inhaltliche Überlegungen berücksichtigen können, wenn eine konsistente Problembearbeitung erfolgen soll.
Weiterhin wird in der Sportangstforschung mehrfach auf die Probleme hingewiesen, die mit einer Datenaggregation entstehen und letztendlich nur Durchschnittsaussagen ermöglichen (vgl. Hackfort & Schwenkmezger, 1989). Eigentlich kann nur mittels einer Einzeleffektanalyse abgeschätzt werden, ob die Interventionsfolgen sinnvoll, vor allem verantwortbar sind und ob nichttolerierbare Nebeneffekte auftreten.
Insgesamt soll es deshalb mit der hier entwickelten Test-Methodik (Schack, 1997) möglich werden, in *variierbaren Auflösungsgraden* die erwünschten und unerwünschten Effekte der eingesetzten Intervention für die *Gesamtgruppe*, *Subgruppen* und im *Einzelfall* in einer mehr *systembezogenen* oder *problemorientierten* Perspektive *zielbezogen sowohl uni- als auch multivariat* zu beobachten und abzuschätzen
Für die eingeforderte empirisch kontrollierte Praxis macht sich ein Versuchsplan mit Wiederholungsmessung (repeated measure design) erforderlich. Die hier angestrebte differentielle Analyse von Prozessen zwischen Mehrpunkterhebungen (im Sinne von Veränderungsstudien) verweist eindeutig auf das Feld der Veränderungsmessung, auf welchem sich die Datenanalyse spezifischen Problemen zu stellen hat.

Veränderungsmessung

Oft stellt sich Veränderungsmessung (VM) selbst als ein *Handeln zwischen Angst und Kontrolle* dar. So schreibt Bereiter (1963, S. 3), daß ihm nur im Zusammenhang mit der Erforschung psychischer Veränderung Kollegen begegnet wären, die Forschungsthemen aufgrund statistischer Probleme aufgeben mußten. Solche Probleme ergeben sich u. a. aus der *Ausgangswertabhängigkeit der Differenzmaße* und aus zu berücksichtigenden *Prozessen der Spontanremission* (vgl. Petermann, 1978; Schack, 1997). Für die Datenanalyse wurde ein mathematisch-statistisches Modell (Lander, 1990a, b) aufgegriffen und weiterentwickelt, das den Anforderungen, die die VM stellt, in spezifischer Weise gerecht wird.
Für die Anwendung im Rahmen der hier skizzierten Fragestellung hinsichtlich der Anlage von Veränderungsstudien (zur Entwicklung mentaler Funktionskomponenten) erweist sich ein mathematisch-statistisches Verfahren insbesondere dann als brauchbar, wenn es folgende Forderungen erfüllt:
(1) Es muß eine *zielbezogene* Effektanalyse ermöglichen.
(2) Es sollte von vornherein als *Einzel*-Effekt-Analyse konzipiert sein.

(3) Es sollte ein Evaluationsmaß für das Interventionsverfahren resp. die einsetzenden Lerneffekte liefern.

(4) Es muß eine *Kontrolle weiterer Einflußgrößen* auf die Ausgangswertveränderung erlauben, und das mit und ohne KG-Vergleich.

(5) Die Analyse sollte sowohl *metrisch* als auch *kategorial* anwendbar sein.

Die PPA (Lander, 1990 a,b) erfüllt diese Forderungen weitgehend. Sie mußte allerdings inzwischen aktualisiert und erweitert werden (vgl. Lander & Schack, 1998; Schack, 1997). So wurde an anderer Stelle darauf hingewiesen, daß auch negative Interventionseffekte beachtenswert sind (vgl. auch Valsinger, 1994). Eine Erweiterung der PPA betraf damit die *Abschätzung solcher negativen Effekte.*

Ein anderer Aspekt der Weiterentwicklung bezieht sich auf die *Zielabschätzung*. So lag der mathematischen Abschätzung der Zielgröße bei Lander (1990 a,b) eine *Normalverteilungsannahme* in den Nachtestwerten zugrunde. Deshalb wurde insbesondere die von Guthke und Wiedl (1996, S. 356) angebrachte Kritik an diesem Schätzverfahren aufgegriffen und eine neue Zielgrößenabschätzung vorgeschlagen (vgl. Schack, 1997). Der Zielgrößenabschätzung wird nun die Regressionsgleichung

(1.1) $D_v = (1 - b_v) X_0 - (1 - b_v)\hat{X}_v$ zugrundegelegt, mit $\hat{X}_v$ als Prätestwert und $\hat{D}_v$ als Prä-Posttestdifferenz.

Aus den empirischen Daten ($\hat{X}_v, \hat{D}_v$) wird dann die Nullstelle dieser Funktion (X_0) regressionsanalytisch abgeschätzt. Der zugehörige Schätzfehler beträgt

(1.2) $$\sigma(X_0) = \frac{\sigma_R(\hat{D}_v)}{\sqrt{1 - B^2}},$$ wobei B= - (1-b_v) der Anstieg der Regressionsgeraden (1.1) ist mit $\sigma_R(\hat{D}_v)$ als Reststreuung.

Bei Verwendung des Schätzfehlers läßt sich für die Zielgröße (Y_0) auch ein Schätzintervall angeben:

(1.3) $$\left[X_0 - z(\alpha/2)\sigma(X_0) < Y_0 < X_0 + z(\alpha/2)\sigma(X_0)\right]$$ mit $z(\alpha/2)$ als Testschranke unter N (0,1)

Eine für die Veränderungsmessung und damit das Dynamische Testen zentrale Größe ist die *Prä-Posttest-Reliabilität* (PPR) der Messungen (vgl. Tack, 1986). Das hier von Lander (1990a, b) vorgeschlagene Schätzverfahren wurde ebenfalls weiterentwickelt:
Zur Abschätzung der PPR wird die Regressionsfunktion (1.1) zugrundegelegt. Demnach ist $\rho_{PP} = r^2(\hat{X}_v; \hat{D}_v)$. Dieses so definierte *Reliabilitätsmaß* liefert eine Aussage darüber, inwieweit die Veränderungswerte (D_v) aus den Ausgangswerten (X_v) vorhersagbar sind, wobei die untere *Reliabilitätsschranke* mit $\rho_0 = 0.7$ festgelegt ist. Demnach sind Prä-Posttest-Werte als reliabel zu betrachten, wenn sie diesen Wert annehmen oder überschreiten.
Die Aussagen, die mittels aktualisierter PPA hinsichtlich der Entwicklung mentaler Funktionskomponenten bei Sportangst möglich werden, sollen in einem Anwendungsbeispiel demonstriert werden. Dabei soll das Spektrum der Dimensionen deutlich werden, auf denen sich die Entwicklung Mentaler Kontrolle vollzieht.

Dimensionen Mentaler Kontrolle:
Effektbestimmung in einer Zone der nächsten Entwicklung

Die nun folgenden Untersuchungsergebnisse sind einer Studie entnommen, in welcher der bereits dargestellte Interventionstyp zur Entwicklung mentaler Funktionskomponenten (vgl. Abschn. 2.3) zum Einsatz kam. Der Schwerpunkt dieser Studie lag auf der Entwicklung mentaler Funktionskomponenten der Handlungssteuerung im Kinderbereich (Turnen). Anhand dieser Studie soll verdeutlicht werden, wie mittels des dargestellten wissenschaftstheoretischen Zugangs (der Zone der nächsten Entwicklung) und des methodischen Ansatzes der Veränderungsmessung differentielle Aussagen zur Veränderung der Mentalen Kontrolle von Sportlern möglich werden.
Wenn man die Determinanten der Phänomendynamik im Parameterraum auf *personale* und *interventive* Komponenten einschränkt, dann wird deutlich, daß für die beschriebene Form der Veränderungsmessung die Intervention weitgehend kontrolliert zum Einsatz gebracht werden muß, um Aussagen zur Entwickelbarkeit personaler Komponenten treffen zu können. Um ausreichende Kenntnisse über die Wirksamkeit einer solchen Intervention zu erhalten, wurden mehrere Voruntersuchungen durchgeführt (vgl. Schack & Lander, 1999b).

- Zielstellung dieser Voruntersuchungen war die Entwicklung und empirische Überprüfung eines Interventionsverfahrens, das die mentale Kontrollkompetenz von Kindern im Gerätturnen verbessert und somit deren sportbezogene Ängstlichkeit reduziert. Für die Interventionsentwicklung wurde auf die Technologie und auf Techniken der kognitiven Verhaltensmodifikation zurückgegriffen und ein sprachlich unterlegtes

Strategietraining zur Förderung des eigenaktiven Umgangs von Schülern mit sportbezogener Ängstlichkeit konzipiert und erprobt.

- Zur Operationalisierung des Konstrukts 'Sportbezogene Ängstlichkeit' sowie zur Überprüfung der entsprechenden Hypothesen diente u. a. das von Hackfort und Nitsch (1989) entwickelte Sportangst-Deutungsverfahren (SAD). Zur Operationalisierung mentaler Funktionskomponenten (sprachliche Strategien der Handlungssteuerung) kam der Selbstverbalisationstest (SV-Test) von Schack (1997) zum Einsatz.
- Für die Untersuchung wurde auf eine differenzierte Abstimmung von Sportangstdiagnostik und Interventionsverfahren orientiert. So wurden beispielsweise die Informationen, die das Sportangst-Deutungsverfahren (SAD) zu den vorherrschenden Dimensionen sportbezogener Ängstlichkeit lieferte, für die Konkretisierung von Selbstinstruktionen genutzt.
- Die Zielstellung der Hauptuntersuchung (Schack, 1997) lag im differentiellen Abtesten der Entwickelbarkeit mentaler Funktionskomponenten von Kindern im Schulsport. Die Kontroll- bzw. Vergleichsgruppe (KG) der Hauptuntersuchung bestand aus n_K= 13, die Versuchs- bzw. Zielgruppe (VG) aus n_V= 32 männlichen Schülern im Alter von 10 bis 11 Jahren.
- Um differentielle problembezogene Wirkungen des Interventionsverfahrens auf die Entwicklung mentaler Funktionskomponenten und den Abbau sportbezogener Ängstlichkeit kontrollieren zu können, wurde die VG aufgrund präinterventiv erhobener Informationen in 3 Subgruppen aufgeteilt und zwar in hoch-, mittel- und niedrigängstliche Schüler. Die eigentliche Zielgruppe bildete dabei die Gruppe der hochängstlichen Schüler. Da allerdings jede noch so minimale Intervention in komplexen Systemen multiple Folgen haben kann, waren sämtliche Interventionseffekte (die auch unerwünschter Art seien können) in weiteren Subgruppen zu kontrollieren.
- Zum Angstabbau wurde die Zielgröße definitiv auf Y_0 = 4 TPW des SAD festgelegt.(Die obere Skalengrenze liegt bei 39, die untere bei Null Testpunktwerten.) Dieser Festlegung lag die Annahme zugrunde, daß ein gewisses Basisniveau der Ängstlichkeit funktionaler Bestandteil eines gefahrengerechten Handelns wird und somit ein Interventionsverfahren keine völlige "Angstfreiheit" anzielen sollte. Dieses Basisniveau der Angst wurde (populationsbezogen) operationalisiert mittels einer Normwertskala .
- Die Interventionsphase erstreckte sich über 16 Unterrichtsstunden im Sport. Die zu bewältigenden sportlichen Anforderungen gehören zum Unterrichtsabschnitt Gerätetumen des 4. Schuljahres.
- Die KG war während dieses Zeitraums vergleichbaren Anforderungen mit vergleichbaren Versuchsbedingungen ausgesetzt. Diese Gruppe war

bzgl. der Ausgangswerte statistisch homogen zur Gesamtstichprobe der VG.

Um einige Ergebnisse exemplarisch zu veranschaulichen, soll zunächst die Datenverteilung von VG und KG auf der Veränderungsdimension *strategievermittelnde Funktionskomponenten (SV-Test;* vgl. Schack, 1997*)* vergleichend dargestellt werden.

Die Graphik besteht aus einem Koordinatensystem, dessen Abszisse (D_{0V}) die Ausgangswertdifferenzen (maximale Zielabstände der Ausgangswerte) und dessen Ordinate (D_Z) die Verlaufswertdifferenzen (posttestseitig verbliebene Zielabstände) sind.

Ferner enthält die Graphik die Gerade D_Z=D_{0V} (die identische Replikation der Ausgangswertdifferenzen) und alle Meßpunkte von VG und KG. Es wird eine Datenbewegung der Meßpunkte in KG und VG in Richtung Aufbau von *Mentaler Kontrolle* beobachtbar. Zur Datenbewegung der KG in Richtung *Zielbereich* kumulieren Retesteffekte und Effekte der Spontanremission. Für die Datenbewegung der VG sind neben den für die KG relevanten Effektgrößen vor allem via Intervention induzierte Lerneffekte in Betracht zu ziehen. Somit kann der Differenzbetrag zwischen den Erwartungswerten von VG und KG als *operationale Definition der Zone der nächsten Entwicklung* angesehen werden. Hier wurden offensichtlich spezifische Fähigkeiten zur Mentalen Kontrolle der Handlungssteuerung (insbesondere die strategischen Fähigkeiten zur Emotionskontrolle) aktiviert.

Mit der Analyse von Prozessen über Mehrpunkterhebungen befinden wir uns (wie bereits erwähnt) auf dem Feld der Veränderungsmessung, auf welchem sich die Datenanalyse spezifischen Problemen zu stellen hat. Diese Probleme ergeben sich etwa aus der Ausgangswertabhängigkeit von Differenzmaßen, aus zu berücksichtigenden Prozessen der statistischen und natürlichen Regression sowie der Spontanremission. Für die Datenanalyse wurde ein mathematisch-statistisches Modell genutzt, das den Anforderungen, die an die VM gestellt sind, in spezifischer Weise gerecht wird. Die sog. Prä-Posttest-Analyse (PPA) (vgl. Lander & Schack, 1998) liefert die Möglichkeit, Interventionseffekte *zielbezogen abzuschätzen* und von der *Mitwirkung anderer Einflußgrößen an der Ausgangswertveränderung* zu trennen. Das mathematische Modell der PPA bewegt sich im Rahmen der KTT, das Hypothesen-

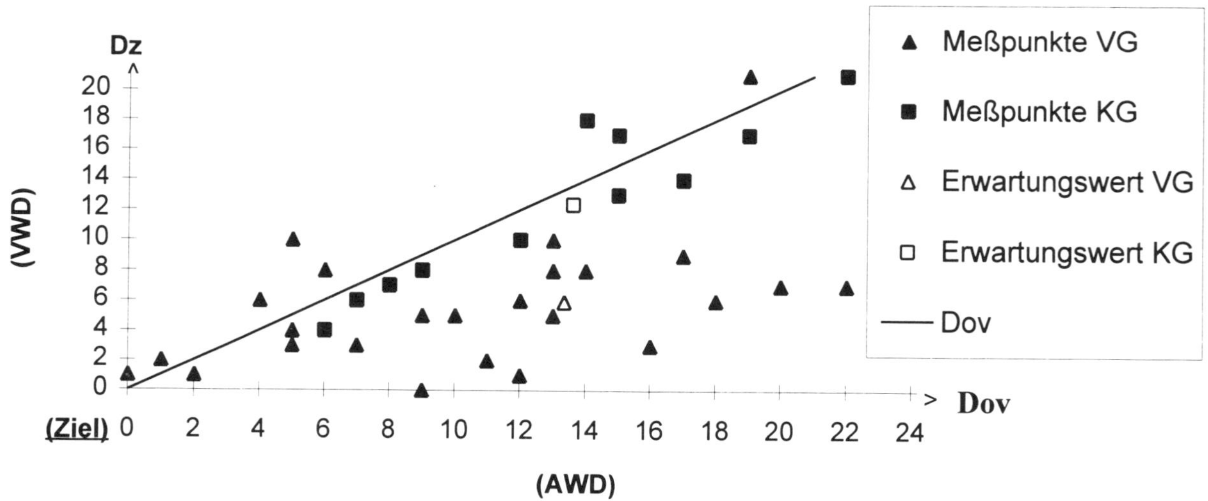

Abb. 2: **Die Datenverteilung von Versuchs- und Kontrollgruppe .**

prüfverfahren basiert auf der Regressions- und t-Statistik. Das Verfahren dient speziell der Beurteilung von *Zielerreichungs-Effekten* (Z-Effekten) und *Treatmenteffekten* (T-Effekten). Dabei wird der Z-Effekt durch ein *ausgangswertunabhängiges* Zielkriterium (Z-Schranke genannt), der T-Effekt durch ein *ausgangswertabhängiges* Veränderungswertkriterium (T-Schranke genannt) bestimmt. Die PPA ist also als ein 2-Schranken-Test konzipiert, wobei die jeweilige Testschranke festlegt, wann ein T-Effekt bzw. ein Z-Effekt, wann beides oder keines von beiden vorliegt. Aktuelle Weiterentwicklungen erlauben auch die Abschätzung negativer T-Effekte (vgl. Lander, Huth & Schack, 1996).

Die Eigenschaften der PPA können für eine evaluative Klassifikation der Lern- und Veränderungseffekte innerhalb einer Zone der nächsten Entwicklung herangezogen werden. Diese Möglichkeiten sollen im Rahmen der vorliegenden Untersuchung anhand der externen Kontrollvariable *Angst vor Mißerfolg* mittels einer sog. PPA-Graphik veranschaulicht werden.

Die Graphik enthält alle Meßpunkte $P(\hat{D}_{0V}; \hat{D}_Z)$, die Ausgangswertgerade in der VG ($D_Z = D_{OV}$), die Z-Schranken (prä- wie posttestseitig) sowie die (ausgangswertabhängigen) T-Schranken (positiv wie negativ). Die nicht ausgefüllten Punktmuster geben die Lage der Erwartungswerte (EW) der 3 Subgruppen (die nach der ausgangsseitigen Angstausprägung zugeordnet waren) an. Nach der Lage der EW im Koordinatensystem hat Gruppe 1 im Mittel einen T-, Gruppe 2 einen T- und einen Z-Effekt, Gruppe 3 weder einen T- noch einen Z-Effekt (da sie ausgangsseitig bereits im Ziel lag). Aus der Lage der übrigen Punkte läßt sich nun für jeden einzelnen Fall (Schüler) bestimmen, *wann ein T-, ein Z-Effekt oder gar beides vorliegt*, welche Schüler *keine* der beiden Effekte aufweisen (oberhalb der Testschranke s_T) bzw. entgegenlaufen (oberhalb der Geraden $D_Z = D_{OV}$). Im Falle, daß $D_Z > s_{\bar{T}}$ ist, liegt ein *negativer T-Effekt* vor.

Es wird deutlich, daß die Veränderungseffekte für Subgruppen und bezüglich der Einzeleffekte gut *kontrolliert* und *abgeschätzt* werden können. Gemäß der statistischen Vorhersagen konnte bei dieser und weiteren Veränderungsdimensionen, die die Entwicklung Mentaler Kontrolle betreffen, ein Maß für die Verfahrenseffizienz bestimmt werden, das sich oberhalb eines festgelegten Schwellenkriteriums von $\eta_0 = 0.7$ befindet. Damit ist das Interventionsverfahren auf diesen Veränderungsdimensionen effizient.

Für die hier verfolgte Perspektive zur Entwicklung mentaler Kontrolle wird allerdings viel eher interessant, welche Aussagen mit der vorliegenden Untersuchungsmethodik über die *Entwickelbarkeit von Mentaler Kontrolle* (hier Strategien der Emotionskontrolle) getroffen werden können. Die mittels PPA-Graphik dargestellten Ergebnisse zeigen, daß sich die hinsichtlich der prätestseitigen Zielabstände (D_{0V}) beobachtbaren Unterschiede zwischen den 3 Subgruppen aufgrund spezifischer Interventionsbedingungen weitgehend nivelliert haben (D_Z). Damit werden auf der Basis solcher Untersuchungen

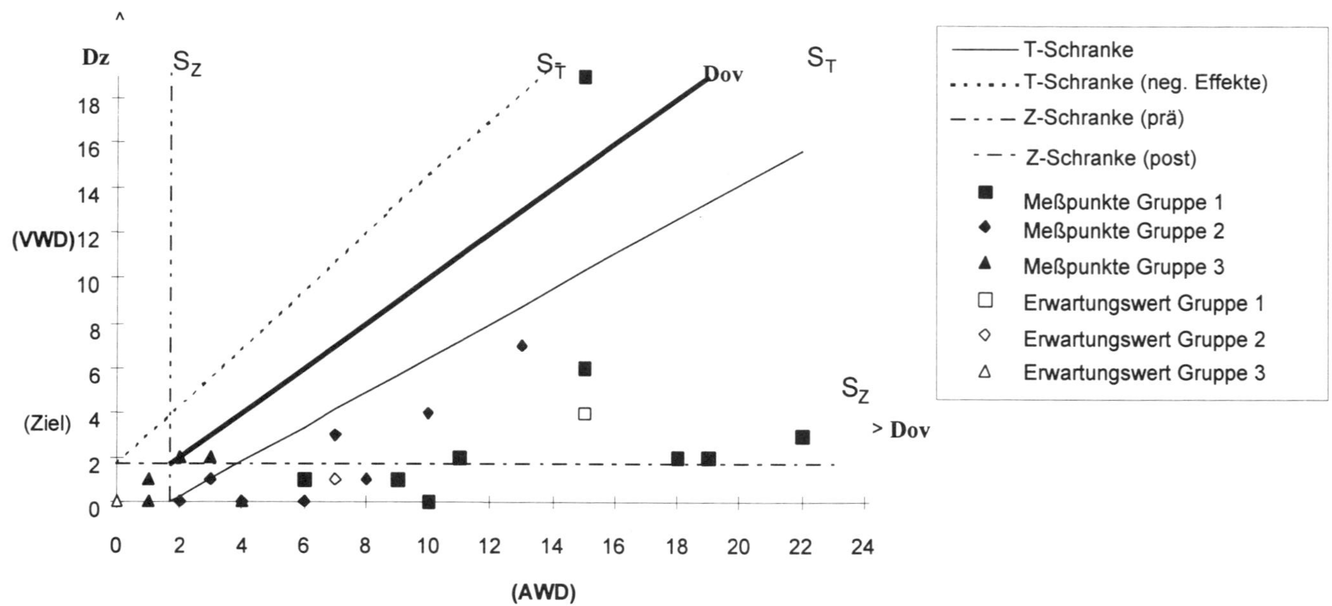

Abb. 3: Angstdimension: Angst vor Mißerfolg (erhoben mittels SAD).

Aussagen über die generelle Entwickelbarkeit von Mentalen Kontrollstrategien möglich. Diese Aussagen weichen aufgrund der aufgezeigten Ergebnisse weitgehend von einem *eigenschaftszentrierten* und *statusorientierten* Verständnis von Ängstlichkeit ab.
Diese Veränderungsdimension wurde zur Darstellung der univariaten PPA ausgewählt, da sie gut die Datenkonstellation *eines Gegenläufers* (Meßpunkt oberhalb der Geraden $D_Z = D_{0V}$) verdeutlicht. Interessant wird hier der Sachverhalt, daß die Daten desselben Schülers auf *mehreren Dimensionen* gegenlaufen. Bei diesem Schüler der Gruppe der überdurchschnittlich Ängstlichen wurde eine gut beobachtbare motorische Leistungsschwäche festgemacht, die ihm offensichtlich nicht erlaubte, Lernhilfen zur Entwicklung von Mentaler Kontrolle in dem Maße aufzugreifen wie andere Schüler seiner Gruppe. Damit ist der Rückschluß zulässig, daß für solche Schüler offensichtlich *spezifischere Interventionsprogramme* benötigt werden.
Für eine *multivariate PPA* wurden die Veränderungsdimensionen ausgewählt, die für eine Effektbestimmung auf dem *Weg von Angst zu Mentaler Kontrolle* interessant werden. Es war hier zu hinterfragen, ob sich sowohl auf Parametern des Angsterlebens, als auch auf solchen sprachlicher Strategiebildung Veränderungen in Richtung Mentaler Kontrolle ergeben. Dazu wurden sämtliche Distanzmaße in mittlere euklidische Distanzen überführt und sämtliche Funktions- und Verteilungsparameter gemäß des Modellansatzes der PPA bestimmt. So wurde sowohl eine *multivariate Einzeleffektanalyse* als auch eine Bestimmung der *zielbezogenen Veränderungseffekte für die Gesamtgruppe* im n-dimensionalen euklidischen Raum möglich.
Das kann ebenfalls mittels der folgenden PPA-Graphik veranschaulicht werden.
Mittels einer multivariaten PPA sollte also einerseits geprüft werden, ob sich über verschiedene Veränderungsdimensionen hinweg auch angezielte *Veränderungseffekte* in die *gewünschte Veränderungsrichtung* ergeben und ob diese Effekte integrativ sind. Weiterhin war interessant, ob sich diese Effekte auch bei der Zielgruppe einstellen oder ob sich diese verteilungsbedingt verlieren. Die Bestimmung der T- und Z-Schranken erfolgte über alle 3 Subgruppen, um für alle Gruppen gleiche Testschranken zu erhalten und um den Stichprobenfehler einzuschränken.
Die Darstellung der mittels PPA gewonnenen Ergebnisse bleibt hier auf das Maß für die Verfahrenseffizienz beschränkt. Die Ergebnisse im einzelnen:
Für die Gesamtgruppe beträgt $\eta = 0.46$.
Für die eigentliche Zielgruppe (die Gruppe der hochängstlichen Schüler; Gruppe 1; N=12; incl. EW) beträgt $\eta = 0.85$.
Für die Gruppe der durchschnittlich ängstlichen Schüler (Gruppe 2; N=12) nimmt die Verfahrenseffizienz einen Wert von $\eta = 0.58$ an. Das Maß für die Verfahrenseffizienz weicht in diesem Fall nicht signifikant vom

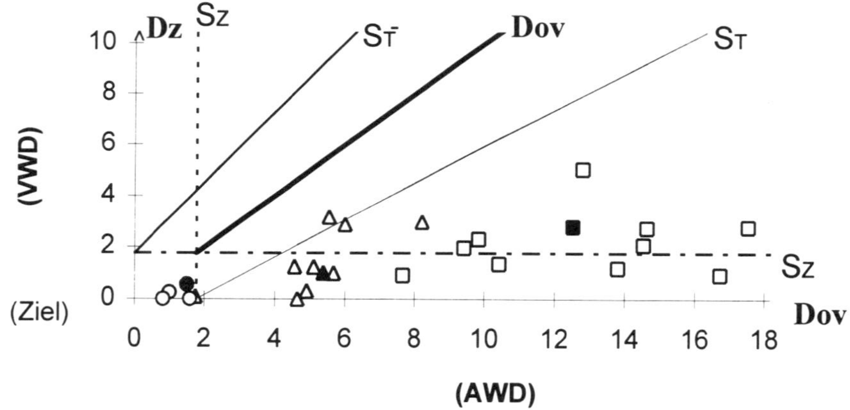

Abb. 4 : Multivariate Analyse im n-dimensionalen euklidischen Raum. Für diese Analyse wurden folgende Veränderungsdimensionen herangezogen:

sprachlich vermittelte Strategiebildung (operationalisiert mittels SV-TEST).
Angst vor Verletzung;- Mißerfolg;-Unbekanntem;-Blamage (operationalisiert mittels SAD)

Schwellenkriterium η_0 = 0.7 ab (geprüft mittels Welch-Test). Damit gilt auch hier die Verfahrenseffizienz als gesichert.
Für die Gruppe der niedrigängstlichen Schüler (Gruppe 3; N=11) beträgt η = 0 . Die Vpn dieser Gruppe lagen bereits prätestseitig auf mehreren Veränderungsdimensionen im Zielbereich und liefern somit keinen Beitrag zur Effizienzbestimmung.
Werden die Meßpunkte von Gruppe 1 und Gruppe 2 zusammengefaßt und die Verfahrenseffizienz für diese Gruppe (N = 24; incl. EW) bestimmt, ergibt sich: η = 0.70.
Mittels einer multivariaten PPA lassen sich so differenziert Rückschlüsse bezüglich der Entwicklung mentaler Funktionskomponenten unter definierten Aneignungsbedingungen ziehen, insbesondere dann, wenn Lerneffekte auf mehreren Veränderungsdimensionen angezielt sind. Es kann gleichsam (univariat und multivariat) abgeschätzt werden, in welchem Maß einzelne Schüler in der Lage sind, die Lernhilfen aufzugreifen, die vom Versuchsleiter mittels Interventionsverfahren in einer *Zone der nächsten Entwicklung* gegeben werden. Damit wurden insbesondere Rückschlüsse hinsichtlich der *Entwicklungspotenz* von Kindern und Jugendlichen bezüglich ausgewählter Funktionskomponenten Mentaler Kontrolle möglich.

Ausblick

Wenn man der hier verfolgten Argumentationslinie zustimmt, wird es weniger schwer, *neben* dem Problem *Sportangst*, die Möglichkeiten zur Verbesserung *Mentaler Kontrolle* zu sehen. So ergeben sich aus der hier gewählten theoretischen Perspektive auch neue Lösungsansätze. Demnach wäre es zweckmäßig, bei der Thematisierung von Sportangst *Prozesse der Handlungsorganisation* ins Zentrum der Aufmerksamkeit zu rücken und diese, wie im vorliegenden Fall hinsichtlich spezifischer *Funktionskomponenten Mentaler Kontrolle* zu präzisieren.
Im Ergebnis der vorgestellten Studie liegt ein modelltheoretisch abgeleitetes Interventionsverfahren vor, das sich der *Entwicklung Mentaler Kontrolle im Sport* zuwendet und dessen Wirkung in (variierbaren Auflösungsgraden) an der Gesamtgruppe, an Subgruppen und im Einzelfall überprüft wurde. Die hier aufgezeigten Effekte in einer *Zone der nächsten Entwicklung* verdeutlichen weiterhin, daß Veränderungsstudien ein geeignetes Instrument sein könnten, um den Spielraum und das Potential unseres Handelns jenseits von Furcht, Angst und Hilflosigkeit zu erfassen. Es erscheint angebracht, solche Aussagen als Basis für weitere empirische Untersuchungen anzusehen.

Bewegungsvariabilität beim Spiel von Musikinstrumenten: Folgerungen für den Lern- und Übungsprozeß

Martin Gellrich & Jörn Munzert

Übung und Training im Instrumentalunterricht

Wir wollen uns im folgenden mit Fragen des Übungsprozesses im Unterricht auf Musikinstrumenten beschäftigen. Damit verlassen wir den Forschungs- und Tätigkeitsbereich, der die Grundlage für diese Festschrift bildet. Aus zwei Gründen meinen wir, daß die von uns skizzierte Fragestellung dennoch in den Kontext der anderen Arbeiten paßt. Zum einen ist dies der interdisziplinäre Anspruch, der sich aus der Verbindung von musikpädagogischen, sportpsychologischen und allgemeinpsychologischen Konzepten ergibt. Zum anderen wird im folgenden auf Grundkonzepte der Motorikforschung zurückgegriffen, die in einen handlungstheoretischen Zusammenhang gestellt werden.

„Wesentliche Voraussetzung interdisziplinärer Zusammenarbeit in Forschung und Praxis sind ein gemeinsames Gegenstands- und Problemverständnis sowie eine einheitliche Terminologie. Für beide Gesichtspunkte muß dabei gelten, daß sie nicht nur ein Forschungs- und Praxisfeld allgemein umschreiben, sondern es inhaltlich und begrifflich - sowohl in seinen Gegebenheiten, als auch perspektivisch - strukturieren." (Nitsch & Neumaier, 1997, S. 37). Für die Sportwissenschaft gilt es, Sportpsychologie und Trainings- und Bewegungswissenschaft miteinander zu verzahnen. Ob daraus wirklich ein interdisziplinärer Kontext entsteht muß jeweils am Prozeß und Ergebnis des Forschens überprüft werden.

Wie läßt sich die Verbindung zum Instrumentallernen in der Musik herstellen? Zunächst scheinen Sport und Musik relativ weit auseinander liegende Bereiche zu sein. Eine erste Klammer könnte der praktische Bezug darstellen. Es scheint jeweils darum zu gehen, praktische Fertigkeiten durch Üben zu erwerben und zu optimieren. Ähnlich begründet war auch die Verbindung von Arbeits- und Sportpsychologie, die am Beginn handlungstheoretischer Überlegungen im Sportbereich standen. Die Gemeinsamkeit besteht also in der Art der Aufgabe, deren Lösung nicht rein kognitiv (durch Wissenserwerb), sondern durch praktische Tätigkeit realisiert wird.

Nun könnte man argumentieren, im Sport käme es auf das Erlernen von Bewegungen an, während dies für die Musik nicht zutreffe. Dort ist die Bewegung Mittel zum Zweck, beim Zuhörer ein akustisches Klangerlebnis zu erzeugen. Bei allen Unterschieden trifft dies doch auch auf den Sport zu. Bewegungen höchster Virtuosität dienen dazu, Tore zu erzielen, Zeiten zu minimieren - oder aber dazu, beim Zuschauer ein ästhetisches Erlebnis hervorzurufen. Selbst wenn man die Gemeinsamkeiten nicht auf die ästhetische Komponente reduzieren kann, so liegt doch die Aufgabe jeweils jenseits der Reproduktion spezifischer Bewegungsabfolgen. Um Mißverständnissen vorzubeugen: bei der Lernaufgabe kann die Produktion der Bewegung durchaus im Vordergrund stehen.

Geht man von der (Bewegungs-)aufgabe aus, so stellt sich die Frage, wie sich „menschliche Bewegungsorganisation als ‚komplexe, dynamische und funktionale Ordnung unter variablen Bedingungen' beschreiben, erklären, vorhersagen und beeinflussen [läßt]" (Nitsch & Munzert, 1997, S. 52). Es geht um das Lösen von Aufgaben durch Bewegungen. Der dazu notwendige Lernprozeß läßt sich mittels eines „antagonistischen Prinzips" fassen. Zum einen geht es um den Aufbau von Komplexität. Es werden Anforderungen an Präzision, Schnelligkeit und Virtuosität gestellt, die im Rahmen des üblichen Bewegungsrepertoires nicht bewältigt werden können. Zum anderen muß diese Komplexität für den Handelnden handhabbar sein. Letztlich kommt es darauf an, Komplexität zu reduzieren (Nitsch & Munzert, 1997, S. 53ff; Munzert, 1997, S. 31ff.).

Es läßt sich verdeutlichen, daß diese Anforderungen sowohl für den Sport- als auch für den Instrumentalbereich gelten. Es kommt nicht darauf an, einen Bewegungsablauf möglichst genau zu reproduzieren, sondern ein spezifisches Ergebnis innerhalb bestimmter Grenzen zu erzielen. Die Bewegungsorganisation muß so variabel sein, daß sie Variationen situativer Bedingungen auf ganz unterschiedlichen Ebenen auffangen kann. Dabei kann man aus handlungstheoretischer Sicht von folgender Hierarchie ausgehen (vgl. Munzert, 1995, S. 88f.):

(1) Bewegungen müssen Besonderheiten des Aufgabenkontextes berücksichtigen, da sie zur Lösung unterschiedlicher Aufgaben eingesetzt werden können (Polyvalenz).

(2) Bewegungen können zur Realisierung unterschiedlicher Handlungsfunktionen (Nitsch, 1986, S. 211) dienen (Multifunktionalität). Z.B. könnte bei einer Handlung einmal die explorative, ein anderes Mal die expressive Funktion im Vordergrund stehen.

(3) Spezifische Bewegungsergebnisse können von unterschiedlichen Ausgangszuständen und damit über unterschiedliche Wege erreicht werden (Äquifinalität).

(4) Auf dem Weg zur Zielerreichung müssen verschiedene, z. T. nicht vorhersehbare Umwelteinflüsse berücksichtigt werden (Umweltvariationen). Bewegungsaufgaben können sich dahingehend unterscheiden, inwieweit solche Umweltvariationen aufzufangen sind. Damit ergibt

sich ein Bezug zu der Frage, ob das Nichtbewältigen solcher Variationen als Handlungsfehler aufzufassen ist (vgl. Munzert, 1996).

(5) Je nach physischem und psychischem Zustand müssen interne Variationen des sich bewegenden Systems aufgefangen werden. Dem liegt zugrunde, daß sich eine Bewegung niemals auf eine identische Art und Weise reproduzieren läßt (Bernstein, 1975).

Die hier skizzierten Variabilitätsanforderungen müssen durch ein ausgewogenes Verhältnis von Konstanz und Fluktuation in der Bewegungsorganisation aufgefangen werden. Besonders wird deutlich, daß hier Kriterien vorliegen, die in gewissen Sinne hierarchisch aufeinander aufbauen. Variationen des physiologischen Zustands werden aufgefangen und stellen ein Stabilitätselement für die Variabilität bezogen auf Umweltbedingungen dar, usw. Beim Übergang von Variabilitätsanforderung (3) zu (2) kommen verstärkt intentionale Aspekte bei der Variation von Bewegungen hinzu. Dies ist ein Aspekt, der auch bei den weiteren Überlegungen zum Erlernen von Musikinstrumenten eine Rolle spielt. Wir wollen dies im weiteren am Beispiel des „relative timing" verdeutlichen.

Vorab muß festgehalten werden, daß beim Instrumentalspiel mehrere verschiedene Formen der Organisation und Einsatzmöglichkeit von Konstanz und Variabilität von Bewegungen existieren, wenn auch mit etwas anderer Gewichtung als im Sport. Beispielsweise gibt es die Form der Bewegungsvariation, bei der ein angestrebtes Ziel oder ein Effekt der Bewegung auf unterschiedlichem Weg und mittels unterschiedlicher Bewegungen erreicht wird. Beim Musizieren ist dies z.B. ein bestimmter Klang, der mit verschiedenen Spieltechniken erzielt werden kann. Des weiteren tritt beim Instrumentalspiel die Form der Bewegungsvariation auf, bei der ein spezifisches Bewegungsergebnis von unterschiedlichen Ausgangszuständen erreicht werden muß (Äquifinalität). So muß z.B. oft ein B. hoher Ton von verschiedenen Tönen aus in Form unterschiedlich weiter Sprünge erreicht werden. Schließlich findet man beim Instrumentalspiel das Phänomen, daß Bewegungen variabel in unterschiedlichen Handlungsfunktionen eingesetzt werden können. Weniger von Bedeutung ist beim Musizieren eine andere Form der Bewegungsvariation: Beim Sport muß häufig eine Bewegungsvariation vorgenommen werden, damit schnell auf situative Bedingungen oder Bedingungsveränderungen in der Umwelt reagiert werden kann. Beispiele hierfür sind fast alle Mannschaftssportarten, wo sich die Konstellationen zwischen Ball sowie Aktionen und Positionen der Mitspieler oder gegnerischen Spieler ständig ändern. In der Musik diese Form der Bewegungsvariation vor allem beim Improvisieren in der Gruppe auf, wo Spieler unablässig aufeinander reagieren müssen. Schließlich gibt es noch die Bewegungsvariation, bei die genau geplante, teilweise millimetergenaue Variation von Bewegungsmustern ein wichtiger Bestandteil des Trainings ist. Beim Instrumentalspiel handelt es sich hierbei um die Variation von motorischen Grundmustern, wie z.B. das

Spielen von Dreiklangsbrechungen, Skalen oder sequenzierten Figuren in verschiedenen Tonarten. Beim Instrumentalspiel ist diese Form der Bewegungsvariation die wichtigste der genannten Organisationsformen. Sie tritt - wenn auch nicht mit der Notwendigkeit der gleichen Präzision wie beim Instrumentalspiel - z.B. beim Gerätturnen, der rhythmischen Sportgymnastik oder beim Eiskunstlauf auf. Im folgenden wollen wir uns auf die zuletzt genannte Form der Bewegungsvariation konzentrieren.

Elemente eines Motorikprogramms

Es gibt wohl kaum eine Theorie in der Motorikforschung, zu der so viele Untersuchungen vorliegen, wie zu R.A. Schmidts Schema-Theorie. Der Grundgedanke des Konzepts basiert darauf, daß nicht einzelne, spezifische Bewegungen, sondern eher generalisierte Bewegungsmuster erlernt werden. Schmidt (1975) nahm daher zwei Mechanismen an: Das Recall-Schema ist für die Parameterspezifikation des Bewegungsmusters zuständig; das Recognition-Schema erzeugt entsprechend die erwarteten sensorischen Konsequenzen als Basis eines Soll-Ist-Vergleichs (vgl. Munzert, 1989). Entsprechend dem Konzept ist zu fragen, was letztendlich Invarianten des Bewegungsmusters sind.
Es gibt zahlreiche Experimente, die belegen, daß die Reihenfolge und die proportionale Zeitstruktur der Abfolge von Teilbewegungen zentrale Charakteristika eines Motorikprogramms darstellen können (Schmidt, 1982, S. 347; Schmidt & Lee, 1999, S. 159f.; Vorberg & Wing, 1994). Das bedeutet, daß sowohl der zeitliche Ablauf einer Bewegungsabfolge als auch ihre rhythmische Struktur als Invarianten des Motorikprogramms anzusehen sind (Martin, 1972). Diese Ergebnisse wurden z.B. in Untersuchungen über das Schreibmaschineschreiben, das handschriftliche Schreiben, das Rudern, das Schwimmen und das Sprechen ermittelt (vgl. Gentner, 1987; Heuer, 1991, S. 38f.; Tuller & Kelso, 1984). Die proportionale Zeitstruktur einer gelernten Bewegung scheint häufig sehr stabil zu sein, wenngleich auch eine Reihe von Versuchen belegen, daß geringe Abweichungen z.B. bei der schnelleren Ausführung einer Bewegung möglich sind (Gentner, 1987; Schmidt & Lee, 1999, S. 167f.).
Beide experimentellen Befunde, die Konstanz der proportionalen Zeitstruktur von Bewegungsfolgen und leichte Abweichungen von dieser, sind bezogen auf das Instrumentalspiel von Bedeutung. Wenn beispielsweise der Daumenuntersatz beim Klavierspiel unter diesen Gesichtspunkten analysiert wird, so bedeutet dies, daß die proportionale Zeitstruktur der einzelnen Teilbewegungen festgelegt ist, also z.B. die Vorbereitung des Untersatzes durch eine eventuelle leichte Drehung der Hand nach außen, der Zeitpunkt, wann der Daumen zur Untersetzbewegung ansetzt und sich unter den Handrücken schiebt sowie der Zeitpunkt, wann die seitliche Versetzung der Hand erfolgt.

Ebenso ist die zeitliche Proportion der Abfolge von Tönen konstant, wenn ein Musiker streng nach Metronom spielt und die Partitur es so erfordert. Andererseits treten aber auch leichte Abweichungen von der festen proportionalen Zeitstruktur auf, wobei zwei Möglichkeiten unterschieden werden müssen. Erstens kommt es zu Abweichungen, solange eine Folge von Spielbewegungen noch nicht gut eingeübt ist und die Ausführung einiger Teilelemente von Spielbewegungen aufgrund mangelhafter Übung noch länger dauert oder der Fluß der Bewegung durch Fehlerkorrekturen unterbrochen wird. Ebenso kommen Abweichungen vor, wenn die feste rhythmische Struktur des Spiels noch nicht ausgeprägt ist. Diese Form der Abweichung entspricht den experimentellen Befunden von Gentner (1987) und Schmidt & Lee (1999, S. 167f.). Zweitens sind professionelle Musiker, wenn sie ein Stück gut beherrschen, in der Lage, vom metronomischen Timing der Spielbewegungen abzuweichen und in bewußter oder intuitiver Weise bestimmte Notenwerte zu verlängern und andere zu verkürzen. Die zuletzt genannte Fertigkeit kann als Merkmal eines kunstvollen Instrumentalspiels angesehen werden. Die gekonnte Abweichung von der proportionalen Zeitstruktur von Bewegungen darf allerdings nicht einfach den zufälligen Abweichungen noch nicht gut geübten Bewegungsfolgen zugerechnet werden. Diese Fertigkeit wird weiter unten im Zusammenhang mit den Programmparametern behandelt.
Als ein weiteres Charakteristikum nennt Schmidt die relativen Kräfte, mit der einzelne Teile des Motorikprogramms ausgeführt werden (Schmidt, 1982, S. 133; Schmidt & Lee, 1999, S. 161; Shapiro & Schmidt, 1982). Diese Annahme ist aus der Sicht des Instrumentalspiels plausibel. Pianisten üben z.B. täglich, alle Finger gleich stark anzuschlagen, obwohl sie von ihrer Anatomie und Kraft her sehr verschieden sind. Sobald ein Klavierspieler den gleichmäßigen Anschlag gelernt hat, wird er sich der Kraftunterschiede zwischen den Fingern kaum mehr bewußt.
Schließlich wird von einigen Motorikforschern auch der End- bzw. Zielpunkt einer Bewegung zu den wesentlichen Bestandteilen eines Motorikprogramms gezählt (Schmidt, 1982; Rosenbaum, 1985). Beim Klavierspiel sind solche Endpunkte beispielsweise die Zielpunkte von Sprüngen oder die letzten betonten Töne von Laufpassagen.

Motorikprogramm und Ausführungsparameter

Wenn ein Pianist das Motorikprogramm des Daumenuntersatzes beherrscht, so heißt dies nicht nur, daß er in der Lage ist, eine Tonleiter in der rechten Hand aufwärts und in der linken Hand abwärts zu spielen, denn verschiedene Tonleitern bestehen aus nichts anderem als einer Aneinanderreihung mehrerer Motorikprogramme des Daumenuntersatzes. Darüber hinaus ist ein Pianist auch dazu fähig, diese Tonleiter in diversen Stärkegraden, Geschwindig-

keiten und mit verschiedenen Artikulationen wiederzugeben. In der Psychomotorikforschung spricht man in diesem Fall von sogenannten Ausführungsparametern eines Motorikprogramms.
So scheint die absolute Geschwindigkeit, mit der ein Motorikprogramm abläuft, kein Element des Programms, sondern ein Ausführungsparameter zu sein (Schmidt, 1982; Schmidt & Lee, 1999, S. 162f.; Vorberg & Wing, 1994, S. 305). Wenn eine Spielbewegung hinreichend gut geübt ist, kann sie ohne Schwierigkeiten innerhalb gewisser Grenzen schneller und langsamer ausgeführt werden (Wulf, Shea & Wright, 1998, S. 212). Instrumentalisten machen jeden Tag beim Üben in verschiedenen Tempi von diesem Vorteil des motorischen Systems Gebrauch.
Ein zweiter Ausführungsparameter ist die absolute Kraft, mit der ein Motorikprogramm ausgeführt wird (Schmidt, 1982, S. 133; Schmidt & Lee, 1999, 164f.; Wulf, 1994, S. 17). Dies gilt allerdings nur insoweit, als ein zu kräftiges Ausführen nicht zu Verkrampfungen führt, die die Bewegung in ihrem Ablauf blockieren. In der Motorikforschung hat man herausgefunden, daß die höchste Bewegungsgenauigkeit dann erzielt wird, wenn etwa 65% (Schmidt, 1982) bis 70% (Meinel & Schnabel, 1977) der zur Verfügung stehenden Kraft aufgewendet wird. Daraus läßt sich die Schlußfolgerung ziehen, daß Instrumentalisten anfangs relativ kräftig, also im Forte üben sollten, damit das saubere Spiel erleichtert wird und Spielbewegungen schneller automatisiert werden (s.a. Klöppel, 1998). Diese Regel gilt insbesondere auch für Piano- oder Pianissimo-Passagen. Auch hier ist anfangs ein lauteres Üben zweckmäßig
Ferner ist auch die Muskelgruppe, mit der ein Motorprogramm bzw. Bewegungsschema ausgeführt wird, zu den Ausführungsparametern zu rechnen (Schmidt,1982, S. 135; Schmidt & Lee, 1999, S. 166f.; Wulf, 1994, S. 18). Egal ob man z.B. mit nur den Fingern oder mit der ganzen Hand schreibt, in beiden Fällen wird das Schriftbild ziemlich gleich sein. Instrumentalisten kennen dieses Phänomen recht gut. Es gibt Spieler, die nur mit einer ganz bestimmten Bewegung ein spezielles klangliches Ergebnis erreichen können, und es gibt Spieler, die in der Lage sind, mit unterschiedlichen Haltungen und Spielbewegungen ein relativ identisches Klangergebnis zu erzielen. Die erste Gruppe von Instrumentalisten hat im Unterschied zu der zweiten Gruppe diesen Ausführungsparameter noch nicht ausgebildet.

Die bewußte Variation der Bewegungsweite als eigenständige Fertigkeitsstufe

In der Psychomotorikforschung wird diskutiert, ob die Ausführungsweite einer Bewegung ein Merkmal des Motorikprogramms ist oder den Ausführungsparametern zugeordnet werden muß. Schmidt und Heuer z.B. zählen sie zu den Programmparametern (z.B. Shapiro & Schmidt, 1982, S. 134;

Heuer, 1983). Nach unserer Auffassung ist die Variation der Weite einer Bewegung ein Phänomen, daß sich nicht mit der Dichotomie Motorikprogramm/Ausführungsparameter erfassen läßt, wobei allerdings unter der Variation der Bewegungsweite die bewußte und genaue Veränderung der Entfernung einer Bewegung verstanden wird und nicht die unbewußte, ungeplant zufällige Variation, die häufig im Anfangsstadium des Erlernens von Bewegungen auftritt. Die bewußte und genaue Veränderung der Bewegungsweite hat - bezogen auf den Instrumentalbereich - einen anderen Stellenwert als die Variation der Ausführungsparameter Geschwindigkeit, Kraft oder Muskelgruppe. Nach unserer Ansicht muß für die Fähigkeit, eine Bewegung genau und bewußt in verschiedenen Weiten bzw. Größen auszuführen, eine separate Lernstufe reserviert werden, die wir als Stufe des Bewegungsschemas bezeichnen wollen. Auf der Ebene eines Motorikprogramms sind nur minimale und sehr einfache Variationen der Weite und Größe einer Bewegung möglich. Wenn eine Bewegung problemlos in verschiedenen Weiten und Größen präzise ausgeführt werden kann, ist ein Bewegungsschema vollständig ausgebildet.

Die Sonderstellung der Veränderung der Bewegungsweite läßt sich schon allein dadurch rechtfertigen, daß das Erlernen der verschiedenen genauen Weiten einer Bewegung im Instrumentalunterricht einen breiten Raum einnimmt. Man bedenke z.B. nur, wie lange ein Geiger üben muß, bis er alle Varianten von Lagenwechseln auf seinem Instrument beherrscht. Ebensoviel Zeit benötigt ein Pianist, bevor er z.B. verschiedene Handpositionen im Oktavraum sicher bewältigt. Bis er die verschiedenen Abstände zwischen den Fingern genau unterscheiden und auf Anhieb korrekt ausführen kann, ist viel Übung notwendig. Dagegen benötigt ein Musiker z.B. zum Ausführen einer Spielbewegung in verschiedenen Stärkegraden vergleichsweise relativ wenig Übezeit.

Nach Erfahrungen mit dem Aufbau von Spielbewegungen beim Instrumentalspiel ist es sinnvoll, noch drei weitere Ausführungsparameter zu postulieren, die allerdings in der Psychomotorikforschung nicht diskutiert werden. Der erste dieser Ausführungsparameter betrifft die rhythmische Gruppierung der Einheiten eines Motorikprogramms. So kann ein Pianist versuchen, eine Tonleiter in verschiedenen rhythmischen Gruppierungen zu üben, indem er z.B. zwei, drei oder vier Noten zu Gruppen zusammenfaßt und jeweils die erste Note einer Gruppe betont. Auf diese Weise verändert sich die Akzentstruktur, was bedeutet, daß immer unterschiedliche Elemente des Motorikprogramms bzw. Bewegungsschemas in den Vordergrund bzw. Hintergrund rücken, ohne daß die zugrunde liegende zeitliche Struktur der Abfolge der einzelnen Bewegungselemente verändert wird. Verändert wird in diesem Fall genau genommen die proportionale Kraftstruktur, mit der die einzelnen Bewegungsteile ausgeführt werden. Hierbei handelt es sich um eine durchgreifende Transformation des Motorikprogramms, weil eine seiner Grundlagen verändert wird, nämlich seine proportionale Kraftstruktur. Dieser Ausführungsparameter soll *'Variation der proportionalen Kraftstruktur'* genannt werden.

Die Praxis des Instrumentalspiels zeigt, daß auch die rhythmische Struktur der Abfolge der einzelnen Teile der Bewegung variiert werden kann. Bezogen auf den Daumenuntersatz wäre der Pianist dann in der Lage, die Dauer der einzelnen Bewegungsteile variabel zu wählen. Diese Form der Variation des Motorikprogramms greift ebenfalls in seine Grundstruktur ein. Vom ursprünglichen Motorikprogramm bleibt nur noch die Reihenfolge der Teilbewegungen erhalten. Dieser Ausführungsparameter soll als *'Variation der proportionalen Zeitstruktur'* bezeichnet werden. Daß diese Form der Bewegungssteuerung existiert, zeigen auch diverse psychomotorische Versuche. Die relative Zeitstruktur bleibt nicht immer gleich, wenn eine Bewegung schneller oder langsamer ausgeführt wird (vgl. auch Munzert, 1989). Es ist durchaus möglich, daß für einzelne Bewegungsteile die Zeit nicht verändert wird, während andere Bewegungsteile erheblich verkürzt werden (s. Heuer, 1991, S. 41f.). Bei einem von Heuer durchgeführten Versuch, der den Anforderungen bei einer Spielbewegung beim Klavierspiel recht nahe kommt, wurde die Schnelligkeit der Auf- und Niederbewegung des Zeigefingers variiert. Es zeigte sich, daß bei der Steigerung der Geschwindigkeit die Zeiten für die Auf- und Niederbewegungen des Fingers nicht verändert wurden, wohl aber die Phasen, in denen die Bewegung umgekehrt wurde (Heuer, 1984).

Beim Musizieren tritt diese Form der Variation in mehrfacher Weise auf, dann z.B., wenn eine Tonleiter oder eine andere Laufpassage unterschiedlich rhythmisiert wird, indem einigen Noten kürzere und anderen Noten längere Zeitwerte zugewiesen werden. Ebenso sind, darauf wurde bereits weiter oben hingewiesen, Könner in der Lage, ganz bewußt oder intuitiv gekonnt von der metronomischen Zeitstruktur von Bewegungsfolgen abzuweichen, indem einzelne Notenwerte entweder minimal oder etwas stärker verlängert oder verkürzt werden. Diese feinen Tempoabweichungen sind ein wesentliches Merkmal einer guten Interpretation und einer persönlichen Ausdrucksweise.

Schließlich muß beim Instrumentalspiel noch der Ausführungsparameter *'Werkzeugvariation'* berücksichtigt werden. Darunter versteht man die Fertigkeit, auf unterschiedlichen Instrumenten ein identisches klangliches Ergebnis erzielen zu können. Wer diesen Parameter ausgebildet hat, kann sein Spiel schnell und problemlos einem neuen Instrument oder auch neuen akustischen Bedingungen anpassen. Hierzu zählt z.B. die Anpassung an eine andere Mensur oder eine unterschiedliche Krümmung des Stegs beim Spiel von Streichinstrumenten, oder auch ein unterschiedliches Tastengewicht beim Klavier bzw. Flügel. Dieser Ausführungsparameter wurde in der Motorikforschung nicht explizit untersucht. Zwar befaßte man sich mit Abhängigkeit des Bewegungslernens von Umweltfaktoren, ohne explizit auf die Bedeutung von Werkzeughandlungen einzugehen (z.B. Shea & Graf, 1994).[1] Wenn man die verschiedenen Ausführungsparameter vergleicht, so zeigt sich, daß einige von ihnen schwieriger zu erlernen sind als andere, weil sie eine größere Abweichung vom ursprünglichen Motorikprogramm beinhalten. Zu diesen schwierigeren Ausführungsparametern sind die drei Parameter *'Variation der proportionalen Kraftstruktur'*, *'Variation der proportionalen Zeitstruktur'* und *'Variation der Muskelgruppe'* zu rechnen. Die Schwierigkeit, diese Ausführungsparameter zu erlernen, hat allerdings unterschiedliche Ursachen. Bei den beiden zuerst genannten Parametern rührt die Schwierigkeit daher, daß in die Grundstruktur eines Motorikprogramms eingegriffen wird. Die Fertigkeit, daß ein klangliches Ergebnis mit unterschiedlichen Kombinationen von Spielbewegungen erzielt werden kann, macht eine umfassende Durchbildung des Bewegungsapparates erforderlich. Außerdem müssen die Bewegungsinformationen amodal, das heißt ohne Koppelung an eine bestimmte Muskelgruppe repräsentiert sein. Schließlich muß auch die Fähigkeit schon relativ weit einwickelt sein, damit durch die Klangvorstellung automatisch die richtigen Spielbewegungen ausgewählt werden.

Stufenmodell des Techniktrainings auf dem Instrument

Die Differenzierung zwischen Motorikprogramm und Ausführungsparametern kann auf ein zweistufiges Entwicklungs- bzw. Stufenmodell der Bewegungsschemas übertragen werden, das der Erstautor dieses Beitrags für den Instrumentalbereich entwickelt hat (vgl. Gellrich, 1998). Dies hat zur Konsequenz, daß die Ausführungsparameter sowohl auf der Stufe des Motorikprogramms als auch auf der Stufe des Bewegungsschemas ausgebildet werden müssen. Ein Klavierspieler sollte demnach zunächst die H-Dur Tonleiter (weil dies die einfachste Tonleiter ist) so variieren, daß in verschiedenen Stärkegraden, Geschwindigkeiten und auf unterschiedlichen Instrumenten geübt wird. Dann werden auch die übrigen Tonleitern bezüglich dieser drei Parameter variiert. Anschließend werden die schwieriger zu erlernenden Parameter ausgebildet. Es wird zunächst die H-Dur-Tonleiter und dann die anderen Tonleitern in unterschiedlichen rhythmischen Gruppierungen von gleich langen Noten, mit unterschiedlichen Notenwerten und unter Beteiligung verschiedener Muskelgruppen einstudiert. Der Lernweg verläuft demnach im Schema, das in Abbildung 1 wiedergegeben ist, in Pfeilrichtung von links unten nach rechts oben.

---

[1] Am ehesten könnte man Untersuchungen zur variability-of-practice-Hypothese anführen, bei denen u.a. bei Wurfaufgaben das Gewicht der Wurfgegenstände systematisch variiert wurde (vgl. als Überblick: van Rossum, 1990).

Des weiteren muß mit berücksichtigt werden, daß das Training der verschiedenen Ausführungsparameter positive Auswirkungen auf das Motorikprogramm bzw. Bewegungsschema hat (Wulf, Shea & Wright, 1998, S. 212f.; Lai & Shea, 1998, S. 52). Es gilt folgendes Prinzip: Je mehr und je besser die verschiedenen Ausführungsparameter beherrscht werden, desto weiter ist eine Fertigkeit auf einer Stufe entwickelt. Gleichzeitig wird durch das Üben der verschiedenen Ausführungsparameter auch die Grundform des Motorikprogramms bzw. des Bewegungsschemas stabilisiert (s. a. Sage, 1984, S. 334). Wer also den Daumenuntersatz bei einfachen gleichmäßigen Skalen verbessern möchte, sollte beim Üben von Tonleitern mit den verschiedenen Ausführungsparametern experimentieren, etwa mit verschiedenen Geschwindigkeiten (Sage, 1984, S. 334) oder verschiedenen Lautstärken und Tempi (Wulf, Shea & Wright, 1998, S. 212). Insgesamt zeigt sich, daß das variable Üben von Spielbewegungen auf der Ebene des Motorikprogramms und des Bewegungsschemas zu guten Arbeitsergebnissen führt. Das variable Üben führt sogar zu besseren Arbeitsergebnissen als das stereotype Wiederholen gleichförmiger Bewegungsmuster. Insbesondere gelingt leichter der Transfer auf ähnliche, aber noch ungewohnte Bewegungsmuster (Shapiro & Schmidt, 1982; Schmidt & Lee, 1999, S. 298f.).

Konsequenzen für die Praxis des Instrumentalunterrichts

Aus dem bisher Gesagten lassen sich bereits einige Konsequenzen für die Unterrichtspraxis ableiten. Aus dem Modell ergibt sich ein Hinweis darauf, welche Invarianten zunächst stabilisiert werden müssen (unter variablen Bedingungen), um sie später – auf höherer Stufe – wieder teilweise aufzulösen. So müßte sich ein Lehrer z.B. genaue Gedanken darüber machen, welches die elementaren Motorikprogramme sind, die zum Spielen des jeweiligen Instruments notwendig sind. Unter Umständen kann sich herausstellen, daß sich ein scheinbar einfacher Bewegungsvorgang aus mehreren Teilkomponenten zusammensetzt, die separat ausgebildet werden müssen. Der Daumenuntersatz am Klavier z.B. enthält Anschlagsbewegungen des 2., 3. und 4. Fingers, während gleichzeitig der Daumen unter den Handteller verschoben wird und der Arm seitlich versetzt wird. Je nach Auffassung der Spieltechnik kommt noch eine leichte Veränderung der Handstellung hinzu. Es ist ein großer Irrtum, daß elementare Bewegungen immer auch einfache Bewegungen sind. Physiologen haben nachgewiesen, daß selbst bei elementaren Bewegungsfiguren eine große Anzahl von Muskelgruppen und Einzelmuskeln in komplizierter Weise zusammenwirken (s. z.B. Gallistel, 1980). Aus diesem Grunde müßte ein Lehrer im Unterricht auch recht lange bei der Ausbildung der elementaren Motorikprogramme verweilen. Daher ist es wichtig, daß ein Instrumentalschüler im Anfangsunterricht möglichst gleich die

Hierarchische Ebene	*Ausführungsparameter*					
2. Stufe: Bewegungsschema	Variation absolute Kraft (Üben in verschiedenen Stärkegraden)	Variation absolute Geschwindigkeit (Variation des Übetempos)	Variation des Werkzeugs (anderes Instrument)	Variation der Muskelgruppe	Variation relative Kraftstruktur (Variation der Akzente)	Variation relative Zeitstruktur (Variation der Tonlängen)
1. Stufe: Motorikprogramm	Variation absolute Kraft	Variation absolute Geschwindigkeit	Variation des Werkzeugs	Variation der Muskelgruppe	Variation relative Kraftstruktur	Variation relative Zeitstruktur

Abb. 1: Vollständige Ausbildung eines Bewegungsschemas.

Im Übungsverlauf sollte mit der Variation der einfachen Parameter (im Schema links und unten) begonnen und zunehmend die schwieriger zu erlernenden Variationen hinzugenommen werden richtigen Bewegungsprogramme erwirbt, die ihm später erlauben, eine virtuose Technik auszubilden. Gewöhnt er sich dagegen im Anfangsstadium fehlerhafte, defiziente Basisfertigkeiten an, so wird es für ihn später sehr schwer oder gar unmöglich, seine Technik über einen gewissen Stand hinaus weiterzuentwickeln.

Im Unterricht ist darauf zu achten, daß zunächst die elementaren Bewegungsprogramme möglichst genau ausgebildet werden. Hierzu ist ein langsames Übetempo notwendig, die Konzentration liegt auf Genauigkeit. Wenn gleich zu Beginn zu schnell gespielt wird, schleichen sich leicht Unsauberkeiten in der Ausführung ein, und außerdem können die mit der Bewegung verbundenen Wahrnehmungsbilder nicht so gut behalten werden (s.a. Sage, 1984, S. 334).

Auch die Tatsache, daß die proportionale Zeitstruktur ein zentrales Charakteristikum eines Motorikprogramms ist, hat Bedeutung für die praktische Arbeit am Instrument. So ist es z.B. ratsam, daß einzelne Elemente einer zusammengesetzten Bewegung auf der Basis eines festen Rhythmus‘ eingeübt werden. Durch das Üben der rhythmischen Koordination der Teilkomponenten einer Bewegung wird die zeitliche Struktur allmählich fester und stabiler (Sherwood, 1989). Dies bedeutet, daß die Zeitverhältnisse der Teilbewegungen koordiniert und fixiert werden.

Dies soll an einem Beispiel erläutert werden. In der zweiten Hälfte des 19. Jahrhunderts wurden die Anschlagsbewegungen am Klavier häufig so geübt, daß die einzelnen Elemente separiert wurden. Der Übende hatte auf der Grundlage eines festen Taktschemas und mit lautem Zählen folgende Übung durchzuführen: Auf Schlag 1 wird der Finger gehoben, auf Schlag 2 fällt er auf die Tastenoberfläche, ohne jedoch die Taste herunterzudrücken, auf Schlag 3 wird die Taste niedergedrückt und auf Schlag 4 erfolgt das Heben der Taste (z.B. Pirani, 1905, S. 7). Durch diese Übung, die aus der Sicht der heutigen Klavierpädagogik auf den ersten Blick etwas fremdartig erscheint, wird erreicht, daß die einzelnen Bewegungselemente später auch im schnellen Tempo reibungslos zusammenspielen und die Zeitverhältnisse der Teilbewegungen genau festgelegt werden.

Eine weitere pädagogische Anregung betrifft die Ausbildung der zweiten Lernstufe. Um die Variabilität und Plastizität eines Motorikprogramms zu fördern, kann die Grundbewegung stärker variiert werden, als sie in der Realität auch tatsächlich vorkommt. Dadurch wird der Schwierigkeitsgrad erhöht. So kann man z.B. alle Tonleitern im C-Dur Fingersatz üben. Der Daumen wird auf diese Weise erheblich an Geschmeidigkeit gewinnen, denn er muß häufig auf eine Obertaste untersetzen, während der Finger, unter den der Daumen geschoben wird, eine weiße Taste anschlägt. Normale Variationen des Motorikprogramms, wie sie bei den üblichen Tonleiterfingersätzen auftreten, werden nach Absolvieren dieser Übung wesentlich leichter von der

Hand gehen. Zudem wird durch diese Übung auch der Grundstein zum Transponieren gelegt.

Eine andere Übungsvariante besteht darin, den Daumenuntersatz unter den 5. Finger zu üben. Durch diese Erschwerung, die beim Spiel von Stücken heutzutage selten angewendet wird, fällt das Untersetzen unter den 2., 3. und 4. Finger anschließend wesentlich leichter. Darüber hinaus steht einem Pianisten aber auch frei, den Untersatz unter den kleinen Finger als eigenes Motorikprogramm auszubilden (Kullak, 1876/1994, S. 195). In diesem Fall kann er diese Fertigkeit dann beim Spiel von Stücken regelmäßig einsetzen.

Es ist sinnvoll, eine Spielbewegung vielfältig zu variieren, um sie zu stabilisieren. Wenn beispielsweise ein Geiger einen schwierigen, weiten Lagenwechsel üben möchte, ist es ratsam, den Ausgangston, von dem aus der Zielton über den Lagenwechsel erreicht wird, variabel zu wählen. Auf diese Weise wird quasi das Ziel von verschiedenen Ausgangspositionen aus erreicht. In gleicher Weise ist es förderlich, den Ausgangston beizubehalten und den Zielton zu verändern. Bei beiden Übetechniken wird das Intervall des Lagenwechsels variiert (s.a. Harvey, Garwood & Palencia, 1987). Durch diese Übetechniken wird nicht nur der eigentliche Lagenwechsel stabilisiert, sondern auch die Angst vor dem Falschspielen abgebaut. Zudem werden auch noch andere Lagenwechsel trainiert, die eventuell in anderen Passagen eingesetzt werden können.

Die Beispiele aus dem Bereich des Instrumentallernens machen deutlich, daß man die Spanne an Variabilitätsanforderungen sehr viel weiter ziehen muß, als dies in der Motorikforschung üblicherweise der Fall ist. Vor allem die Überlegungen zum Erwerb entsprechender Fertigkeiten zeigen, daß man zwischen unwillkürlichen und intentional genutzten Veränderungen einer Bewegung unterscheiden muß. Was auf einer frühen Lernstufe als Fehler zu betrachten ist, kann vom Könner als Möglichkeit zur Gestaltung des musikalischen Ausdrucks genutzt werden (Beispiel: Abweichung von der präzisen proportionalen Zeitstruktur). Auch im Sport kennen wir derartige Bewegungsmerkmale. So können spezifische Variationen der proportionalen Zeit- oder Kraftstruktur in der rhythmischen Sportgymnastik auf hohem Niveau Ausdruck einer „persönlichen Note“ beim Bewegen sein, während sie beim Anfänger als Fehlerabweichung zu interpretieren sind. Denkbar wäre es, die Koordination des Weitsprunganlaufs auf eine ähnliche Art und Weise zu interpretieren.

Dabei wird deutlich, daß nicht alles, was intentional vorbereitet (gewünscht, geplant, ...) wird, in eine adäquate Bewegung umgesetzt werden kann. Die Motorik zeigt eine gewisse Widerständigkeit und Eigendynamik. Lernen ist dann auch immer ein Ausloten der Möglichkeiten, die das motorische System zuläßt. Dieses „An-die-Grenzen-stoßen“ und dabei „Die-Grenzen-Überschreiten“ ist einerseits typisch für das Instrumentallernen. Zum Teil werden ja sehr basale Bewegungen gelernt, gerade darin ist manche Schwierigkeit begründet. Andererseits finden wir ähnliche Phänomene auch im Sport. Wer je versucht hat, die Anfänge einer Kata im Karate zu üben, hat sich sicher gewundert, wie schwierig einfache, an sich gekonnte Bewegungen sein können.

Fehler beim Bewegungshandeln - Untersuchungen zum Einfluß von Emotionen, Motivation und Aufgabenstruktur unter Labor- und Feldbedingungen

Dieter Hackfort, Erik Schleiffenbaum & Ulf Schmidt

Einleitung

Fehler gehören im Sport als typischem Leistungskontext zur alltäglichen Erfahrung von Athleten wie von Trainern. Wissen über Bedingungen der Fehlerentstehung ist von entscheidender Bedeutung für die optimale Gestaltung von Trainingssituationen und für die Optimierung des Handelns im Wettkampf. Neben dieser praktischen Bedeutung von Fehlerforschung im Sport kann man aus Fehlerwissen außerdem Hinweise über das Ablaufen psychischer Prozesse im Handlungsregulationssystem erwarten (vgl. Nitsch, 2000). Ausgehend von dem Person-Umwelt-Aufgabe-Konzept (vgl. Nitsch & Hackfort, 1981; Hackfort, 1986; Nitsch, 1986) beschäftigt sich unsere Arbeitsgruppe mit der Fehlerthematik vor allem unter besonderer Berücksichtigung von Emotionen.

In diesem Beitrag wird auf zwei unabhängig voneinander durchgeführte Untersuchungen zurückgegriffen, in denen Handlungsfehler unter verschiedenen emotionalen Bedingungen auftraten. Die beiden Studien wurden ursprünglich unabhängig voneinander zu speziellen Fragen der Emotionsmodulation durchgeführt. Die Diskussion unerwarteter Befunde in der Arbeitssgruppe veranlaßte eine systematische Betrachtung im Sinne einer post-hoc-Analyse mit explorativem Charakter für die Fehlerthematik. Es handelt sich also nicht um eine forschungsstrategische Konzipierung aufeinander bezogener Studien zur Hypothesenprüfung unter Labor- und Feldbedingungen.

In beiden Untersuchungen wurde die Technik der Emotionsmodulation (vgl. Hackfort, 1998, 1999a, 1999b; Schmidt & Hackfort, 1999) mit dem Ziel eingesetzt, die Aufgabenbearbeitung unter unterschiedlichen emotionalen Zuständen zu untersuchen. Bei der ersten Untersuchung handelt es sich um eine Laborstudie, die auf dem Doppelaufgaben-Paradigma basiert. Die zweite Untersuchung ist eine Feldstudie mit Tischtennisspielern. Unter gleichen emotionalen Bedingungen zeigen die Probanden in der ersten Untersuchung ein ganz anderes Fehlerverhalten als in der zweiten Studie. Eine Erklärungsmöglichkeit wird mit Bezug auf die Situationsanalyse (s. Hackfort, 1986) in Unterschieden hinsichtlich der Aufgabenstruktur und damit in der anforderungsspezifischen Handlungsorganisation gesehen.

Theoretische Ausgangspunkte

Der situative Bezug des Handelns verweist darauf, daß auch Handlungsfehler situationsbezogen zu interpretieren und zu analysieren sind. Die absichtliche Verhaltensorganisation beim Handeln ist auf die Bewältigung einer Aufgabe gerichtet, die sich aus der Person-Umwelt-Beziehung ergibt. Die Aufgabe stellt also einen wesentlichen Bezugspunkt in der Situationsanalyse zur Aufklärung von Handlungsfehlern dar. Dem wird im folgenden Rechnung getragen, indem unterschiedliche Aufgabenstrukturen erläutert werden.
Für das Bewegungshandeln ist die Verbindung von psychischen und physischen Prozessen von grundlegender Bedeutung. Fehler beim Bewegungshandeln verweisen auf Unzulänglichkeiten oder Störungen in der Handlungsregulation, die in der Verbindung von psychischen (kognitiven und emotionalen) und physischen Prozessen zu suchen sind. Hier soll speziell auf Emotionen eingegangen werden. Mit dem Leistungsbezug von sportlichen Bewegungshandlungen wird die Anbindung der Emotion an die leistungsthematische Motivation relevant. Im Geschehen zwischen Emotionen und Fehlern ist die motivationale Dynamik besonders mit Bezug auf die Zielwahl bedeutsam. Diese Zusammenhänge werden hier im Rahmen der Handlungs(-fehler-)analyse aufgegriffen.
Zunächst wird das Fehlerverständnis erläutert. Im Anschluß daran werden Fehler mit Emotion und Leistungsmotivation in Beziehung gebracht. Die dann erfolgenden Ausführungen zur Aufgabenstruktur werden in den nachfolgend dargestellten Untersuchungen aufgegriffen.

Fehler

Fehlhandlungen lassen sich als Handlungen mit Ist-Sollwert-Abweichungen aufgrund eines Fehlers auffassen (vgl. Norman, 1981). Nitsch (2000, S. 14 ff.) präzisiert diese Definition: Um als Fehler durchzugehen, muß die Ist-Sollwert-Abweichung ein tolerierbares Maß überschreiten und muß aufgrund gegebener Qualifikation als vermeidbar angesehen werden. Außerdem unterliegt die Klassifizierung einer Abweichung als Fehler einer Eigen- und einer Fremdbeurteilung.
Nitsch (2000) zählt verschiedene Erklärungsansätze für Fehler auf. Zwei davon kommt in unserem Zusammenhang aufgrund ihres Bezuges zu theoretischen Überlegungen zum Doppelaufgaben-Paradigma (s. u.) besondere Bedeutung zu. Fehler können *(1) als Mangelerscheinung* auf seiten des Handelnden angesehen werden, sei es als Überforderungsfolge oder als Folge zu gering aktivierter Aufmerksamkeit. Fehler können aber auch *(2) als Folgen von Konflikten sich überlagernder, divergierender Handlungstendenzen* aufgefaßt werden.
Fehlertaxonomien können an unterschiedlichen Gesichtspunkten von Fehlern ansetzen (vgl. Nitsch, 2000). Maßgeblich ist dabei der Anwendungsbezug

der Taxonomie (Fehlerursachenerklärung, Fehlervermeidung, Folgenabschätzung usw.). Nitsch (2000) nennt zwei Klassen von Fehlertaxonomien: Symptomatologische Taxonomien (Wie äußert sich der Fehler im Verhalten, welcher Aufgabenaspekt ist betroffen? Welche Folgen hat der Fehler?) und ätiologische Taxonomien (Wie ist der Fehler zu erklären?). Diese Unterscheidung erscheint in strenger Auslegung nicht unproblematisch. Zapf, Brodbeck und Prümper (1989) und Nitsch (2000) weisen auf Bezüge zwischen symptomatologischen und ätiologischen Gesichtspunkten hin. Auf welcher Komponente eines Mensch-Maschine-Systems ein Fehler zu suchen ist, hängt von Aufgabenmerkmalen ab (vgl. Zapf, Brodbeck & Prümper, 1989). Was überhaupt als Fehler zu gelten hat, wird von Selbst- und Fremdbewertungen auch der Folgen bestimmt (vgl. Nitsch, 2000). Rein symptomatologisch bzw. ätiologisch orientierte Fehlertaxonomien können also leicht zu Fehlbeurteilungen von Fehlersituationen führen. Wir ziehen es daher vor, Fehler mit Bezug auf die Handlungssituation aus Person, Umwelt und Aufgabe (vgl. Nitsch & Hackfort, 1981; Hackfort, 1986; Nitsch, 1986) zu analysieren und dabei symptomatologische und ätiologische Gesichtspunkte gemeinsam zu betrachten. Welche Bedeutung der Situationskonstellation und speziell der Aufgabe zukommen kann, soll beispielhaft an zwei Untersuchungen dargelegt werden.

Emotion

Die Bedeutung von Emotionen für die Fehlerentstehung beschränkt sich nicht nur auf negativ erlebte Emotionen wie Angst (vgl. Hackfort & Schwenkmezger, 1993), die als Folge von gemachten Fehlern auftreten, die aber auch die Fehlerentstehung begünstigen können. Auch "positive" (als angenehm erlebte) Emotionen können negative Effekte auf Leistung und Fehlerzahl aufweisen, umgekehrt können auch "negative" Emotionen positive Effekte haben (vgl. Hackfort, 1998). Emotionen kommen handlungsregulierende Funktion zu (vgl. Nitsch & Hackfort, 1981; Hackfort, 1986, 1998; Nitsch, 1986; Nitsch & Munzert, 1997). In Betracht zu ziehen sind dabei sowohl *(1) energetisierende* als auch *(2) richtende* (bezüglich Aufmerksamkeit und Zielbildung) Funktionen. Der ersten Funktion entspricht (auf der negativen Seite) die Konzeption von Emotionen als emotionale Beanspruchung (vgl. z. B. Hackfort & Teipel, 1984). Die zweite Funktion kommt in allen Handlungssituationen in Betracht, die Freiheitsgrade bezüglich wählbarer aufgabenbezogener Handlungsalternativen aufweisen. Bezüge zur Fehlerthematik ergeben sich aus den angesprochenen Fehlerursachen Überforderung und Konflikt konkurrierender Handlungstendenzen.
In der Literatur finden sich Forschungsergebnisse zu beiden Aspekten. Allerdings fehlen bislang differenzierte Untersuchungen. So thematisiert z. B. Spies (1990) im Beitragstitel zwar den 'Einfluß von Emotionen auf die Ziel-

und Handlungswahl', beschränkt sich aber auf die Untersuchung negativer Stimmung und die Handlungsalternativen 'Aufgabe bearbeiten'/'Emotion bewältigen'. Der Bezug von Emotionen zu *aufgabenbezogenen* Zielhierarchien wird von ihr nicht thematisiert, sie handelt Emotionen also unter dem Aspekt der emotionalen Beanspruchung (und ihrer Bewältigung) ab. Schwarz und Bless (1991) diskutieren unterschiedliche 'Verarbeitungsmodi' bei der Aufgabenbearbeitung, unterscheiden dabei aber lediglich zwischen negativ und positiv erlebtem Affekt und generalisieren die angenommenen emotionsspezifischen kognitiven Strategien auf alle Aufgaben, ohne die zugrundeliegenden Prozesse der Zielbildung theoretisch oder empirisch genauer zu beleuchten.
Die Emotionsmodulation (Hackfort, 1998, 1999a, 1999b) basiert auf der theoretischen Annahme, daß der Mensch in Alltagssituationen ein Gemisch unterschiedlicher Emotionen erlebt. Daraus resultieren unterschiedliche, teilweise einander widersprechende Handlungstendenzen und die Aktivierung unterschiedlicher handlungsregulierender Subsysteme. Eine Emotionsmodulation hat zum Ziel, dieses diffuse Emotionsgemisch in Richtung bestimmter Emotionen so zu beeinflussen, daß daraus einheitliche gerichtete Handlungstendenzen und eine für bestimmte Handlungen geeignetere Aktivierungslage in handlungssteuernden Subsystemen resultieren. Dieses Ziel soll dadurch erreicht werden, daß einzelne Komponenten des Emotionsgemisches verstärkt, andere abgeschwächt werden. Emotionsmodulation unterscheidet sich also dadurch von Emotionsregulation und Emotionskontrolle, daß multidimensional angesetzt wird, anstatt nur eine Emotion oder nur die allgemeine Aktivierung anzusprechen. Das emotionale Befinden wird dabei in Richtung einzelner, benennbarer Emotionen moduliert. Neben der Art dieser "Orientierungsemotionen" ist auch der thematische Kontext (in unserem Falle leistungsbezogenes Handeln) entscheidend dafür, welche Subsysteme (eher energetisierende oder eher richtende) angesprochen werden.
Der wichtigen Stellung von Emotionen in der Handlungsregulation und den komplexen Verknüpfungen zu anderen handlungsregulierenden Subsystemen wird der gegenwärtige Kenntnisstand auch nicht annähernd gerecht. Der traditionell als eng angenommene Zusammenhang von Emotion und Leistungsmotivation (vgl. Frijda, 1987; Heckhausen, 1990; Fuchs, 1995) und die besondere Bedeutung der Leistungsmotivation in allen leistungsthematischen Bezügen legen es nahe, diesen Aspekt besonders zu thematisieren.

Leistungsmotivation

Das Leistungsmotiv ist besonders im Geschehen zwischen Emotionen und der Zielwahl von Bedeutung. Heckhausen (1963) unterschied zwei unterschiedliche Komponenten in der Struktur des Leistungsmotivs, Hoffnung auf Erfolg (HE) und Furcht vor Mißerfolg (FM), und lieferte mit einem Inhalts-

schlüssel zum TAT von Murray (1943) ein Instrumentarium zur Ermittlung der dispositionellen Gewichtung dieser Komponenten. Unter leistungsthematischer Anregung werden nach Heckhausens Theorie der Leistungsmotivation beide Komponenten nach Maßgabe ihrer dispositionellen Ausprägung angeregt und damit meßbar und wirksam für das Aufsuchen oder Meiden von Leistungssituationen. Bereits 1963 sprach Heckhausen (S. 65) davon, daß Furcht vor Mißerfolg sehr unterschiedliche - auch bezüglich der Leistung positive - Tendenzen aktivieren kann, auch wenn erst Fuchs (vgl. z. B. 1995) dezidiert zwischen zwei Komponenten der Mißerfolgsfurcht unterschied. Für das Handlungsprojekt förderlich ist diejenige, die zu vermehrter Anstrengung führt und hemmend diejenige, die zur Meidung von Leistungssituationen führt. In diesem Kontext ist besonders relevant, daß förderliche Mißerfolgsfurcht dazu führen kann, daß verstärkte Bemühungen auf die Bearbeitung von Teilzielen aufgewendet werden, deren Bearbeitung im Vergleich zu anderen Teilzielen zwar keinen großen Erfolg, aber eine wahrscheinlichere Abwendung eines großen Mißerfolgs verspricht.
Neben der von Heckhausen (1963, 1990) angesprochenen generalisierten Anregung des Leistungsmotivs, die zu einem dieser Disposition entsprechenden motivationalen Zustand führt, gehen wir von einer differentiellen Anregung einzelner Komponenten des Leistungsmotivs durch Emotionen aus. Für die Komponente Furcht vor Mißerfolg (FM) nehmen wir eine Anregung durch leistungsbezogene Emotionen vom Typ Enttäuschung (als Folge oder in Erinnerung eines Mißerfolgserlebnisses), für die Komponente Hoffnung auf Erfolg (HE) eine Anregung durch Emotionen vom Typ Freude (als Folge oder Erwartung eines Erfolgserlebnisses oder einer entsprechenden Erinnerung) an.

Aufgabenstruktur

Die in der ersten Untersuchung realisierte Aufgabe war eine klassische Doppelaufgabe. Die Probanden hatten einen sich bewegenden Punkt auf dem Bildschirm mit einem Nachführpointer in Deckung zu bringen (Tracking) und dabei gleichzeitig eine Reaktionsaufgabe zu bearbeiten (Pedaldruck auf unterschiedliche Signale am Bildschirm).
Doppelaufgaben sind bisher im Licht zweier verschiedener Forschungsbereiche betrachtet worden (für einen Überblick vgl. Schmidt, 1988). *(1) Beanspruchungsthematik:* Ursprünglich eingeführt, um Aufgaben hinsichtlich der durch sie bedingten mentalen Beanspruchung zu vergleichen (werden zwei Aufgaben nahezu perfekt bearbeitet, so ist diejenige Aufgabe, während deren Bearbeitung eine gleichzeitige Zusatzaufgabe besser bewältigt wird, die weniger beanspruchende), dienten Doppelaufgaben später dazu, Bedingungen und Auswirkungen mentaler Beanspruchung zu untersuchen (z. B. Hackfort & Teipel, 1984). *(2) Zielwahlthematik:* Hier geht es um die Untersu-

chung von Bedingungen und Prozessen der Zielwahl bei durch die beiden Teilaufgaben gegebenen konkurrierenden Zielen (ebenfalls thematisiert von Hackfort & Teipel, 1984; außerdem von Schmidt, Kleinbeck & Brockmann, 1984). Voraussetzung dafür, daß Doppelaufgaben zur Untersuchung von Zielwahlprozessen dienen können, ist, daß den Probanden hinsichtlich der Betonung einer der Aufgaben Freiheitsgrade gewährt werden.
Emotionen sind in beiden Zusammenhängen von Belang. Sie lassen sich unter dem Aspekt der *emotionalen Beanspruchung* oder *Energetisierung* thematisieren. Der Bezug zur Fehlerthematik ergibt sich aus der Konzeption von Fehlern als Mangelerscheinung (s. o.). Als *emotionale Beanspruchung* kommen vor allem (aber nicht nur; vgl. Hackfort & Schlattmann, 1991) sog. negative Emotionen in Betracht. Wirken Emotionen im Sinne einer emotionalen Beanspruchung, so ist bei Doppelaufgaben die Beeinträchtigung einer Teilaufgabe zu erwarten, ohne daß die andere Aufgabe gleichzeitig besser bearbeitet wird. Der *Energetisierungsaspekt* von Emotionen ist dann angesprochen, wenn die Leistung in einer der Teilaufgaben befördert wird, ohne daß dem eine Beeinträchtigung in der anderen Aufgabe korrespondiert.
Geht es um den Zusammenhang zwischen Emotionen und *Zielwahl*, ist eine gegensinnige Beeinflussung der Teilaufgaben zu erwarten (im Sinne eines "Trade-offs" zwischen beiden Aufgaben: Förderung der einen, Beeinträchtigung der anderen). Nach Schmidt, Kleinbeck und Brockmann (1984) rückt bei konfligierenden Teilaufgaben diejenige in den Vordergrund, die deutlichere Orientierungen (Ziele, Rückmeldungen) beinhaltet. Schmidt (1988) führt eine Reihe von Bedingungen an, unter denen Ziele bestimmter Teilaufgaben in den Vordergrund rücken können. Unter anderem wird eine ausdrückliche Instruktion, eine der Teilaufgaben als Hauptaufgabe zu betrachten, angeführt. Nach unseren Überlegungen sollte - abhängig von (durch Emotionsmodulation) angeregter Teilstruktur des Leistungsmotivs (FM oder HE) - diejenige Teilaufgabe (im Falle einer Anregung von FM) in den Vordergrund rücken bzw. betont werden, deren Bearbeitung im Vergleich zur anderen die Abwendung eines größeren Mißerfolges bedeutet.
In unseren Untersuchungen ging es um verschiedene Aufgaben. Die Aufgabe, die in der Felduntersuchung realisiert war, läßt sich in zwei Teilaufgaben zergliedern. Hier konfligieren die beiden Aufgaben nicht miteinander, sondern die Erfüllung der einen ist vom Erfolg in der anderen abhängig. Eine strukturelle Ähnlichkeit zur oben charakterisierten Doppelaufgabe ist insofern gegeben, als bei der zweiten Aufgabe ebenfalls eine Zielwahl hinsichtlich der Teilaufgaben stattfinden kann (allerdings nicht muß). Konkret handelt es sich um die Aufgabe, beim Tischtennis regelmäßig aus dem Balleimer zugespielte Bälle auf einem sich in der rechten Ecke der gegnerischen Spielhälfte befindenden Zielquadrat zu plazieren. Dies setzt die Erreichung des Zieles in der impliziten „Teilaufgabe“ voraus, nämlich das Treffen der gegnerischen Tischhälfte. In dieser Situation ist so etwas wie ein "Trade-off"

möglich, wenn auch nicht im klassischen Sinne: Spieler können hinsichtlich der Zielwahl Akzente setzen - das eigentlich gestellte, umfassendere (Treffer im Zielquadrat) oder das leichter zu errreichende, bescheidenere (Treffen der gegnerischen Tischhälfte). Mit einer anspruchsvolleren Zielverfolgung ist eine riskantere Spielweise gefordert und wird in Kauf genommen, dass ab und zu die gegnerische Tischhälfte überhaupt nicht getroffen wird. Eine höhere Zahl von (genauen) Zieltreffern wird bei einer solchen Spielweise durch eine erhöhte Zahl von Bällen erkauft, die den Tisch (völlig) verfehlen oder in das Netz gehen. Umgekehrt kann der Spieler aber auch auf Nummer sicher gehen und so bestrebt sein, möglichst die Tischhälfte zu treffen. Der Spieler erkauft in diesem Falle eine geringere Zahl von Bällen, die vollkommen daneben gehen mit einer geringeren Zahl von exakten Zieltreffern. Im Falle der in Untersuchung 2 gestellten Aufgabe war die Freiheit des Spielers, sich für eines der Teilziele zu entscheiden, explizit nicht gegeben. Die Bedingungen eines klassischen "Trade-off" waren nicht gegeben.
In Anlehnung an die Überlegungen im Abschnitt „Fehler" wird bei den Aufgaben beider Untersuchungen ein Mißerfolg in derjenigen Teilaufgabe als "Fehler" bezeichnet, bei der ein Mißerfolg in deutlicherer Weise in Erscheinung tritt. Bei der klassischen Doppelaufgabe im Labor ist dies bei der Reaktionsaufgabe der Fall. Bei der Tischtennisaufgabe wird ein völlig verschlagener Ball (ins Netz oder außerhalb des Tisches) als Fehler angesehen (was im normalen Spiel zum Punktgewinn für den Gegner führt).

Zwischenfazit

Zwei Klassen von Fehlerursachen werden unterschieden: (1) Fehler treten in Folge einer Überlastung der handlungsregulierenden Systeme auf, etwa im Sinne einer emotionalen und/oder mentalen Beanspruchung. (2) Fehler treten auf, wenn in einer Handlungssituation Konflikte zwischen unterschiedlichen Handlungszielen bestehen.
Mit diesen Fehlerursachen stehen zwei Funktionen des emotionalen Systems in Beziehung: (1) Emotionen haben Bedeutung für die Energetisierung, und somit für die Aktivierung von Ressourcen, die für die Handlung bereitstehen, oder indem sie eine Beanspruchung von Ressourcen darstellen (z. B. aufgabenirrelevante Gedanken nach sich ziehen). (2) Emotionen haben orientierende Funktion, indem sie einzelne aufgabenbezogene Ziele auf Kosten anderer in den Vordergrund rücken. Welche Ziele in den Vordergrund rücken, ist unter anderem von motivationalen Voraussetzungen der handelnden Person und ihrer spezifischen Anregung unter unterschiedlichen emotionalen Bedingungen abhängig.
Neben der Art handlungsbegleitender Emotionen sind Merkmale der Aufgabenstruktur bedeutsam dafür, welche der beiden Funktionen von Emotionen im Vordergrund stehen können. (1) Läßt die Aufgabe eine Entscheidung

zwischen Teilzielen nicht zu, werden Emotionen nur in ihrer Bedeutung als Beanspruchung oder Energetisierung wirksam werden. (2) Ist die Aufgabe so in Teilaufgaben gegliedert, daß einzelne Teilziele auf Kosten anderer in den Vordergrund rücken können, kommen neben der energetisierenden auch orientierende Funktionen von Emotionen ins Spiel. Die Beachtung der Aufgabenstruktur ist darüber hinaus wesentlich für die Bedeutung der Fehler und ihre Vermeidung für übergeordnete Ziele der Person und damit dafür, ob Fehler unter bestimmten emotionalen Bedingungen wahrscheinlicher oder unwahrscheinlicher werden.

Aus diesen Überlegungen läßt sich folgende Vermutung ableiten. Je nach Art der Wirkung der durch Emotionsmodulation erzeugten emotionalen Zustände sind zwei Möglichkeiten eines Einflusses auf die Leistung denkbar. Emotionale Zustände können

a) die Leistung beider Teilaufgaben gleichsinnig oder nur einer Teilaufgabe beeinträchtigen oder fördern (Wirkung im Sinne einer emotionalen Beanspruchung/Energetisierung).
b) die Leistung in einer der Teilaufgaben auf Kosten der anderen fördern ("Trade-off" zwischen den Aufgaben, Wirkung im Sinne eines Einflusses auf Zielwahlprozesse).

Untersuchungen

Im folgenden werden zwei Untersuchungen zur Emotionsmodulation herangezogen und im Sinne einer explorativen post-hoc Analyse mit Bezug auf die Fehlerthematik hinsichtlich der skizzierten Zusammenhänge ausgewertet und diskutiert. Das Anliegen besteht in einem Beitrag zur Aufklärung der Bedeutung unterschiedlicher emotionaler Bedingungen für das Auftreten von Fehlern.

Untersuchung 1: Laborstudie

Untersuchung 1 wurde im sportpsychologischen Labor des Institutes für Sportwissenschaft und Sport der Universität der Bundeswehr München durchgeführt.

Methodik

Untersuchungsteilnehmer

48 Leistungssportler aus unterschiedlichen Sportarten von Landesniveau bis internationalem Niveau nahmen an der Untersuchung teil (Alter: M = 24.6 Jahre, SD = 2.9). Die Zuordnung zu den drei Versuchsgruppen und der Kontrollgruppe erfolgte zufällig. Bezüglich Leistungsniveau und Alter bestand kein signifikanter Unterschied zwischen den Untersuchungsgruppen.

Untersuchungsverfahren

SB-Skalen

Zur Erfassung emotionsbezogener Veränderungen in Folge der Emotionsmodulation wurden die SB-Skalen von Hackfort und Schlattmann (1995) in der Version zur direkten Veränderungseinschätzung eingesetzt. Die SB-Skalen in dieser Version erlauben die Einschätzung emotionaler Befindensveränderungen relativ zu einer angegebenen vorherigen Bezugssituationen hinsichtlich acht Dimensionen. Die Einschätzung der Veränderung erfolgt auf einer Skala von -5 (stark verringert) über 0 (unverändert) bis +5 (stark erhöht).

Sportspezifischer Thematischer Apperzeptionstest (TAT-S)

Ein in Anlehnung an den TAT von Murray (1943) entwickeltes sportspezifisches Verfahren (TAT-S) wurde zur Erfassung der Struktur des Leistungsmotivs eingesetzt. In dem Verfahren kommen sportspezifische Bilder zum Einsatz. Zur Erfassung des Leistungsmotivs ist dabei der Einsatz nur einer Vorlage vorgesehen. Dieses Verfahren läßt den Einsatz verschiedener Auswertungsschlüssel zu. Hier wird über die Auswertung unter Rückgriff auf Heckhausens (1963) Inhaltsschlüssel berichtet. Ermittelt wurden dementsprechend Werte für Hoffnung auf Erfolg (HE), Furcht vor Mißerfolg (FM) und Netto-Hoffnung (HE-FM).

Emotionsmodulation

Emotionsmodulation wurde angewandt, um gezielt Einfluß auf emotionale Befindenszustände zu nehmen. Emotionsmodulation kann auf verschiedene Art umgesetzt werden (vgl. Hackfort, 1998, 1999a 1999b). Im Falle dieser Untersuchung kamen Diaserien zu drei verschiedenen Emotionsclustern zum Einsatz: Freude-Stolz, Ärger-Wut und Niedergeschlagenheit-Enttäuschung. Die Diaserien umfassen jeweils sechs Bilder und sind in einer eigenen Untersuchung aus einem größeren Pool über Ratings dreier Experten und einer studentischen Stichprobe hervorgegangen. Für jede der drei Versuchsgruppen war eine Emotionsmodulation in Richtung einer der drei Emotionscluster vorgesehen. Den Probanden wurden somit sechs Dias präsentiert mit der Aufforderung, dasjenige herauszusuchen, das sie als möglichst typisch für den genannten Emotionscluster ansahen und das sie an eine selbst erlebte Situation der Vergangenheit erinnert. Das gewählte Bild wurde nochmals gezeigt, und die Probanden wurden gebeten, sich die Situation so lebhaft wie möglich vorzustellen mit dem Ziel, den emotionalen Zustand nachzuerleben. Die Probanden sollten die Erinnerung möglichst in allen Facetten, d. h. unter Einschluß von Handlungstendenzen und mimischem Ausdruck zurückrufen. Die Probanden sollten den Versuchsleiter informieren, sobald sie den Eidruck hatten, die Emotion erfolgreich in sich hervorgerufen zu haben und damit den Abschluß der Emotionsmodulation markieren.

Aufgaben
Zunächst war eine Trackingaufgabe (vgl. Hammerton, 1989) *ohne* zusätzliche Reaktionsaufgabe zu bearbeiten, anschließend diese Trackingaufgabe *mit* gleichzeitig zu bearbeitender Reaktionsaufgabe (s. Hackfort & Schleiffenbaum, 2000). In der Instruktion wurde angesprochen, daß es sich bei der Trackingaufgabe um die wichtigere Aufgabe handelt. In erster Linie käme es auf die Genauigkeit an, Fehler (falsche und fehlende Reaktionen) würden jedoch registriert.

Untersuchungsplan

Es handelt sich um einen Versuchsplan mit Pre- und Posttest an drei Versuchsgruppen und einer Kontrollgruppe.
Zum ersten Meßzeitpunkt hatten alle Probanden die Trackingaufgabe zunächst ohne und dann mit zusätzlicher Reaktionsaufgabe zu bearbeiten. Zum zweiten Meßzeitpunkt erhielten die drei Versuchsgruppen als Erstes eine Emotionsmodulation in Richtung jeweils eines anderen Emotionsclusters; die Kontrollgruppe erhielt keine Emotionsmodulation, sondern ein zwar sportbezogenes, emotional jedoch nur schwach geladenes und ambivalentes Bild. Danach war wieder zuerst die Trackingaufgabe ohne und im Anschluß daran die Trackingaufgabe mit zusätzlich zu absolvierender Reaktionsaufgabe zu bearbeiten. So ergibt sich ein zweifaktorieller Versuchsplan mit dem zweistufigen Faktor "Meßzeitpunkt" in Meßwiederholung und dem vierstufigen Faktor "Gruppe" (s. Tab. 1).

Tab. 1: Untersuchungsplan der Untersuchung 1.

Untersuchungsgruppen	T1 (Vortest)	T2
Versuchsgruppe "Freude" 12 Probanden	**TAT-S TR TR+RT**	**EM (F/S) SB-V TR TR+RT**
Versuchsgruppe "Wut" 12 Probanden	**TAT-S TR TR+RT**	**EM (Ä/W) SB-V TR TR+RT**
Versuchsgruppe "Enttäuschung" 12 Probanden.	**TAT-S TR TR+RT**	**EM (N/E) SB-V TR TR+RT**
Kontrollgruppe 12 Probanden	**TAT-S TR TR+RT**	**NB SB-V TR TR+RT**

TAT-S	= an den TAT angelehntes Verfahren
TR	= Trackingaufgabe
TR+RT	= Trackingaufgabe plus Reaktionsaufgabe
EM	= Emotionsmodulation
(F/S):	= in Richtung Freude/Stolz
(Ä/W):	= in Richtung Ärger/Wut
(N/E):	= in Richtung Niedergeschlagenheit/Enttäuschung
NB	= Darbietung eines emotional wenig geladenen ambivalenten ("neutralen") Bildes
SB-V	= SB-Skalen, Veränderungsversion

Ergebnisse

Zunächst werden die Ergebnisse zur emotionsbezogenen Wirkung der eingesetzten Emotionsmodulation berichtet. Daran schließen sich die Ergebnisse zur Aufgabenbearbeitung an. Als Signifikanzniveaus gelten: (*) p<.10, * p<.05, ** p<.01, *** p<.001.

Emotionale Wirkungen der Emotionsmodulation

Die Betrachtung der Befindensveränderungswerte unmittelbar nach Emotionsmodulation zeigt für alle drei Experimentalgruppen (Emotionsmodulation in Richtung Freude, Wut und Enttäuschung) zumindest signifikante Abweichungen von den Erwartungswerten Null (vgl. Tab. 2). Die Messung an der Kontrollgruppe erfolgte ohne vorherige Emotionsmodulation. Die Veränderungswerte für diese Gruppe unterscheiden sich nicht signifikant von Null.

Tab. 2: Befindensveränderung, Messung unmittelbar nach Emotionsmodulation für die drei Experimentalgruppen und die Kontrollgruppe. Multivariate Einstichproben-T^2-Tests gegen den Vektor der Erwartungswerte Null.

	T^2	F	df1	df2
Enttäuschung	**13.14**	**6.57** *	**8**	**4**
Freude	**31.50**	**15.75** **	**8**	**4**
Wut	**52.76**	**26.38** **	**8**	**4**
Kontrollgruppe	**1.95**	**.97**	**8**	**4**

Die Ergebnisse einer Varianzanalyse (F(24,108)= 10.03; p<.001) über die vier Gruppen zeigen, dass sich die Gruppen mit Emotionsmodulation in unterschiedliche Richtungen hoch signifikant hinsichtlich der hervorgerufenen Befindensveränderungen unterscheiden. Damit ist die Wirksamkeit der Emotionsmodulation belegt.

Trackingaufgabe
Die Trackingaufgabe wurde zu beiden Meßzeitpunkten zunächst ohne und danach mit gleichzeitig zu bearbeitender Reaktionsaufgabe dargeboten. Zunächst die Ergebnisse der Aufgabe ohne Zusatzaufgabe.

Trackingaufgabe ohne Zusatzaufgabe
Vorab wurde überprüft, inwiefern eine Varianzanalyse zum Gruppenvergleich bezüglich der Leistungsveränderung angezeigt ist. Tabelle 3 zeigt die diesbezüglichen Ergebnisse aus der Trackingaufgabe ohne Zusatzaufgabe.

Tab. 3: Aufgabe *ohne* Zusatzaufgabe: Abweichung des Nachführpointers von der Vorgabe in Pixel: Mittelwerte und Standardabweichungen und Vergleiche der vier Gruppen zum ersten und zum zweiten Meßzeitpunkt sowie der Vergleich beider Messungen innerhalb der Gruppen.

	T1		T2			t(11)
	M	SD	M	SD	n	
Enttäuschung	**13.01**	**9.58**	**12.92**	**8.07**	**12**	**.04**
Freude	**11.52**	**6.81**	**8.43**	**4.47**	**12**	**1.33**
Wut	**11.62**	**5.67**	**8.28**	**3.29**	**12**	**1.91 (*)**
KG	**10.65**	**6.15**	**9.08**	**6.05**	**12**	**.86**
F(3,44)	**.22**		**1.73**		**48**	

Zu keinem der beiden Meßzeitpunkte unterscheiden sich die Leistungen der vier Gruppen. Bei allen Gruppen findet sich ein Leistungsanstieg (verringerte Abweichung) vom ersten zum zweiten Meßzeitpunkt. Lediglich in der Gruppe "Wut" ist der Leistungsanstieg annähernd signifikant.
Bei einem varianzanalytischen Vergleich mit den Faktoren "Meßzeitpunkt" und "Gruppe" entspricht der tendenziell signifikante Effekt "Meßzeitpunkt" (F(1,44)= 3.71.10; p<.10) dem einheitlichen Leistungsanstieg in allen Gruppen. Ein statistisch bedeutsamer Gruppenunterschied (F(3,44)= .94; n.s.) findet sich nicht, auch nicht hinsichtlich der Leistungsentwicklung (Interaktion; (F(3,44)= .51; n.s.).

Leistung in der Trackingaufgabe mit Zusatzaufgabe
Tabelle 4 zeigt die Trackingleistung unter gleichzeitiger Bearbeitung der Reaktionsaufgabe.

Tab. 4: Aufgabe *mit* Zusatzaufgabe: Abweichung des Nachführpointers von der Vorgabe in Pixel: Mittelwerte und Standardabweichungen und Vergleiche der vier Gruppen zum ersten und zum zweiten Meßzeitpunkt sowie der Vergleich beider Messungen innerhalb der Gruppen.

	T1		T2			t(11)
	M	SD	M	SD	n	
Enttäuschung	**15.13**	**6.93**	**10.68**	**5.86**	**12**	**1.83 (*)**
Freude	**10.21**	**6.45**	**10.76**	**8.62**	**12**	**-.19**
Wut	**14.15**	**6.77**	**14.91**	**13.53**	**12**	**.09**
KG	**13.66**	**6.97**	**12.08**	**7.30**	**12**	**.95**
F(3,44)	**1.20**		**.54**		**48**	

Die Gruppen unterscheiden sich zum ersten Zeitpunkt stärker als zum zweiten. Zu beiden Zeitpunkten jedoch nicht signifikant. Die Gruppen "Freude" und "Wut" verschlechtern ihre Leistung vom ersten auf den zweiten Zeitpunkt leicht, die Gruppe "Enttäuschung" und die Kontrollgruppe dagegen zeigen bei der zweiten Bearbeitung der Aufgabe eine bessere Leistung. Nur für die Gruppe "Enttäuschung" ist der - vergleichsweise große, aber nicht sehr konsistente - Unterschied beider Meßzeitpunkte annähernd signifikant. Bezüglich der Varianzanalyse sind weder signifikante Haupteffekte noch ein signifikanter Interaktionseffekt zu finden.

Leistungsdifferenz zwischen Trackingaufgabe ohne und Trackingaufgabe mit Zusatzaufgabe - "Beeinträchtigungswerte"

Die Differenz zwischen der Leistung in der Trackingaufgabe ohne Zusatzaufgabe und der Leistung in der Trackingaufgabe mit Zusatzaufgabe soll in Anlehnung an Bornemann (1943) als Maß für die Beeinträchtigung der Trackingleistung durch gleichzeitiges Bearbeiten der Reaktionsaufgabe verstanden werden. Die Differenz zwischen den beiden Messungen wurde als ipsatorischer Meßwert herangezogen (vgl. Bortz, 1989). Zu beachten ist hier, daß die Differenzwerte in Tabelle 5 so berechnet wurden, daß positive Werte positiven (also "echten") Beeinträchtigungen entsprechen. Da bei Abweichungswerten niedrige Werte hohen Leistungen entsprechen, wurde daher die Leistung *ohne* Zusatzaufgabe von der Leistung *mit* Zusatzaufgabe abgezogen.

Tab. 5: Differenz der Abweichung des Nachführpointers von der Vorgabe aus Aufgabe mit verdrehter Steuerung/Zusatzaufgabe und Aufgabe mit verdrehter Steuerung ohne Zusatzaufgabe: Mittelwerte und Standardabweichungen und t-Test für abhängige Stichproben innerhalb der Gruppen.

	T1		T2			t(11)
	M	SD	M	SD	n	
Enttäuschung	**2.12**	**6.98**	**-2.24**	**5.97**	**12**	**2.91 ***
Freude	**-1.31**	**5.41**	**2.33**	**5.25**	**12**	**-1.59**
Wut	**2.53**	**3.76**	**6.63**	**10.62**	**12**	**-1.12**
KG	**3.01**	**5.54**	**3.00**	**4.79**	**12**	**.01**
F(3,44)	**1.51**		**3.20 ***		**48**	

Die negativen „Beeinträchtigungswerte" für die Gruppen "Freude" (zu T1) und "Enttäuschung" (zu T2) bedeuten, daß die Aufgabe (Tracking) mit Zusatzaufgabe (Reaktionsaufgabe) besser bewältigt wurde als die Aufgabe ohne Zusatzaufgabe. Zum ersten Meßzeitpunkt unterscheiden sich die Gruppen hinsichtlich der Beeinträchtigungen durch die Zusatzaufgabe nicht signifikant. Bei der Gruppe "Enttäuschung" wird die Beeinträchtigung der Trakkingaufgabe durch die Zusatzaufgabe vom ersten zum zweiten Meßzeitpunkt schwächer, bei den anderen beiden Experimentalgruppen stärker, bei der Kontrollgruppe bleibt sie nahezu unverändert. Nur bei der Gruppe Enttäuschung ergibt sich ein signifikanter Befund. Auffällig sind die beiden negativen "Beeinträchtigungswerte". Vor der Diskussion der Ergebnisse sei hier schon darauf hingewiesen, daß in diesen Fällen die Probanden offensichtlich vom Übungseffekt (zuerst wurde die Aufgabe ohne Zusatzaufgabe bearbeitet, also auch geübt) stärker profitieren, als sie durch die Zusatzaufgabe beeinträchtigt wurden.

Bei einem zweifaktioriellen varianzanalytischen Vergleich sind sowohl der Haupteffekt "Gruppe" ($F(3,44)= 2.51$; $p<.10$) als auch die Interaktion ($F(3,44)= 2.61$; $p<.10$) tendenziell signifikant. Der Haupteffekt ist vor allem auf den signifikanten Unterschied zwischen den Gruppen zu T2 zurückzuführen.

Einzelvergleiche zwischen den Experimentalgruppen einerseits und der Kontrollgruppe andererseits sind in Tabelle 6 wiedergegeben. Der tendenziell signifikante Interaktionseffekt aus dem Einzelvergleich der Gruppe "Enttäuschung" mit der Kontrollgruppe deutet auf für diese Gruppen unterschiedliche Gradienten des "Beinträchtigungswertes" (Differenz Leistung bei Aufgabe *mit* minus Aufgabe *ohne* Zusatzaufgabe) von T1 nach T2 hin.

Tab. 6: Abweichung des Nachführpointers von der Vorgabe, Differenz Aufgabe mit Zusatzaufgabe und Aufgabe ohne Zusatzaufgabe: Einzelvergleiche zwischen den Experimentalgruppen einerseits und der Kontrollgruppe andererseits.

	Vergleiche mit Kontrollgruppe	
	Effekt "Gruppe" F(1,22)	Interaktion Gruppe X Zeit F(1,22)
Gruppe "Enttäuschung"	**2.09**	**3.80 (*)**
Gruppe "Freude"	**2.39**	**1.66**
Gruppe "Wut"	**.71**	**1.05**

Fehler in der Zusatzaufgabe

Als Fehler in der Zusatzaufgabe zählen sowohl falsche als auch fehlende Reaktionen. Die mittleren Anzahlen der Fehler finden sich in Tabelle 7.

Tab. 7: Zusatzaufgabe: Korrigierte Anzahl Fehler: Mittelwerte und Standardabweichungen und Vergleiche der vier Gruppen zum ersten und zum zweiten Meßzeitpunkt sowie Vergleich beider Messungen innerhalb der Gruppen.

	T1		T2			t(11)
	M	SD	M	SD	n	
Enttäuschung	**2.82**	**2.60**	**5.03**	**5.07**	**12**	**-1.82 (*)**
Freude	**2.86**	**3.45**	**1.39**	**2.27**	**12**	**2.69 ***
Wut	**3.26**	**3.23**	**2.82**	**3.24**	**12**	**.44**
KG	**3.38**	**2.58**	**2.56**	**2.92**	**12**	**1.16**
F(3,44)	**.11**		**2.22 (*)**		**48**	

Zum ersten Zeitpunkt unterscheiden sich die Gruppen hinsichtlich der Fehlerzahl nicht. In der Gruppe "Enttäuschung" steigt die mittlere Fehlerzahl von T1 nach T2 auf fast das Doppelte an (tendenziell signifikant). In den anderen Gruppen sinkt sie - in der Gruppe "Freude" auf einen weniger als halb so großen Wert (signifikant).

Bei einem varianzanalytischen Vergleich über alle Gruppen hinweg ergibt sich ein signifikanter Interaktionseffekt. ($F(3,44)= 3.19$; $p<.05$). Bei nachfolgenden Einzelvergleichen zeigt sich ein signifikanter Interaktionseffekt jedoch nur für die Gruppe „Enttäuschung" ($F(1,22)= 4.65$; $p<.05$).

Korrelationsanalysen

Tabelle 8 zeigt die Korrelationen zwischen den Kennwerten des Leistungsmotivs (HE und FM) mit den Abweichungswerten in der Trackingaufgabe sowie der Fehlerzahl in der Reaktionsaufgabe unter "Normalbedingungen", d. h. ohne gezielte Emotionsmodulation.

Außer der sehr signifikanten negativen Korrelation zwischen den beiden Motivationskennwerten findet sich eine signifikant positive Korrelation zwischen der Zahl der Fehler in der Reaktionsaufgabe und FM. Signifikante Zusammenhänge zwischen HE und den Leistungsvariablen ergaben sich nicht, ebenso wenig Zusammenhänge zwischen der Leistung in der Trakkingaufgabe und HE oder FM.

Tabelle 9 enthält die Korrelationen zwischen den Gradienten von T1 nach T2 für Fehlerzahl und Abweichungswerte mit den Motivationskennwerten HE und FM.

Tab. 8: Korrelationen Kennwerte Leistungsmotiv und Leistungsmaße zu T1, (ohne Emotionsmodulation), alle Probanden (n=48).

	Abweichung Trackingaufgabe	Fehler Reaktionsaufgabe	FM	HE
Abweichung Trackingaufgabe	-	**.04**	**-.08**	**.07**
Fehler Reaktionsaufgabe		-	**.31***	**-.12**
FM			-	**-.49****
HE				-

Die Gradienten der Fehler und der Abweichungen von T1 nach T2 korrelieren in der Gruppe "Enttäuschung" negativ mit FM: Größere Werte von FM gehen mit größeren Fehler- und Abweichungszuwächsen nach Emotionsmodulation in Richtung Enttäuschung einher. Die Gradienten von Fehlern in der Reaktionsaufgabe und Abweichungen in der Trackingaufgabe korrelieren in dieser Gruppe so gut wie gar nicht. In den beiden anderen Experimentalgruppen finden sich ebenfalls keine signifikanten Korrelationen zwischen den Motivationskennwerten einerseits und den Gradienten der Leistungsmaße andererseits. Auch korrelieren Fehler- und Abweichungsgradienten in den

Tab. 9: Korrelationen Kennwerte Leistungsmotiv und Gradienten der Leistungsmaße von T1 (ohne Emotionsmodulation) nach T2 (nach Emotionsmodulation) für die Experimentalgruppen und die Kontrollgruppe (stets n=12).

	Abweichung Trackingaufgabe	Fehler Reaktionsaufgabe	FM	HE	Gruppe
Abweichung Trackingaufgabe	-	**-.08**	**-.13**	**-.02**	Enttäuschung
	-	**.04**	**.26**	**.33**	Freude
	-	**.36**	**-.30**	**.05**	Wut
	-	**.74****	**.23**	**.13**	Kontrollgruppe
Fehler Reaktionsaufgabe		-	**-.22**	**.39**	Enttäuschung
		-	**-.19**	**.34**	Freude
		-	**-.09**	**.40**	Wut
		-	**-.10**	**.19**	Kontrollgruppe
FM			-	**-.43**	Enttäuschung
			-	**-.50(*)**	Freude
			-	**-.56(*)**	Wut
			-	**-.39**	Kontrollgruppe
HE				-	Enttäuschung
				-	Freude
				-	Wut
				-	Kontrollgruppe

Gruppen "Freude" und "Wut" nicht signifikant untereinander. In der Kontrollgruppe findet sich dagegen eine sehr signifikante, positive Korrelation der Leistungsmaßgradienten, d. h. werden zu T2 mehr Fehler in der Reaktionsaufgabe gemacht als zu T1, sind zu T2 auch die Abweichungen in der Trackingaufgabe größer als zu T1. Ein Trade-off findet also auch in der Kontrollgruppe nicht statt.

Zusammenfassende Diskussion der Ergebnisse aus Untersuchung 1
Zunächst ist festzustellen, daß die Emotionsmodulation in allen Experimentalgruppen eine starke Wirkung auf das Befinden hat, die je nach qualitativer Richtung unterschiedlich ausfällt. Was die einfache Trackingaufgabe ohne Zusatzaufgabe betrifft, konnte keine signifikante Wirkung der Emotionsmodulation nachgewiesen werden. Zwar verbessert die Gruppe "Wut" ihre Leistung in dieser Aufgabe nach Emotionsmodulation tendenziell signifikant, jedoch unterscheidet sich der Leistungszuwachs nicht signifikant von dem in der Kontrollgruppe.
Ähnlich sieht es auf den ersten Blick für die Trackingaufgabe mit Zusatzaufgabe aus: Hier verbessert sich die Gruppe "Enttäuschung" tendenziell signifikant, wieder ist der Unterschied zum Leistungszuwachs in der Kontrollgruppe nicht signifikant. Betrachtet man jedoch mit einem zweiten Blick die Differenz zwischen den Leistungen in der Aufgabe mit und ohne Zusatzaufgabe als Maß der Beeinträchtigung durch die Zusatzaufgabe, findet sich ein signifikantes Absinken der Beeinträchtigung für die Gruppe "Enttäuschung" (sogar bis in den negativen Bereich!) - in allen anderen Gruppen steigt dieser "Beeinträchtigungswert" an. Der Verlauf der Beeinträchtigung für die Gruppe "Enttäuschung" unterscheidet sich auch signifikant von dem der Kontrollgruppe.
Der in der Gruppe "Enttäuschung" gesunkenen Beeinträchtigung durch die Zusatzaufgabe korrespondiert ein gestiegener Fehlerwert in der Zusatzaufgabe für diese Gruppe (tendenziell signifikant, im Vergleich mit dem Verlauf in der Kontrollgruppe signifikant). Die Gruppe "Enttäuschung" scheint also eine im Anschluß an die Emotionsmodulation gesunkene Beeinträchtigung mit einer steigenden Fehlerzahl erkauft zu haben, während sich in den anderen Gruppen kein Indiz für einen solchen Trade-off findet. Die sehr signifikante positive Korrelation dieser Gradienten in der Kontrollgruppe macht deutlich, daß in dieser Gruppe die verschlechterte Trackingleistung (als Abweichung) mit einer erhöhten Fehlerzahl einhergeht, Leistungsveränderungen also synchron über beide Teilaufgaben laufen.
Die Korrelationsanalysen offenbaren zwar nicht die vermutete Vermittlerrolle der motivationalen Variablen (für die Gruppe Enttäuschung: FM) im Trade-off-Prozeß, allerdings scheint FM nicht ganz ohne Bedeutung für die Fehlerzahl zu sein, wie die signifikant positive Korrelation zwischen FM und der Fehlerzahl unter "Normalbedingungen" (zu T1) andeutet.

Untersuchung 2: Feldstudie

Das allgemeine Anliegen dieser Untersuchung, welche in einem Sportverein in München durchgeführt wurde, bestand darin, das Verfahren der Emotionsmodulation unter Feldbedingungen zu überprüfen.

Methodik

Untersuchungsteilnehmer

An der Untersuchung nahmen 48 männliche jugendliche Tischtennisspieler des lokalen Nachwuchskaders teil (Alter: M = 13.88 Jahre, SD = 1.12). Alle Teilnehmer waren Rechtshänder. Die Zuordnung zu Versuchs- und Kontrollgruppe erfolgte zufällig. Zwischen Versuchs- und Kontrollgruppe bestand kein signifikanter Unterschied hinsichtlich Alter und Wettkampferfahrung.

Untersuchungsverfahren

SB-Skalen

Zur Erfassung emotionsbezogener Veränderungen in Folge der Emotionsmodulation wurden wie in Studie 1 die SB-Skalen von Hackfort und Schlattmann (1995) in der Veränderungsversion eingesetzt.

Thematischer Apperzeptionstest (TAT)

Die Struktur des Leistungsmotivs wurde vor Beginn der Untersuchung durch den TAT (Murray, 1943) ermittelt. Nach dem Auswertungsschlüssel von Heckhausen (1963) wurden Hoffnung auf Erfolg (HE), Furcht vor Mißerfolg (FM) und die Netto-Hoffnung (HE-FM) bestimmt.

Emotionsmodulation

Es wurde, wie in Studie 1, eine Emotionsmodulation in Richtung dreier unterschiedlicher Emotionen durchgeführt. Das Verfahren unterschied sich jedoch in der folgenden Weise von dem in Studie 1. Als Material für die Emotionsmodulation wurde hier kein standardisiertes Material herangezogen. Anläßlich von Spielsituationen innerhalb des Trainings, die der Untersuchung vorangingen, wurden von allen Teilnehmern jeweils fünf Fotos gemacht, die sie beim Ausdruck der drei Emotionen Freude, Wut und Enttäuschung zeigten. Dazu wurden für jeden Teilnehmer fünf Bilder angefertigt, die ihn in einer emotional möglichst neutralen Spielsituation zeigen, in der sein Emotionsausdruck möglichst schwach und vor allem nicht in eine bestimmte Richtung deutbar war. Vor der eigentlichen Untersuchung wurde jeder Teilnehmer befragt, welches der fünf Bilder zu jeder Emotion jeweils typischer für diese Emotion ist und welches der "neutralen" Bilder ihn in einer emotional möglichst wenig geladenen Situation zeigt. Zur Emotionsmodulation wurde jedem Teilnehmer dann nur das eine Bild vorgelegt, das ihn selbst in der emotionalen Lage zeigte, in deren Richtung die Emotionsmodulation intendiert war. Der Proband wurde gebeten, sich die dargestellte Situation lebhaft zu vergegenwärtigen.

Leistungsmaße

In einer regelmäßigen Balleimerübung mit 40 zu schlagenden Bällen in 60 Sekunden (Vorhand-Topspin diagonal auf Vorhand Unterschnitt) wurde gezählt, wie oft die Probanden ein angegebenes Zielquadrat (15 mal 15 cm) trafen ("Zieltreffer", "zielgenaue Bälle") und wie oft der retournierte Ball die gegnerische Seite verfehlte ("Fehler"). Unter den Fehlern sind Bälle ins Netz, sowie Fälle, in denen der Ball überhaupt nicht getroffen wurde, und Bälle, die über den Tisch hinaus geschlagen wurden, zusammengefaßt.
Als Verhältnis zwischen den beiden genannten Leistungskennwerten wurde darüber hinaus zur Verdeutlichung als integratives Maß noch der "Fehlerquotient" berechnet. Dabei handelt es sich um den prozentualen Anteil der Fehler an den nicht im Zielquadrat plazierten Bällen: Fehlerquotient=100 x (Fehler/(40-Zieltreffer)).

Untersuchungsplan

Die Untersuchung wurde an zwei Gruppen (Versuchs- und Kontrollgruppe) durchgeführt. Für jede der beiden Gruppen erfolgte eine Baseline-Bestimmung der Leistungskennwerte (Zieltreffer und Fehler). Daran schloß sich für die Kontrollgruppe eine weitere Messung unter gleichen Bedingungen, für die Versuchsgruppe drei weitere Messungen, jeweils im Anschluß an die jeweilige Emotionsmodulation an. Der Untersuchungsplan ist Tabelle 10 zu entnehmen.

Ergebnisse Untersuchung 2

Zunächst wird wieder über die Wirkung der Emotionsmodulation auf das emotionale Befinden berichtet, dann werden die Ergebnisse zur Aufgabenbearbeitung dargestellt.

Emotionale Wirkungen der Emotionsmodulation

Die Betrachtung der Befindensveränderungswerte unmittelbar nach Emotionsmodulation zeigt für alle drei Meßgelegenheiten (nach Emotionsmodulation in Richtung Freude, Wut und Enttäuschung) für die Versuchsgruppe hoch signifikante Abweichungen von den Erwartungswerten Null (vgl. Tab. 11). Die Messung an der Kontrollgruppe erfolgte ohne vorherige Emotions-

Tab. 10: Untersuchungsplan der Untersuchung 2.

Vorlauf	Untersuchungsphase				
	Untersuchungs-gruppen	T1 (Vortest)	Messung 2	Messung 3	Messung 4
Anfertigen und Auswahl des emotionsmodulierenden Materials; Durchführung des TAT	**Versuchsgruppe 24 Probanden**	**BET**	**EM (F) SB-V BET**	**EM (W) SB-V BET**	**EM (E) SB-V BET**
	Kontrollgruppe 24 Probanden	**BET**	**NB SB-V BET**	--	--

BET = Balleimertraining, 40 Bälle
EM = Emotionsmodulation
(F): = in Richtung Freude
(W): = in Richtung Wut
(E): = in Richtung Enttäuschung
NB = Darbietung eines emotional wenig geladenen "neutralen" Bildes
SB-V = Erhebung der SB-Skalen, Veränderungsversion

modulation. Die Veränderungswerte für diese Gruppe unterscheiden sich nicht signifikant von Null.

Tab. 11: Skalen der Befindensveränderung, Messung unmittelbar nach Emotionsmodulation in drei unterschiedliche Richtungen. Multivariate Einstichproben-T^2-Tests gegen den Vektor der Erwartungswerte Null.

	T^2	F	df1	df2
Freude	**51.93**	**103.87** ***	**8**	**16**
Wut	**24.13**	**48.25** ***	**8**	**16**
Enttäuschung	**6.08**	**12.15** ***	**8**	**16**
Kontrollgruppe (T2)	**.85**	**1.69**	**8**	**16**

Der varianzanalytische Vergleich der drei Meßgelegenheiten zeigt darüber hinaus, daß die Emotionsmodulation in unterschiedliche Richtungen hoch signifikant ($F(16,78)=34.79$; $p<.001$) unterschiedliche Befindensveränderungen bei der Versuchsgruppe hervorrief.

Zieltreffer

Wie viele der 40 zu retournierende Bälle zu den einzelnen Meßgelegenheiten in das angegebene Zielquadrat geschlagen wurden, war ein wichtiges Leistungsmaß. Zum ersten Meßzeitpunkt (vgl. Tab. 12) unterscheiden sich die Zieltrefferzahlen von Experimental- und Kontrollgruppe nicht signifikant; für beide Gruppen liegt die Zieltrefferquote knapp über 50%. Während in der Kontrollgruppe die Zahl der Zieltreffer im Mittel konstant bleibt, unterscheiden sich die Zieltrefferzahlen für die Experimentalgruppe zur Messgelegenheit ohne Emotionsmodulation (T1) im Vergleich zu den Meßgelegenheiten im Anschluß an Emotionsmodulation unterschiedlicher Richtungen hoch signifikant (Tab. 12). Nach der Emotionsmodulation in Richtung Freude sind die Zieltrefferzahlen höher als ohne Emotionsmodulation ($t(23)=-.534$, $p<.001$), nach Emotionsmodulation in Richtung Wut ist dies noch stärker der Fall ($t(23)-3.73$, $p<.01$). Deutlich niedrigere Zieltrefferzahlen als unter der Bedingung ohne Emotionsmodulation finden sich nach Emotionsmodulation in Richtung Enttäuschung ($t(23)=4.02$, $p<.01$).

Fehler

Als Fehler werden solche Bälle gewertet, die ins Netz gingen, gar nicht retourniert werden konnten oder über das Spielfeld hinaus geschlagen wurden. Zum ersten Meßzeitpunkt unterscheiden sich Experimental- und Kontrollgruppe nicht signifikant (vgl. Tab. 13). Innerhalb der Kontrollgruppe ist der Unterschied zwischen beiden Untersuchungszeitpunkten ebenfalls nicht signifikant. In der Experimentalgruppe unterscheiden sich die Fehlerzahlen zu den vier Meßgelegenheiten signifikant. Für die Experimentalgruppe ist die Fehlerzahl nach Emotionsmodulation in Richtung Freude etwas niedriger als ohne Emotionsmodulation, nach Emotionsmodulation in Richtung Wut dagegen deutlich höher. Deutlich weniger Fehler als unter allen anderen Bedingungen und als die Kontrollgruppe macht die Experimentalgruppe nach Emotionsmodulation in Richtung Enttäuschung. Lediglich bei dieser Messung im Anschluß an eine Emotionsmodulation ist die Fehlerzahl gegenüber der Bedingung ohne Emotionsmodulation signifikant unterschiedlich ($t(23)=2.62$; $p<.05$).

Anteil der Fehler an den nicht plazierten Bällen
Unter der Annahme, daß Zieltreffer und Fehler untereinander in einer dem o.a. Trade-off ähnlichen Beziehung stehen, ist neben der absoluten Zahl beider Kennwerte ihr Verhältnis von Interesse. Wie bereits für die absolute Fehlerzahl findet sich in der Kontrollgruppe für den Anteil der Fehler an den nicht plazierten Bällen kein signifikanter Unterschied zwischen dem ersten und dem zweiten Untersuchungszeitpunkt (vgl. Tab. 14). In der Experimentalgruppe ist der Fehlerquotient nach Emotionsmodulation in Richtung Freude leicht höher als in der Bedingung ohne Emotionsmodulation. Nach Emotionsmodulation in Richtung Wut und Enttäuschung sind ähnliche Verhältnisse wie bei der absoluten Fehlerzahl festzustellen: Nach Emotionsmodulation in Richtung Wut findet man höhere, nach Emotionsmodulation in Richtung Enttäuschung deutlich niedrigere Fehlerzahlen statt.. Der Vergleich der Bedingungen "ohne Emotionsmodulation, "Emotionsmodulation in Richtung Freude", "... in Richtung Wut", "... in Richtung Enttäuschung" fällt für den Fehlerquotienten sehr signifikant aus (vgl. Tab.14) - für die absolute Fehlerzahl nur signifikant (vgl. Tab. 13). Bei den Vergleichen innerhalb der Experimentalgruppe mit Bezug auf die Emotionsmodulation unterschiedlicher Richtungen einerseits und der Bedingung ohne Emotionsmodulation andererseits ergibt sich für den Fehlerquotienten wie bereits für die Fehlerzahl lediglich für die Bedingung "Emotionsmodulation Enttäuschung" ein signifikantes Ergebnis ($t(23)=2.71$; $p<.05$).

Tab. 12: Zieltreffer: Experimentalgruppe und Kontrollgruppe: Mittelwerte und Standardabweichungen und Vergleiche der Gruppen zum ersten Meßzeitpunkt und weitere sowie Vergleich der Messungen innerhalb der Gruppen.

		T1		Messung "Freude"/ Messung 2		Messung "Wut"		Messung "Enttäuschung"			
	n	M	SD	M	SD	M	SD	M	SD	df1,df2	F
EG	**24**	**21.71**	**2.10**	**22.75**	**2.29**	**22.92**	**2.54**	**20.67**	**2.54**	**3,69**	**22.41 *****
KG	**24**	**21.83**	**2.18**	**21.83**	**2.76**					**1,23**	**.00**
t(46)		**-.20**									

Tab. 13: Fehler: Experimentalgruppe und Kontrollgruppe: Mittelwerte und Standardabweichungen und Vergleiche der Gruppen zum ersten Meßzeitpunkt und weitere sowie Vergleich der Messungen innerhalb der Gruppen.

		T1		Messung "Freude"/ Messung 2		Messung "Wut"		Messung "Enttäu-schung"			
	n	M	SD	M	SD	M	SD	M	SD	df1,df2	F
EG	**24**	**3.75**	**1.42**	**3.50**	**1.93**	**4.46**	**2.28**	**2.83**	**1.74**	**3,69**	**2.86 ***
KG	**24**	**3.58**	**1.47**	**4.04**	**1.33**					**1,23**	**1.45**
t(46)		**.40**		**-1.13**							

Tab. 14: Anteil der Fehler an den nicht plazierten Bällen: Experimentalgruppe und Kontrollgruppe: Mittelwerte und Standardabweichungen und Vergleiche der Gruppen zum ersten Meßzeitpunkt und weitere sowie Vergleich der Messungen innerhalb der Gruppen.

		T1		Messung "Freude"/ Messung 2		Messung "Wut"		Messung "Enttäuschung			
	n	M	SD	M	SD	M	SD	M	SD	df1,df2	F
EG	**24**	**20.40**	**6.99**	**20.69**	**11.56**	**26.97**	**15.36**	**15.09**	**9.63**	**3,69**	**4.28 ****
KG	**24**	**20.14**	**9.00**	**22.60**	**7.49**						**1.30**
t(46)		**.11**		**-.68**							

Korrelationsanalysen

Tabelle 15 zeigt die Korrelationen zwischen den Kennwerten des Leistungsmotivs (HE und FM) mit der Treffer und der Fehlerzahl in der Reaktionsaufgabe unter "Normalbedingungen", d. h. ohne gezielte Emotionsmodulation. Signifikante Korrelationen zwischen dem Anstieg/Abfall der Zieltrefferzahl und der Fehlerzahl auf der einen Seite und den Motivationskennwerten HE und FM auf der anderen Seite finden sich jedoch nicht.

Tabelle 16 enthält die Korrelationen zwischen den Gradienten von T1 nach T2 (jeweils für die drei Bedingungen "Freude", "Wut" und "Enttäuschung") für Fehler- und Zieltrefferzahl mit den Motivationskennwerten HE und FM. Eine Korrelation von immerhin .41 (signifikant) fand sich unter der Bedingung "Emotionsmodulation Freude" zwischen den Leistungsgradienten für Zieltreffer und für Fehler - ein Anstieg der Zieltreffer geht mit einem Anstieg der Fehler einher. Für die Emotionsmodulation in Richtung Enttäuschung betrug die entsprechende Korrelation sogar .52 (sehr signifikant) - dem unter dieser Bedingung vorherrschenden Abfall der Zieltrefferzahl entspricht ein Abfall in der Fehlerzahl. Der sich unter der Bedingung "Emotionsmodulation Wut" festzustellende entgegengesetzte Zusammenhang bedarf weiterer Klärung.

Tab. 15: Korrelationen Kennwerte Leistungsmotiv und Leistungsmaße zu T1, (ohne Emotionsmodulation), alle Probanden (n=48).

	Zieltreffer	Fehler	FM	HE
Zieltreffer	-	**-.12**	**-.13**	**-.06**
Fehler		-	**-.05**	**-.13**
FM			-	**-.10**
HE				-

Tab. 16: Korrelationen Kennwerte Leistungsmotiv und Gradienten der Leistungsmaße von T1 (ohne Emotionsmodulation) nach T2 (nach Emotionsmodulation) für die drei Bedingungen (n=24).

	Zieltreffer	Fehler	FM	HE	Gruppe
Zieltreffer	-	**.41***	**.37(*)**	**-.11**	Freude
	-	**-.34**	**-.19**	**.19**	Wut
	-	**.52****	**-.02**	**-.01**	Enttäuschung
Fehler		-	**.18**	**-.22**	Freude
		-	**.34**	**-.21**	Wut
		-	**-.18**	**-.10**	Enttäuschung
FM			-		Freude
			-	**-.30**	Wut
			-		Enttäuschung
HE				-	Freude
				-	Wut
				-	Enttäuschung

Zusammenfassende Diskussion der Ergebnisse aus Untersuchung 2

Die Ergebnisse zu den Befindensänderungen unter einer Emotionsmodulation bei der Experimentalgruppe im Vergleich zu einer Kontrollgruppe, die keine Emotionsmodulation erhielt, machen deutlich, daß für die Experimentalgruppe tatsächlich drei klar abgegrenzte emotionale Bedingungen neben die Normalbedingungen gestellt werden konnten. Die Wirksamkeit der Emotionsmodulation auf die Leistung in der gestellten Aufgabe konnte ebenfalls unter Beweis gestellt werden. Dabei wirkt eine Emotionsmodulation in Richtung Freude oder Wut positiv auf die Leistung, in Richtung Enttäuschung dagegen negativ (zum Leistungsaspekt in dieser Aufgabe ausführlicher Schmidt & Hackfort, 1999).
Hier interessiert vornehmlich die Fehlertehmatik. In der Bedingung "Emotionsmodulation Freude" fand sich eine Erhöhung der Zahl der Zieltreffer gegenüber Normalbedingungen. Die zweite Seite der angesprochenen Trade-off ähnlichen Beziehung, eine erhöhte Fehlerzahl, wurde dagegen nicht gefunden. Die hohe - und signifikante - positive Korrelation zwischen Fehler- und Zieltreffergradienten spricht allerdings deutlich für eine Beziehung der Art "Mehr Treffer im Tausch für ein erhöhtes Fehlerrisiko". Denkbar ist, daß unter der Bedingung "Emotionsmodulation Freude" aus weiteren, in diesem Beitrag bislang nicht diskutierten Gründen das eingehandelte größere Fehlerrisiko ausgeglichen werden konnte. Klarer ist das Bild unter der Bedingung "Emotionsmodulation Enttäuschung". Die sehr signifikante Verminderung der Zieltrefferzahl und die gleichzeitige Verminderung der Fehlerzahl entsprechen den beiden Seiten der angesprochenen Trade-off ähnlichen Beziehung. Dabei ist die Veränderung in der Fehlerzahl im Mittel sehr viel stärker, die der Zahl der Zieltreffer dagegen sehr viel konsistenter. Für die angesprochene Beziehung spricht die bedeutende Korrelation zwischen Fehler- und Zieltreffergradienten. Unter der Bedingung "Emotions-modulation Wut" fanden sich keine signifikanten Unterschiede zu Normalbedingungen wie sie zum ersten Untersuchungszeitpunkt gegeben waren. Hier konnte kein Hinweis auf einen eigenständigen Einfluß oder eine Vermittlerrolle des Leistungsmotivs gefunden werden.

Gesamtdiskussion

In beiden Untersuchungen zeigt die Emotionsmodulation eine deutliche Wirkung auf das emotionale Erleben. In der Gruppe bzw. unter der Bedingung "Enttäuschung" gibt es in beiden Untersuchungen Anzeichen für einen Trade-off. Dabei ist ganz besonders festzuhalten, daß einmal die Genauigkeit, das andere Mal die Fehlervermeidung leidet, also in den beiden Untersuchungen entgegengesetztes Fehlerverhalten resultiert. Erklärbar wird dieses Ergebnis aufgrund der unterschiedlichen Aufgaben-strukturen. In Untersu-

chung 1 werden nach Emotionsmodulation „Enttäuschung“ mehr Fehler in der (vom Versuchsleiter als weniger bedeutsam deklarierten) Reaktionsaufgabe gemacht, die Genauigkeit in der („wichtigeren“) Trackingaufgabe steigt. Die von diesen Probanden gewählte Strategie läßt sich als Vermeidung eines markanten Mißerfolges interpretieren. Die Probanden konzentrieren sich auf die Aufgabe, deren Nichterreichung besonders negativ bewertet wird.
In Untersuchung 2 dagegen werden nach Emotionsmodulation „Enttäuschung“ weniger Fehler (als Verschlagen des Balles oder Verfehlen des Tisches) gemacht, die Genauigkeit (als Treffen der Zielfläche) sinkt. Auch diese Strategie läßt sich als Vermeidung eines markanten Mißerfolges interpretieren. Die Probanden konzentrieren sich wieder auf die Aufgabe, deren Nichterreichung besonders negativ bewertet wird. Da sich das Zielquadrat nahe am Tischrand befindet, ist eine Zielerreichung im Sinne der gestellten Aufgabe mit einem hohen Risiko verbunden, den Ball über den Tisch hinaus zu schlagen. Man kann die Aufgabe (a) so bearbeiten, daß der Ball mit möglichst großer Wahrscheinlichkeit die gegnerische Tischhälfte überhaupt trifft. Dabei wird man in Kauf nehmen müssen, daß man das Zielquadrat seltener trifft ("risikoarme Spielweise"). Die Teilaufgabe, die in diesem Fall im Vordergrund steht, ist Voraussetzung für die Erfüllung der anderen Teilaufgabe (Treffen des Zielquadrats). Das Nichterfüllen dieser Teilaufgabe bedeutet einen (im Vergleich zum einfachen Verfehlen des Zielquadrats) deutlicheren Mißerfolg. Man kann (b) die Aufgabe auch so bearbeiten, daß man versucht, möglichst oft ins Zielquadrat zu treffen. Dabei muß man in Kauf nehmen, daß der Ball ab und zu die gegnerische Tischhälfte nicht trifft ("risikoreiches Spiel"). Dabei ist zwar das Risiko, einen markanten Mißerfolg zu erzielen (Nichttreffen des Tisches) recht groß, dafür aber die Wahrscheinlichkeit eines (im Vergleich zum einfachen Treffen des Tisches) nach vorgegebenem Kriterium eindeutigen Erfolges (im Sinne der Instruktion) erhöht.
Wir deuten diese Befunde als Hinweise dafür, daß in beiden Fällen (Untersuchung 1 und 2) die durch Emotionsmodulation „Enttäuschung“ selektiv angeregte Furcht vor Mißerfolg für die Zielwahlstrategie der Probanden verantwortlich ist. Bemerkenswert ist allerdings auch, daß zwei der untersuchten Emotionen nur in Untersuchung 2 leistungsbezogene Wirkungen hatten. Den sehr ausgeprägten Wirkungen der Bedingungen "Emotionsmodulation Freude" und "Emotionsmodulation Wut" auf die Zahl der Zieltreffer in Untersuchung 2 stehen keine entsprechenden Wirkungen in Untersuchung 1 gegenüber.
Die leistungsbezogene Wirkung der Emotionsmodulation in Richtung "Freude" und "Wut" in Untersuchung 2 besteht nur in bezug auf eine der "Teilaufgaben“. Es findet also also kein "Trade-off" statt. Von daher liegt es nahe, diese Ergebnisse im theoretischen Kontext der emotionalen Beanspruchung zu betrachten. Nach Schulz (1980) kann eine emotionale Beanspruchung je

nach Stärke der Ausprägung und je nach Aufgabenstruktur eine aktivierende oder eine beeinträchtigende Wirkung auf die Aufgabenbearbeitung haben. Emotionale und mentale Beanspruchung stehen nach Schulz' Vermutungen in einem komplizierten Wechselwirkungsverhältnis. Als emotionale Beanspruchung kommt dabei nicht nur eine Emotionsmodulation in Richtung sog. negativer, sondern auch in Richtung sog. positiver Emotionen in frage (vgl. Hackfort & Schlattmann, 1991).
Ein weiterer Unterschied zwischen beiden Untersuchungen betrifft die Wirkung von FM auf die Fehlerzahl unter "Normalbedingungen" (ohne Emotionsmodulation), die sich nur in Untersuchung 1 findet. Ein Grund für den festgestellten Unterschied zwischen beiden Untersuchungen könnte in einer höheren selektiven Empfindlichkeit für "förderliche Mißerfolgsfurcht" bei der Erhebunsmethode in der Untersuchung 1 liegen.
Aus dem Vergleich beider Untersuchungen lassen sich zwei Sachverhalte verdeutlichen, die für das Verhältnis Emotion-Fehler wesentlich erscheinen. Zunächst konnte gezeigt werden, daß sich für die Unterscheidung zwischen orientierenden und aktivierenden Funktionen von Emotionen (vgl. Hackfort, 1986, 1998) empirische Hinweise finden, die zudem darauf verweisen, daß die Beachtung dieser funktionalen Differenzierung gerade auch im Rahmen der Aufklärung von Handlungsfehlern relevant ist. Die Annahmen einer ausschließlich ablenkenden (vgl. Ellis & Ashbrook, 1988) oder aktivierenden (vgl. Duffy, 1962) Wirkung greift zu kurz. Verschiedenen Emotionen kommen insbesondere in Verbindung mit der motivationalen Dynamik im Handlungsprozeß unterschiedliche Funktionen zu und dies führt zu unterschiedlichen Wirkungen bei verschiedenen Aufgaben , wie es gerade auch für die Aufklärung von Handlungsfehlern wichtig zu beachten ist. Darauf verweisen auch Beiträge, in denen Teilkomponenten von Emotionen differenziert werden, um Leistungswirkungen genauer angehen und erklären zu können. Danach lassen sich bestimmte Emotionen für bestimmte Aufgabenarten als besonders funktional ansehen, für andere jedoch weniger (vgl. z. B. Schwarz & Bless, 1991). Wie Emotionen das Handeln regulieren und mit Handlungsfehlern in Verbindung zu bringen sind, steht erst am Anfang empirisch fundierter Aufklärung.

Eine am Situationskonzept orientierte Sportartenklassifikation und deren Bedeutung für Imageanalysen im Sport

Andreas Schlattmann

Einleitung

Das Konzept der „Situationsdefinition" stellt eine zentrale Komponente im handlungstheoretischen Ansatz von Nitsch und Hackfort dar (vgl. Nitsch & Hackfort, 1981; Nitsch, 1986; Hackfort, 1986; Hackfort, 1997): Ein Individuum schätzt eine Situation danach ein, wie schwierig eine bestimmte Aufgabe (Aufgabenfaktor) unter Berücksichtigung der eigenen Fähigkeiten (Personfaktor) und der gegebenen Möglichkeiten (Umweltfaktor) ist. Diese Überlegungen beziehen sich auf die subjektiv eingeschätzte Handlungskompetenz und kennzeichnen den instrumentellen Handlungsspielraum. Darüber hinaus ist wesentlich, welche Bedeutung das Individuum der Situationsbewältigung beimisst (intentionaler Handlungsspielraum). Hier spielen solche Einschätzungen eine besondere Rolle, die sich darauf beziehen, welche Motive (Personfaktor) angesprochen sind, ob die Umweltbedingungen als anregend empfunden (Umweltfaktor) und die Aufgabenbewältigung als attraktiv (Aufgabenfaktor) eingestuft werden. Handeln wird als Versuch gekennzeichnet, „die optimale Abstimmung zwischen Person-, Umwelt- und Aufgabenfaktoren aufrechtzuerhalten oder (wieder-)herzustellen" (Nitsch & Munzert, 1997, S. 117).

Das hier nur kurz vorgestellte Situationskonzept wurde bislang allerdings eher unter einer auf das Individuum bezogenen Perspektive betrachtet, d. h., um Handlungen genauer zu verstehen, interessierte vor allem die Frage, wie definiert ein Individuum (s)eine bestimmte Situation. Die Frage danach, wie eine größere Anzahl von Personen eine bestimmte Klasse von Situationen definiert, d. h. der sozialbezogene Aspekt von Situationsdefinitionen, wurde bei der Bearbeitung dieses Konzeptes bislang noch nicht besonders beachtet. Dabei ist dieser Aspekt durchaus von Interesse, z. B. wenn danach gefragt wird, wie Frauen die Sportart Eishockey sehen, d. h., wie schätzen sie die Schwierigkeit der Aufgabe ein bzw. wie anregend finden sie die Bedingungen unter denen die Sportart stattfindet. Auch interessiert z. B. die Frage, ob sich Frauen in ihren Einschätzungen von Männern unterscheiden oder ob Personen, die diesen Sport aktiv betreiben, diesen Sport anders als andere sehen.

Hier sind Fragen angesprochen, die das „Image" einer Sportart betreffen und für Imageanalysen relevant sind. Betrachtet man die Überlegungen zum Situationskonzept, dann könnte man unter Image die durchschnittlichen Einschätzungen mehrere Personen verstehen, wobei sich diese Einschätzungen auf Umwelt- und/oder Aufgabenaspekte unter Einbeziehung der jeweils personspezifischen Fähigkeiten und Interessen beziehen (können). Soll eine Person beispielsweise angeben, welche Eigenschaften für eine Sportart als zutreffend oder nicht zutreffend angesehen werden, dann sind hier zunächst Aufgabenaspekte und die Überschneidungsbereiche Aufgabe/Person bzw. Aufgabe/Umwelt angesprochen (vgl. Hackfort, 1986, 1997).

In diesem Zusammenhang ist weiterhin die Frage von Interesse, ob sich sportartspezifische Imageprofile nachweisen und ob sich aufgrund der subjektiven Imageeinschätzungen Sportarten klassifizieren lassen. In der sportpsychologischen Literatur sind einige wenige Studien zu finden, die sich mit derartigen Fragestellungen beschäftigen (vgl. Mrazek, 1979; Tschakert & Burchardt, 1986, Dr. Salcher Team GmbH, 1987).

Tschakert und Burchardt (1986) analysierten 30 bekannte Sportarten. In Anlehnung an Kenyon (1968) differenzieren die Autoren sieben „instrumentelle Werte" des Sports (kognitive Einstellungskomponente): Gesundheit, Ästhetik, Risiko, Prestige, sozialer Kontakt, Training und Katharsis. Die Aufgabe der 200 Untersuchungspersonen (Sportstudenten; Frauen: n = 100; Männer: n = 100) bestand darin, jeweils anzugeben, inwieweit diese einzelnen Dimensionen die einzuschätzenden Sportarten charakterisieren. Als „affektive Einstellungskomponente" wurde zusätzlich der Wunsch nach Ausübung der Sportart erfragt. Darüber hinaus interessierte die tatsächliche Ausübungshäufigkeit der jeweiligen Sportart.

Auf der Basis der subjektiven Einschätzungen unterscheiden Tschakert und Burchardt nach einer faktorenanalytischen Prüfung sechs Sportartengruppen: (1) ästhetische, risikoarme Sportarten (u. a. Jazzgymnastik, Tanzen, Skilanglauf), (2) sozial orientierte Spielsportarten (u. a. Handball, Basketball, Eishockey), (3) Prestige-, Wunschsportarten (u. a. Segeln, Reiten, Tennis), (4) Gesundheitssportarten (Radfahren, Schwimmen, Jogging), (5) ästhetische, risikoreiche Sportarten (Turnen, Skispringen, Trampolin) und (6) Risikosportarten (Rodeln, Bergsteigen, Motorsport).

In einer eigenen Studie soll der Themenkomplex empirisch weiter bearbeitet werden, indem (a) der Frage nachgegangen wird, welche Images haben bestimmte Sportarten. Außerdem soll (b) versucht werden, eine an Images orientierte Sportartenklassifikation zu erstellen. Dies soll theoriegeleitet am Situationskonzept orientiert erfolgen.

Methodik

Untersuchungsplan

Die Frage danach, welche Sportarten zunächst analysiert werden sollen, ist bei der Vielzahl der vorhandenen Sportarten nicht ganz einfach zu beantworten. Von daher sollen zunächst vor allem Trend- und solche Sportarten betrachtet werden, die bislang in Bezug auf Imageanalysen weniger beachtet wurden bzw. aufgrund der Entwicklung auch noch nicht beachtet werden konnten (vgl. z. B. Mrazek, 1979; Tschakert & Burchardt, 1986; Dr. Salcher Team GmbH, 1987).

Es ist also geplant, sich bei der Auswahl der Sportarten am aktuellen Bedarf und spezifischen Präferenzen zu orientieren. In zukünftigen Studien werden dann nach und nach auch klassische und weniger im Fokus stehende Sportarten zu berücksichtigen und zu integrieren sein.

In einem ersten Schritt werden Sondierungsstudien durchgeführt, um einen Fragebogen für die Imageanalysen zu entwickeln. Danach sind verschiedene Imagestudien durchzuführen, die dann zunächst sportartspezifisch und auf der Basis der erhobenen Rohdaten ausgewertet werden (vgl. z. B. Schlattmann, 1995a, 1995b). In einem nächsten Schritt werden die sukzessiv erhobenen Daten für die weitere Verfahrensentwicklung genutzt, um dann mit Rückgriff auf das entwickelte Instrumentarium Detail- und spezielle Analysen durchzuführen.

Untersuchungsverfahren

In den verschiedenen Studien, die sich mit dem Image von Sportarten beschäftigten, wurden zumeist ganz verschiedene Inventare eingesetzt, die es schwierig machen, die einzelnen Befunde miteinander zu vergleichen. Die wenigsten Fragebogen wurden publiziert und einer detaillierteren statistischen Analyse unterzogen. Um Images von Sportarten angemessen und in dem oben beschriebenen theoretischen Kontext beschreiben und analysieren zu können, ist es notwendig, auf ein standardisiertes und hinreichend geprüftes Messinstrument zurückgreifen zu können. Im Rahmen der durchgeführten Studien sollte ein derartiges Verfahren, der Image-Fragebogen-Sport (IFS), entwickelt und erprobt werden (vgl. Schlattmann, i. Dr.).

In der aktuellen Version umfasst dieses Inventar 40 Images (vgl. Tab. 1), die auf einer 5-stufigen Skala nach dem Grad des Zutreffens („1" = „*überhaupt nicht* zutreffend" bis „5" = „*völlig* zutreffend") einzuschätzen sind.

Tab. 1: Items des Image-Fragebogen-Sport (IFS).

Images	
1 Abenteuer	21 Hektik
2 Aggressivität	22 Jugendlichkeit
3 Angst	23 Kraft
4 Anmut	24 Kreativität
5 Ärger	25 Langeweile
6 Ästhetik	26 Männlichkeit
7 Ausdauer	27 Naturerleben
8 Dynamik	28 Präzision
9 Eleganz	29 Prestige
10 Entspannung	30 Risiko
11 Erlebnis	31 Ruhe
12 Exklusivität	32 Schnelligkeit
13 Fairness	33 Selbstbewusstsein
14 Fitness	34 Seriosität
15 Freiheit	35 Spannung
16 Freude	36 Stolz
17 Genuss	37 Teamgeist
18 Geselligkeit	38 Technik
19 Gesundheit	39 Verletzungsgefahr
20 Härte	40 Weiblichkeit

In Ergänzung dazu wird neben den Imageeinschätzungen auch danach gefragt, inwieweit die Untersuchungsteilnehmer annehmen, die jeweilige Sportart zu kennen. Hier wird eine dreistufige Antwortskala eingesetzt („1" = „kaum", „2" = „einigermaßen", „3" = gut"). Als soziodemografische Daten werden noch das Geschlecht und das Alter der Probanden erhoben.

Für die Auswertung des Image-Fragebogen-Sport (IFS) stehen verschiedene Möglichkeiten zur Auswahl: (1) In einem ersten Auswertungsschritt können die rohwertbezogenen Antworthäufigkeiten/Skalenstufe und die Mittelwerte der einzelnen Images dazu verwendet werden, ein sportartbezogenes Imageprofil zu erstellen.

(2) Erste Itemanalysen zeigen, dass sich für die Imageeinschätzungen viele Datensequenzen mit extrem schiefer bzw. steiler oder flacher Häufigkeitsverteilung ergeben (Schlattmann, i. Dr.). Da außerdem nicht von einer Bedeutungsgleichheit der einzelnen Images ausgegangen werden kann, wurden die Rohdaten z-transformiert und in Anlehnung an Nitsch (1970, 1974, 1976b) einer „Binärstrukturanalyse" (BISTRAN) unterzogen. Der Grundgedanke dieses Ansatzes besteht darin, die Variablen eines Verfahrens in einem alternativ - oder binär - angelegten Entscheidungsprozess aufzuschlüsseln. Diese Prozedur führte hier zu einer 2-stufigen Binärstrukturlösung mit insgesamt 6 Komponenten (vgl. Abb. 1).

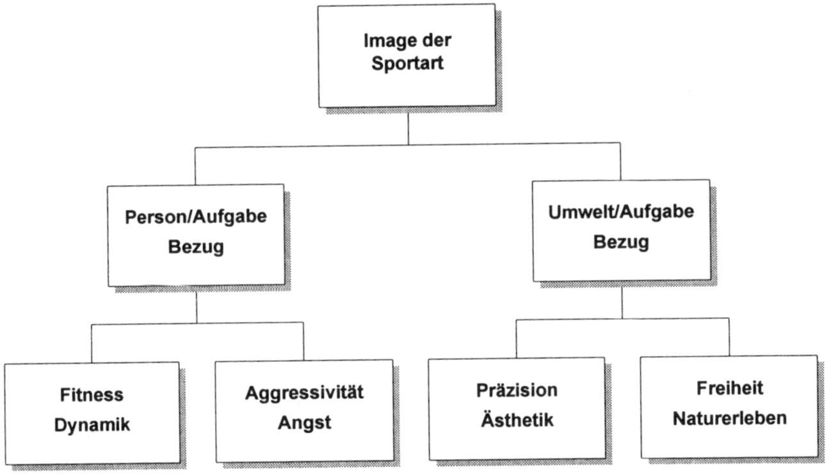

Abb. 1: Binärstrukturanalyse des IFS.

Der Faktor 1 umfasst insgesamt 18 Items, die sich vor allem auf den Person/Aufgabe-Bereich beziehen (proximaler Aufgabenbezug). Diese Dimension lässt sich (a) in den Faktor „Fitness/Dynamik" (Faktor 1.1) und (b) in den Faktor „Aggressivität/Angst" (Faktor 1.2) differenzieren. Der Faktor 1.1 bezieht sich auf 11 Items, die vor allem personbezogene Anforderungen (physischer Aspekt), Energetisierung und Aktivierung beinhalten. Als Markieritems sind hier die Images „Fitness", „Dynamik", „Kraft", „Ausdauer" und „Schnelligkeit" hervorzuheben. Der Faktor 1.2 beinhaltet 7 Items, in denen es um Kampf, Auseinandersetzung mit sich selbst, mit dem Gegner und der Umwelt (psychischer Aspekt) geht. Die Markieritems dieses Faktors sind „Aggressivität", „Angst", „Hektik" und „Risiko"

Der zweite Faktor umfasst insgesamt 22 Items, die dem Umwelt/Aufgaben-Bereich zugeordnet werden können, die tätigkeitsextrinsische Anreize ansprechen und eher einen distalen Aufgabenbezug herstellen. Beim Faktor 2.1 (14 Items) ergeben sich „Präzision", „Ästhetik", „Eleganz" und „Anmut" als Markieritems. Hier wird u.a. die Präsentation als Sportler, aber auch die gesellschaftliche Einordnung der Sportart thematisiert (sozialer Bezug). Schließlich geht in den Faktor 2.2 mit den Markieritems „Freiheit", „Naturerleben", „Erlebnis" und „Abenteuer" der ökologische Aspekt, die Umwelt, in der die Sportart stattfindet, in die Bewertung ein.

Entsprechend der Itemzuordnung können die z-Werte der jeweils faktortypischen Items aufsummiert und schließlich mit Hilfe von Normwertabellen in Stanine-Werte transformiert werden (siehe Schlattmann, i. Dr.).

Untersuchungsteilnehmer

Als Personen, die an den einzelnen Untersuchungswellen teilnehmen sollen, kommen Frauen und Männer im Alter ab 14 Jahren in Betracht. Es sollen zwar alle Altersgruppen in den Stichproben vertreten sein, aber es wird in diesem Zusammenhang (noch) nicht der Anspruch erhoben, eine Altersverteilung zu erreichen, die der bundesrepublikanischen Verteilung entspricht. Das Verhältnis von Frauen und Männern sollte nach Möglichkeit ausgeglichen sein. Befragt werden sollen sowohl Personen, die die betreffenden Sportarten ausüben bzw. die betreffenden Sportarten besonders gut kennen, als auch Personen, die weniger mit den betreffenden Sportarten zu tun haben. Für die Anwerbung der Untersuchungsteilnehmer sind jeweils gebriefte Personen zuständig. Durch die räumliche Verteilung des Erhebungspersonals soll gewährleistet werden, dass Personen aus möglichst vielen Regionen der Bundesrepublik befragt werden (können). Eine systematische Kontrolle der räumlichen Zusammensetzung der Stichproben kann im Rahmen dieser Studien nicht geleistet werden.
Zusammenfassend ist festzustellen, dass für die einzelnen Studien zwar keine bevölkerungsrepräsentativen Zufallsstichproben gezogen werden können, dass aber im Rahmen der vorhandenen Möglichkeiten versucht wird, eine bestimmte räumliche Verteilung, eine ausgeglichene Geschlechtsverteilung, überwiegend nicht besonders mit den Sportarten vertraute Personen und Personen in einer breiten Alterspanne zu erfassen. Aufgrund der Anwerbung der Untersuchungsteilnehmer nach dem Schneeballverfahren ist die Frage nach der Repräsentativität stark eingeschränkt. Die Stichproben sollten aber mit mindestens 300 Personen je einzuschätzender Sportart eine gewisse Vertrauenssicherheit zulassen (vgl. Bortz, 1993, S. 101ff).

Untersuchungsdurchführung

Die Tabelle 2 zeigt, dass zwischen 1992 und 1997 fünf Imageanalysen durchgeführt wurden. An diesen Studien haben insgesamt 1473 Personen teilgenommen. Lediglich die Studie 4 umfasst nur 50 Teilnehmer, wobei die Daten der Sportart Fallschirmspringen der Studie 5 zugeschlagen werden können. Festzuhalten bleibt also, dass lediglich für Freiklettern und Tauchen eine kleinere Stichprobe als angestrebt in die Analysen eingeht.

Tab. 2: Überblick zu den durchgeführten Studien.

Studie	Jahr	Sportarten (K)	Teilnehmer (N)
1	1992	American Football Curling Eiskunstlauf Golf Polo Galoppreiten Springreiten Schach Segeln Skilanglauf Snowboarding	307
2	1994	Baseball Basketball Eishockey	495
3	1995	Mountainbiking Rennradfahren Triathlon	301
4	1996	Fallschirmspringen Freiklettern Tauchen	50
5	1997	Formel 1 Beachvolleyball Fallschirmspringen	320
Gesamt			1473

Die Datenerhebung fand jeweils im Frühsommer statt und nahm ca. 2 Monate in Anspruch. Die Fragebogen wurden an verschiedene Interviewer geschickt, die in verschiedensten Regionen der Bundesrepublik tätig waren, um Untersuchungsteilnehmer anzuwerben. Die Interviewer wurden vom Versuchsleiter schriftlich eingewiesen. Den Interviewern war es freigestellt, die Fragebogen in einer Einzel- oder in einer Gruppenuntersuchung ausfüllen zu lassen.

Die Beantwortung eines Fragebogens dauerte je nach Anzahl der einzuschätzenden Sportarten zwischen 5 und 20 Minuten.

Untersuchungsauswertung

Die Daten wurden sukzessive erfasst und in eine Gesamtdatei zusammengeführt. Im Rahmen der Studie 1 lieferten 307 Teilnehmer jeweils vierzig Imageeinschätzungen für elf Sportarten. Häufig wird diese dreidimensionale Datenmatrix durch Durchschnittsbildung über die Personen auf eine zweidimensionale Matrix verdichtet. Dadurch verliert man aber Informationen über die Streuung zwischen den Personen. Als Alternative zur Durchschnittsbildung kann das „personbezogene Objektverfahren" herangezogen werden, bei dem jede einzelne Imageeinschätzung jeder Person als ein Objekt angesehen wird (vgl. Backhaus, Erichson, Plinke, Schuchard-Ficher & Weiber, 1987, 108ff.). Damit ergeben sich für die erste Studie 11 x 307 = 3377 Objekte als Datenbasis.

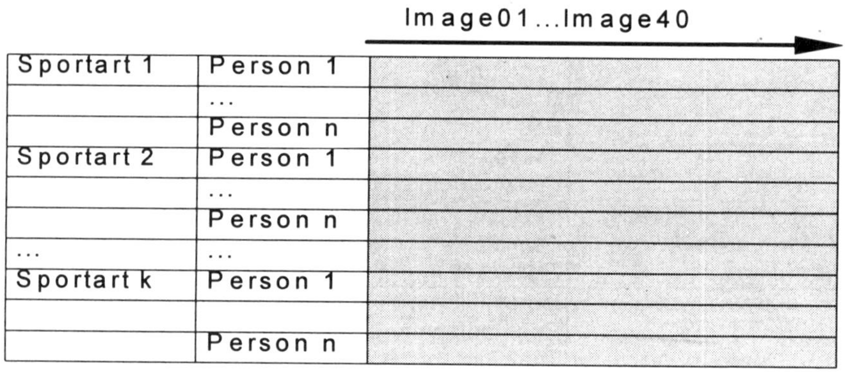

Abb. 2: Personenbezogene Objektmatrix für die Imagestudien.

In vier weiteren Studien wurden ebenfalls die 40 Images, allerdings zu anderen Sportarten, erhoben (vgl. Tab. 2). Berücksichtigt man die Anzahl der befragten Personen und die Anzahl der jeweils eingeschätzten Sportarten, dann ergibt sich eine Datenbasis, die insgesamt 6875 Objekte umfasst (vgl. Tab. 3).

Tab. 3: Bestimmung der Datenbasis.

Studie	Jahr	Sportarten (K)	Teilnehmer (N)	Objekte (N x K)
1	1992	11	307	3377
2	1994	3	495	1485
3	1995	3	301	903
4	1996	3	50	150
5	1997	3	320	960
Gesamt			1473	6875

Da nicht alle Untersuchungsteilnehmer die Fragebögen vollständig ausgefüllt haben, werden die Werte fallweise ausgeschlossen, d. h., sobald eine einzige Imageeinschätzung einer Sportart ausgelassen wird, wird das gesamte Objekt (Einschätzung der gesamten Sportart) nicht weiter berücksichtigt.

Ergebnisse

Beschreibung der Stichprobe

Der Anteil der männlichen Untersuchungsteilnehmer an der Gesamtstichprobe (N = 1473) beträgt 58 %, der Anteil der weiblichen Untersuchungsteilnehmer 42 %. Betrachtet man die Altersverteilung, dann zeigt sich, dass auf die Altersgruppe der 14-19-jährigen 18 % der Stichprobe entfallen. 20 % der Untersuchungsteilnehmer sind 40 Jahre und älter, während der Großteil der Stichprobe (62 %) zwischen 20 und 39 Jahre alt ist.

Tab. 4: Kenntnisniveau bezüglich ausgewählter Sportarten.

Sportart	Kenntnisniveau			n
	kaum %	einigermaßen %	gut %	
American Football	47	40	13	307
Baseball	52	39	9	495
Basketball	17	41	42	495
Beachvolleyball	36	43	21	320
Curling	66	30	4	307
Eishockey	22	55	23	495
Eiskunstlauf	9	63	28	307
Fallschirmspringen	73	20	7	370
Formel 1	39	44	17	320
Freiklettern	66	32	2	50
Galoppreiten	44	44	12	307
Golf	30	53	17	307
Mountainbiking	35	43	22	301
Polo	68	28	4	307
Rennradfahren	28	53	19	301
Schach	21	42	37	307
Segeln	35	47	18	307
Skilanglauf	14	51	35	307
Snowboarding	50	33	17	307
Springreiten	34	47	19	307
Tauchen	60	34	6	50
Triathlon	50	43	7	301

Die Tabelle 4 verdeutlicht, wie die Teilnehmer ihr Kenntnisniveau bezüglich der jeweils einzuschätzenden Sportart einstufen. Auch wenn die Aussagekraft dieser Ergebnisse im Hinblick auf die Repräsentativität der einzelnen

Studien eingeschränkt ist, deuten sich hier durchaus erwähnenswerte sportartspezifische Unterschiede an: Basketball ist die Sportart, bei der immerhin 42 % der Befragten angeben, diese Sportart „gut" zu kennen. Auch Schach (37 %) und Skilanglauf (35 %) weisen noch ein relativ hohes Kenntnisniveau auf. Bei einem Großteil der Sportarten antworten die meisten Personen mit „einigermaßen": Eiskunstlauf (63 %), Eishockey (55 %), Golf (53 %), Rennradfahren (53 %), Skilanglauf (51 %), Segeln (47 %), Springreiten (47 %), Formel 1 (44 %), Galoppreiten (44 %), Beachvolleyball (43 %) und Mountainbiking (43 %). Bei den Sportarten Fallschirmspringen (73 %), Polo (68 %), Curling (66 %), Freiklettern (66 %), Tauchen (60 %), Baseball (52 %), Snowboarding (50 %), Triathlon (50 %) und American Football (47 %) ist von einem ausgesprochen geringen Kenntnisniveau auszugehen, da hier die meisten Befragten die Antwortkategorie „kaum" für sich als zutreffend ansehen.

Sportartspezifische Imageeinschätzungen

In der Tabelle 5 sind für die einzelnen Sportarten die durchschnittlichen Ausprägungen der vier Imagefaktoren der 2. Analyseebene des IFS dargestellt. Da es sich hierbei um stanine-normierte Werte handelt, ist es möglich, dass (a) die Faktorausprägungen innerhalb einer Sportart verglichen werden können und damit abgeschätzt werden kann, welcher Imagefaktor für eine Sportart welche Bedeutung besitzt. Auf der anderen Seite können (b) Sportarten verglichen werden, und es können Aussagen darüber gemacht werden, welche Sportart mit einem bestimmten Imagefaktor vergleichsweise stark oder schwach assoziiert wird.

In Bezug auf den Faktor 1.1 („Fitness/Dynamik") weisen Curling, Golf und Schach ausgesprochen geringe Stanine-Werte auf. Dagegen erreicht die Sportart Eishockey in dieser Imagegruppe den höchsten Wert und auch die Sportarten American Football, Basketball, Beachvolleyball sowie Triathlon werden stark mit „Fitness/Dynamik" in Verbindung gebracht.

„Aggressivität/Angst" (Faktor 1.2) und Risiko assoziieren die Untersuchungsteilnehmer besonders stark mit Eishockey, Formel 1 und American Football. Auch Polo weist einen vergleichsweise hohen Wert auf. Andere Sportarten werden wenig mit diesen Imagedimensionen verbunden: Curling, Golf, Skilanglauf, Schach und bis zu einem gewissen Grad auch das Tauchen.

Der Faktor 2.1 („Präzision/Ästhetik") zeigt für die Sportart Eiskunstlauf den eindeutig höchsten Wert, gefolgt von Golf. Insgesamt gesehen weisen die meisten Sportarten auf diesem Faktor nur mittlere Imageausprägungen auf. Die Sportarten Tauchen, Freiklettern, Segeln und Fallschirmspringen haben dagegen eine deutlich hervortretende Imagedimension, und zwar den Faktor 2.2 („Freiheit/Naturerleben"). Auch Mountainbiking, Snowboarding und Skilanglauf fallen hier mit hohen Ausprägungen auf. Andererseits werden American Football, Eishockey, Schach sowie Basketball, Eiskunstlauf, Formel 1 und Springreiten kaum mit den Images dieses Bereiches assoziiert.

Tab. 5: Mittlere Stanine-Werte der vier IFS-Faktoren.

Sportart	Faktor 1.1	Faktor 1.2	Faktor 2.1	Faktor 2.2
American Football	6,68	6,83	3,60	3,72
Baseball	5,49	4,61	5,57	4,80
Basketball	6,34	5,34	5,45	4,08
Beachvolleyball	6,19	4,19	5,54	5,24
Curling	2,68	2,69	4,99	4,32
Eishockey	7,04	7,40	4,30	3,85
Eiskunstlauf	4,87	4,34	7,17	4,07
Fallschirmspringen	4,32	5,63	5,54	7,14
Formel 1	5,50	7,10	5,02	4,11
Freiklettern	5,42	5,28	4,56	7,16
Galoppreiten	4,65	5,34	4,59	4,48
Golf	2,41	2,92	6,00	5,21
Mountainbiking	5,33	5,14	4,02	6,61
Polo	5,04	6,12	5,24	4,60
Rennradfahren	5,84	4,90	4,64	5,36
Schach	2,06	3,24	4,46	3,48
Segeln	4,34	4,43	5,38	7,15
Skilanglauf	4,28	2,92	3,55	6,02
Snowboarding	4,88	5,43	4,65	6,08
Springreiten	4,12	5,15	5,67	4,07
Tauchen	3,80	3,82	4,36	7,60
Triathlon	6,19	5,42	4,60	5,52

Imagebasierte Sportartenklassifikation

Die Zielsetzung der nachfolgenden Clusteranalyse besteht in der Zusammenfassung der in dieser Studie berücksichtigten Sportarten zu Sportartengruppen. Unter Heranziehung der vier Imagefaktoren sollen die Mitglieder einer Gruppe dabei eine weitgehend verwandte Eigenschaftsstruktur aufweisen; d. h., sie sollen sich möglichst ähnlich sein, während zwischen den Gruppen (so gut wie) keine Ähnlichkeiten bestehen sollen (vgl. Backhaus et al., 1986).
Ausgangspunkt der Clusteranalyse ist eine Rohdatenmatrix mit 22 Objekten (Sportarten) und den vier IFS-Faktoren (vgl. Tab. 5). Zunächst wird die Rohdatenmatrix in eine Distanz- oder Ähnlichkeitsmatrix überführt, in der die Ähnlichkeiten zwischen den Objekten (Sportarten) durch eine statistische Maßzahl ausgedrückt wird (22 x 22-Matrix). Die Distanzmatrix, auf die hier nicht näher eingegangen wird, macht beispielsweise deutlich, dass zwischen

Rennradfahren und Triathlon die geringste Distanz ($d^2 = 0{,}68$) besteht, die größte Distanz ($d^2 = 76{,}05$) ergibt sich für die Sportarten Golf und Eishokkey.

Zur Gruppenbildung können verschiedene Algorithmen herangezogen werden (Backhaus et al., 1986, S. 117ff.), und für die hier durchzuführende Clusteranalyse wird das Ward-Verfahren gewählt, bei dem diejenigen Objekte zusammengefasst werden, die ein vorgegebenes Heterogenitätsmaß (hier: quadrierte Euklidische Distanz) am wenigsten vergrößern.

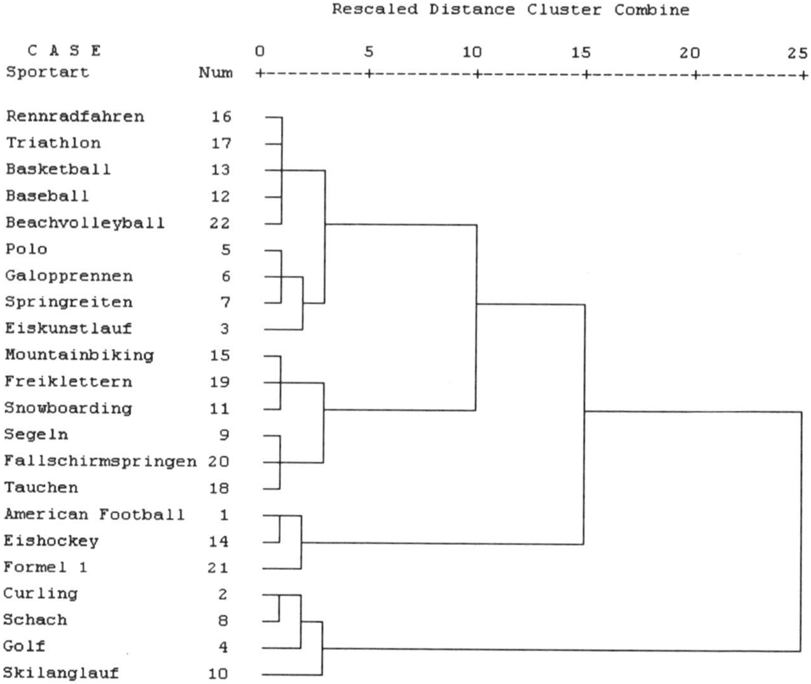

Abb. 3: Dendogramm der hierarchischen Clusteranalyse für das Ward-Verfahren.

Das Dendogramm (vgl. Abb. 3) zeigt, dass auf der letzten Fusionierungsstufe zwei ungleich besetzte Sportartengruppen zusammengefasst werden: Die Gruppe (1) setzt sich aus den Sportarten Rennradfahren, Triathlon, Basketball, Baseball, Beachvolleyball, Polo, Galoppreiten, Springreiten, Eiskunstlauf, Mountainbiking, Freiklettern, Snowboarding, Segeln, Fallschirmspringen, Tauchen, American Football, Eishockey und Formel 1 zusammen. Der zweite Cluster (2) umfasst lediglich Curling, Schach, Golf und Skilanglauf. Innerhalb der Gruppe 1 gibt es eine Sportartengruppe, die sich deutlich von den anderen Sportarten absetzt: American Football, Eishockey und Formel 1. Eng beieinander liegen die beiden Cluster Segeln/Fallschirmspringen/Tauchen und Mountainbiking/Freiklettern/Snowboarding. Ein weiteres Cluster wird von den Sportarten Polo, Galopprennen und Springreiten gebildet, Eiskunstlauf hat bei der bisherigen Sportartenauswahl eine Sonderstellung. Schließlich bilden noch Rennradfahren/Triathlon gemeinsam mit den Teamsportarten Basketball, Baseball und Beachvolleyball ein größeres Cluster. Gemeinsames Merkmal dieser Sportartengruppe (dynamische Sportarten) ist die vergleichsweise hohe Ausprägung des Faktors „Fitness/Dynamik" (vgl. Tab. 6).

Tab. 6: Sportartengruppen und typische Merkmale.

Nr.	Gruppe	Merkmale	Sportarten
1	Dynamische Sportarten	Fitness/Dynamik: hoch	Rennradfahren Triathlon Basketball Baseball Beachvolleyball
2	Pferdesport-arten	Freiheit/Naturerleben: gering	Polo Galoppreiten Springreiten
3	Ästhetische Sportarten	Präzision/Ästhetik: hoch	Eiskunstlauf
4	Erlebnissport-arten	Freiheit/Naturerleben: hoch	Mountainbiking Freiklettern Snowboarding Segeln Fallschirmspringen Tauchen
5	Risikosport-arten	Aggressivität/Angst: hoch Freiheit/Naturerleben: gering	American Football Eishockey Formel 1
6	Ruhige Sport-arten	Fitness/Dynamik: niedrig Aggressivität/Angst: niedrig	Curling Schach Golf Skilanglauf

Die Pferdesportarten zeichnen sich dadurch aus, dass sich alle Imagefaktoren im mittleren Bereich befinden und dass der Faktor „Freiheit/Naturerleben" jeweils die geringste Ausprägung aufweist. Die Sportart Eiskunstlauf genießt bei der jetzigen Sportartenzusammenstellung (noch) eine Sonderstellung und wird den ästhetischen Sportarten zugeordnet. Die Sportarten Mountainbiking, Freiklettern, Snowboarding, Segeln, Fallschirmspringen und Tauchen weisen allesamt hohe Werte auf dem Faktor „Freiheit/Naturerleben" auf und werden als Erlebnissportarten bezeichnet. Zu den Risikosportarten gehören American Football, Eishockey und Formel 1. Diese Sportarten weisen sowohl hohe Imageeinschätzungen in Bezug auf den Faktor „Aggressivität/Angst", als auch besonders niedrige Einstufungen bezüglich des Faktors „Freiheit/Naturerleben" auf. In eine weitere Sportartengruppe fallen solche Sportarten, die relativ ruhig und ohne große Hektik durchgeführt werden können: Curling, Schach, Golf und Skilanglauf. Diese Sportarten haben jeweils besonders niedrige Imageeinschätzungen in den Faktoren „Fitness/Dynamik" und „Aggressivität/Angst".

Diskussion

Die Befunde zeigen, dass sich aufgrund der vier hier berücksichtigten Imagefaktoren für die analysierten Sportarten unterschiedliche Profilverläufe ergeben, die auf Stärken und Schwächen hindeuten (können). Es zeigt sich, dass einzelne Sportarten besonders hohe Werte bei Einschätzungen aufweisen, die den Person/Aufgabe-Bereich betreffen (z. B. Eishockey, Beachvolleyball) andere Sportarten haben ausgeprägte Images im Umwelt/Aufgabe-Bereich (z. B. Eiskunstlauf, Golf). Diese Ergebnisse deuten darauf hin, dass die am Situationskonzept orientierte Differenzierung und Hierarchisierung von Images durchaus erfolgsversprechend zu sein scheint und weiter verfolgt werden sollte.

Auch in praktischer Hinsicht geben die hier dargestellten Ergebnisse bereits wesentliche Hinweise für Unternehmen, die Kommunikation u. a. via Sportsponsoring betreiben möchten und die vor der Aufgabe stehen, adäquate Sportarten auszuwählen. Eine Firma, die beispielsweise anstrebt, verstärkt mit dem Image "Präzision" assoziiert zu werden, sollte sich ein Engagement im Golfsport überlegen. Als Alternative oder Ergänzung würde sich für die Wintermonate Curling anbieten. Auch Verbände, Vereine und Veranstalter haben die Möglichkeit, gezielt gegenüber potentiellen Partnern aus der Wirtschaft zu operieren und Stimmigkeit mit werblichen Zielen zu signalisieren. Darüber hinaus finden sich aber auch Anstöße, über evtl. notwendige, auf die Sportarten bezogene, Imagekorrekturen und damit einhergehende Maßnahmen nachzudenken, um einerseits ein attraktiver Partner für die Wirtschaft zu sein und um andererseits für Personen als attraktives Handlungsfeld zu gelten (vgl. auch Rustemeyer, 1992). Die Befunde liefern Hinweise für eine darauf bezogene Sportberatung (siehe Schlattmann, i. Dr.)

Ein Vergleich mit der Sportartenklassifikation von Tschakert und Burchardt (1986) ergibt nur wenige Gemeinsamkeiten. Diese Übereinstimmungen beziehen sich im wesentlichen auf die Unterscheidung von ästhetischen und

Risikosportarten. Aber selbst hier zeigen sich Differenzen: So wird beispielsweise Eishockey in der Klassifikation von Tschakert und Burchardt den sozial orientierten Sportarten zugeordnet, während Eishockey in dieser Studie zum Risikosport gezählt wird. Die Ursachen für die geringen Übereinstimmungen in den Befunden können zum einen in der unterschiedlichen Sportartenauswahl für den Vergleich, in den unterschiedlichen Variablen, aber auch in der unterschiedlichen Stichprobenwahl begründet liegen. Weitere Imageanalysen für andere Sportarten sind in Bearbeitung, um den vorhandenen Datensatz sukzessive zu ergänzen und dann einer erneuten Sportartenklassifikation zu unterziehen.
Das Situationskonzept hat sich bei der Entwicklung des Image-Fragebogen-Sport (IFS) und der auf Images bezogenen Klassifikation der Sportarten als theoretischer Rahmen bewährt. Die auf dieser Grundlage erhobenen Person-Umwelt-Aufgabe-Einschätzungen zeigen, wie Sportarten interindividuell psychisch repräsentiert sind, und geben einen Eindruck davon, wie bestimmte sportbezogene Aufgaben unter Berücksichtigung person- und umweltspezifischer Gegebenheiten allgemein gesehen werden.

Bewältigung von Schiedsrichtern im Fußball

Dieter Teipel, Reinhild Kemper & Dirk Heinemann

Zur Theorie der Bewältigung

Im vorliegenden Kontext wird auf grundlegende theoretische Ansätze zur Bewältigung und Untersuchungen zur Bewältigung von Schiedsrichtern im Fußball eingegangen.

Theoretische Ansätze zur Bewältigung

Grundlegende theoretische Ansätze zum Stress beinhalten die Erörterung der Bewertung von Belastungsbedingungen bzw. Stressoren und die Bewertung der Bewältigungsmöglichkeiten.
Nach dem psychologischen Modell von Stress von Lazarus und Launier (1981) konnte die Auseinandersetzung einer Person mit Stressoren in drei Phasen gekennzeichnet werden. Bei diesen drei kognitiven Phasen handelte es sich um die *primäre Bewertung* in Hinsicht auf den Grad der Betroffenheit einer Person, die *sekundäre Bewertung* in bezug auf die zur Verfügung stehenden Möglichkeiten der Bewältigung und die *Neubewertung* nach der Durchführung einer spezifischen Abschätzung.
Lazarus und Launier (1981, 244) beschrieben im Rahmen ihrer kognitiven Stresstheorie die *Bewältigung* als die verhaltensorientierte und intrapsychische Bemühung einer Person, die person- und umweltbedingten Anforderungen, die die vorhandenen Fähigkeiten und Möglichkeiten einer Person beanspruchten oder gar überstiegen, sowie die zwischen ihnen bestehenden Konflikte zu meistern.
Nach Lazarus und Launier (1981, 246ff.) konnten im Bewältigungsprozeß insgesamt vier aufeinander bezogene Dimensionen unterschieden werden. Diese Dimensionen umfaßten die zeitliche Orientierung, den instrumentellen Schwerpunkt, die Funktion und die Bewältigungsmodi. Die zeitliche Orientierung beinhaltete die Beschreibung der Bewältigungsprozesse sowohl auf die Vergangenheit als auch auf die Gegenwart und die Zukunft. Die Bewältigungsprozesse konnten auf die Umwelt, auf das Selbst oder auf beide bezogen sein. Der instrumentelle Schwerpunkt besagte, daß durch die Veränderung der Person oder der Umwelt die Beanspruchung reduziert werden konnte. In bezug auf die Funktionen der Bewältigung wurde zwischen einer Änderung der gestörten Transaktion zwischen der Person und der Umwelt

(instrumentell) und einer Regulierung der Emotionen der Person (Palliation) unterschieden. Die Bewältigung beinhaltete das Bemühen, eigene Ziele und Überzeugungen, etc. angesichts von spezifischen Belastungen zu ändern bzw. aufrechtzuerhalten.
Die Bewältigungsmodi wurden in die Strategien der Informationssuche, der direkten Aktion, der Aktionshemmung und der intrapsychischen Bewältigungsformen aufgegliedert. Die Informationssuche beinhaltete ein vorausschauendes, auf die Zukunft gerichtetes geplantes Vorgehen. Unter einer direkten Aktion wurde eine direkte Änderung der Situation verstanden. Eine Aktionshemmung kennzeichnete den Verzicht auf eine Handlung. Intrapsychische Bewältigungsformen beinhalteten alle kognitiven Prozesse, die zu einer Regulierung von Emotionen oder einer Verbesserung der Transaktion zwischen einer Person und ihrer Umwelt führten. Lazarus und Launier (1981, S. 250) stellten heraus, daß das Nachgeben gegenüber bestimmten Anforderungen eine sinnvolle und zugleich häufig vernachlässigte Bewältigungsstrategie darstellte.
In Weiterentwicklung seines Modells des psychischen Stress bevorzugte Lazarus (1991) die Bezeichnung seines Konzepts als kognitiv-motivational-relational. Als zentrales Element seines theoretischen Ansatzes galt nach wie vor die kognitive Einschätzung. Die beiden Einschätzungsvorgänge wurden revidiert, indem sie jeweils in drei Komponenten unterteilt wurden. Die Komponenten der Ereigniseinschätzung ('primary appraisal'/'stakes') umfaßten die Zielrelevanz, die Zielstimmigkeit und die Art der Ich-Beteiligung. Die Ressourceneinschätzung ('secondary appraisal'/'coping options') gliederte sich in die Verantwortlichkeit ('blame' or 'credit'), das Copingpotential (Bewältigungspotential) und die Zukunftserwartungen (vgl. Lazarus, 1991, S. 149).
Nitsch und Hackfort (1981, S. 304) befaßten sich mit der Stressgenese und Stresskontrolle unter handlungstheoretischer Perspektive. In ihrer Analyse legten sie den Schwerpunkt auf die Techniken, die eine Person zur Reduktion von Stress anwandte (direkte Techniken der Symptomkontrolle durch Selbstintervention). Diese direkten Techniken der Symptomkontrolle durch Selbstintervention ließen sich in physiologische und psychologische Techniken einteilen. Die physiologischen Techniken dienten dazu, durch körperliche Aktivität wie z.B. Atemübungen oder Bewegungen eine Über- bzw. Unteraktivierung auszugleichen. Bei den psychologischen Techniken hingegen lag der Akzent in kognitiven Prozessen. Diese kognitiven Techniken beinhalteten Verfahren der Selbstargumentation, der Selbstinstruktion und der Autosuggestion. Bei der Selbstargumentation wurde versucht, durch eine spezifische Gewichtung von Informationen die eigenen Erlebnisinhalte zu ändern. Bei der Selbstinstruktion wurden durch selbstgegebene Anweisungen spezielle Handlungen bzw. Verhaltensziele hervorgehoben. Bei der Autosuggestion handelte es sich um die Aktualisierung emotionaler Überzeugungen mit

Hilfe von Vorstellungs- und Erinnerungsvorgängen (vgl. Nitsch et al. 1979; Nitsch, 1985).

Die Ressourcentheorie von Hobfoll (1988, 1989) konnte als ein weiterer transaktionaler Ansatz zur Erklärung von psychischem Stress und Bewältigung verstanden werden. Der Akzent lag in diesem theoretischen Ansatz auf der Stressbewältigung und den unterschiedlichen Beweggründen. Grundlegend wurde von der Annahme ausgegangen, daß Menschen danach strebten, bestehende Ressourcen (z.B. Fähigkeiten, Ziele, Verhaltensweisen) zu erhalten und person- und umweltbezogene Verluste zu vermeiden. Die Vermeidung von Verlusten stellte ein starkes Motiv in der Auseinandersetzung mit spezifischen Anforderungen dar. Zu den bedeutsamen Ressourcen gehörten nach Hobfoll (1988) Gegenstände, Bedingungen und Persönlichkeitsmerkmale mit einer hohen persönlichen Bedeutung.

Unter einer *Bewältigungsstrategie* kann die relativ stabile und zeitüberdauernde Form einer Bewältigung von person- und/oder umweltbedingten Anforderungen in ähnlichen konkreten Situationen verstanden werden. Bei einer solchen Bewältigungsstrategie kann es sich um eine 'naive Technik' (z.B. in Eigenregie entwickelte Form der Entspannung bzw. Aktivierung) bzw. um eine 'wissenschaftliche Technik' (z.B. erlernte Entspannungs- bzw. Aktivierungstechnik wie Autogenes Training, Progressive Muskelrelaxation) handeln. Im vorliegenden Kontext wurde der Akzent auf die Analyse von spezifischen handlungsbezogenen Formen von Bewältigungsstrategien gelegt.

Untersuchungen zur Bewältigung von Schiedsrichtern im Fußball

Untersuchungen zur Bewertung von Belastungsbedingungen und zur Bewertung von Bewältigung im Sport finden sich u.a. bei Stoll (1995) bei Langstreckenläufern, bei Heinemann (1999) bei Judoka.

Eine spezifische Studie zur Bewertung von Belastungsbedingungen und zur Bewältigung von Spielern und Spielerinnen und Trainern im Fußball liegt vor von Teipel (1992). In Hinsicht auf unterschiedlich akzentuierte Gesichtspunkte der Bewältigung von Belastungsbedingungen von Schiedsrichtern im Fußball vor dem Spiel, während des Spiels und nach dem Spiel fanden sich Studien von u.a. Frütel (1995) und Harder (1997). Frütel (1995) analysierte die spezifische Belastungsverarbeitung in einer Gruppe von 31 Bundesliga-Schiedsrichtern im Fußball anhand eines spezifischen Fragebogens. Bezüglich der Bewältigung der vielfältigen Belastungen *vor, während und nach dem Spiel* wurden unterschiedliche Strategien aufgefunden. In Hinsicht auf die Situation *vor dem Spiel* wurden Techniken der mentalen Vorbereitung sowie der mittelfristigen und kurzfristigen Vorbereitung erfragt. 90.3% der Schiedsrichter beurteilten die mentale Spielvorbereitung als besonders wichtig. Für 96.8% zählte die Platzbesichtigung und die Absprache mit den Linienrichtern zur unmittelbaren Spielvorbereitung. 83.9% führten Dehn- und

Entspannungsübungen vor dem Spiel durch. 64.5% aller Schiedsrichter gaben an, sich nach der Spielansetzung die Tabellensituation der beteiligten Mannschaften anzusehen. Ferner erwähnten 54.8% der Schiedsrichter die Strategie, daß sie vor dem Spiel frühere Fehler mit den Schiedsrichterassistenten besprachen. Für 45.0% der Schiedsrichter gehörte das Joggen zur mittelbaren Vorbereitung.
Hinsichtlich der Bewältigungsmaßnahmen *während des Spiels* wählten 74.2% der Schiedsrichter die Strategie der vollen Konzentration auf das Spiel. Ebenfalls 96.8% der Schiedsrichter sprachen sich zudem für eine konsequente Spielleitung aus, um sich die notwendige Achtung zu erhalten. Die Schiedsrichter, die sich mit gelben/roten Karten Respekt verschafften, unterschieden sich tendenziell von den Schiedsrichtern, die das nicht versuchten. Von 31 Befragten gaben 30 an, sich nicht mit dem frühen Ziehen gelber/roter Karten Respekt zu verschaffen. Von diesen 30 fühlten sich jedoch 76.7% in der ersten Viertelstunde am meisten beansprucht.
In bezug auf die Bewältigungsformen *nach dem Spiel* wurden spezifische Strategien erfragt. Als wichtigste Kritiker galten für 90.3% die Schiedsrichterassistenten. Für ein Drittel der Schiedsrichter zählten auch die Ehefrau/die Freundin zu relevanten Kritikern. 80.6% gaben zudem an, aus den Medien über Kritiken zu erfahren. 61.3% der Schiedsrichter machten deutlich, von dem Schiedsrichterbeobachter angesprochen worden zu sein. 45.2% gaben an, mehr Kritik als Lob zu empfangen. 51.6% waren der Auffassung, mehr Lob als Kritik zu erhalten. Das Lob des Schiedsrichterbeobachters wurde von 80.6% als besonders wichtig angesehen. Als weitere Bewältigungstechniken nannten 45.2% einen ausgleichenden Waldlauf und 19.4% einen Spaziergang. 35.0% gaben an, ihre Leistungen mit Bekannten kritisch zu diskutieren.
Nach Auffassung von Harder (1997) konnten grundlegende Probleme des Schiedsrichters durch bestimmte Verhaltensweisen vermieden werden. Die Anwendung unterschiedlicher Formen der Bewältigung wurde in einer spezifischen Befragung untersucht. Die befragten Schiedsrichter wählten die spezifischen Formen der Bewältigung mit hohen Zustimmungsraten aus. Hohe Häufigkeiten fanden sich bei den Bewältigungsformen der guten Vorbereitung auf das Spiel, der guten Absprache im Team, des sinnvollen Einsatzes persönlicher Strafen, der Ausstrahlung von Ruhe und des Suchens der Spielnähe und des guten Stellungsspieles. Als weitere häufige Maßnahmen wurden die rechtzeitige Anreise und die Vorbereitung auf äußere Umstände eingeschätzt. Auf den folgenden Rängen fanden sich das unauffällige Auftreten und das Ansprechen der Spieler. Die Technik der Gespräche vor dem Spiel wurde von lediglich 50% der befragten Schiedsrichter als angemessen bewertet.
Im Hinblick auf die Bewältigung der vielfältigen Belastungen konnten unterschiedliche Strategien aufgefunden werden. Nahezu alle befragten Schieds-

richter maßen der mentalen Spielvorbereitung vor dem Spiel einen hohen Stellenwert bei und führten eine Platzbesichtigung und die Absprache mit den Linienrichtern zur unmittelbaren Spielvorbereitung durch. Die meisten Schiedsrichter stimmten sich durch Dehn- und Entspannungsübungen auf das Spiel ein. Nahezu alle untersuchten Schiedsrichter sprachen sich für eine volle Konzentration auf das Spielgeschehen und eine konsequente Spielleitung während des Spiels aus, um sich die notwendige Achtung zu verschaffen. Ferner wurden die Techniken des sinnvollen Einsatzes persönlicher Strafen, der Ausstrahlung von Ruhe, des Suchens der Spielnähe, des guten Stellungsspieles, des Bewahrens des Überblicks, des Erkennens von Problemsituationen und des sicheren Auftretens hervorgehoben. Die Strategien der Aussprache mit den Schiedsrichterassistenten und des Austausches mit Familienangehörigen wurden häufig in bezug auf die Situation nach dem Spiel erwähnt.
In der vorliegenden Studie wird der Akzent auf den Vergleich der Bewältigung vor, während und nach dem Spiel zwischen Schiedsrichtern aus niedrigen und hohen Spielklassen und auf Aussagen zur Bewältigung vor, während und nach dem Spiel gelegt.

Methodik

Die Methodik umfaßt die Beschreibung der Untersuchungsverfahren, der Untersuchungspersonen, der Untersuchungsdurchführung und der Untersuchungsauswertung.

Untersuchungsverfahren

Bei den Verfahren zur Analyse der Bewältigung können der spezielle Fragebogen und das spezielle Interview unterschieden werden.

Fragebogen zur Bewältigung von Schiedsrichtern vor, während und nach dem Spiel

Die Beurteilung der Bewältigung von Schiedsrichtern vor, während und nach dem Spiel wurde anhand von insgesamt 19 spezifischen Bewältigungstechniken vorgenommen. Hiervon bezogen sich 5 Techniken auf Situationen vor dem Spiel, 5 Techniken auf Bedingungen während des Spiels und 9 Verhaltensweisen auf Gegebenheiten nach dem Spiel.
Die 5 Verhaltensweisen vor dem Spiel beinhalteten die frühzeitige Anreise, die gute Vorbereitung der Besprechung, die frühzeitige Paßkontrolle, das gute Aufwärmen in der Kabine und die Informationssuche über die Tabellensituation der Mannschaften. Während des Spiels wurden die Techniken des lauten Pfeifens, der klaren Entscheidungen, des bestimmten und energischen Auftretens, der situationsbedingten Bestrafungen sowie der situationsbe-

dingten lockeren Bemerkungen ausgewählt. Zu den Verhaltensweisen nach dem Spiel gehörten u.a. das ausgedehnte Duschen bzw. Baden, die Aussprache über das Spiel mit den Schiedsrichterassistenten, das Warten in der Kabine zur Vermeidung von Zuschauerbeleidigungen, das Auslaufen nach dem Spiel, die vorsichtigen Kommentare bei Sportjournalisten, das Ablenken durch Radio- und Fernsehsendungen, die Gespräche mit Familienangehörigen und langes Schlafen.
Die Schiedsrichter gaben an, in welchem Ausmaß die verschiedenen Bewältigungstechniken vor, während und nach dem Spiel für sie zutrafen. Diese Bewertung des Zustimmungsgrades wurde auf einer 7-Punkte-Skala von '1=nicht zutreffend' bis '7=sehr zutreffend' vorgenommen.

Interview zur Bewältigung von Schiedsrichtern vor, während und nach dem Spiel

Zur Analyse spezifischer Belastungsbedingungen und Bewältigungsmöglichkeiten der Schiedsrichter wurde ein spezielles Interview durchgeführt. Bei dem Interview mittels eines spezifischen Interviewleitfadens handelte es sich nach Bortz und Döring (1995, S. 290) um ein halb strukturiertes themenbezogenes fokussiertes Leitfadeninterview mit ausgeprägten narrativen Elementen.
Dieses Interview basierte auf einem Leitfaden in bezug auf die Aspekte der individuellen Karriere als Schiedsrichter, anderer sportlicher Aktivitäten sowie auf der Bewältigung unterschiedlicher beanspruchender Situationen vor, während und nach dem Spiel.

Untersuchungspersonen

Die Untersuchungspersonen können in Hinsicht auf die Analyse der psychischen Beanspruchung unterschieden werden.

Fragebogen

Die Beschreibung der Untersuchungsgruppe anhand des Fragebogens kann in die Erläuterung der Einstellungen zur psychischen Beanspruchung in der Gesamtgruppe und in den Vergleich zwischen den Gruppen von männlichen Schiedsrichtern aus niedrigen und hohen Spielklassen aufgeteilt werden.
Die Gesamtgruppe der 260 männlichen Schiedsrichter wurde anhand des Kriteriums unterschiedlicher Spielklassen in die zwei Gruppen niedriger und hoher Spielklassen eingeteilt. Zu den Schiedsrichtern aus den niedrigen Spielklassen gehörten 99 Schiedsrichter aus den Jugendligen, der Kreisliga und der Bezirksliga. Die Schiedsrichter aus den hohen Spielklassen setzten sich aus 161 Schiedsrichtern aus der Bundesliga, der 2. Bundesliga, der Regionalliga, der Oberliga, der Verbandsliga und der Landesliga zusammen. Die 99 Schiedsrichter aus den niedrigen Spielklassen waren durchschnittlich

27.74 Jahre und die 161 Schiedsrichter aus den hohen Spielklassen durchschnittlich 33.91 Jahre alt. Somit waren die Schiedsrichter aus den hohen Spielklassen mit mehr als 6 Jahren hoch signifikant älter als die Schiedsrichter aus den niedrigen Spielklassen.

Interview

Insgesamt wurden 21 halbstrukturierte narrative Interviews von geschulten Interviewern durchgeführt. An den Interviews nahmen 9 männliche Schiedsrichter von der Regionalliga bis zur Bundesliga und 7 weibliche Schiedsrichter von der Kreisliga bis zur 2. Bundesliga im Frauen-Fußball teil. Das Alter der 9 männlichen Schiedsrichter reichte von 20 bis 42 Jahren bei einem Durchschnittsalter von 28.22 Jahren. Das Altersspektrum der 7 weiblichen Schiedsrichter umfaßte den Zeitraum von 21 bis 53 Jahre bei einem Durchschnittsalter von 31.85 Jahren. Weiterhin konnten 5 ehemalige Schiedsrichter und aktive Funktionäre in der Schiedsrichterausbildung interviewt werden.

Untersuchungsdurchführung

Die Untersuchungsdurchführung beinhaltete die Anwendung des Fragebogens und des Interviews. Die Befragungen wurden in verschiedenen Veranstaltungen zur Schiedsrichterfortbildung in mehreren Kreisen und Verbänden sowie auf Bundesebene durchgeführt. Zu Beginn der einzelnen schriftlichen Befragungen während der Veranstaltungen für die Schiedsrichterfortbildung wurden die Schiedsrichter eingehend über den Zweck der Studie informiert.
Die Interviews mit ausgewählten SchiedsrichterInnen wurden ebenfalls in Veranstaltungen der Schiedsrichter-Ausbildung und -Fortbildung durchgeführt. Die Interviews wurden nach vorheriger Information der SchiedsrichterInnen per Kassettenrecorder aufgenommen. Die Interviews nahmen eine Dauer von ca. 45 bis ca. 90 Minuten in Anspruch.

Untersuchungsauswertung

Bei der Untersuchungsauswertung ließ sich eine Aufteilung in die Studie mittels des Fragebogens und mittels des Interviews unterscheiden. Die Auswertung der Fragebögen wurde mittels beschreibender und inferenter Prozeduren des Statistik-Programm-Systems für die Sozialwissenschaften (SPSS) (vgl. Friede & Schirra-Weirich, 1992) vorgenommen. Die Prozeduren der inferenten Statistik bezogen sich auf die Berechnungen der univariaten und multivariaten Einstellungsunterschiede zwischen Schiedsrichtern niedriger und hoher Spielklassen.
Die Interviews wurden als Einzelinterviews mit den Schiedsrichtern durchgeführt. Diese Einzelinterviews wurden nach Zustimmung der interviewten Personen als mit Kassettenrecordern aufgenommen. Die Aussagen der Be-

fragten wurden in ausführlicher Form übertragen und nach unterschiedlichen Aspekten der Bewältigung zugeordnet und ausgewertet.

Ergebnisse

In der Darstellung der Ergebnisse wird die Bewältigung von Schiedsrichtern vor, während und nach dem Spiel anhand der schriftlichen und mündlichen Befragung verdeutlicht.

Bewältigung von Schiedsrichtern vor dem Spiel

Die Analyse der Bewältigung von Schiedsrichtern vor dem Spiel bezieht sich einerseits auf den Vergleich der Bewältigung vor, während und nach dem Spiel zwischen den Schiedsrichtern aus niedrigen und hohen Spielklassen und andererseits auf den Aufweis von Aussagen zur Bewältigung von Schiedsrichtern vor dem Spiel.

Vergleich der Bewältigung von Schiedsrichtern vor dem Spiel zwischen Schiedsrichtern aus niedrigen und hohen Spielklassen

Der Vergleich der Bewältigung von Schiedsrichtern *vor dem Spiel* zwischen den 99 Schiedsrichtern aus niedrigen und den 161 Schiedsrichtern aus hohen Spielklassen findet sich in der Tabelle 1.
Die Tabelle 1 macht deutlich, daß die Gesamtgruppe der männlichen Schiedsrichter vor dem Spiel die Bewältigungsformen der frühzeitigen Anreise, der guten Vorbereitung der Besprechung und der frühzeitigen Paßkontrolle für in mittlerem Grade zutreffende Maßnahmen hielt. Die Gesamtgruppe bewertete im Gegensatz hierzu die Techniken des guten Aufwärmens in der Kabine und der Information über die Tabellensituation der Mannschaften als weniger angemessene Maßnahmen.
Zwischen den Schiedsrichtern aus niedrigen und hohen Spielklassen ließen sich in 4 von 5 Bewältigungsarten zumindest tendenziell signifikant unterschiedliche Bewertungen erkennen.
Die Schiedsrichter aus den hohen Spielklassen beurteilten die Bewältigungstechniken der guten Vorbereitung als hoch signifikant angemessenere Maßnahme als die Schiedsrichter aus den niedrigen Spielklassen. Ferner bewerteten die Schiedsrichter aus den hohen Spielklassen die präventive Maßnahme der frühzeitigen Anreise als in höherem Grade zutreffende Maßnahme als die Schiedsrichter aus niedrigen Spielklassen. Außerdem befürworteten die Schiedsrichter aus den hohen Spielklassen die Vorgehensweise des guten Aufwärmens in der Kabine in tendenziell signifikant stärkerem Grad als die Schiedsrichter aus den niedrigen Spielklassen. Im Gegensatz hierzu erachteten die Schiedsrichter aus den niedrigen Spielklassen die Information über die Tabellensituation der Mannschaften als in größerem

Ausmaß zutreffende Maßnahme als die Schiedsrichter in den hohen Spielklassen. Somit ließen die Schiedsrichter aus den hohen Spielklassen in erheblich höherem Ausmaß die Befürwortung präventiver Bewältigungstechniken erkennen als die Schiedsrichter aus den niedrigen Spielklassen.

Aussagen zur Bewältigung von Schiedsrichtern vor dem Spiel

In den Interviews wurden von den Schiedsrichtern und Schiedsrichterinnen in bezug auf die Situation *vor dem Spiel* insgesamt vielfältige, unterschiedliche Aspekte beinhaltende Strategien angesprochen. Im vorliegenden Zusammenhang umfaßten die stärker personorientierten Bewältigungsformen u.a. die frühzeitige Anreise und die gute Vorbereitung auf das Spiel im Sinne der Konzentrationslenkung, wohingegen die stärker umweltorientierten Strategien die Information über die Tabellensituation der Mannschaften und die Unterstützung durch die Familie beinhalteten.

Frühzeitige Anreise

Eine wichtige Technik der Belastungsbewältigung war für die Schiedsrichter und Schiedsrichterinnen die frühzeitige Anreise zum Spielort. Dies beinhaltete zunächst die Planung der Fahrtstrecke und die Festsetzung des Abfahrtszeitpunkts. Die rechtzeitige Ankunft am Spielort wurde als wichtig herausgestellt, um genügend Zeit zu haben, sich auf das bevorstehende Spiel zu konzentrieren.

> *„Ich handhabe es so, daß ich vor dem Spiel rechtzeitig bei dem Verein bin. Ich fahre rechtzeitig von Zuhause los, so daß ich abchalten und mich wirklich voll auf das Spiel konzentrieren kann. So eine Stunde vor Spielbeginn zählt dann eigentlich nur noch das Spiel. Und wenn man rechtzeitig da ist, kann man das auch ganz locker angehen lassen." (Schiedsrichter)*

> *„Die belastende Phase sind eigentlich die letzten 15 Minuten vor Spielbeginn. Wichtig ist, daß man frühzeitig am Spielort ist. So ca. eine Stunde vor dem Spiel reist man an, dann hat man für die Vorbereitungen noch Zeit genug und kann ohne Anspannung in das Spiel hineingehen." (Schiedsrichter)*

Gute Vorbereitung auf das Spiel

Neben einer rechtzeitigen Anreise spielte eine gute Vorbereitung auf das Spiel eine zentrale Rolle. Zu diesem Zweck legten die befragten Schiedsrichter besonderen Wert auf eine ausführliche Absprache mit den Schieds-

Tab. 1: Vergleich der Bewältigung vor dem Spiel zwischen Schiedsrichtern niedriger und hoher Spielklassen ('1=nicht zutreffend' bis '7=sehr zutreffend').

Vor dem Spiel

Ich versuche, die vielfältigen Belastungen
als ***Schiedsrichter*** zu bewältigen durch ...

		Niedrige Spielklassen		Hohe Spielklassen			
		M	S	M	S	F-Wert	Sig.
	Frühzeitige Anreise	5.28	1.53	5.67	1.45	4.30	.039
	Gute Vorbereitung der Besprechung	4.25	1.78	5.06	1.54	15.14	.000
	Frühzeitige Passkontrolle	4.72	1.59	4.70	1.62	0.00	.925
	Gutes Aufwärmen in der Kabine	3.37	1.54	3.77	1.72	3.61	.058
	Information über die Tabellensituation der Mannschaften	3.12	1.98	2.71	1.77	2.95	.087
	Gesamt vor dem Spiel	4.15	1.18	4.38	1.06	2.79	.095

richterassistenten vor dem Spiel. Diese Absprache bezog sich auf die Organisation der Fahrten, die Auswahl der Trikotfarben, die Tabellensituation der beteiligten Mannschaften, spezifische Vorkommnisse in den Vereinen sowie die Kontrolle des Spielfeldes und die Kontrolle der Spielerpässe vor Spielbeginn. Außerdem versuchten einige Schiedsrichter, aus den Fehlern in vergangenen Spielen zu lernen und sich Verhaltensweisen zur Lösung derartiger kritischer Situationen antizipativ vorzustellen und später im Spiel anzuwenden. Einige Schiedsrichter drückten aus, daß für sie Ruhe und Konzentration zur adäquaten Vorbereitung vor dem Spiel gehörten und sie die Störfaktoren möglichst weitgehend auszuschalten versuchten, um möglichst unbelastet in das Spiel zu gehen.

Eine Schiedsrichterin wies darauf hin, daß sie aus negativen Bemerkungen von Spielern vor dem Spiel die Konsequenz gezogen hatte, zu Beginn des Spiels hart zu pfeifen. Überdies wurde der gemeinsame Gang über das Spielfeld zur Kontrolle des Spielfeldes genutzt, um letzte Absprachen für die Kommunikation im Schiedsrichtergespann vorzunehmen. Die Phase nach dem Umziehen wurde als spezifische mentale Einstellung aufgefaßt und zur Erhöhung der Konzentration auf das Spiel genutzt. In dieser Phase wurde auch die Aufmerksamkeitslenkung weg von familiären und beruflichen Problemen auf die Erfordernisse des Spiels als besonders relevant hervorgehoben. Derartige Bewältigungsstrategien wurden aus folgenden Aussagen erkennbar:

> „*Vor dem Spiel sprechen wir zweimal in der Woche noch telefonisch, legen den Zeitpunkt der Abfahrt fest und sprechen unsere Trikotfarbe noch ab. Die Tabellensituation wissen wir im Vorfeld sicherlich auch. Wir schauen noch einmal in die Zeitung, informieren uns noch ein bißchen über das Spiel. Und dann geht es eigentlich rechtzeitig los. Der Rest wird eigentlich auf der Anlage des Vereins besprochen, indem wir eine Stunde vorher über den Platz gehen und uns dann wirklich 10 Minuten bis 15 Minuten Zeit lassen.*“ (Schiedsrichter)

> „*Man setzt sich mit den Schiedsrichterassistenten zusammen und trinkt eine Tasse Kaffee. Man führt ganz lockere Gespräche, ebenso mit Vereinsvertretern. Die Betreuer kommen und legen den Spielbericht vor. Das ist eigentlich alles eine gute Ablenkung. Wenn man dann aber anfängt, so 30 Minuten vorher sich umzuziehen und sich warmzumachen, dann denkt man schon an das Spiel, was da für eine Tabellensituation vorliegt, ob und was in der Woche vorher passiert ist, ob da eine Trainerentlassung war oder irgendwelche Punkte, die mich oder die beiden Schiedsrichterassistenten im Spiel berühren könnten. Dann geht die Anspannung eigentlich 15 Minuten vorher*

bis zum Anpfiff so richtig los. Beim Anpfiff ist die Anspannung dann mit einem Schlag vorbei.“ (Schiedsrichter)

„Ich versuche, mich selber dahingehend zu konzentrieren, daß ich über bestimmte Situationen aus der Vergangenheit noch mal nachdenke. Ich bespreche Situationen ich mit meinen Schiedsrichterassistenten kurz vor Spiel noch einmal. Ich spreche an, was z.B. in den letzten Spielen aktuell gewesen ist, in der Vergangenheit, in ähnlichen Spielen, in Bundesligaspielen, wenn Probleme anlagen. Ich spreche auch eigene Probleme an, die man in vergangenen Spielen im Gespann hatte. Ich versuche, mir bestimmte Dinge einzuprägen, mich auf ganz bestimme Dinge, die wichtig sind, zu konzentrieren, mich auf diese Weise schon mal auf das Spiel vorzubereiten.“ (Schiedsrichterin)

Information über die Tabellensituation der Mannschaften

Manche Schiedsrichter zählten zu einer angemessenen Einstellung auf das Spiel das Studium der Tabellensituation der beteiligten Mannschaften. Andere Schiedsrichter hingegen versuchten, diese Informationen über die Ränge der Mannschaften zu meiden, um sich nicht aus ihrem Konzept bringen zu lassen. Insofern umfaßte die Strategie der Informationssuche die Kenntnis über die Tabellensituation der zu pfeifenden Mannschaften, über bestimmte Vorfälle, über schwierige Spieler in den jeweiligen Vereinen und auch über die Zahl der zu erwartenden Zuschauer. Für einige Schiedsrichter war es bedeutsam, Informationen über ein Abstiegsspiel zu erhalten, um sich hierauf entsprechend einzustellen und von der ersten Minute des Spiels an konsequent zu pfeifen. Solche Einstellungen wurden aus folgenden Aussagen deutlich:

„Ich denke mal, daß man es mit den Vorinformationen nicht übertreiben sollte. Ich werde mich mit Sicherheit nicht schon vorher kundig machen, welcher Spieler schon wie oft vom Platz gestellt wurde. Man erkundigt sich vor dem Spiel schon, wieviel Zuschauer ungefähr kommen könnten. Das ist eine wichtige Sache für mich. Ebenso wichtig ist die Tabellensituation. Wenn es wirklich knallhart gegen den Abstieg geht, dann ist schon eine ganz andere Einstellung zum Spiel da. Man soll ja jedes Spiel im Prinzip gleich angehen. Aber dann weiß ich schon, was auf mich zukommt.“ (Schiedsrichter)

Im Gegensatz zu den Aussagen zur Informationssuche von Schiedsrichtern fanden sich auch Äußerungen zur Informationsmeidung. Die Schiedsrichter, die diese Technik bevorzugten, verzichteten ganz bewußt auf eine detaillierte Information im Vorfeld des zu pfeifenden Spieles, um sich durch entsprechende Vereins- und Spielersituationen nicht unnötig zu belasten und das

Spiel nicht mit Voreingenommenheit zu pfeifen. Einige Schiedsrichter hatten die Erfahrung gemacht, daß eine differenzierte Informationssuche einen negativen Effekt gehabt hatte. Demzufolge waren sie als Schiedsrichtergespann ziemlich voreingenommen in das Spiel gegangen und hatten manchmal auf den aktuellen Spielverlauf nicht in angemessener Weise reagiert. Derartige Einstellungen wurden aus folgenden Äußerungen sichtbar:

> *„Früher habe ich das sehr streng genommen. Ich habe mir die Tabellenstände herausgesucht. Ich habe mir die Trainer und die Spieler herausgesucht, mit denen man häufiger Schwierigkeiten hat. Und dann ist es mir passiert, daß ich voreingenommen in ein Spiel hineingegangen bin, und das Spiel ging ab der zwölften Minute völlig den Bach runter. Und seitdem gehe ich in die Kabine, mache die letzte Vorbereitung mit den Schiedsrichterassistenten und führe die gemeinsame Absprache durch. Aber sonst warte ich, wie sich das Spiel entwickelt und entscheide erst dann."* (Schiedsrichter)

Unterstützung durch die Familie

Einige Schiedsrichterinnen stellten heraus, daß sie insbesondere bei den ersten Spielen als Schiedsrichterin und bei besonders schwierigen Spielen soziale Unterstützung durch Familienangehörige gewünscht hatten. So berichtete eine Schiedsrichterin von einem schlechten ersten Spiel mit viel negativer Kritik. Hiernach begleitete sie ihr Vater bei einem Spiel derselben Mannschaft und verhalf ihr zu einem guten, weitgehend angstfreien Spiel. Eine andere Schiedsrichterin bat ihren Mann, sie bei der Leitung eines schwierigen Spiels zu unterstützen. Diese Unterstützung wurde von der Betreuerin einer Mannschaft wahrgenommen. Offensichtlich wirkte sich die Begleitung ihres Mannes für die Schiedsrichterin stabilisierend und furchtreduzierend aus. Ferner waren es für die jungen Schiedsrichter oftmals Familienangehörige, die nach einem von Spielern und Zuschauern heftig kritisierten Spiel und einem hiermit verbundenen schlimmen Mißerfolgserlebnis zunächst zu einer Trotzreaktion beitrugen und schließlich zum Weitermachen motivierten. Aus den folgenden Aussagen werden derartige Erlebensprozesse und Bewertungen deutlich:

> *„Mein allererstes Spiel war echt eine Katastrophe. Bei mir war niemand dabei. Dann war das noch eine ausländische Mannschaft, und die haben hinterher geschimpft. Ich mußte in der nächsten Woche wieder zu diesem Verein. Dann aber ist mein Vater mitgegangen. Dann war Ruhe. Ich war eben auch ein bißchen sicherer, weil mein Vater draußen war."* (Schiedsrichterin)

> *„Ich wußte, daß ich ein ganz schwieriges Spiel zu pfeifen hatte, da es bei beiden Mannschaften vorher gekracht hatte. Ich hatte richtige*

Angst. Dann aber habe ich mir gesagt: 'Da gehst du durch, das machst du.' Ich habe nachts überlegt und konnte nicht schlafen. Mein Mann fragte, ob er mitfahren solle. Ich meinte, wenn er das wolle, fände ich das prima. Das war doch irgendwie ein beruhigendes Gefühl. Dann war das so ein faires Spiel. Die Betreuerin einer Mannschaft kam nach dem Spiel und fragte mich: 'Hatten Sie Angst, da Sie Ihren Mann mitgebracht haben?' Ich sagte: 'Ja.' Darauf sagte sie wieder: 'Aber so schlimm war es doch gar nicht.' Es war auch überhaupt nicht schlimm, aber im Vorfeld hatte ich richtig Angst." (Schiedsrichterin)

Bewältigung von Schiedsrichtern während des Spiels

Die Analyse der Bewältigung von Schiedsrichtern während des Spiels bezieht sich zum einen auf den Vergleich der Bewältigung zwischen den 99 Schiedsrichtern aus niedrigen und den 161 Schiedsrichtern aus hohen Spielklassen und zum anderen auf die Darstellung von ausgewählten Aussagen zur Bewältigung von Schiedsrichtern während des Spiels.

Vergleich der Bewältigung von Schiedsrichtern während des Spiels zwischen Schiedsrichtern aus niedrigen und hohen Spielklassen

Der Vergleich der Bewältigung von Schiedsrichtern *während des Spiels* zwischen Schiedsrichtern aus niedrigen und hohen Spielklassen ist in der Tabelle 2 dargestellt.
Wie aus der Tabelle 2 ersehen werden kann, schätzte die Gesamtgruppe der Schiedsrichter während des Spiels die Bewältigungsform der klaren Entscheidungen als am stärksten zutreffende Technik ein. Hiernach folgten in der Gesamtgruppe die Maßnahmen des bestimmten und energischen Auftretens sowie der situationsbedingten Bestrafungen. Die Technik des lauten Pfeifens wurde ebenfalls als ziemlich angemessene Bewältigungsform eingeschätzt. Interessanterweise wurde die Maßnahme der situationsbedingten lockeren Bemerkungen als im mittleren Grade zutreffende Bewältigungsform von der Gesamtgruppe eingeschätzt.
Zwischen den Schiedsrichtern der niedrigen und hohen Spielklassen fanden sich in 3 von 5 Bewältigungsformen zumindest sehr signifikant unterschiedliche Beurteilungen. Die Schiedsrichter aus den hohen Spielklassen hielten die Technik der situationsbedingten Bestrafungen in hoch signifikant stärkerem Grade als die Schiedsrichter aus niedrigen Spielklassen für die angemessene Verfahrensweise. Ferner schätzten die Schiedsrichter aus den hohen Spielklassen die Bewältigungsform des bestimmten und energischen Auftretens als hoch signifikant zutreffendere Maßnahme ein als die Schiedsrichter aus den niedrigen Spielklassen. Überdies bejahten die Schiedsrichter aus den

hohen Spielklassen die Technik der klaren Entscheidungen in sehr signifikant höherem Grade als die Schiedsrichter aus den niedrigen Spielklassen. Weiterhin erachteten die Schiedsrichter der hohen Spielklassen die Maßnahme des lauten Pfeifens als angemessenere Technik als die Schiedsrichter aus den niedrigen Spielklassen. Wie aus dem Gesamtwert der Bewältigungsformen während des Spiels entnommen werden konnte, befürworteten die Schiedsrichter aus den hohen Spielklassen die ausgewählten Maßnahmen in hoch signifikant stärkerem Ausmaß als die Schiedsrichter aus den niedrigen Spielklassen.

Aussagen zur Bewältigung von Schiedsrichtern während des Spiels

In Hinsicht auf die Belastungsbewältigung von Schiedsrichtern *während des Spiels* fanden sich zahlreiche unterschiedliche individuelle Strategien. Die personorientierten Techniken umfaßten u.a. die Konzentrationszentrierung auf das Spiel, die Durchführung einer konsequenten Spielleitung, das Übergehen bzw. das Eingestehen von Fehlentscheidungen und die offene oder verdeckte Suche nach Unterstützung durch die Schiedsrichterassistenten. Zu den umweltorientierten Maßnahmen zählten u.a. die Androhung und die Vergabe von Strafen bei Spielern, die Sorge um verletzte Spieler, die Androhung von Strafen bei Trainern und Betreuern, die Fürsorge und Abschirmung von Familienangehörigen, das Ignorieren von Zuschauerzurufen, das Beachten von Spielbeobachtern und die Akzeptanz der Fernsehüberwachung in den hohen Spielklassen.

Kurzzeitige Konzentrationsschwächen hatten jedoch auch einen positiven Effekt, indem sie als Hinweis und Warnung angesehen wurden, die Aufmerksamkeit wieder vermehrt den Ereignissen auf dem Spielfeld zuzuwenden. In diesen Fällen wurden von einigen Schiedsrichtern Selbstinstruktionstechniken angewendet, die das einmalige Auftreten einer Konzentrationsschwäche als durchaus verzeihlich beurteilten und die Wiederholung einer solchen Konzentrationsschwäche im weiteren Spielverlauf ausschließen sollten. Zur Aufrechterhaltung einer überdauernd hohen Konzentration wurden insofern spielirrelevante Gedanken möglichst vermieden.

> *„Man kann versuchen, 45 Minuten die Aufmerksamkeit und Konzentration aufrechtzuerhalten. Eigentlich gibt das Spiel in der Regel so viel her, daß man sich automatisch versucht zu konzentrieren. Man kann es sich auch nicht erlauben, unkonzentriert zu sein. Ob Eckball oder Abstoß, das kann eine Entscheidung sein, die in einem Sekundenbruchteil gefällt werden muß. Und wenn es grausam falsch ist, dann steht man sofort in der Kritik.“* (Schiedsrichter)

> *„Man ärgert sich über Konzentrationsschwächen, wenn man z.B. einen Vorteil übersehen hat. Aber das ist nicht so schwerwiegend, wenn es nur einmal passiert: 'Einmal ist kein Mal.' sagt jeder*

Tab. 2: Vergleich der Bewältigung während des Spiels zwischen Schiedsrichtern niedriger und hoher Spielklassen ('1=nicht zutreffend' bis '7=sehr zutreffend').

Während des Spiels

Ich versuche, die vielfältigen Belastungen als ***Schiedsrichter*** zu bewältigen durch ....

		Niedrige Spielklassen		Hohe Spielklassen			
		M	S	M	S	F-Wert	Sig.
1.	Lautes Pfeifen	5.44	1.45	5.65	1.49	1.28	.258
2.	Klare Entscheidungen	5.70	1.19	6.11	1.08	7.83	.005
3.	Bestimmtes und energisches Auftreten	5.29	1.40	5.96	1.19	17.23	.000
4.	Situationsbedingte Bestrafungen	5.31	1.26	5.94	1.09	18.10	.000
5.	Situationsabhängige lockere Bemerkungen	4.44	1.53	4.50	1.64	0.10	.751
	Gesamt während des Spiels	5.24	0.98	5.63	0.96	10.31	.001

Beobachter. Die Sache hat den positiven Effekt, daß ich mir sage: 'Jetzt mußt du aber besser aufpassen.' Dann erzieht man sich selbst und sagt: 'Also, jetzt nicht noch so ein Ding!' Dann konzentriert man sich besser." (Schiedsrichter)

Konsequente Spielleitung

Eine grundlegende Bewältigungsform der Schiedsrichter und Schiedsrichterinnen war die konsequente Spielleitung in kritischen Spielsituationen. Solche Spielsituationen waren u.a. aggressives Verhalten von Spielern beider Mannschaften, Unmutsäußerungen nach Entscheidungen, Reklamationen von Spielern und Trainern, Vorwürfe von falschen Entscheidungen. In diesen Situationen hatten einige Schiedsrichter bereits die persönliche Erfahrung gemacht, daß ihnen die Spielleitung aus den Händen zu gleiten drohte. Als adäquate Strategien zum Umgang mit der dabei erlebten Unsicherheit und Hilflosigkeit wurden u.a. die Techniken des energischen Durchgreifens bzw. Pfeifens, des Durchhaltens, der Beruhigung sowie eines kurzen klärenden Gesprächs mit den Kapitänen und Trainern der Mannschaften hervorgehoben. Derartige Maßnahmen einer konsequenten Spielleitung wurden aus folgenden Aussagen sichtbar:

„*Da war eine Situation, in der mir das Spiel beinahe aus den Händen geglitten wäre und alle über mich schimpften. Ich habe gedacht: 'Jetzt pfeifst du alles, jede Kleinigkeit.' Ich bin hingegangen und habe das Spiel unterbrochen. Ich habe gesagt: 'Leute, Ruhe! Noch ein Ton, dann kommen die gelben Karten nur so raus.' Dann habe ich wirklich jede Kleinigkeit gepfiffen. Dann waren die Spieler so friedlich, so daß ich gedacht habe, daß ich es doch richtig gemacht habe und daß ich vielleicht von vornherein hätte härter durchgreifen sollen.*" (Schiedsrichterin)

„*Bei einem B-Jugendspiel wäre mir das Spiel beinahe aus den Händen geglitten. Als auch die gelben Karten keine Ruhe ins Spiel brachten, habe ich die Kapitäne der Mannschaften und auch die Trainer herangeholt und Ruhe gefordert. Der Erfolg hat mir dann recht gegeben, denn kurze Zeit später war alles wieder ruhig und sachlich.*" (Schiedsrichterin)

Übergehen bzw. Eingestehen von Fehlentscheidungen

Vermeintliche bzw. offensichtliche Fehlentscheidungen stellten einen zentralen Belastungsfaktor während des Spiels dar. Als geeignete Strategien der Schiedsrichter und Schiedsrichterinnen im Umgang mit Fehlentscheidungen galten das kurzzeitige Verdrängen von Fehlentscheidungen und die verstärkte Konzentration auf das nachfolgende Spielgeschehen. In den unteren

Klassen wurde es als möglich angesehen, eine Fehlentscheidung ruhig einmal zuzugeben und zu korrigieren, wohingegen dieses Vorgehen in hohen Spielklassen nicht als sinnvoll angesehen wurde. Konzessionsentscheidungen als Reaktion auf eine eigene Fehlentscheidung wurden generell abgelehnt.

„*Wenn ich einen Fehler gemacht habe, dann muß ich ihn im Augenblick erst einmal wieder verdrängen. Am Ende des Spiels kann ich erst wieder darüber nachdenken. Es kommt natürlich auch vor, daß ich überlege: 'War es jetzt Abseits oder nicht?' Um die Konzentration im Moment zu halten, die ich für das Spiel brauche, stelle ich solche Gedanken erst einmal zurück. Ich habe in den Jahren gelernt, daß ich mir sage: 'Erst einmal weg damit, jetzt geht das Spiel weiter.'*" (Schiedsrichter)

„*Wenn ich einen Fehler gemacht habe, weiß ich das sofort, nachdem ich gepfiffen habe. In den unteren Klassen kann man mal sagen, daß man etwas nicht richtig gesehen hat, ein Abseits zum Beispiel. Da kann man mal einen Schiedsrichterball geben, um den Spielern zu zeigen, daß man auch nur ein Mensch ist. Macht man es in den höheren Klassen oder zu oft, wird das leicht ausgelegt, daß man viele Fehler macht.*" (Schiedsrichterin)

Suche nach Unterstützung durch die Schiedsrichterassistenten

Besonders jüngere, noch unerfahrene Schiedsrichter und Schiedsrichterinnen schätzten die Unterstützung erfahrener Kollegen an der Linie bei Unsicherheiten in strittigen Spielsituationen. Hierbei wurden verbale Rückmeldungen und auch nonverbale Informationssignale als Verstärkungen erlebt. Solche Bestätigungen einiger Entscheidungen von den Schiedsrichterassistenten wurden als aufbauend angesehen. Insofern beinhalteten derartige Informationen wirksame Maßnahmen, um kritische Situationen gemeinsam in übereinstimmender Entscheidung zu bewältigen.

„*Meist ist es ja im Amateurbereich so, daß die Schiedsrichterassistenten erfahrener sind als der Schiedsrichter. Ich hatte zwei ganz alte Hasen mit an der Linie. Die merken sofort, wenn ich irgendwo eine Situation habe, in der ich ins Schwimmen gerate. Dann helfen die mir draußen durch Handzeichen. Ich laufe mal bei denen vorbei, dann sagen sie mir schon was Passendes. Dafür sind wir eigentlich zu dritt da. Wenn jetzt so eine Phase auftaucht, dann bin ich froh, wenn mir jemand hilft, weil wir ja wirklich allein auf uns gestellt sind. Der Druck von außen ist schon recht groß.*" (Schiedsrichter)

Androhung und Vergabe von Strafen bei Spielern

Die Schiedsrichter wurden manchmal mit protestierenden und reklamierenden Spielern und Trainern konfrontiert. Aufgrund einer hoch emotionalisierten Umgebung waren Spieler mit der getroffenen Entscheidung nicht einverstanden. In solchen Situationen wurden von den Schiedsrichtern als geeignete Bewältigungsmaßnahmen u.a. eine kurzzeitige Spielunterbrechung, das Zusammenrufen der Spieler beider Mannschaften, die Androhung und die spätere konsequente Vergabe von Strafen in Form der Ermahnung, der Verwarnung (gelbe Karte) und des Platzverweises (gelb-rote bzw. rote Karte) als zweckmäßig erachtet. Diese unmißverständliche Strategie des Hinweises und des konsequenten Umsetzens der Strafen wirkte in den meisten kritischen Vorfällen reduzierend auf die negativen Emotionen der Spieler und der Trainer. Derartige Erlebnisse und verwendete Techniken konnten aus folgenden Aussagen abgelesen werden:

> *„Ich habe mir gesagt: 'Jetzt ist Feierabend!' Dann habe ich eine Unterbrechung dazu genutzt, die Leute ranzuholen. Es ist ja so, daß sich auch das gesamte Umfeld mit aufschaukelt. Die Trainer und Zuschauer greifen ein und teilweise sind die Eltern der jüngeren Spieler so fanatisch, daß zwingend dagegen angegangen werden muß. Dann muß man eine Linie finden, die richtig ist.“* (Schiedsrichterin)

> *„Ich sage den Spielern, daß ich meine Linie durchziehe, daß Mekkern keinen Zweck hat und daß sie mit der Quittung rechnen müssen, wenn sie es ausprobieren. Das wissen sie auch. Der erste Auftritt ist sicher ganz wichtig und die ersten fünf Minuten im Spiel.“* (Schiedsrichterin)

Androhung von Strafen bei Trainern und Betreuern.

Nach den Aussagen einiger Schiedsrichter wurde der Umgang mit unzufriedenen und reklamierenden Trainern und Betreuern als ziemlich belastend betrachtet. Die Schiedsrichter und Schiedsrichterassistenten versuchten, sich zunächst nicht aus der Ruhe bringen zu lassen und die Konzentration auf das Spiel zu lenken. Zu den geeigneten Bewältigungsmaßnahmen von Schiedsrichtern zählten u.a. die Aufnahme des Blickkontakts mit den reklamierenden Trainern und Betreuern, die Anwendung bestimmter beruhigender Anweisungen durch Handzeichen sowie spezifische verbale Androhungen von Strafen bei weiteren Zuwiderhandlungen. Im Falle des Mißerfolgs dieser Maßnahmen wurde durchaus ein energisches Durchgreifen und die Vergabe von Strafen als adäquat angesehen.

> *„Zuerst versuche ich, Blickkontakt aufzunehmen. Ich versuche, ihnen mit Handzeichen deutlich zu machen, daß sie ruhig bleiben sollen. Dann schicke ich sie zurück, spreche ein paar beruhigende Worte*

mit ihnen. So richtig ausrastende Trainer hatte ich aber auch noch nicht. Wichtig ist, daß man selbst nicht patzig oder aggressiv wird. Und wenn es gar nicht mehr geht, dann muß ich eben die Fahne ziehen, so daß sich der Schiedsrichter drum kümmern muß. Ich hatte schon mal die Situation, daß von Trainerseite her extrem gerufen wurde. Da bin ich schon hingegangen und habe gesagt: 'Jetzt ist aber Ruhe, sonst muß ich Sie von der Bank wegschicken.'" (Schiedsrichter)

Ignorieren von Zuschauerzurufen

Entsprechend den Äußerungen mancher Schiedsrichter versuchten Zuschauer und fanatische Fans nicht selten, durch lautes Zurufen oder sogar Werfen von Gegenständen den Schiedsrichter und seine Schiedsrichterassistenten einzuschüchtern und in ihren Entscheidungen zu beeinflussen. Einige Schiedsrichter stellten heraus, daß das Überhören und Ignorieren derartiger negativer und bisweilen beleidigender Zuschauerzurufe eine wirksame Bewältigungsmaßnahme war. Nach dem Spiel konnte diese Situation noch einmal in ihrer situativen Verursachung und ihrer Wirkung betrachtet werden.

„Zwischenrufe von Zuschauern nimmt man auf. Aber das geht einem in dem einen Ohr hinein und in dem anderen Ohr wieder heraus. So etwas schüttelt man ab. Das wird einem vielleicht nach dem Spiel noch einmal bewußt. Da fragt man sich dann: 'Mensch, warum haben die mich denn in dieser Situation beleidigt?' So etwas sollte natürlich nicht passieren." (Schiedsrichter)

Fürsorge um Familienangehörige

Manche junge Schiedsrichter und Schiedsrichterinnen wünschten sich zumindest zu Beginn ihrer Laufbahnen einerseits die Begleitung eines Familienangehörigen. Andererseits konnte sich die Begleitung von Familienangehörigen bei schwierigen Spielen als ziemlich belastend erweisen. Eine Schiedsrichterin äußerte Sorge um das Wohlergehen ihrer Kinder, die bei einem Spiel schon einmal gehört hatten, daß sie von verärgerten Zuschauern persönlich beleidigt worden war. Als Konsequenz aus diesem Vorfall wurden die Kinder während des Spiels in gebührendem Abstand vom Spielfeld und von den Zuschauern gehalten, so daß sie derartige Beleidigungen nicht mehr hören konnten.

„Wir haben da mittlerweile eine Vereinbarung getroffen, daß meine Kinder mich während des Spieles in Ruhe lassen. Sie kommen zwar mal, aber wir sehen doch zu, daß sie fern von mir gehalten werden, um eben zu gewährleisten, daß sie nicht mit mir gesehen werden. Es ist schon mal vorgekommen, daß andere Kinder die Pöbeleien der

Erwachsenen übernommen hatten und dann gesagt haben: 'Die dumme Kuh'. Mein Sohn stand total erschrocken da und hat gesagt: 'Hör mal, wie redest du von meiner Mutter'. Das richtete sich aber nicht gegen die Kinder, sondern alleine gegen die Schiedsrichterin, die da eben den angeblichen Mist gepfiffen hatte. Dennoch versuchen wir, darauf zu achten, daß es eben nicht so auffällig ist, daß wir zusammengehören, um die Kinder letztendlich nicht zu gefährden." (Schiedsrichterin)

Beachtung von Schiedsrichterbeobachtern

Die Beobachtungen durch Schiedsrichterfunktionäre während des Spiels bedeuteten für den Schiedsrichter bzw. die Schiedsrichterin zumeist eine enorme Belastung, da durch die Bewertungen der Schiedsrichterbeobachter die Karriere der Schiedsrichter letztendlich entscheidend beeinflußt wurde. Die Schiedsrichter versuchten, frühzeitig herauszufinden, ob ein Beobachter vorhanden war und von welchem Standort er die Beobachtung ausführte. Wenn der Standort des Beobachters bekannt war, versuchte eine Schiedsrichterin, ihre Laufwege in einer größeren Entfernung vom Beobachter zu realisieren, um Distanz zu wahren. Grundsätzlich zeigten die Schiedsrichter die Tendenz, die Anwesenheit des Beobachters während des Spiels möglichst zu ignorieren bzw. zu verdrängen. Es wurde angezielt, das Spiel so zu leiten, als wenn keine Beobachtung stattfinden würde. Auf diese Weise wurde die Präsentation einer möglichst normalen Spielleitung angestrebt.

„*Wenn ich weiß, daß ich beobachtet werde, verdränge ich das vielleicht ein bißchen. Ich versuche aber, mich genauso zu verhalten, als wenn jetzt keine Beobachtung angesagt wäre. Ich pfeife jetzt nicht anders, nur weil draußen ein Beobachter steht. Denn die Spieler können nichts dafür. Ich selbst weiß, wie ich pfeife, wie meine Ausstrahlung ist. Denn ich kann mich nicht verstellen, nur weil ein Beobachter draußen ist. Würde ich mich verstellen, würde ich höchstens schlechter pfeifen, als wenn ich mich ganz normal verhalte.*" (Schiedsrichterin)

Akzeptanz der Fernsehüberwachung

Für die Schiedsrichter in den Bundesligen stellten die das Wissen um die Anwesenheit von Fernsehkameras und der Übertragung des Spiels und seiner Spielleitung vor einem Publikum von mehreren Millionen Zuschauern einen hohen Belastungsfaktor dar. Dies wurde insbesondere bei der in Zeitlupenaufnahmen wiederholten Analyse von vermeintlichen bzw. tatsächlichen Fehlentscheidungen deutlich. Ein Schiedsrichter wies darauf hin, daß diese Aufnahme inzwischen ein wichtiger Bestandteil der Bedeutung des Fußballs geworden war und daß er als Schiedsrichter diese Fernsehüberwachung als einen wesentlichen Teil seiner Tätigkeit akzeptieren mußte. Während der Spielleitung auf dem Spielfeld allerdings mußte die ganze Aufmerksamkeit auf den Fortgang des Spiels gerichtet werden.

„An eine solche Situation, daß Medien präsent sind, denke ich nicht, wenn ich im Spiel bin. Es wird immer passieren, daß Kameras da sind. Aber es ist nicht schön, wenn man bei einer Fehlentscheidung ertappt wird. Aber das ist nun mal so. Fehlerlos ist keiner. Und damit muß man leben. Wenn solche Fehlentscheidungen natürlich zu oft passieren und ich jedes Wochenende im Fernsehen bin, dann muß ich mir überlegen, ob ich in dieser Klasse überhaupt noch weitermachen kann." (Schiedsrichter)

Bewältigung von Schiedsrichtern nach dem Spiel

Die Analyse der Bewältigung von Schiedsrichtern nach dem Spiel beinhaltet den Vergleich der Bewältigung zwischen den 99 Schiedsrichtern aus niedrigen und 161 Schiedsrichtern aus hohen Spielklassen sowie die Erläuterung von Aussagen zur Bewältigung von Schiedsrichtern nach dem Spiel.

Vergleich der Bewältigung von Schiedsrichtern nach dem Spiel zwischen Schiedsrichtern aus niedrigen und hohen Spielklassen

Der Vergleich der Bewältigung von Schiedsrichtern *nach dem Spiel* zwischen Schiedsrichtern aus niedrigen und hohen Spielklassen ist in der Tabelle 3 enthalten.
Aus der Tabelle 3 ist entnehmbar, daß die Gesamtgruppe der männlichen Schiedsrichter nach dem Spiel die Bewältigungsformen des ausgedehnten Duschens bzw. Badens und der Aussprache über das Spiel mit den Schiedsrichterassistenten bevorzugte. Ferner schätzte die Gesamtgruppe der männlichen Schiedsrichter die Techniken der Gespräche mit den Familienangehörigen und des langen Schlafens als adäquate Maßnahmen ein. Überdies wurden die Techniken des Wartens in der Kabine zur Vermeidung von Zuschauerbeleidigungen unmittelbar nach dem Spiel und der vorsichtigen Kommentare bei Sportjournalisten als weniger angemessene Bewältigungsformen erachtet. Die Verhaltensweisen des mäßigen Alkoholkonsums und des Ablenkens durch Radio- und Fernsehsendungen folgten auf den weiteren Rängen. Der niedrigste Grad an Befürwortung als Bewältigungsform war beim Auslaufen nach dem Spiel zu verzeichnen.
Zwischen den Schiedsrichtern der niedrigen und hohen Spielklassen konnten in 3 von 9 Bewältigungsformen zumindest signifikant unterschiedliche Beurteilungen aufgefunden werden. Die Schiedsrichter der hohen Spielklassen befürworteten die Aussprache über das Spiel mit den Schiedsrichterassistenten in hoch signifikant höherem Grade als die Schiedsrichter aus den niedrigen Spielklassen. Weiterhin erachteten die Schiedsrichter der hohen Spiel-

klassen die Bewältigungsform des Wartens in der Kabine zur Vermeidung von Zuschauerbeleidigungen in signifikant höherem Grade als zutreffende Maßnahme als die Schiedsrichter aus den niedrigen Spielklassen.
Ferner hielten die Schiedsrichter aus den hohen Spielklassen die Technik der vorsichtigen Kommentare bei Sportjournalisten offensichtlich aufgrund ihrer größeren Erfahrung für eine signifikant angemessenere Maßnahme als die Schiedsrichter aus den niedrigen Spielklassen.
Die Schiedsrichter aus den niedrigen Spielklassen erachteten die Technik des Auslaufens nach dem Spiel als im Trend zutreffendere Maßnahme als die Schiedsrichter aus den hohen Spielklassen. Außerdem fand sich bei den Schiedsrichtern aus den niedrigen Spielklassen ein leicht höherer Befürwortungsgrad als bei den Schiedsrichtern aus den hohen Spielklassen.
Wie aus dem Gesamtwert der Techniken nach dem Spiel ersichtlich war, schätzten die Schiedsrichter aus den hohen Spielklassen die ausgewählten Maßnahmen in signifikant stärkerem Grade als zutreffend ein als die Schiedsrichter aus den niedrigen Spielklassen.

Aussagen zur Bewältigung von Schiedsrichtern nach dem Spiel

Im Hinblick auf die Bewältigung von Schiedsrichtern nach dem Spiel wurden markante vielfältige situationsbezogene Techniken erwähnt. Zu den genannten personorientierten Strategien gehörten u.a. die Erholung und die Regeneration sowie das ausgedehnte Duschen bzw. Baden, während zu den umweltorientierten Techniken die Aussprache über das Spiel mit den Schiedsrichterassistenten, Gespräche mit Familienangehörigen und die Akzeptanz der Kritik von Sportjournalisten zu zählen waren.

Gespräche mit den Schiedsrichterassistenten

Nach dieser kurzen Ruhephase besprachen viele Schiedsrichter die wesentlichen Vorkommnisse während des Spiels kurz mit ihren Schiedsrichterassistenten. In prekären Spielen hielten sich der Schiedsrichter und die Schiedsrichterassistenten zunächst zurück. Bei den Gesprächen und beim Ankleiden nahmen die Schiedsrichter und Schiedsrichterassistenten zumeist regenerierende Getränke zu sich. Nach dem Ausfüllen des Spielberichts und dem Eintragen eventueller spezieller Vorkommnisse nahmen der Schiedsrichter und seine Schiedsrichterassistenten zumindest in hohen Spielklassen an einem Essen teil. In niedrigen Spielklassen hingegen verließ das Schiedsrichtergespann die Sportanlage und trat die Heimreise gemeinsam bzw. getrennt an. Im weiteren stand bei manchen Schiedsrichtergespannen die Geselligkeit, Entspannung bzw. Ablenkung im Vordergrund.

> *„Wenn das Spiel zu Ende ist, dann hält man Rücksprache mit seinen Schiedsrichterassistenten und fragt, ob sie irgendetwas gesehen haben, was ich hätte anders machen müssen. Wenn dann etwas Gravie-*

Tab. 3: Vergleich der Bewältigung nach dem Spiel zwischen Schiedsrichtern niedriger und hoher Spielklassen ('1=nicht zutreffend' bis '7=sehr zutreffend').

Nach dem Spiel

Ich versuche, die vielfältigen Belastungen als ***Schiedsrichter*** zu bewältigen durch ...

		Niedrige Spielklassen		Hohe Spielklassen			
		M	S	M	S	F-Wert	Sig.
	Ausgedehntes Duschen bzw. Baden	4.55	1.79	4.71	1.68	0.51	.472
	Aussprache über das Spiel mit den Schiedsrichterassistenten	3.73	1.94	5.11	1.54	39.67	.000
	Warten in der Kabine zur Vermeidung von Zuschauerbeleidigungen	2.61	1.56	3.13	1.67	6.06	.014
	Auslaufen nach dem Spiel	1.76	1.26	1.60	1.05	1.29	.256
	Vorsichtige Kommentare bei Sportjournalisten	2.31	1.79	2.81	1.93	4.43	.036
	Ablenken durch Radio- und Fernsehsendungen	2.25	1.59	2.29	1.43	0.05	.812
	Gespräche mit Familienangehörigen	3.20	1.96	3.36	1.65	0.52	.470
	Mäßiger Alkoholkonsum	2.37	1.88	2.31	1.52	0.07	.789
	Langes Schlafen	2.90	1.99	2.71	1.61	0.74	.388
	Gesamt nach dem Spiel	2.85	0.86	3.11	0.83	5.81	.016

rendes gewesen ist und man ist sich nicht sicher, ob man richtig entschieden hat, dann denkt man schon darüber nach. Das ist eine Sache, mit der man sich im Nachhinein dann doch beschäftigt.“ (Schiedsrichter)

„Was bei prekären Spielen ganz interessant ist, ist die Beobachtung, daß sich das Schiedsrichtergespann dann auch nach dem Spiel ziemlich zurückhält. Da merkt man dann schon, daß da eine gewisse Anspannung gewesen ist. Und diese Anspannung wird in dem Gespann erst mal nach dem Spiel abgebaut.“ (Funktionär)

Gespräche mit Familienangehörigen

Einige der Schiedsrichter und Schiedsrichterinnen führten aus, daß sie die Unterstützung, die sie durch die Begleitung eines nahestehenden Bekannten (eines Freundes oder einer Freundin) oder durch Personen aus der Familie (des Ehemannes, des Vaters, der Mutter, des Bruders, etc.) während des Spiels und nach dem Spiel erfuhren, als äußerst positiv bewerteten. Insofern half die Anwesenheit von und die Gespräche mit Familienangehörigen nicht selten bei der Bewältigung unterschiedlicher kritischer Situationen. Manche Schiedsrichter waren nach einem Spiel für konstruktive Kritik durch ein versiertes Familienmitglied ausgesprochen dankbar. In einigen Fällen waren es bei jungen Schiedsrichtern oftmals Familienangehörige, die nach einem heftig kritisierten Spiel zum Weitermachen motivierten. Überdies suchten einige Schiedsrichter eine sachangemessene Bewertung und Rückmeldung bei Bekannten und anderen Schiedsrichtern. Diese Techniken der Bewältigung ließen sich aus folgenden Äußerungen ablesen:

„Mein erstes Spiel war schon ein bißchen schwierig. Zu dem nächsten Spiel sind dann mein Vater und mein Trainer mitgekommen, da ging es dann besser. Sie haben mir während des Spiels Sicherheit gegeben. Nach dem Spiel haben sie mir gesagt, was gut war und was nicht gut war.“ (Schiedsrichterin)

„Mein Bekannter ist auch Schiedsrichter, und er sieht sich meine Spiele oft an. Das hat den Vorteil, daß wir nach dem Spiel darüber sprechen können. Ich kann seine Meinung hören. Er sagt mir auch, was ich hätte besser machen können. Es ist gut, wenn er mir als Außenstehender sagt, was ich eventuell noch verbessern kann.“ (Schiedsrichterin)

„Wenn ich meine, daß ich einen Fehler begangen habe, dann denke ich noch relativ lange darüber nach und trage es unter Umständen noch bis in den nächsten Tag mit hinein. Dann versuche ich, über

meinen Mann zu erfahren, wie er das gesehen hat. Oder ich frage andere Bekannte oder Schiedsrichterkollegen.“ (Schiedsrichterin)

Akzeptanz der Kritik von Sportjournalisten

Die Anwesenheit von Sportjournalisten und ihre Berichterstattung wurde von den meisten Schiedsrichtern, insbesondere in den hohen Spielklassen, als eine wesentliche Belastungsbedingung beschrieben. Sie gingen davon aus, daß sie sich mit der Präsenz von Medienvertretern während eines Spiels, aber auch mit der häufig negativen Leistungsdarstellung in Presse, in Funk und Fernsehen nach dem Spiel auseinanderzusetzen hatten. Die meisten Schiedsrichter versuchten, die Tatsache zu akzeptieren, daß die Berichterstattung häufig in individueller und eigenwilliger Weise geschah. Es wurde häufig auch angenommen, daß die Reporter nicht unbedingt über eine fundierte Regelkenntnis bzw. fußballbezogene Kompetenz verfügten. Als belastend wurde angesehen, daß die negativen Artikel in der Zeitung standen und von vielen Lesern auch so verstanden wurden. Grundsätzlich wurde darauf verwiesen, daß der Schiedsrichter die jeweilige Spielszene nur ein einziges Mal in normaler Geschwindigkeit und nur aus einem Blickwinkel zu sehen bekam und daraufhin unverzüglich seine Entscheidung zu fällen hatte. Die Sportjournalisten hingegen verfügten über teilweise verschiedene Kameraperspektiven und Zeitlupeneinstellungen. In manchen Spielsituationen war nach der Auffassung eines Schiedsrichters auch aus unterschiedlichen Perspektiven und mit wiederholter Zeitlupeneinspielung nicht zweifelsfrei zu entscheiden, ob es sich um einen Elfmeter gehandelt hatte oder aber nicht. Aus den folgenden Äußerungen von Schiedsrichtern gehen diese Bewertungen deutlich hervor:

„Am nächsten Tag lese ich schon die Presseberichte. Wobei man Positives natürlich immer viel lieber liest. Negatives bringt mich dann noch einmal zum Nachdenken. Man muß ganz einfach auch sagen, daß mancher Reporter auch nicht so viel Ahnung von den Fußballregeln hat. Und wenn ich mir wirklich keiner Schuld bewußt bin, dann frage ich mich, wer war denn jetzt eigentlich bei deinem Spiel und hat darüber berichtet.“ (Schiedsrichterin)

„Der Blickwinkel des Schiedsrichters ist immer entscheidend. Der Schiedsrichter sieht die Szene nur einmal und nur aus seinem Winkel. Wenn ich mir eine Spielszene in einem Programm anschaue, dann bin ich davon überzeugt, daß das ganz bestimmt eine Schwalbe war. Wenn ich mir dann die gleiche Situation in einem anderen Programm aus einer anderen Kameraperspektive anschaue, dann sehe ich, daß das doch ein Foul war. Daran kann man schon erkennen, wie der Blickwinkel verzerren kann.“ (Schiedsrichter)

Insgesamt gesehen, setzten die Schiedsrichter vor, während und nach dem Spiel unterschiedliche Bewältigungsstrategien ein, um mit den zahlreichen person- und umweltbedingten Anforderungen ihrer Tätigkeit fertig werden zu können. Diese Bewältigungsstrategien akzentuierten in Anlehnung Lazarus und Launier (1981) hinsichtlich der zeitlichen Orientierung die Aspekte der Gegenwart und der unmittelbaren Zukunft des Spielgeschehens, bei dem instrumentellen Schwerpunkt verstärkt die Umwelt und weniger die eigene Person, bezüglich der Funktion eher die Aktion als die Emotionsregulierung sowie im Hinblick auf die Modi vor allem die Informationssuche und die direkte Aktion. Der Aspekt der Zielrelevanz bezog sich auf die möglichst störungsfreie und regelkonforme, die eigene Person zurückstellende Durchführung eines spezifischen Spiels zweier Mannschaften mit erfolgsorientierter Ausrichtung. Im Vergleich zu den Studien von Frütel (1995) und Harter (1997) konnten vor, während und nach dem Spiel spezifischere person- und umweltorientierte Bewältigungsstrategien aufgewiesen werden. Hierzu zählten während des Spiels u.a. die Konzentrationszentrierung auf das Spiel, das Übergehen bzw. Eingestehen von Fehlentscheidungen, die Suche nach Unterstützung durch die Schiedsrichterassistenten, die Androhung und Vergabe von Strafen bei Spielern bzw. Trainern und Betreuern, das Ignorieren von Zuschauerzurufen, die Fürsorge um Familienangehörige, die Beachtung von Schiedsrichterbeobachtern und in hohen Spielklassen die Akzeptanz der Fernsehüberwachung.

Zusammenfassung

In der vorliegenden Studie wurden spezifische Bewältigungsstrategien von Schiedsrichtern im Fußball allgemein sowie insbesondere vor, während und nach dem Spiel untersucht.
Unter bezug auf die Stresstheorie wurde die Bewältigung als verhaltensorientierte und intrapsychische Anstrengung definiert, mit person- und umweltbedingten Anforderungen, die die Fähigkeiten einer Person beanspruchten oder gar überstiegen, sowie den zwischen ihnen bestehenden Konflikten fertig zu werden. Hiernach umfaßte der Prozeß der Bewältigung vier aufeinander bezogene Dimensionen, nämlich die zeitliche Orientierung (Vergangenheit, Gegenwart, Zukunft), den instrumentellen Schwerpunkt (Person und/oder Umwelt), die Funktion (Aktion bzw. Emotionsregulierung) und die Modi (Informationssuche, direkte Aktion, Aktionshemmung, intrapsychische Bewertung). Die Komponenten der Ereigniseinschätzung beinhalteten die Aspekte der Zielrelevanz und die Art der Ich-Beteiligung, wohingegen die Einschätzung der Ressourcen gliederte sich in die Verantwortlichkeit, das Bewältigungspotential und die Zukunftserwartungen aufgliederte.
Unter einer Bewältigungsstrategie wurde - in Anlehnung an die Kennzeichnung einer 'naiven Technik' - die Erprobung einer konkreten Handlung bei

der Aufgabenlösung in einer Situation sowie die relativ stabile und zeitüberdauernde Ausführungsform einer Handlung in ähnlichen konkreten Situationen verstanden werden.
Zur Analyse der Bewältigung im Sport finden sich Studien u.a. bei Langstreckenläufern, bei Judoka und bei Spieler und Spielerinnen sowie Trainern im Fußball. Formen der Bewältigung von Schiedsrichtern im Fußball wurden jedoch bisher kaum differenziert untersucht. In einer Studie wurden als Bewältigungstechniken vor dem Spiel spezifische Formen der mentalen Vorbereitung, der Dehn- und Entspannungsübungen sowie des kurzzeitigen Aufwärmens hervorgehoben. Während des Spiels wurden die Strategien der vollen Konzentrationslenkung auf das Spielgeschehen, der konsequenten Spielleitung und der angemessenen Bestrafung angewendet. Nach dem Spiel wurden als wichtige Maßnahmen die individuelle Entspannung, die Aussprache mit den Schiedsrichterassistenten und später die Unterhaltung mit Familienangehörigen eingesetzt.
In der vorliegenden Studie wurde die Analyse der Bewältigung von Schiedsrichtern im Fußball mittels eines spezifischen Fragebogens und eines speziellen Interviews vorgenommen. Der Fragebogen umfaßte insgesamt 19 unterschiedliche Bewältigungstechniken vor, während und nach dem Spiel. Das Interview zielte auf der Basis eines halbstrukturierten fokussierten Leitfadens die Analyse spezifischer Bewältigungstechniken in den drei Phasen des Spiels in bezug auf person- und umweltorientierte Faktoren an.
Insgesamt 260 Schiedsrichter nahmen an der schriftlichen Befragung teil. Anhand des Kriteriums der Spielklassen wurden eine Gruppe von Schiedsrichtern aus niedrigen und hohen Spielkassen gebildet. Zu den Schiedsrichtern aus den niedrigen Spielklassen gehörten 99 Schiedsrichter aus den Jugendligen, der Kreisliga und der Bezirksliga, wohingegen die Schiedsrichter aus den hohen Spielklassen sich aus 161 Schiedsrichtern aus der Bundesliga, der 2. Bundesliga, der Regionalliga, der Oberliga, der Verbandsliga und der Landesliga zusammensetzten. Insgesamt 21 halbstrukturierte Interviews wurden mit männlichen Schiedsrichtern von der Regionalliga bis zur Bundesliga und weiblichen Schiedsrichtern von der Kreisliga bis zur Bundesliga durchgeführt.
Auf der Basis des Fragebogens wurde der quantitative Vergleich der Bewältigung zwischen Schiedsrichtern aus niedrigen und hohen Spielklassen durchgeführt. Anhand des Interviews wurden situationsbezogene spezielle Bewältigungsstrategien von Schiedsrichtern und Schiedsrichterinnen vor, während und nach dem Spiel erfragt.
In bezug auf die Bewältigung vor dem Spiel schätzten die Schiedsrichter aus den hohen Spielklassen die Bewältigungstechniken der guten Vorbereitung, der frühzeitigen Anreise und des guten Aufwärmens als adäquatere Maßnahmen, die Information übcr dic Tabellensituation der Mannschaften als weniger angemessene Maßnahme ein als die Schiedsrichter aus den niedrigen

Spielklassen. In bezug auf die Strategien vor dem Spiel konnten spezifische Aussagen in Hinsicht auf die frühzeitige Anreise, die gute Vorbereitung auf das Spiel, die Information über die Tabellensituation der Mannschaften und die Unterstützung durch die Familie angeführt werden.

Bezüglich der Bewältigung während des Spiels hielten die Schiedsrichter aus den hohen Spielklassen die Techniken der situationsbedingten Bestrafungen, des bestimmten und energischen Auftretens und der klaren Entscheidungen für zutreffender als die Schiedsrichter aus den niedrigen Spielklassen. Im Hinblick auf die Bewältigung während des Spiels wurden u.a. die Konzentrationszentrierung auf das Spiel, die konsequente Spielleitung, das Eingestehen von Fehlentscheidungen, die Suche nach Unterstützung durch die Schiedsrichterassistenten, die Androhung und Vergabe von Strafen bei Spielern sowie bei Trainern und Betreuern, das Ignorieren von Zuschauerzurufen, die Fürsorge um Familienangehörige, die Beachtung von Spielbeobachtern differenziert.

In Hinsicht auf die Bewältigung nach dem Spiel befürworteten die Schiedsrichter der hohen Spielklassen die Aussprache über das Spiel mit den Schiedsrichterassistenten, das Warten in der Kabine zur Vermeidung von Zuschauerbeleidigungen und die vorsichtigen Kommentare bei Sportjournalisten in höherem Grade als angemessene Maßnahmen als die Schiedsrichter aus den niedrigen Spielklassen. Die Bewältigung bezog sich auf die Aspekte der Erholung, der Gespräche mit den Schiedsrichterassistenten und den Familienangehörigen und der Akzeptanz der Kritik von Sportjournalisten.

Die Resultate der vorliegenden Studie sollten im Ausbildungs-, Lern- und Trainingsprozeß von unerfahrenen jungen sowie auch erfahrenen älteren Schiedsrichtern und Schiedsrichterinnen Anwendung finden.

Studien zur Stresskontrolle und zum mentalen Training im Leistungssport in Brasilien

Dietmar M. Samulski

Einführung

Eine zentrale Rolle im Bereich der Stressforschung im Sport in Brasilien nimmt das Institut für Sportpsychologie in Belo Horizonte ein. In diesem Institut wurden in den letzten 10 Jahren zahlreiche Forschungsprojekte und Studien zum Thema Stress im Leistungssport (Trainer-, Sportler- und Schiedsrichterstress) und zum Mentalen Training durchgeführt (siehe Samulski, 1999). Außerdem verfügt dieses Institut über ein modernes Labor zur Stressdiagnostik und über ein mentales Trainingszentrum, in dem auch brasilianische Spitzensportler auf die Olympischen Spiele, z.B. aktuell in Sidney, vorbereitet werden.

In dem Institut für Sportpsychologie in Belo Horizonte wurde der Forschungsschwerpunkt „Stress im Leistungssport" aus folgenden Gründen ausgewählt. Erstens treten im Sport, insbesondere im Hochleistungssport, Stressphänomene wie z.B. Versagensangst, Angst vor Verletzungen, Nervosität vor dem Wettkampf, aggressives Verhalten, Frustration und Enttäuschung nach Niederlagen, Euphorie nach Siegesserien häufiger und transparenter auf als in anderen Lebensbereichen und zweitens reagiert der brasilianische Sportler in Stress-Situationen häufig emotionaler und weniger mental kontrolliert als Sportler aus dem europäischen oder nordamerikanischen Kulturbereich. Diese Einschätzung basiert auf persönlichen Beobachtungen und Erfahrungen mit brasilianischen und deutschen Spitzensportlern und müsste durch interkulturelle Studien wissenschaftlich begründet werden.

Aufgrund einer Befragung der brasilianischen Nationaltrainer im Volleyball (Noce, 1999) wurde von den Trainern die Fähigkeit der Spieler zur emotionalen Selbstkontrolle als entscheidendes Merkmal der Spielerpersönlichkeit hervorgehoben. Die Fähigkeit zur Selbstkontrolle in Stress-Situationen scheint auch ein wesentliches Element der Trainerpersönlichkeit zu sein, da unkontrolliertes Trainerverhalten in spielentscheidenden Situationen sich auch auf das Verhalten der Spieler negativ auswirken kann.

Psychologisches Stresskonzept

Stress ist als komplexer Prozess zu verstehen, der auf der Grundlage von Person- und Umweltbedingungen ensteht. Stress kann nach Nitsch (1981, S.

53) als dreifaktorielles Interaktionssystem verstanden werden, wobei je nach Betrachtungsweise und Akzentuierung zwischen biologischem, psychischem und sozialem Stress differenziert werden kann. In psychologischer Sicht entsteht nach Nitsch (1987, S. 5) Stress dann, "wenn die Aufrechterhaltung oder die (Wieder -) Herstellung einer günstigen Situation gefährdet erscheint, man also die eigene Handlungsfähigkeit und - möglichkeit oder sogar seine Existenz in physischer, psychischer oder sozialer Hinsicht als bedroht oder beeinträchtigt erlebt". Der Grad der erlebten Bedrohung bzw. Gefährdung hängt dabei nicht so sehr von den objektiven Bedingungen, sondern vor allem von subjektiven Wahrnehmungen und Bewertungen ab.
Das folgende Modell der kognitiven Wahrnehmung und Bewertung, basierend auf dem kognitiven Stressmodell von Lazarus (1966), zeigt, dass ein Stressreiz nicht automatisch zu einer Stressreaktion führt, sondern dass die Stressreaktion von der persönlichen Einschätzung des Stressors und der persönlichen Bedeutsamkeit der Situation abhängig ist.

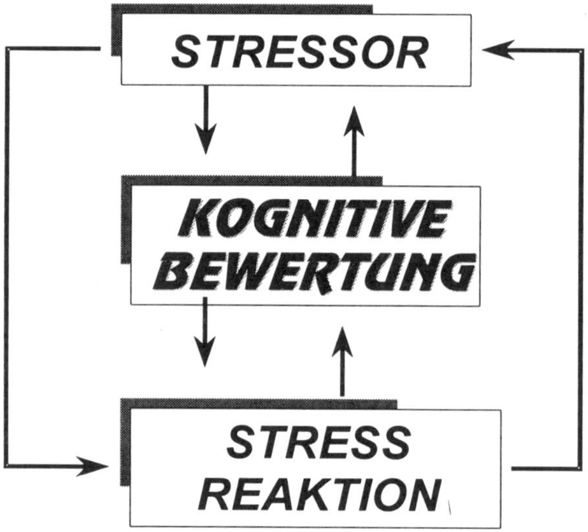

Abb. 1: Psychologisches Stresskonzept (modifiziert nach Nitsch, 1981, S. 89).

Nach diesem kognitiven Modell kann z.B. die Favoritenrolle für den Sportler A eine belastende Situation darstellen, da von ihm erwartet wird, dass er mit Leichtigkeit gewinnt. Für den Sportler B kann die Favoritenrolle ein motivierender Faktor sein, weil er im Wettkampf beweisen kann, dass er zurecht als Favorit vorher deklariert wurde. Der Einfluss der Zuschauer kann je nach Situation (Heimspiel, Auswärtsspiel) bzw. nach persönlicher Einschätzung des Zuschauerverhaltens durch den Sportler (unterstützendes oder bedrohliches Verhalten) einen positiven oder einen negativen Einfluss auf das Wettkampfverhalten des Sportlers ausüben.
Im Leistungssport existiert eine Vielzahl von internen und externen Stressoren, die den Sportler vor oder während des Wettkampfes physisch oder psychisch zu destabilisieren vermögen. Das folgende Klassifikationsschema (siehe Tab. 1) gibt eine Übersicht über unterschiedliche Stressoren , die im Fußball wirksam werden können.
Wird die aktuelle oder bevorstehende Situation von einer Person als bedrohlich oder "stressend" wahrgenommen, kann es zu Stressreaktionen auf physiologischer, psychischer und auf der Verhaltens- und Leistungsebene kommen (vgl. Nitsch, 1987). Im Leistungssport kann dieses Phänomen an zahlreichen Sportlern in der Vorwettkampfphase beobachtet werden und wird als Vorstartzustand bezeichnet, wobei folgende Erregungszustände voneinander unterschieden werden können: Zustand der optimalen Kampfbereitschaft, Startapathie und Startfieber (Puni, 1961). Jeder dieser Zustände wirkt sich unterschiedlich auf die Erlebnis-, Verhaltens - und Leistungsebene der Sportler aus (vgl. Frester & Wörz, 1997, S. 13; Nitsch, 1976, S. 30ff.), wobei das Erreichen eines Zustandes der optimalen Kampfbereitschaft das Hauptziel der unmittelbaren psychischen Wettkampfvorbereitung darstellt.
Im Leistungssport, vor allem im Kinder-und Jugendbereich, können u. a. folgende negative Stresseffekte auftreten (vgl. Smoll & Smith, 1989): Vermeidung der Wettkampfteilnahme, verminderte Leistungszufriedenheit und Freude am Training und Wettkampf, Tendenz zum Drop-Out, reduzierte Leistung, Schwächung des Immunsystems, Schlaflosigkeit, erhöhtes Verletzungsrisiko, erhöhte Ängstlichkeit und Erregbarkeit, Probleme im Ernährungsverhalten.
Die bisher gemachten Äußerungen weisen auf die Notwendigkeit hin, Stressbedingungen, Stressituationen und Stressreaktionen sowie Maßnahmen zu deren Kontrolle im Leistungssport systematisch weiter zu untersuchen. Im folgenden Kapitel werden exemplarisch einige ausgewählte Studien zur Stressforschung im Leistungssport dargestellt, die in den letzten 10 Jahren auf der Grundlage der Strukturierung von J.R. Nitsch in Brasilien durchgeführt wurden.

Tab. 1: Klassifikation von Stressoren mit Beispielen aus dem Fußball (Samulski, 1995, S. 136).

EXTERNE STRESSOREN ▪ Aggressive Zuschauer ▪ Zuschauerlärm ▪ Fehlende Sicherheit im Stadion ▪ Inadäquate Spielfeldbedingungen	*LEISTUNGSSTRESSOREN* ▪ Erfolgsdruck von seiten des Trainers ▪ Entscheidendes Spiel ▪ Elfmeter-Situation ▪ Eigentor
REIZE, DIE PRIMÄRE BEDÜRFNISSE INDUZIEREN ▪ Klimatische Anpassung ▪ Zeitverschiebungen ▪ Trainingslager ▪ Umstellung im Ernährungsverhalten	*SOZIALE STRESSOREN* ▪ Konflikte mit dem Trainer bzw. Mitspieler ▪ Familiäre und berufliche Konflikte ▪ Soziale Isolation ▪ Unsicherheit über Vertragsverlängerung

Studien zur Stresskontrolle und zum mentalen Training im Leistungssport

"Wenn ich für die brasilianische Nationalmannschaft spiele, ist das für mich wie in einem ganz normalen Spiel, als ob ich in meinem Viertel mit meinen Spielkameraden fußballspielen würde."

Romário (Mitglied der brasilianischen Fußball-Nationalmannschaft)

Diese Aussage eines außergewöhnlichen Fußballspielers ist in diesem Zusammenhang sicherlich ein fruchtbarer Denkanstoß. Er erlebt so offenkundig keine Stressituation und auf diese Weise auch keine Einschränkung seiner Leistungsfähigkeit. Stressituationen können allerdings, und dies erscheint eher die Regel, unerwünschte Verhaltensweisen der Sportler und Trainer im Wettkampf auslösen, was sich wiederum negativ auf die Wettkampfleistung auswirken kann. Aus diesem Grund ist es für Sportler und Trainer unbedingt notwendig, Techniken der Sresskontrolle und psychologische Wettkampfroutinen zu erlernen und adäquat im Wettkampf einzusetzen, um ein optimales Wettkampfverhalten zu ermöglichen.
Basierend auf dem Klassifikationsschema von Nitsch und Hackfort (1981, S. 305 s. Tab. 2) werden Techniken der Bedingungskontrolle von Techniken der Symptomkontrolle voneinander unterschieden.
In einer von Lima (l996) durchgeführten Studie wurden kritische Situationen im Tischtennis analysiert und 5 Nationalspielerinnen wurden anhand von Video-Selbst-Konfrontationen und Interviews über eingesetzte Regulationstechniken befragt. Hierbei erfolgte eine Differenzierung in motorische Techniken (65,7% Einsatzhäufigkeit), kognitive Techniken (9,5 % Einsatzhäufigkeit) und kombinierte Techniken (24,8% Einsatzhäufigkeit). Im einzelnen wurden von den Nationalspielerinnen folgende Regulationstechniken genannt:
Weiterhin wurde in dieser Studie untersucht, welche Auswirkungen die eingesetzten Techniken (motorische, kognitive, kombinierte) auf das weitere Spielverhalten haben (anschließende Gewinn- oder Verlustpunkte). Aus der nachfolgenden Tabelle lässt sich entnehmen, dass motorische Techniken von den Spielerinnen zwar häufiger in kritischen Situationen eingesetzt werden als die anderen Techniken, kognitive Techniken sich aber positiver auf das nachfolgende Spielverhalten auswirken (73,7% = Gewinnpunkte).
Samulski und Chagas (1996) realisierten eine Studie zur Analyse von Stressituationen im Fußball und von Verhaltensweisen, um diese Situationen zu überwinden. In dieser Studie wurden 152 jugendliche Fußballspieler aus der oberen Leistungsklasse anhand eines Stressfragebogens untersucht. Als extrem belastende Situationen im Fußball stellten sich folgende Faktoren heraus:

Tab. 2: Ansätze zur Stresskontrolle (modifiziert nach Nitsch & Hackfort, 1981, S. 305).

ANSÄTZE ZUR STRESSKONTROLLE	
TECHNIKEN DER SYMPTOMKONTROLLE	**TECHNIKEN DER BEDINGUNGSKONTROLLE**
• Einsatz psychoregulativer Techniken	• Gute physische, technisch-taktische und psychologiche Vorbereitung
• Visualisierung einer beruhigenden Situation	• Erlernen von Techniken der Stresskontrolle
• Ablenkungs- und Entspannungsübungen	• Ausreichender Schlaf und gute Ernährung
• Wiederholung technischer Elemente	• Familiäre Unterstützung
• Gespräche mit dem Trainer bzw. Kameraden	• Gegneranalyse
• Vermeidung des Gegnerkontaktes	• Analyse der Wettkampfbedingungen
• Motivation durch den Trainer	• Frühzeitige Anreise zum Wettkampf
• Schaffung eines positiven Klimas	• Überprüfung der Ausrüstung und des Materials
• Individuelle Rituale und Gruppenrituale	• Vermeidung von Trainingsmonotonie
• Vermeidung von Zuschauerkontakten	• Vermeidung von extremen Erfolgsdruck
	• Modernisierung der Trainingsmethoden
	• Wissenschaftliche Leistungskontrolle

Sportverletzungen, unzureichende Kondition, Konflikte mit dem Trainer bzw. den Kameraden, Schiedsrichterverhalten und Schlafprobleme vor dem Wettkampf.
Außerdem wurden die jugendlichen Fußballspieler mit 10 typischen Stressituationen konfrontiert, um zu erfahren, wie sie sich in diesen Situationen verhalten (z.B. abwartend, aggressiv, konzentriert, beruhigend, kontrolliert, irritiert, motiviert), wobei folgende Verhaltensweisen am häufigsten genannt wurden:

1. "Strenge ich mich noch stärker an ."
2. "Versuche ich mich zu beruhigen."
3. "Werde ich nervös und irritiert."
4. "Verliere ich die Motivation."

Aus dieser Studie lässt sich ableiten, dass jugendliche Sportler in zahlreichen Stressituationen Probleme haben, sich kontrolliert zu verhalten. Aus diesem Grund ist es notwendig, bereits im Kindes- und Jugendalter mit einem systematischen psychologischen Training, welches insbesondere Maßnahmen der Stresskontrolle betont, zu beginnen.
In einem von Samulski, Noce und Chagas (1997) durchgeführten Projekt wurden 43 jugendliche Leistungssportler aus den Sportspielen Fußball, Volleyball und Basketball bezogen auf ihr Bewältigungsverhalten in ausgewählten Stressituationen untersucht und miteinander verglichen.
Aus der nachfolgenden Tabelle lässt sich entnehmen, welche bevorzugten Verhaltensweisen die jugendlichen Sportler in den verschiedenen Sportspielen einsetzen, um Stressituationen zu überwinden.
Beim Vergleich der eingesetzten Techniken zwischen den Sportspielen, kann festgestellt werden, dass Maßnahmen zur Entspannung und zur Konzentration am häufigsten von der Spielern genannt werden. Im Fußball und Basketball können auch negative Verhaltensreaktionen wie Nervosität und Reizbarkeit auftreten.
Noce (1999) führte eine Befragung an 118 Spielern und 72 Spielerinnen der brasilianischen Superliga im Volleyball durch, wobei er folgende stressinduzierende Faktoren analysierte: allgemeine und spezifische Stressbedingungen und -situationen, Positionsspezifische Stressituationen für Angriffsspieler und Stellspieler, spezifische Verhaltensweisen zur Überwindung dieser Stressituationen. Für die Angriffsspieler stellte sich die Situation "in spielentscheidenden Situationen werde ich mit einem starken gegnerischen Block konfrontiert" für Spieler und Spielerinnen als besonders psychisch belastend heraus. Als bevorzugte Verhaltensweise wurde von den Spielern/-innen eine verstärkte Anstrengung genannt, um diese Situation zu überwinden. Die Stellspieler/-innen schätzten die Situation "ich schaffe es nicht, den gegnerischen Block auszuspielen" als besonders stressend ein. Die Spieler gaben an, dieser Situation mit vermehrter Anstrengung zu begegnen, während die

Tab. 3: Selbstregulationstechniken im Tischtennis (Samulski & Lima, 1998, S. 150).

MOTORISCHE TECHNIKEN	KOGNITIVE TECHNIKEN
Kontrolliertes Atmen	*Selbstinstruktionstechniken*
Stimulierung der korrekten Technik	*Positives Selbstgespräch*
Rhythmisches Bewegen	*Visualisierung*
Sukzessive Sprünge	*Ablenkung*
Unterstützende Kopfbewegungen	*Neubewertung der Situation*

Tab. 4: Erfolgs-Ratio: Selbstregulationstechniken / 2 anschließende Punkte (Samulski & Lima, 1998, S. 150).

Motor	60 / 43.5 %	78 / 56.5 %
Cognitive	14 / 73.7 %	05 / 26.3%
Combined	26 / 50.0 %	26 / 50.0 %
Total	100 / 47.9 %	109 / 52.2 %

Tab. 5: Bevorzugte Verhaltensweisen von Spielern in Stressituationen (Samulski, Noce &Chagas, 1997, S. 95).

	N	Verhaltenskategorien	N	%
VOLLEYBALL	15	Versuche ich mich zu beruhigen	26	17,33
		Strenge ich mich stárker an	25	16,66
		Konzentriere ich mich auf das Spiel	24	16,00
FUSSBALL	13	Werde ich nervös und irritiert	25	19,23
		Versuche ich mich zu beruhigen	22	16,92
		Konzentriere ich mich auf das Spiel	21	16,15
BASKETBALL	15	Versuche ich mich zu beruhigen	27	18,00
		Es macht mir nichts aus	24	16,00
		Werde ich nervös und irritiert	24	16,00

Spielerinnen mit verstärkter Konzentration auf die nachfolgenden Spielsituationen reagierten. Generell bevorzugten die Angriffspieler/-innen Entspannungs- und Selbstmotivierungstechniken und die Stellspieler/-innen Konzentrationstechniken, um situationsspezifische Stressituationen im Volleyball zu überwinden.

Serenini (1995) entwickelte ein mentales Trainingsprogramm zur Verbesserung der Effektivität des Aufschlages im Volleyball (vgl. Tab. 6) und überprüfte die Effizienz des mentalen Programmes in einer Feldstudie, wobei er 12 Spitzenspieler aus der nationalen Meisterschaft auswählte (6 Spieler = Experimentalgruppe, 6 Spieler = Kontrollgruppe). Die Spieler der Experimentalgruppe erlernten unter Anleitung eines Sportpsychologen 2 Wochen lang eine mentale Wettkampfroutine für den Aufschlag, während die Spieler der Konrollgruppe ihre normale Trainingsroutine beibehielten.

Die Spieler beider Gruppen wurden über einen Zeitraum von 2 Monaten in insgesamt 8 Meisterschaftsspielen beobachtet. Alle Aufschläge der untersuchten Spieler wurden auf Video aufgezeichnet und anschließend aufgrund eines Experten-Ratings (Auswertung durch Beteiligung der 3 Nationaltrainer) mit Hilfe einer 5stufigen Einschätzungsskala (-2 = völlig ineffizienter Aufschlag, +2 = völlig effizienter Aufschlag) hinsichtlich ihrer Effizienz ausgewertet. Die Resultate zeigten eine tendenzielle (nicht signifikante) Verbesserung der Aufschlageffizienz der Experimentalgruppe im Vergleich zur Kontrollgruppe. Bezogen auf die Skalenstufe -2 (völlig ineffizienter Aufschlag) zeigte sich jedoch ein signifikanter Unterschied zwischen Experimental- und Kontrollgruppe zugunsten der Experimentalgruppe ($p=0.01$). Somit konnte in dieser Studie nachgewiesen werden, dass ein mentales Programm für eine bestimmte sportliche Technik, in diesem Fall der Aufschlag im Volleyball, einen positiven Einfluss auf die Effizienz dieser Technik im Spiel haben kann.

Gama Filho (1998) transferierte das mentale Programm von Serenini (1995) auf die Freiwurfsituation im Basketball und untersuchte 40 jugendliche Basketballspieler der oberen Leistungsklasse Die Spieler der Experimentalgruppe (20 Spieler) erlernten ein kombiniertes mentales Programm, das sich aus den Elementen Entspannung, Visualisierung der erfolgreichen Wurfbewegung und positiver Selbstverbalisierung zusammensetzte. Dieses Programm wurde über einen Zeitraum von 8 Wochen in der Experimentalgruppe eingesetzt, während die Kontrollgruppe in diesem Zeitraum ihre normale Trainingsroutine realisierte. Anhand der Resultate konnte konstatiert werden, das die Experimentalgruppe im Vergleich zur Kontrollgruppe eine signifikant höhere Freiwurfeffektivität erzielte ($p<0.05$).

Becker Jr. (1966) überprüfte verschiedene Formen des mentalen Trainings im Basketball (Freiwurfsituation) an 80 jugendlichen Spielern und konnte feststellen, dass mentales Training in Form von Visualisierung der erfolgreichen Wurfbewegung in Verbindung mit positiver Selbstverbalisation bei den

Spielern mit niedriger und hoher Ausgangsleistung die Freiwurfeffektivität signifikant im Vergleich zur Kontrollgruppe verbesserte ($p<0.01$).
Bulhoes (1997) erprobte ein mentales Trainingsprogramm für die Aufschlagbewegung im Tennis ("american twist") an 10 Sportstudenten mit Anfängerniveau. Er setzte in der Experimentalgruppe ein kombiniertes mentales Programm (Visualisierung der erfolgreichen Aufschlagbewegung, Entspannung und positive Selbstverbalisation) über einen Zeitraum von 2 Monaten ein. Die Resultate zeigten, das der Einsatz des kombinierten mentalen Programms in der Experimentalgruppe eine signifikat höhere Aufschlageffizienz erzielte.
Pussieldi (2000) entwickelte ein mentales Programm zur Selbstmotivierung im Schwimmen (vgl. Tab. 7) und setzte dieses Programm an 20 jugendlichen Leistungsschwimmern über einen Zeitraum von 4 Wochen in der Vorbereitungsphase ein. Die Experimentalgruppe nahm an dem Programm der Selbstmotivierung teil, während die Kontrollgruppe die normale Trainingsroutine durchführte. Das aktuelle Motivationsniveau wurde anhand einer Skala zur subjektiven Einschätzung der aktuellen Motivationslage gemessen (1= extrem niedriger Motivationszustand, 10 = extrem hoher Motivationszustand).
Das aktuelle Motivationsniveau der Experimentalgruppe nahm im Laufe der Trainingsabschnitte im Vergleich zur Kontrollgruppe signifikant zu, was auch durch Traineraussagen unterstützt wurde. Bezogen auf Schwimmleistungen während des Trainings ergaben sich keine signifikanten Unterschiede in den beiden Gruppen.

Forschungsperspektiven

In der Mehrzahl der durchgeführten Studien im Bereich der Stressforschung im Sport wurden spezifische psychologische Verfahren wie z.B. Stressfragebögen, Stress-Skalen, systematische Interviews, Video-Selbstkonfrontationen u.a. eingesetzt, um psychischen Wettkampfstress zu analysieren. Es wäre interessant, in der Zukunft verstärkt komplexere und multidimensionale Messverfahren zu entwickeln und einzusetzen, um Stressphänomene als dreidimensionales Produkt (biologisch, psychologisch und sozial) zu erfassen.
Im Leistungssport wurden überwiegend Stressanalysen an Leistungssportlern der oberen Leistungsklasse durchgeführt. In Zukunft sollte der Akzent in der Stressforschung verstärkt auf Studien an Trainern, Schiedsrichtern, Sportfunktionären und Sportjournalisten gelegt werden, da diese Personen direkt oder indirekt einen negativen Einfluss auf das Verhalten der Sportler ausüben können.
Eine weitere vernachlässigte Fragestellung betrifft die Entstehung von psychischem und sozialem Stress im Kindes- und Jugendalter, wobei vor allem

Tab. 6: Mentale Routine während des Wettkampfes. Beispiel Volleyballaufschlag (Serenini, 1995, S. 87).

Mentales Modell in 7 Phasen

1. Phase: Positive Einstellung und Haltung beim Aufschlag
2. Phase: Entspannung durch tiefes Ausatmen
3. Phase: Wettkampfritual
4. Phase:Mentale Entscheidung über das Ausführungsprogramm
5. Phase: Visualisierung von Knotenpunkten
    - Ausgangsposition
    - Wurfbewegung
    - Schlagbewegung
    - Bewegungsrichtung und -ziel
6. Phase: Motorische Ausführung des Aufschlages
7. Phase: Reintegration in die taktische Formation

Tab. 7: Mentale Routine in der Vorwettkampfphase im Schwimmen (Pussieldi, 2000, S. 84).

Mentale Routine in 4 Phasen	BP	KP
1. Phase: Tiefe Atmungsentspannung Ziel:Optimales Aktivationsniveau	2	1
2. Phase: Visualisierung von Erfolgssituationen Ziel: Siegesgefühl	4	2
3. Phase: Positive Selbstverbalisation Ziel: Positive Einstellung	2	1
4. Phase: Mentalisierung von Techniken Ziel: Konzentration auf die Technik	2	1

Dauer des Mentalen Programmes

BP = Basisprogramm: 10 min.
KP = Kurzprogramm: 05 min.
BLP = Blitzprogramm: 02 min.

der soziale Einfluss aus dem Elternhaus auf die Karriereentwicklung der jugendlichen Leistungssportler verstärkt untersucht werden sollte.
Bezogen auf den Einsatz von Maßnahmen zur Stresskontrolle im Sport kann festgestellt werden, dass die Techniken häufig isoliert und nicht aufgaben- und situationsbezogen eingesetzt werden. In Zukunft sollte die Wirksamkeit komplexer und integrativer Programme zur Stresskontrolle überprüft werden, wobei auch physiotherapeutische, medizinische und soziale Maßnahmen in die Programme integriert werden sollten.
Im Mittelpunkt aller Maßnahmen sollte allerdings nicht ausschließlich die Leistungsverbesserung der Sportler/-innen, sondern auch die Verbesserung des allgemeinen Wohlbefindens und der Lebensqualität stehen. Auf diese Weise könnte ein wichtiger Beitrag zur Humanisierung des Leistungssport geliefert werden.

LITERATUR

Ach, N. (1910). *Über den Willensakt und das Temperament.* Leipzig: Quelle und Meyer.

Ach, N. (1935). *Analyse des Willens.* Berlin: Urban & Schwarzenberg.

Aebli, H. (1973). Einführung. In G.A. Miller, E. Galanter & K.H. Pribram (Hrsg.), Strategien des Handelns (S. 7-9). Stuttgart: Klett.

Allmer, H. (1994). 'Immer diese Leichtsinnsfehler' - Ärgerentstehung und Ärgermanagement im Tennis. *Psychologie und Sport, 1,* 4-12.

Allmer, H. (1997). Willenstraining im Fußball und Tennis. In G. Konzag (Hrsg.), *Psychologie im Sportspiel* (S. 119-134). Köln: bps.

Allmer, H. & Bielefeld, J. (Hrsg.). (1982). *Sportlehrerverhalten.* Schorndorf: Hofmann.

Allmer, H., Allmer, M., Sulprizio, M. & Ulrich, B. (1995). *Ärgermanagement im Sport: Analyse der Ärgerentstehung und Ärgeräußerung bei Einzel- und MannschaftssportlerInnen.* Unveröffentlichter Forschungsbericht, Deutsche Sporthochschule Köln.

Anscombe, G.E.M. (1957). *Intention.* Oxford: Blackwell.

Artus, H.-G. (1997). Zur Selbsterfahrung in der Tanzpädagogik. *Tanzdrama, 38* (3), 16-19.

Backhaus, K., Erichson, B., Plinke, W., Schuchard-Ficher, C. & Weiber, R. (1987). *Multivariate Analysemethoden* (4., neu bearb. u. erw. Aufl.). Berlin: Springer.

Bagozzi, R. P. (1992). The self-regulation of attitudes, intentions, and behavior. *Social Psychology Quarterly, 55,* 178-204.

Bandura, A. (1977). Self-efficacy: Toward a unifying theory of behavioral change. *Psychological Review, 84,* 191-215.

Bandura, A. (1986). *Social foundations of thought and action.* Englewood Cliffs, NJ: Prentice-Hall.

Barker, R.G. (1968). *Ecological psychology: Concepts and methods for studying the environment of human behavior.* Stanford, CA: Stanford University Press.

Barker, R.G. & Associates (1978). *Habitats, environments, and human behavior. Studies in ecological psychology and eco-behavioral science from the Midwest Psychological Field Station, 1947-1972.* San Francisco, CA: Jossey-Bass.

Barker, R.G. & Wright, H.F. (1955). *Midwest and its children.* New York: Harper & Row.

Bartenieff, I. (1980). *Body movement - Coping with the environment.* New York: Gordon and Breach.

Becker, B. Jr. (1996). *El efecto de tecnicas de imaginacion sobre patrones electroencefalograficos, frecuencia cardiaca y en el rendimiento de practicantes de baloncesto com puntuaciones altas y bajas en el tiro libre.* Doktorthese. Barcelona: Departamento de Psicologia Evolutiva e da Educação – Faculdade de Psicologia – Universidade de Barcelona.

Beckermann, A. (Hrsg.). (1977). *Analytische Handlungstheorie. Bd. 2: Handlungserklärungen.* Frankfurt a.M.: Suhrkamp.

Beckmann, J. (1986). Zurückblickende und vorausblickende Aufmerksamkeit bei Handlungswechsel. In H. Heckhausen, J. Beckmann, P. M. Gollwitzer, F. Halisch, P. Lütkenhaus & M. Schütt, *Wiederaufbereitung des Wollens* (S. 54-71). Unveröff. Manuskript, Max-Planck-Institut für Psychologische Forschung, München.

Beckmann, J. (1991). Zuschauereinflüsse auf sportliche Leistung. *Sportpsychologie, 5* (4), 16-20.

Beckmann, J. (1999). Volition und sportliches Handeln. In D. Alfermann & O. Stoll (Hrsg.), *Motivation und Volition im Sport. Vom Planen zum Handeln* (S. 13-26). Köln: bps.

Bereiter, C. (1963). Some persisting dilemmas in the measurement of change. In C.W Harris (Ed.), *Problems in measuring change* (pp. 3-20.). Madison: The University of Wisconsin Press.

Bernstein, N.A. (1975). *Bewegungsphysiologie*. Leipzig: Barth.

Bierhoff-Alfermann, D. (1986). *Sportpsychologie*. Stuttgart: Kohlhammer.

Boesch, E. E. (1980). *Kultur und Handlung. Einführung in die Kulturpsychologie*. Bern: Huber.

Bollers, R.C. (1974). Cognition and motivation: Some historic trends. In B. Weiner (Ed.), *Cognitive views of human motivation* (pp. 1-20). New York: Academic Press.

Borchert, A. (1996). Aspekte ontogenetisch basaler Körper- und Bewegungserfahrungen als Bezugssystem für tanztherapeutische Interventionen. In Deutsche Gesellschaft für Tanzforschung (Hrsg.), *Tanzforschung. Jahrbuch, Bd. 7* (S. 103-142). Wilhelmshafen: Noetzel.

Borkovec, T.D. (1976). Physiological and cognitive process in the regulation of anxiety. In G.E. Schwartz & D. Shapiro (Eds.), *Consciousness and self-regulation: Advances in research* (Vol. 1 pp. 261-312). New York: Plenum.

Bortz, J. (1993). *Statistik für Sozialwissenschaftler* (4., vollst. überarb. Aufl.). Berlin: Springer.

Bös, K. & Mechling, H. (1985). *Bilder-Angst-Test für Bewegungssituationen – (BAT). Handweisung*. Göttingen: Hogrefe.

Brand, G. (1978). Phänomenologie des Handelns. In H. Lenk (Hrsg.), *Handlungstheorien – interdisziplinär. Bd. 2,1* (S. 199-233). München: Fink.

Brand, G. (1979). Entwurf einer Phänomenologie des Handelns. In H. Lenk (Hrsg.), *Handlungstheorien – interdisziplinär. Bd. 2,2* (S. 199-234). München: Fink.

Braun, P. (Hrsg.). (1996). *Der professionelle Schiedsrichter*. Stadtbergen: Cognos.

Brehm, J.W. & Cohen, A.R. (1962). *Explorations in cognitive dissonance*. New York: Wiley.

Brown, A.L. (1984). Metakognition, Handlungskontrolle, Selbststeuerung und andere, noch geheimnisvollere Mechanismen. In F.E. Weinert & R.H. Kluwe (Hrsg.), *Metakognition, Motivation und Lernen* (S. 60-108). München: Kohlhammer.

Bulhões, A.M.C. (1997). *Análise dos efeitos de um programa de treinamento mental no desempenho do saque "american twist"*. Magisterarbeit. Rio de Janeiro: Universidade Gama Filho.

Bürgermann, S. & Reinert, G.-B. (1984). *Einführung in die Pädagogische Therapie. Anleitung zur Selbstverwirklichung und Identitätsfindung - ein integratives wissenschaftliches Konzept*. Düsseldorf: Schwann.

Campbell, D.T. & Fiske, D.W. (1959). Convergent and discriminant validation by the multitrait-multimethod matrix. *Psychological Bulletin, 56,* 81-105.

Caspar, F. (1989). *Beziehungen und Probleme verstehen. Eine Einführung in die psychotherapeutische Plananalyse.* Bern: Huber.

Cattell, R.B. & Scheier, I.H. (1961). *The meaning and measurement of neuroticism and anxiety.* New York: Ronald.

Chagas, M.H. (1995). *Análise do estresse psíquico na competição em jogadores de futebol de campo das categorias juvenil e júnior.* Magisterarbeit. Belo Horizonte: Escola de Educação Física da UFMG.

Craik, K.H. (1994). Manifestations of individual differences in personality within everyday en-vironments. In D. Bartussek & M. Amelang (Hrsg.), *Fortschritte der Differentiellen Psychologie und Psychologischen Diagnostik* (S. 19-25). Göttingen: Hogrefe.

Cranach, M. v. (1997). Kommentar zum Beitrag von K. Sokolowski: Sequentielle und imperative Konzepte des Willens. *Psychologische Beiträge, 39,* 370-374.

Cranach, M. v. & Amman, A. (1999). Die Annahme der Willensfreiheit und ihre Konsequenzen für die Sozialwissenschaften. *Ethik und Sozialwissenschaften, 10* (2), 258-267. (Kritik von 28 Kollegen 268-327) Replik der Autoren 328-332.

Cranach, M. v., Kalbermatten, U., Indermühle, K. & Gugler, B. (1980). *Zielgerichtetes Handeln.* Bern: Huber.

Cranach, M. v., Ochsenbein, G. & Valach, L. (1986). The group as a self-active system: outline of a theory of group action. *European Journal of Social Psychology, 16,* 193-229.

Danto, A.C. (1976). Vorstellungselemente in menschlichen Handlungen. *Neue Hefte für Philosophie, 9,* 1-16.

Danto, A.C. (1979). Basishandlungen und Basisbegriffe. In H. Lenk (Hrsg.), *Handlungstheorien – interdisziplinär, Bd. 2,2* (S. 373-390). München: Fink.

Davidson, D. (1963). Action, reasons and causes. *The Journal of Philosophy, 60,* 685-700.

Deutsche Gesellschaft für Tanztherapie (Hrsg.). (o.J.). *Tanztherapie. Aufgaben, Ziele, Aktivitäten.* Pulheim: Eigenverlag.

Doering, W. & Doering, W. (1993). *Sensorische Integration. Anwendungsbereiche und Vergleich mit anderen Fördermethoden/Konzepten.* Dortmund: Borgmann.

Dohrenbusch, R., Sodhi, H., Lamprecht, J. & Genth, E. (1997). Fibromyalgia as a disorder of perceptual organization? An analysis of acoustic stimulus processing in patients with widespread pain. *Zeitschrift für Rheumatologie, 56,* 334-341.

Dörner, D. (1982). Wie man viele Probleme zugleich löst – oder auch nicht! *Sprache und Kognition, 1,* 55-66.

Dörner, D. (1989). *Die Logik des Mißlingens. Strategisches Denken in komplexen Situationen.* Reinbek: Rowohlt.

Dörner, D. (1994). Heuristik der Theorienbildung. In T. Herrmann & W.H. Tack (Hrsg.), *Methodologische Grundlagen der Psychologie* (Band 1, S. 343-388). Göttingen: Hogrefe.

Dörner, D. (1999). *Bauplan für eine Seele.* Reinbek: Rowohlt.

Dörner, D., Kreuzig, H.W., Reither, F. & Stäudel, T. (1983). *Lohhausen. Vom Umgang mit Unbestimmtheit und Komplexität.* Bern: Huber.

Dr. Salcher Team GmbH (1987). *Die Images von 30 Sportarten.* Ottobrunn: o.V.

Drexel, G. (1985a). Einige metatheoretische Probleme sportthematisierender Handlungstheorien. In G. Hagedorn, H. Kaul & K. Bös (Red.), *Handeln im Sport* (S. 100-110). Clausthal-Zellerfeld: dvs.

Drexel, G. (1985b). Vorbereitende Überlegungen zu einem ökotheoretisch orientierten Rahmenkonzept sportlichen Geschehens. In P. Day, U. Fuhrer & U. Laucken (Hrsg.), *Umwelt und Handeln* (S. 262-286). Tübingen: Attempto.

Drexel, G. (1999). *Handeln im Sport und Denken über die Sportwissenschaft.* Dissertation, Fakultät für Sozial- und Verhaltenswissenschaften, Universität Tübingen.

Düker, H. (1983). *Über unterschwelliges Wollen.* Göttingen: Hogrefe.

Ebersberger, H., Malka, J. & Pohler, R. (1996). *Schiedsrichter im Fußball.* Wiesbaden: Limpert.

Eckensberger, L.H. & Meacham, J.A. (1984). The essentials of action theory: A framework for discussion. *Human Development, 27,* 166-172.

Erdmann, R. (1990). Handlungstheorie – ein Gewinn? *Sportwissenschaft, 20,* 146-161.

Fenz, W.D. & Jones, G.B. (1972). Individual differences in physiologic arousal and performance in sport parachutists. *Psychosomatic Medicine, 34,* 1-8.

Fikus, M. (1990). Welche Information steckt in einem anfliegenden Ball? Das Timing beim oberen Zuspiel im Volleyball. *Sportpsychologie, 4* (2), 15-16; 21-24.

Filipp, S.-H. (1975). *Korrelate des internen Selbstmodells: Situation, Persönlichkeit und elterlicher Erziehungsstil.* Dissertation, Universität Trier.

Filipp, S.-H. (1979). Entwurf eines heuristischen Bezugsrahmens für Selbstkonzept-Forschung: Menschliche Informationsverarbeitung und naive Handlungstheorie. In S.-H. Filipp (Hrsg.), *Selbstkonzeptforschung* (S. 129-152). Stuttgart: Klett-Cotta.

Fiske, D.W. & Maddi, S.R. (1961). *Functions of varied experience.* Homewood, IL: Dorsey Press.

Folkman, S. & Lazarus, R.S. (1990). Coping and emotion. In N.L. Stein, B. Leventhal & T. Trabasso (Eds.), *Psychological and biological approaches to emotion* (pp. 313-332). Hillsdale, NJ: Lawrence Erlbaum.

Franke, E. (1978). *Theorie und Bedeutung sportlicher Handlungen.* Schorndorf: Hofmann.

Franke, E. (1985). Theorien sportlichen Handelns – der Blick hinter die Kulissen einiger Selbstverständlichkeiten sportlichen Tuns. In G. Hagedorn, H. Karl, K. Bös (Red.), *Handeln im Sport* (S. 60-77). Clausthal-Zellerfeld: dvs.

Frese, M. & Sabini, J. (Eds.). (1985). *Goal directed behavior: The concept of action in psychology.* Hillsdale, NJ: Lawrence Erlbaum.

Frester, R & Wörz, T. (1997). *Mentale Wettkampfvorbereitung.* Göttingen: Vandenhoeck & Ruprecht.

Frey, H.-P. & Haußer, K. (Hrsg.). (1987). *Identität. Entwicklungen psychologischer und soziologischer Forschung.* Stuttgart: Ferdinand Enke Verlag.

Friede, C. & Schirra-Weirich, L. (1992). *Statistische Datenanalyse SPSS/PC+. Eine strukturierte Einführung.* Reinbek: Rowohlt.

Fritsch, U. (1988). *Tanz, Bewegungskultur, Gesellschaft. Verluste und Chancen symbolisch-expressiven Bewegens.* Frankfurt: Afra Verlag.

Frütel, S. (1995). *Belastungserleben und Belastungsverarbeitung von Bundesliga-Schiedsrichtern.* Unveröffentlichte Diplomarbeit, Universität Bochum.

Fuchs, R. (1976). Furchtregulation und Furchthemmung des Zweckhandelns. In A. Thomas (Hrsg.), *Psychologie der Handlung und Bewegung* (S. 97-162). Meisenheim: Hain.

Fuchs, R. (1981). Furcht in den Wirkungszirkeln von Anpassung und Fehlanpassung. In J.R. Nitsch (Hrsg.), *Stress. Theorien, Untersuchungen, Maßnahmen* (S. 312-350). Bern: Huber.

Fuchs, R. (1990). *Sportliche Aktivität bei Jugendlichen: Entwicklungsverlauf und sozial-kognitive Determinanten. Eine Längsschnittuntersuchung.* Köln: bps-Verlag.

Fuhrer, U. (1984). *Mehrfachhandeln in dynamischen Umfeldern. Vorschläge zu einer systematischen Erweiterung psychologisch-handlungstheoretischer Modelle.* Göttingen: Hogrefe.

Fuhrer, U. (1990a). *Handeln-Lernen im Alltag.* Bern: Huber.

Fuhrer, U. (1990b). Bridging the ecological-psychological gap. Behavior settings as interfaces. *Environment and Behavior, 22,* 518-537.

Gabler, H. (1997). Motivationen zum fairen Handeln im Sportspiel. Überlegungen zur Konstruktion eines Fairness-Motivs auf der Grundlage der Entwicklung eines Fragebogentests. In G. Konzag (Hrsg.), *Psychologie im Sportspiel* (S. 94-115). Köln: bps.

Gallistel, C.R. (1980). *The organization of action: A new synthesis.* Hillsdale, NJ: Lawrence Erlbaum.

Gama Filho, J.G. (1998). *Análise dos efeitos de um programa de treinamento mental na performance de execução de lances livres de jogadores de basquetebol categoria juvenil (14 a 18 anos).* Magisterarbeit.. Belo Horizonte: Escola de Educação Física da UFMG.

Gellrich, M. (1998). Über den Aufbau stabil-flexibler Fertigkeiten beim Instrumentalspiel. In G. Mantel (Hrsg.), *Ungenutzte Potentiale – Wege zu konstruktivem Üben* (S. 131-151). Mainz: Schott.

Gentner, D.R. (1987). Timing of skilled motor performance: Tests of the proportional duration model. *Psychological Review, 94,* 255 - 276.

Göhner, U. (1979). *Bewegungsanalyse im Sport. Ein Bezugssystem zur Analyse sportlicher Bewegungen unter pädagogischen Aspekten.* Schorndorf: Hofmann.

Göhner, U. (1992a). *Einführung in die Bewegungslehre des Sports. Teil 1: Die sportlichen Bewegungen.* Schorndorf: Hofmann.

Göhner, U. (1992b). *Einführung in die Bewegungslehre des Sports. Teil 2: Die Bewegerlehre des Sports.* Schorndorf: Hofmann.

Göhner, U. (1999). *Bewegungslehre und Biomechanik des Sports. Eine praxisorientierte Darstellung.* Tübingen: Institut für Sportwissenschaft der Universität Tübingen.

Goldsmith, P.A. & Williams, J.M. (1992). Perceived stressors for football and volleyball officials from three rating levels. *Journal of Sport Behavior, 15,* 106-117.

Gollwitzer, P.M. (1987a). The implementation of identity intentions: A motivational-volitional perspective on symbolic self-completion. In F. Halisch & J. Kuhl (Eds.), *Motivation, intention and volition* (pp. 349-369). Berlin: Springer.

Gollwitzer, P.M. (1987b). Suchen, Finden und Festigen der eigenen Identität: Unstillbare Zielintentionen. In H. Heckhausen, P.M. Gollwitzer & F.E. Weinert (Hrsg.), *Jenseits des Rubikon: Der Wille in den Humanwissenschaften* (S. 176-189). Berlin: Springer.

Gollwitzer, P.M. (1993). Goal achievement: The role of intentions. In W. Stroebe & M. Hewstone (Eds.), *European Review of Social Psychology, 4,* 141-185.
Golz, N. (1991). Sport, Bewegung und Spiel bei Depressionen. *Sportpsychologie, 5* (3), 22-28.
Goschke, T. (1997). Zur Funktionsanalyse des Willens: Integration kognitions-, motivations- und neuropsychologischer Perspektiven. *Psychologische Beiträge, 39,* 375-412.
Greve, W., (1994). *Handlungsklärung. Die psychologische Erklärung menschlicher Handlungen.* Bern: Huber.
Griffin, N.S. & Keogh, J.F. (1982). A model for movement confidence. In J.A.S. Kelso & J.E. Clark (Eds.), *The development of movement control and co-ordination* (pp. 213-236). Chichester: Wiley.
Groddeck, N. (1978). Aspekte zu einer Theorie erfahrungsoffenen Lernens. In A. Garlichs & N. Groddeck (Hrsg.), *Erfahrungsoffener Unterricht. Beispiele zur Überwindung der lebensfremden Lernschule* (S. 124-144). Freiburg: Herder.
Groeben, N. (1986). *Handeln, Tun, Verhalten als Einheiten einer verstehend–erklärenden Psychologie.* Tübingen: Francke.
Grosser, M. & Neumaier, A. (1982). *Techniktraining. Theorie und Praxis aller Sportarten.* München: BLV.
Grupe, O. (1987). *Sport als Kultur.* Zürich: Interfrom.
Gump, P. V. (1987). School and classroom environments. In D. Stokols & I. Altman (Eds.), *Handbook of environmental psychology* (Vol. 1, pp. 691-732). New York: John Wiley & Sons.
Guthke, J. & Wiedl, K.H. (1996). *Dynamisches Testen. Zur Psychodiagnostik der intraindividuellen Variabilität.* Göttingen: Hogrefe.
Hacker, W. (1973). *Allgemeine Arbeits- und Ingenieurspsychologie.* Berlin: Deutscher Verlag der Wissenschaften.
Hacker, W. (1978). *Allgemeine Arbeits- und Ingenieurpsychologie. Psychische Struktur und Regulation von Arbeitstätigkeiten* (2. Aufl.). Bern: Huber.
Hacker, W. (1998). *Allgemeine Arbeitspsychologie.* Göttingen: Hans Huber
Hackfort, D. (1983a). *Theorie und Analyse sportbezogener Ängstlichkeit: Ein situationsanalytischer Ansatz.* Unveröff. Diss., Deutsche Sporthochschule, Köln.
Hackfort, D. (1983b). Theoretische und methodische Entwicklungen in der Angstforschung. In E. Apitzsch (Ed.), *Anxiety in sport* (S. 99-127). Magglingen: FEPSAC.
Hackfort, D. & Nitsch, J.R. (1989). *Das Sportangst-Deutungsverfahren – SAD. Grundlagen und Handanweisung.* Schorndorf: Hofmann.
Hackfort, D. (1986). *Theorie und Analyse sportbezogener Ängstlichkeit: Ein situationsanalytischer Ansatz.* Schorndorf: Hofmann.
Hackfort, D. (1987). Kognition, Emotion und Handlungskontrolle. Zur Einführung. In J.P. Janssen, W. Schlicht & H. Strang (Hrsg.), *Handlungskontrolle und soziale Prozesse im Sport* (S. 45-51). Köln: bps-Verlag.
Hackfort, D. (1997). Zur Funktion von Emotionen beim Handeln von Sportspielern. In G. Konzag (Hrsg.), Psychologie im Sportspiel (S. 83-93). Köln: bps.
Hackfort, D. (Hrsg.).(1991). *Funktionen von Emotionen im Sport.* Schorndorf: Hofmann.
Hackfort, D. & Schwenkmezger, P. (1985). *Angst und Angstkontrolle im Sport: Sportrelevante Ansätze und Ergebnisse theoretischer und empirischer Angstforschung.* Köln: bps-Verlag.

Hackfort, D. & Schwenkmezger, P. (1989). Measuring anxiety in sports: Perspectives and problems. In D. Hackfort & C.D. Spielberger (Eds.), *Anxiety in Sports: An international perspective* (pp. 55-74). New York: Hemisphere.

Hackfort, D. & Schwenkmezger, P. (1993). Anxiety. In R. Singer, M. Murphey & L.K. Tennant (Eds.), *Handbook of research on sport psychology* (pp. 328-364). New York: Macmillan.

Hackfort, D. & Spielberger, C.D. (Eds.). (1989). *Anxiety in Sports. An International Perspektive.* New York: Hemisphere.

Hahn, E. (1991). Konzentrationsschulung im Fechtsport. In J.P. Janssen, E. Hahn & H. Strang (Hrsg.), *Konzentration und Leistung* (S. 163-171). Göttingen: Hogrefe.

Hahn, E. (1995). Zielsetzung im Mannschaftssport. In G. Gerisch (Hrsg.), *Psychologie im Fußball. Beiträge und Analysen zum Fußballsport* (45-55). Sankt Augustin: Academia.

Haisch, J., Osnabrügge, E. & Frey, D. (1983). Dissonanztheorie - Dissonanztherapie. Bestimmung therapeutischer Techniken aus der Dissonanztheorie. In J. Haisch (Hrsg.), *Angewandte Sozialpsychologie* (S. 33-48). Bern: Huber.

Haken, H. & Stadler, M. (Eds.).(1990). *Synergetics of cognition.* Berlin: Springer.

Harder, H. (1997). Schiedsrichterpraxis. In P. Braun (Hrsg.), *Der professionelle Schiedsrichter* (Kap. 7-3.2, S. 1-22). Stadtbergen: Cognos.

Härer, K. & von der Weth, R. (1995). Wieviel man nachdenken muß, um etwas ins Gefühl zu bekommen. In J.R. Nitsch & H. Allmer (Hrsg.), *Emotionen im Sport. Zwischen Körperkult und Gewalt* (S. 106-113). Köln: bps.

Harré, R. (1984). *Personal being.* Cambridge: Harvard University Press.

Hartmann, D. & Straub, J. (1999). Psychologie der Willensfreiheit – Zur Metaphysik und Methodik eines Forschungsprogramms. *Ethik und Sozialwissenschaften, 10,* 286-289.

Hartmann, D. (1998). *Philosophische Grundlagen der Psychologie.* Darmstadt: Wissenschaftliche Buchgesellschaft.

Harvey, N., Garwood, J. & Palencia, M. (1987). Vocal matching of pitch intervals: Learning and transfer effects. *Psychology of Music, 15,* 90 - 106.

Hebb, D.O. (1949). *The organisation of behavior.* New York: Wiley.

Heckhausen, H. & Kuhl, J. (1985). From wishes to action: The dead ends and short cuts on the long way to action. In M. Frese & J. Sabini (Eds.), *Goal directed behavior: The concept of action in psychology* (pp. 134-159). Hillsdale, NJ: Lawrence Erlbaum.

Heckhausen, H. (1981). Neuere Entwicklungen in der Motivationsforschung. In W. Michaelis (Hrsg.), *Bericht über den 32. Kongress der Deutschen Gesellschaft für Psychologie in Zürich* (Bd. 1, S. 325-335). Göttingen: Hogrefe.

Heckhausen, H. (1985). Komponenten der Intention und ihre Handlungsfehler. In H. Heckhausen, J. Beckmann, P.M. Gollwitzer, F. Halisch, P. Lütkenhaus & M. Schütt, *Wiederaufbereitung des Wollens.* Unveröff. Manuskript, Max-Planck-Institut für Psychologische Forschung, München.

Heckhausen, H. (1986a). Wiederaufbereitung des Wollens: Eine kurze Einführung. In H. Heckhausen, J. Beckmann, P.M. Gollwitzer, F. Halisch, P. Lütkenhaus & M. Schütt, *Wiederaufbereitung des Wollens.* Unveröff. Manuskript des Max-Planck-Instituts für Psychologische Forschung, München.

Heckhausen, H. (1986b). Intentionsgeleitetes Handeln und seine Fehler. In H. Heckhausen, J. Beckmann, P.M. Gollwitzer, F. Halisch, P. Lütkenhaus & M. Schütt, *Wiederaufbereitung des Wollens.* Unveröff. Manuskript des Max-Planck-Instituts für Psychologische Forschung, München.
Heckhausen, H. (1987a). Wünschen – Wählen – Wollen. In H. Heckhausen, P.M. Gollwitzer & F.E. Weinert (Hrsg.), *Jenseits des Rubikon: Der Wille in den Humanwissenschaften* (S. 3-9). Berlin: Springer.
Heckhausen, H. (1987b). Vorsatz, Wille und Bedürfnis: Lewins frühes Vermächtnis und ein zugeschütteter Rubikon. In H. Heckhausen, P.M. Gollwitzer & F.E. Weinert (Hrsg.), *Jenseits des Rubikon: Der Wille in den Humanwissenschaften* (S. 86-96). Berlin: Springer.
Heckhausen, H. (1987c). Perspektiven einer Psychologie des Wollens. In H. Heckhausen, P.M. Gollwitzer & F.E. Weinert (Hrsg.), *Jenseits des Rubikon: Der Wille in den Humanwissenschaften* (S. 121-142). Berlin: Springer.
Heckhausen, H. (1987d). Intentionsgeleitetes Handeln und seine Fehler. In H. Heckhausen, P.M. Gollwitzer & F.E. Weinert (Hrsg.), *Jenseits des Rubikon: Der Wille in den Humanwissenschaften* (S. 143-175). Berlin: Springer.
Heckhausen, H., Gollwitzer, P.M. & Weinert, F.E. (Hrsg.). (1987). *Jenseits des Rubikon: Der Wille in den Humanwissenschaften.* Berlin: Springer.
Heinemann, D. (1999). *Psychischer Stress im Judo. Eine theoretische und empirische Analyse der Stressbewertung, der Stressbewältigung und des Selbstkonzepts von Judoka.* Köln: Sport und Buch Strauß.
Heinl, H. (1991). Störungen in der Arbeitswelt als Ursache psychosomatischer Schmerzsyndrome der Bewegungsorgane. In H.-.G. Willert & G. Wetzel-Willert (Hrsg.), *Psychosomatik in der Orthopädie* (S. 69-76). Bern: Huber.
Heinl, H. (1998). Die Gruppenpsychotherapeutische Behandlung des Fibromyalgiesyndroms. In J.K. Merholz & S.H. van der Mei (Hrsg.), *Psychosomatik der Bewegungsorgane. Motivation der Patienten. Differentielle Therapieindikation* (S. 93-124). Frankfurt/M: Lang.
Heisterkamp, G. (1978). Psychologische Aspekte der Belastung von Schiedsrichtern. *Leistungssport, 8,* 162-172.
Herzog, W. (1984). *Modell und Theorie in der Psychologie.* Göttingen: Hogrefe.
Heuer, H. (1983). *Bewegungslernen.* Stuttgart: Kohlhammer.
Heuer, H. (1984). Binary choice reaction time as a function of relationship between duration and forms of responses. *Journal of Motor Behavior, 16,* 392 - 404.
Heuer, H. (1988). Motorikforschung zwischen Elfenbeinturm und Sportplatz. In R. Daugs (Ed.), *Neuere Aspekte der Motorikforschung* (S. 52-69). Clausthal-Zellerfeld: dvs.
Heuer, H. (1991). Invariant relative timing in motor-program theory. In J. Fagard & P.H. Wolff (Eds.), *The development of timing control and temporal organization in coordinated action* (pp. 37-68). Amsterdam: Elsevier.
Hirsch, M. (Hrsg.). (1998). *Der eigene Körper als Objekt. Zur Psychodynamik selbstdestruktiven Körperagierens.* Gießen: Psychosozial Verlag.
Hobfoll, S.E. (1988). *The ecology of stress.* Washington: Hemisphere.
Hobfoll, S.E. (1989). Conservation of resources: a new attempt at conceptualizing stress. *American Psychologist, 44*, 513-524.
Hobfoll, S.E. (1991). Traumatic stress: A theory based on rapid loss of ressources. *Anxiety Research, 4,* 187-197.

Hoffmann, S.O. & Egle, U.T. (1993). Das klinische Bild des Schmerzkranken. In U.T. Egle & S.O. Hoffmann (Hrsg.), *Der Schmerzkranke. Grundlagen, Pathogenese, Klinik und Therapie chronischer Schmerzsyndrome aus bio-psycho-sozialer Sicht* (S. 136-148). Stuttgart: Schattauer.

Hölter, G. (1994). Therapieplanung in der Sport- und Bewegungstherapie. In J.R. Nitsch & R. Seiler (Hrsg.), *Bewegung und Sport. Psychologische Grundlagen und Wirkungen. Band 4: Gesundheitssport – Bewegungstherapie* (S. 221-230). Sankt Augustin: Academia.

Holzkamp, K., (1970). Zum Problem der Relevanz psychologischer Forschung für die Praxis. *Psychologische Rundschau, 21*, 1-22.

Holzkamp, K., (1972). *Kritische Psychologie*. Frankfurt:

Höner, O. & Willimczik, K.(1998). Mit dem Rubikon-Modell über das Handlungsloch. Zum Erklärungswert motivationaler und volitionaler Modellvorstellungen für sportliche Handlungen. *Psychologie und Sport, 5*, 56-68.

Howe, J. & Minsel, W.-R. (1990). Gesprächspsychotherapie. Die Kraft des Guten. In H. Petzold (Hrsg.), *Wege zum Menschen* (S. 309-385). Paderborn: Junfermann.

Hull, C.L. (1943). *Principles of behavior.* New York: Appleton-Century-Crofts.

Ilg, H. & Nieber L. (1996). Lehrersprache und Schülerhandeln - ein handlungstheoretischer Analyseansatz. In A. Conzelmann, H. Gabler & W. Schlicht (Hrsg.), *Soziale Interaktionen und Gruppen im Sport* (S. 57-66). Köln: bps-Verlag.

James, W. (1890). *The principles of psychology.* New York: Holt.

Janssen, J.P., Katzenberger, C. & Wegner, M. (1997). Spielkonzeptionen als Reduktionsmechanismen für komplexe Spielsituationen. In E. Christmann, J. Maxeiner & D. Peper (Hrsg.), *Psychologische Aspekte beim Lernen, Trainieren und Realisieren sportlicher Bewegungshandlungen* (S. 219-225). Köln: bps.

Jordan, M.I., & Rumelhart, D.E. (1992). Forward models: Supervised learning with a distal teacher. *Cognitive Science, 16,* 307-354.

Kaminski, G. (1970). *Verhaltenstheorie und Verhaltensmodifikation*. Stuttgart.

Kaminski, G. (1973). Bewegungshandlungen als Bewältigung von Mehrfachaufgaben. *Sportwissenschaft, 3,* 233-25O.

Kaminski, G. (1979). Die Bedeutung von Handlungskonzepten für die Interpretation sportpädagogischer Prozesse. *Sportwissenschaft, 9,* 9-28.

Kaminski, G. (1981). Überlegungen zur Funktion von Handlungstheorien in der Psychologie. In H. Lenk (Hrsg.), *Handlungstheorien – interdisziplinär. Bd. 3,1,* (S. 91-121). München: Fink.

Kaminski, G. (1983a). Probleme einer ökopsychologischen Handlungstheorie. In L. Montada, K. Reusser & G. Steiner (Hrsg.), *Kognition und Handeln* (S. 35-53). Stuttgart: Klett.

Kaminski, G. (1983b). Potentielle Beiträge handlungstheoretischer Konzeptionen zur Neuorientierung motivationspsychologischer Perspektiven im Sport. In J.P. Janssen & E. Hahn (Hrsg.), *Motivation, Handlung, Aktivierung und Coaching im Sport* (S. 146-158). Schorndorf: Hofmann.

Kaminski, G. (Hrsg.). (1986a). *Ordnung und Variabilität im Alltagsgeschehen.* Göttingen: Hogrefe.

Kaminski, G. (1986b). Paradigmengebundene Behavior Setting-Analyse. In G. Kaminski (Hrsg.), *Ordnung und Variabilität im Alltagsgeschehen* (S. 154-176). Göttingen: Hogrefe.

Kaminski, G. (1989). The relevance of ecologically oriented theory building in environment and behavior research. In E.H. Zube & G.T. Moore (Eds.), *Advances in environment, behavior, and design* (Vol. 2, pp. 3-36). New York: Plenum.

Kaminski, G. (1990). Handlungstheorie. In L. Kruse, C.-F. Graumann & E.-D. Lantermann (Hrsg.), *Ökologische Psychologie. Ein Handbuch in Schlüsselbegriffen.* (S. 112-118). München: Psychologie Verlags Union.

Kaminski, G. (1994). "Konzentration" im Sport aus transaktionalistischer Sicht. *Psychologie und Sport, 8,* 43-55.

Kaminski, G. (1999a). Eine X-Wissenschaft (X=Sport, Arbeit, Sprache, Umwelt etc.) oder (jeweils) diverse X-Wissenschaften? In H. Gabler & U. Göhner (Hrsg.), *Für einen besseren Sport... Teil II* (S. 45-56). Schorndorf: Hofmann.

Kaminski, G. (1999b). Alltag, Person und Umwelt - Fragen der Anwendung aus einer primär psychologischen Perspektive. In H.-W. Wahl, H. Mollenkopf & F. Oswald (Hrsg.), *Alte Menschen in ihrer Umwelt: Beiträge zur Ökologischen Gerontologie* (S. 23-32). Opladen: Westdeutscher Verlag.

Kanfer, F.H., Reinecker, H. & Schmelzer, D. (1996). *Selbstmanagementtherapie.* Berlin: Springer.

Keel, P. (1992). Psychologische Interventionen bei der Fibromyalgie. In H.-D.Basler, H.P. Rehfisch & A. Zink (Hrsg.), *Psychologie in der Rheumatologie* (S. 186-200). Berlin: Springer.

Kehr, H.M. (1999). Entwurf eines konfliktorientierten Modells von Motivation und Volition. *Psychologische Beiträge, 41,* 20-43.

Kelemen, J., Stratz, T. & Müller, W. (1998). Sekundäre Fibromyalgien. Differenzierung primärer und sekundärer Fibromyalgien. *Forschritte der Medizin, 116* (10), 44-46.

Kemper, R. (1998). Einschätzung der Akzeptanz von Schiedsrichterinnen durch männliche Spieler und Schiedsrichter im Fußball. In D. Teipel, R. Kemper & D. Heinemann (Hrsg.), *Sportpsychologische Diagnostik, Prognostik, Intervention* (S. 115-118). Köln: bps.

Kenyon, G.S. (1968). Six scales for assessing attitude toward physical activity. *Research Quarterly, 39*, 566-574.

Kissel, W. & Mahnig, P. (1998). Die Fibromyalgie (Generalisierte Tendomyopathie) in der Begutachtungssituation. *Praxis, 87,* 538-545.

Kjiellrup, M. (1993). *Bewußt mit dem Körper leben. Eutonie. Durch Spannungsabbau zu Harmonie und Wohlbefinden.* München: Goldmann.

Klavora, P. (1978). An attempt to derive inverted-U curves based on the relationship between anxiety and athletic performance. In D.M. Landers & R.W. Christina (Eds.), *Psychology of motor behavior and sport* (pp. 369-377). Champaign, IL: Human Kinetics.

Kleine, D. (Ed). (1990a). Anxiety in sports and exercise (special issue). *Anxiety Research, 2* (4).

Kleine, D. (1990b). Anxiety and sport performance: A meta-analysis. *Anxiety Research, 2,* 113-131.

Kleine, D. & Schwarzer, R. (1991). Angst und sportliche Leistung – eine Meta-Analyse. *Sportwissenschaft, 21,* 9-28.

Kleinert, J. (2000). *Verletzungsbezogene Ängstlichkeit im Sport-Konstruktion eines Fragebogens und erste Hinweise zur Reliabilität und Validität.* Unveröff. Manuskript, Psychologisches Institut, Deutsche Sporthochschule Köln.

Kleinöder, H., Neumaier, A. & Mester, J. (1994). Antizipation und Reaktion bei Handlungen unter Zeitdruck in den Sportspielen. In J.R. Nitsch & R. Seiler (Hrsg.), *Bewegung und Sport. Psychologische Grundlagen und Wirkungen. Band 2: Bewegungsregulation und motorisches Lernen* (S. 171-178). Sankt Augustin: Academia.

Klöppel, R. (1998). Üben ja – aber wie? Gibt es gesicherte Erkenntnisse über die effektive Gestaltung des Übens? In G. Mantel (Hrsg.), *Ungenutzte Potentiale – Wege zum konstruktiven Üben* (S. 116-130). Mainz: Schott.

Kommer, D. & Röhrle, B. (1981). Handlungstheoretische Perspektiven primärer Prävention. In W.R. Minsel & R. Scheller (Hrsg.), *Brennpunkte der klinischen Psychologie. Band 2. Prävention* (S. 89-151). München: Kösel.

Kraska, K. (1993). *Effizienz und Flexibilität: Entwicklung und Evaluation differentieller Interventionsprogramme zur Förderung der Selbstregulation im Grundschulalter.* Dissertation – Forschungsberichte aus dem Fachbereich Psychologie, Universität Osnabrück.

Krohne, H. W. (1996). *Angst und Angstbewältigung.* Stuttgart: Kohlhammer.

Krohne, H.W. & Hindel, C. (1990). Die Erfassung störender Kognitionen bei Leistungssportlern im Tischtennis. *Sportwissenschaft, 20,* 56-63.

Krohne, H.W. & Hindel, C. (1992). Stressbewältigung und sportlicher Erfolg. *Sportpsychologie, 6* (3), 5-11.

Kröner-Herwig, B. (1997). Fibromyalgie und die Pforten der Wahrnehmung. *Zeitschrift für Rheumatologie, 56,* 319-321.

Kröner-Herwig, B. (1999). Chronischer Schmerz. Eine Gegenstandsbestimmung. In H.-D. Basler, C. Franz, B. Kröner-Herwig, H.-P. Rehfisch & H. Seemann (Hrsg.), *Psychologische Schmerztherapie. Grundlagen, Diagnostik, Krankheitsbilder, Behandlung* (S. 1-16). Berlin: Springer.

Kuhl, J. & Beckmann, J (Eds.).(1994). *Volition and personality: Action versus state orientation.* Seattle: Hogrefe & Huber Publishers.

Kuhl, J. (1983). *Motivation, Konflikt und Handlungskontrolle.* Berlin: Springer.

Kuhl, J. (1984). Volitional aspects of achievement motivation and learned helplessness: Toward a comprehensive theory of action control. In B.A. Maher (Ed.), *Progress in experimental personality research* (Vol. 13, pp. 99-171). New York: Academic Press.

Kuhl, J. (1987). Motivation und Handlungskontrolle: Ohne guten Willen geht es nicht. In H. Heckhausen, P.M. Gollwitzer & F.E. Weinert (Hrsg.), *Jenseits des Rubikon: Der Wille in den Humanwissenschaften* (S. 101-120). Berlin: Springer.

Kuhl, J. (1998). Wille und Persönlichkeit: Funktionsanalyse der Selbststeuerung. *Psychologische Rundschau, 49,* 61-77.

Kuhn, T.S. (1962). *The structure of scientific revolutions.* Chicago: University of Chicago Press.

Kuhn, T.S. (1972). Postscript – 1969, Zur Analyse der Struktur wissenschaftlicher Revolutionen. In P. Weingart (Hrsg.), *Wissenschaftssoziologie 1: Wissenschaftliche Entwicklung als sozialer Prozess* (S. 287-319). Frankfurt/M.: Athenäum.

Kullak, A. (1876/1994). *Ästhetik des Klavierspiels.* Regensburg: ConBrio.

Kunath, P. (1997). Tätigkeits- und/oder handlungsorientierte Sportpsychologie. In E. Christmann, J. Maxeiner & D. Peper (Hrsg.), *Psychologische Aspekte beim Lernen, Trainieren und Realisieren sportlicher Bewegungshandlungen* (S. 219-225). Köln: bps.

Künzell, S. (1996). *Motorik und Konnektionismus. Neuronale Netzwerke als Modell interner Bewegungsrepräsentationen.* Köln: bps.

Lai, Q. & Shea, C.H. (1998). Generalized motor program (GMP) learning: effects of reduced frequency of knowledge of results and practice variability. *Journal of Motor Behavior, 30,* 51-59.

Lander, H.-J. (1990a). Die Abschätzung von Interventionseffekten mittels einer linearen Prä-Posttest-Analyse, Teil I. *Zeitschrift für Psychologie, 198,* 247-264.

Lander, H.-J. (1990b). Die Abschätzung von Interventionseffekten mittels einer linearen Prä-Posttest-Analyse, Teil II. *Zeitschrift für Psychologie, 198,* 381-389.

Lander, H.-J., Huth, M. & Schack, T. (1996). Die Abschätzung von Interventionseffekten mittels einer linearen Prä-Posttest-Analyse. In J. Krug (Hrsg.), *Zeitreihenanalyse und "multiple statistische Verfahren" in der Trainingswissenschaft* (S. 59-84). Köln: Sport und Buch Strauss.

Lander, H.-J. & Schack, T. (1998). Veränderungsmessung im Sport I. In D. Teipel (Hrsg.) *Diagnostik, Prognostik und Intervention* (S. 209-216). Köln: bps.

Landers, D.M. (1980). The arousal-performance relationships revisited. *Research Quarterly for Exercise and Sport, 51,* 77-90.

Lang, P.J. (1968). Fear reduction and fear behavior. Problems in treating a construct. In J.M. Shlien (Ed.), *Research in psychotherapy* (pp. 90-102). Washington: APA.

Lanterman, E. D. (1982a). Integration von Kognitionen und Emotionen in Handlungen. In H. W. Hoefert (Hrsg.), *Person und Situation* (S. 67-84). Göttingen: Hogrefe.

Lanterman, E. D. (1982b). Person-Umwelt-Interaktionen aus handlungspsychologischer Sicht. In E.D. Lautermann, (Hrsg.), *Wechselwirkungen*, (S. 42-54). Göttingen: Hogrefe.

Laux, L. & Weber, H. (1993). *Emotionsbewältigung und Selbstdarstellung.* Stuttgart: Kohlhammer.

Lazarus, R.S. (1966). *Psychological stress and the coping process.* New York: McGraw-Hill.

Lazarus, R.S. (1990). Constructs of the mind in adaptation. In N.L. Stein, B. Leventhal & T. Trabasso (Eds.), *Psychological and biological approaches to emotion* (pp. 3-19). Hillsdale: Erlbaum.

Lazarus, R.S. (1991). *Emotion and adaptation.* New York: Oxford University Press.

Lazarus, R.S. (1993). Why we should think of stress as a subset of emotion. In L. Goldberger & S. Breznitz (Eds.), *Handbook of stress. Theoretical and clinical aspects* (pp. 21-39). New York: Free Press.

Lazarus, R.S. & Launier, R. (1981). Stressbezogene Transaktionen zwischen Person und Umwelt. In J.R. Nitsch (Hrsg.), *Stress. Theorien, Untersuchungen, Maßnahmen* (S. 213-259). Bern: Huber.

Leist, K.H. & Loibl, J. (1986). Zur bewegungspädagogischen Bedeutung der Körpererfahrung. In J. Bielefeld (Hrsg.), *Körpererfahrung. Grundlage menschlichen Bewegungsverhaltens* (S. 36-56). Göttingen: Hogrefe.

Lenk, H. (1977). Einleitung des Herausgebers. In H. Lenk (Hrsg.), *Handlungstheorien – interdisziplinär. Bd. 4* (S. 8-16). München: Fink.

Lenk, H. (1978). Handlung als Interpretationskonstrukt. Entwurf einer konstituenten- und beschreibungstheoretischen Handlungsphilosophie. In H. Lenk (Hrsg.), *Handlungstheorien – interdisziplinär. Bd. 2/1: Handlungserklärungen und philosophische Handlungsinterpretation, Erster Halbband* (S. 279-350). München: Fink.

Leontjew, A. (1987). *Tätigkeit, Bewusstsein, Persönlichkeit.* Berlin: Volk und Wissen.

Lewin, K. (1926). Untersuchungen zur Handlungs- und Affekt-Psychologie. II: Vorsatz, Wille und Bedürfnis. *Psychologische Forschung, 7,* 330-385.

Lima, F. (1996). *Análise das técnicas de auto-regulação em situações críticas em tênis de mesa.* Magisterarbeit. Belo Horizonte: Escola de Educação Física da UFMG.

Lippens, V. (1992). *Die Innensicht beim motorischen Lernen. Untersuchungen zur Veränderung der Subjektiven Theorien bei Lern- und Optimierungsprozessen am Beispiel des Ruderns.* Köln: Sport und Buch Strauß.

Lippens, V. (Hrsg.). (1993). *Forschungsproblem: Subjektive Theorien. Zur Innensicht in Lern- und Optimierungsprozessen.* Köln: Sport und Buch Strauß.

Little, B.R. (1983). Personal projects: A rationale and method for investigation. *Environment & Behavior, 15,* 273-309.

Lummer, C. (1990). Handlungstheorien. In H.J. Sandkühler (Hrsg.), *Europäische Enzyklopädie der Philosophie und Wissenschaften* (Bd. 2 , S. 511-514). Hamburg.

Luria, A.R. (1961). Experimentelle Analyse der Entwicklung willensmäßiger Handlungen bei Kindern. In H.P. David & J.C. Brengelmann (Hrsg.), *Perspektiven in der Persönlichkeitsforschung* (S. 107-115). Bern: Huber.

Luria (Lurija), A.R. (1967). Die Entwicklung der Sprache und die Entstehung der psychischen Prozesse. In H. Hiebsch (Hrsg.), *Ergebnisse der sowjetischen Psychologie* (S. 465-546). Berlin: Akademie Verlag.

Luria, A.R. (1970). *Die höheren kortikalen Funktionen des Menschen und ihre Störungen bei örtlichen Hirnschädigungen.* Berlin: Verlag der Wissenschaften.

Luria (Lurija), A.R. (1992). *Das Gehirn in Aktion - Einführung in die Neuropsychologie.* Reinbek: Rowohlt.

Luria (Lurija), A.R. (1993). *Romantische Wissenschaft. Forschungen im Grenzbezirk von Seele und Gehirn.* Reinbek: Rowohlt.

Major, A. (1997). *Empirische Erprobung ausgewählter Interventionstechniken bei Angst im Sportunterricht der Klasse 6.* Unveröff. Staatsexamensarbeit im Fach Sport. Staatl. Seminar für das Höhere Lehramt am Gymnasium, Chemnitz.

Martens, R. & Landers, D.M. (1969). Effect of anxiety, competition, and failure on performance of a complex motor task. *Journal of Motor Behavior, 1,* 1-10.

Martens, R. (1971). Anxiety and motor behavior: A review. *Journal of Motor Behavior, 3,* 151-179.

Martens, R. (1974). Arousal and motor performance. In J.H. Wilmore (Ed.), *Exercise and sport science reviews* (Vol. 2, pp. 155-188). New York: Academic Press.

Martens, R. (1977). *Sport competition anxiety test.* Champaign, IL: Human Kinetics.

Martens, R., Burton, D., Rivkin, F. & Simon, J. (1980). Reliability and validity of the Competitive State Anxiety Inventory (CSAI). In C.H. Nadeau, W.R. Halliwell, K.M. Newell & G.C. Roberts (Eds), *Psychology of motor behavior and sport* (pp. 91-99). Champaign, IL: Human Kinetics.

Martens, R., Vealey, R.S. & D. Burton (1990). *Competitive anxiety in sport.* Champaign, IL: Human Kinetics.

Martin, J.G. (1972). Rhythmic (hierarchical) versus serial structure in speech and other behavior. *Psychological Review, 79,* 487-509.

Mathesius, R. (1994). Volitive Regulation und Ansätze ihres Trainings. In J.R. Nitsch & R. Seiler (Hrsg.), *Bewegung und Sport. Psychologische Grundlagen und Wirkungen. Band 3: Psychologisches Training* (S. 166-172). Sankt Augustin: Academia.

Maxeiner, J. & Pitsch W. (1997). Handeln unter Zeitdruck: Funktionelle Regulation der Informationsverarbeitung. In E. Christmann, J. Maxeiner & D. Peper (Hrsg.), *Psychologische Aspekte beim Lernen, Trainieren und Realisieren sportlicher Bewegungshandlungen* (S. 31-53). Köln: bps.

McClelland, J.L., Rumelhart, D.E. & the PDP Research Group (Eds.). (1986). *Parallel distributed processing: Explorations in the microstructure of cognition* (Vol. 2). Cambridge, Mass.: The MIT Press.

McCulloch, W.S., & Pitts, W. (1943). A logical calculus of the ideas immanent in nervous activity. *Bulletin of Mathematical Biophysics, 5,* 115-133.

McGrath, J.E. (1981). Dilemmatics. *American Behavioral Scientist, 25,* 179-210.

Meinel, K. & Schnabel, G. (1977). *Bewegungslehre. Abriss einer Theorie der sportlichen Motorik unter pädagogischem Aspekt.* Berlin: Volk und Wissen.

Meinel, K. & Schnabel, G. (1987). *Bewegungslehre – Sportmotorik. Abriss einer Theorie der sportlichen Motorik unter pädagogischem Aspekt.* Berlin: Volk und Wissen.

Miller, G.A., Galanter, E. & Pribram, K.H. (1960). *Plans and the structure of behavior.* New York: Holt, Rinehart & Winston. (Dt. Übers.: Strategien des Handelns. Pläne und Strukturen des Verhaltens. Stuttgart: Klett 1973.)

Minsky, M. (1975). A theoretical framework for representing knowledge. In P.H. Winston (Ed.), *The psychology of computer vision* (pp. 211-277). New York: Mc Graw-Hill.

Mohr, C. & Gabler, H. (1996). Fairness im Sport. Motivationen und Bereitschaft zu fairem Verhalten bei jugendlichen Sportlerinnen und Sportlern. In A. Conzelmann, H. Gabler & W. Schlicht (Hrsg.), *Soziale Interaktionen und Gruppen im Sport* (S. 175-188). Köln: bps.

Mrazek, J. (1979). Zur intrapsychischen Repräsentation verschiedener Sportarten. *Kölner Beiträge zur Sportwissenschaft*, 8/9, 175-201.

Munzert, J. (1989). *Flexibilität des Handelns. Theoretische Überlegungen und experimentelle Untersuchungen zum Konzept des Motorikschemas.* Köln: bps.

Munzert, J. (1991). Methodologische Überlegungen zur Erfassung interner Bewegungsrepräsentationen. In R. Singer (Hrsg.), *Sportpsychologische Forschungsmethodik – Grundlagen, Probleme, Ansätze* (S. 94-98). Köln: bps.

Munzert, J. (1995). Bewegung als Handlung verstehen. In R. Prohl & J. Seewald (Hrsg.), *Bewegung verstehen. Facetten und Perspektiven einer qualitativen Bewegungslehre* (S. 77-97). Schorndorf: Hofmann.

Munzert, J. (1996). Richtig und falsch, genau und ungenau: Über den Umgang mit Fehlern und Abweichungen in der Bewegungsforschung. In J.R. Nitsch & H. Allmer (Hrsg.), *Handeln im Sport – Zwischen Rationalität und Intuition* (S. 166-187). Köln: bps-Verlag.

Munzert, J. (1997). *Sprache und Bewegungsorganisation. Untersuchungen zur Selbstinstruktion beim Bewegungslernen*. Schorndorf: Hofmann.

Munzert, R. (1996). Kognitive und Handlungspsychologie als Basis für eine Vereinheitlichung der (Sport)Psychologie. In J.R. Nitsch & H. Allmer (Hrsg.), *Handeln im Sport. Zwischen Rationalität und Intuition* (S. 102-111). Köln: bps.

Neiss, R. (1988). Reconceptualizing arousal: Psychobiological states in motor performance. *Psychological Bulletin, 103,* 345-366.

Neubauer, W.F. (1976). *Selbstkonzept und Identität im Kindes- und Jugendalter.* München: Reinhardt.

Nitsch, J.R. (1970). *Theorie und Skalierung der Ermüdung.* Unveröffentl. Dissertation, TU Berlin.

Nitsch, J.R. (1974). Die hierarchische Struktur des Eigenzustandes - ein Approximationsversuch mit Hilfe der Binärstrukturanalyse (BISTRAN). *Diagnostica, 20,* 142-164.

Nitsch, J.R. (1975). Sportliches Handeln als Handlungsmodell. *Sportwissenschaft, 5,* 39-55.

Nitsch, J.R. (1976a). Die Eigenzustandsskala (EZ-Skala) - Ein Verfahren zur hierarchisch-mehrdimensionalen Befindlichkeitsskalierung. In J.R. Nitsch & U. Udris (Hrsg.), *Beanspruchung im Sport* (S. 81-102). Bad Homburg: Limpert.

Nitsch, J.R. (1976b). Theoretische Grundlagen sportpsychologischer Beanspruchungsanalysen. In J.R. Nitsch & I. Udris (Hrsg.), *Beanspruchung im Sport* (S. 15-41). Bad Homburg: Limpert.

Nitsch, J.R. (Hrsg.). (1981a). *Stress. Theorien, Untersuchungen, Maßnahmen.* Bern: Huber.

Nitsch, J.R. (1981b). Stresstheoretische Modellvorstellungen. In J.R. Nitsch (Hrsg.), *Stress. Theorien, Untersuchungen, Maßnahmen* (S. 52-160). Bern: Huber.

Nitsch, J.R. (1983). Handlungstheoretische Ansätze im Sport. In J.P. Janssen & E. Hahn (Hrsg.), *Aktivierung, Motivation, Handlung und Coaching im Sport* (S. 186-250). Schorndorf: Hofmann.

Nitsch, J.R. (1984). *Volition – an old concept reevaluated.* Paper presented at the Olympic Scientific Congress in Eugene. Deutsche Sporthochschule, Psychologisches Institut, Köln.

Nitsch, J.R. (1985a). Handlungstheoretische Grundannahmen – eine Zwischenbilanz. In G. Hagedorn, H. Karl & K. Bös (Hrsg.), *Handeln im Sport* (S. 26-41). Clausthal-Zellerfeld: dvs.

Nitsch, J.R. (1985b). Psychoregulatives Training im Leistungssport. In H. Gabler, H. Haase, O. Hug & H. Steiner (Hrsg.), *Psychologische Diagnostik und Beratung im Leistungssport* (S. 145-174). Frankfurt: Deutscher Sport Bund.

Nitsch, J.R. (1985c). Vorwort. In D. Hackfort & P. Schwenkmezger, *Angst und Angstkontrolle im Sport: sportrelevante Ansätze und Ergebnisse theoretischer und empirischer Angstforschung (*S. V-X). Köln: bps-Verlag.

Nitsch, J.R. (1986). Zur handlungstheoretischen Grundlegung der Sportpsychologie. In H. Gabler, J.R. Nitsch & R. Singer (Hrsg.), *Einführung in die Sportpsychologie. Teil 1: Grundthemen* (S. 188-270). Schorndorf: Hofmann.

Nitsch, J.R. (1987). Stress – Entstehungsbedingungen, Symptome, Maßnahmen. *Sportpsychologie, 1* (2), 5-8.

Nitsch, J.R. (1991). Handlungstheorie und empirische Forschung. In R. Singer (Hrsg.), *Sportpsychologische Forschungsmethoden – Grundlagen, Probleme, Ansätze* (S. 26-42). Köln: bps-Verlag.

Nitsch, J.R. (1994). The organization of motor behaviour: An action-theoretical perspective. In J.R. Nitsch & R. Seiler (Hrsg.), *Bewegung und Sport. Psychologische Grundlagen und Wirkungen. Band 2: Bewegungsregulation und motorisches Lernen* (S. 3-21). Sankt Augustin: Academia.

Nitsch, J.R. (1996). Intention und Handlungsregulation. In R. Daugs, K. Blischke, F. Marschall, & H. Müller (Hrsg.), *Kognition und Motorik* (S. 69-86). Hamburg: Czwalina.

Nitsch, J.R. (1997a). Empirical research in sport psychology: A critical review of the laboratory—field controversy. *European Yearbook of Sport Psychology, 1,* 1-25.

Nitsch, J.R. (1997b). Kollektive Entscheidungen im Sportspiel – eine Problemskizze. In G. Konzag (Hrsg.), *Psychologie im Sportspiel* (S. 41-62). Köln: bps.

Nitsch, J. R. (1997). Situative Handlungsorganisation. In H. Ilg (Hrsg.), *Gesundheitsförderung, Konzepte, Erfahrungen, Ergebnisse aus sportpsychologischer und sportpädagogischer Sicht* (S. 351-363). Köln: bps.

Nitsch, J.R. (2000, in Druck). Zur handlungstheoretischen Grundlegung der Sportpsychologie. In H. Gabler, J.R. Nitsch & R. Singer (Hrsg.), *Einführung in die Sportpsychologie* (3. Aufl.) Schorndorf: Hofmann.

Nitsch, J.R. & Allmer, H. (1979). Naive psychoregulative Techniken zur Selbstbeeinflussung im Sport. *Sportwissenschaft, 9,* 143-163.

Nitsch, J.R. & Allmer, H. (Hrsg.). (1996). *Handeln im Sport. Zwischen Rationalität und Intuition.* Köln: bps.

Nitsch, J.R., Allmer, H., Sonnenschein, I., Tradt, A. & Tschakert, R. (1979). *Untersuchungen zu naiven Techniken der Psychoregulation im Sport. Teil I: Selbstregulation.* Köln: bps-Verlag.

Nitsch, J.R. & Hackfort, D. (1979). Naive Techniken der Psychoregulation im Sport. In H. Gabler, H. Eberspächer, E. Hahn, J. Kern & G. Schilling (Hrsg.), *Praxis der Psychologie im Leistungssport* (S. 299-311). Berlin: Bartels & Wernitz.

Nitsch, J.R. & Hackfort, D. (1981). Stress in Schule und Hochschule – eine handlungspsychologische Funktionsanalyse. In J.R. Nitsch (Hrsg.), *Stress. Theorien, Untersuchungen, Maßnahmen.* (S. 263-311). Bern: Huber.

Nitsch, J.R. & Hackfort, D. (1984). Basisregulation interpersonalen Handelns im Sport. In E. Hahn, & H. Rieder (Hrsg.), *Sensumotorisches Lernen und Sportspielforschung* (S. 148-166). Köln: bps.

Nitsch, J.R. & Munzert, J. (1997a). Theoretische Probleme der Bewegungsorganisation. In J.R. Nitsch, A. Neumaier, H. de Marées & J. Mester (Hrsg.), *Techniktraining. Beiträge zu einem interdisziplinären Ansatz* (S. 50-71). Schorndorf: Hofmann.

Nitsch, J.R. & Munzert, J. (1997b). Handlungstheoretische Aspekte des Techniktrainings. Ansätze zu einem integrativen Modell. In J.R. Nitsch, A. Neumaier, H. de Marées & J. Mester (Hrsg.), *Techniktraining. Beiträge zu einem interdisziplinären Ansatz* (S. 109-172). Schorndorf: Hofmann.

Nitsch, J.R. & Neumaier, A. (1997). Interdisziplinäres Grundverständnis von 'Technik' und 'Techniktraining'. In J.R. Nitsch, A. Neumaier, H. de Marées & J. Mester (Hrsg.), *Techniktraining. Beiträge zu einem interdisziplinären Ansatz* (S. 37-49). Schorndorf: Hofmann.

Nitsch, J.R., Neumaier, A., de Marées, H. & Mester, J. (Hrsg.). (1997). *Techniktraining. Beiträge zu einem interdisziplinären Ansatz.* Schorndorf: Hofmann.

Noce, F. (1999). *Análise do estresse psíquico em atletas de voleibol de alto nível: um estudo comparativo entre gêneros.* Magisterarbeit. Belo Horizonte. Escola de Educação Física da UFMG.

Oesterreich, R. (1981). *Handlungsregulation und Kontrolle.* München: Urban & Schwarzenberg.

Ostermann, B. (1997). *Anwendung des Sportangst-Deutungsverfahrens (SAD) auf Mädchen – beispielhafte Untersuchung im Schulsport und im Rhönradturnen.* Unveröff. Diplomarbeit. Deutsche Sporthochschule, Psychologisches Institut, Köln.

Oxendine, J.B. (1970). Emotional arousal and motor performance. *Quest, 13,* 23-32.

Papert, S. (1973). Theory of knowledge and complexity (lecture notes). In G.J. Dalenoort (Ed.), Process models for psychology. Rotterdam.

Petermann, F. (1978). *Veränderungsmessung.* Stuttgart: Kohlhammer.

Pirani, E. (1905). *Hochschule des Klavierspiels op. 88,* 2 Teile.

Pitsch, W. & Maxeiner, J. (1995). Handeln unter Zeitdruck - Funktionelle Regulation der Informationsverarbeitung. In G. Gerisch (Hrsg.), *Psychologie im Fußball. Beiträge und Analysen zum Fußballsport* (S. 57-79). Sankt Augustin: Academia.

Polster, H. (1985). *Risiko- und Angstkontrolle im Sport.* Unveröff. Diss. B, DHfK, Leipzig

Polster, H. (1988). Emotionen im sportlichen Handeln. *Theorie und Praxis der Körperkultur, 32,* 332-339.

Prohl, R. (1991). Verstehensdefizite sportwissenschaftlicher Bewegungstheorien. Ein Problemaufriss. *Sportwissenschaft, 21,* 368-383.

Pühse, U. (Hrsg.).(1994). *Soziales Handeln im Sport und Sportunterricht.* Schorndorf: Hofmann.

Puni, A.Z. (1961). *Abriss der Sportpsychologie.* Berlin (Ost): Sportverlag.

Pussieldi, G. (2000). *Comparação do nível de motivação entre nadadores de categoria juvenil através de um método de auto-motivação.* Magisterarbeit. BELO Horizonte: Escola de Educação Física da UFMG.

Quinten, S. (1991). Die Fragenformulierung im qualitativen Interview – Zur Erfassung interner Repräsentationen von Bewegungshandlungen. In R. Singer (Hrsg.), *Sportpsychologische Forschungsmethodik – Grundlagen, Probleme, Ansätze* (S. 99-103). Köln: bps-Verlag.

Quinten, S. (1994). *Das Bewegungsselbstkonzept und seine handlungsregulierenden Funktionen. Eine theoretische und empirische Studie am Beispiel Bewegungslernen im Tanz.* Köln: bps-Verlag.

Quinten, S. (1997). Die Erfassung bewegungsrelevanten Wissens — Konstruktion eines Befragungsinstruments unter besonderer Berücksichtigung des Radsports. In J.R. Nitsch, A. Neumaier, H. de Marées & J. Mester (Hrsg.), *Techniktraining. Beiträge zu einem interdisziplinären Ansatz* (S. 437-458). Schorndorf: Hofmann.

Quinten, S. (1998a). Sport-, Bewegungs- und Tanztherapie: Ganzheitliche Ansätze zur Behandlung chronischer Rückenschmerzen. *Krankengymnastik. Zeitschrift für Physiotherapeuten, 50,* 794-806.

Quinten, S. (1998b). Grundvertrauen und Aufrichtelust: Ausgewählte tanztherapeutische Möglichkeiten in der Behandlung chronischer Rückenschmerzpatienten und -patientinnen - Teil 1. *Zeitschrift für Sporttherapie und Rehabilitation,* (3), 80-83.

Quinten, S. (1998c). Grundvertrauen und Aufrichtelust: Ausgewählte tanztherapeutische Möglichkeiten in der Behandlung chronischer Rückenschmerzpatienten und -patientinnen - Teil 2. *Zeitschrift für Sporttherapie und Rehabilitation,* (4), 122-125.

Quinten, S. (1998d). Integrative Tanztherapie bei chronischen Rückenschmerzpatienten. *DGT-Info* (35/36), 32-44. Pulheim: Eigenverlag.

Quinten, S. (1999). Tanztherapie in der Fibromyalgiebehandlung. Saar-Rheuma. *Mitgliederzeitschrift der Deutschen Rheuma-Liga Saar e.V.,* (2), 7-8.

Quinten, S. (im Druck). *Zum Einsatz der Integrativen Tanztherapie in der Fibromyalgiebehandlung. Erste Konzeptualisierungsversuche.* Beitrag auf der 7. Fachtagung der Stiftung „Psychosomatik der Wirbelsäule", 9.-12.06.1999, Bad Malente.

Quinten, S. & Mickler, W. (1997). Intentionen, kognitive Repräsentationen und Wenn–Dann–Bezüge beim Skispringen – Ausgewählte Ergebnisse empirischer Untersuchungen. In J.R. Nitsch, A. Neumaier, H. de Marées & J. Mester (Hrsg.), *Techniktraining. Beiträge zu einem interdisziplinären Ansatz* (S. 487-500). Schorndorf: Hofmann.

Raeithel, A. (1984). Neues aus der Handlungstheorie: Die Metapher von den Intentionen, die im Körper konkurrieren. In F. Breuer & R.v. Quekelberghe (Hrsg.), *Studien zur Handlungstheorie und Psychotherapie 1 - Grundlagen.* Landau: Erziehungswissenschaftliche Hochschule Rheinland-Pfalz.

Rapp, H.-E. (1997). *Der Tageslauf als Gegenstand neuerer ökologischer Psychologie* (2 Bde). Diplomarbeit. Tübingen: Psychologisches Institut der Universität.

Reichert, U. & Dörner, D. (1988). Heurismen beim Umgang mit einem "einfachen" dynamischen System. *Sprache und Kognition, 7,* 12-24.

Riedel, M. (1978). Handlungstheorie als ethische Grunddisziplin. Analytische und hermeneutische Aspekte. In H. Lenk (Hrsg.), *Handlungstheorien – interdisziplinär. Bd. 2,1* (S. 137-159). München: Fink.

Rieder, H. (1976). Ängste und Hemmungen im Sportunterricht als Ausgangsbasis für eine verbesserte Lehrer-Schüler-Interaktion. In G. Hecker, A. Kirsch & C. Menze (Hrsg.), *Der Mensch im Sport* (S.196-209). Schorndorf: Hofmann.

Rieder, H. (1997). Von der Komplexität zur Eindeutigkeit. Zum Entscheidungsverhalten des "Stellers" im Volleyball. In G. Konzag (Hrsg.), *Psychologie im Sportspiel.* Bericht über das Kolloquium am Institut für Sportwissenschaft der Universität Halle-Wittenberg vom 10.-11. November 1995, (29-40). Köln: bps-Verlag.

Rogoff, B. (1991). Social interaction as apprenticeship in Thinking: Guidance and participation in spatial planning. In L.B. Resnick, J.J. Levine, & S.D. Teasley (Eds.), *Perspectives on socially shared cognition* (pp. 349-364). Washington: APA.

Rojas, R. (1993). *Theorie der neuronalen Netze. Eine systematische Einführung.* Berlin: Springer.

Rosenbaum, D.A. (1985). Motor programming: A review of scheduling theory. In H. Heuer, U. Kleinbeck & K.-H. Schmidt (Eds.), *Motor behavior, programming, control, and acquisition* (pp. 1-33). Berlin: Springer.

Rossum, J.H.A. van (1990). Schmidt's schema theory: The empirical base of the variability of practice hypothesis. A critical analysis. *Human Movement Science, 9,* 387-435.

Roth, G. (1996). *Das Gehirn und seine Wirklichkeit. Kognitive Neurobiologie und ihre philosophischen Konsequenzen.* Frankfurt/M: Suhrkamp.

Rumelhart, D.E., Hinton, G.E. & Williams, D.E. (1986). Learning internal representations by error propagation. In D.E. Rumelhart, J.L. McClelland & The PDP research group (Eds.), *Parallel distributed processing. Explorations in the microstructure of cognition. Volume 1: Foundations* (pp. 318-362). Cambridge, Mass.: MIT Press.

Rumelhart, D.E., McClelland, J.L. & The PDP Research Group (Eds.). (1986). *Parallel distributed processing: Explorations in the microstructure of cognition* (Vol. 1). Cambridge, Mass.: MIT Press.

Rümmele, E. (1990). Regulationserfordernisse und gefährdungsreduzierende Prinzipien – Möglichkeiten für einen sicheren Schulsport? In H. Körndle, H. Lutter & A. Thomas (Hrsg.), *Der Beitrag der Sportpsychologie zur Zielbestimmung einer modernen Erziehung und Ausbildung im Sport.* Bericht über die 20. Arbeitstagung der Arbeitsgemeinschaft für Sportpsychologie vom 4.-6. Mai 1989 in Regensburg (S. 75-86). Köln: bps.

Rustemeyer, R. (1992). Die Wechselwirkung von Produktimage und Selbstdarstellung der Konsumenten. In W. Faulstich (Hrsg.), *Image, Imageanalyse, Imagegestaltung* (S. 64-81). Bardowick: Wissenschaftler-Verlag.

Sack, H.G. (1979). *Ski-Motivations-Test.* Marburg. Hektographie.

Sage, G.H. (1984). *Motor learning and control. A neuropsychological approach.* Dubuque: Brown.

Samulski, D. (1995). *Psicologia do Esporte: teoria e aplicação prática.* Belo Horizonte: Imprensa Universitária-UFMG, 2ª ed.

Samulski, D. (1999). *Novos conceitos em treinamento esportivo.* Brasília: INDESP Publicações.

Samulski, D. & Chagas, M. (1996). Análise do estresse psíquico na competição em jogadores de futebol de campo das categorias juvenil e júnior. *Revista de Educação Física de Londrina* (2), 3-11.

Samulski, D., Chagas, M.H. & Nitsch, J. (1996). *Stress: teorias básicas.* Belo Horizonte: Editora Gráfica Costa & Cupertino Ltda.

Samulski, D. & Lima, F. (1998). Analyses of self-regulation techniques in critical situations in table tennis. In A. Lees (Ed.), *Science and Racket Sports II* (pp. 148-152). London & New York: E&FN Spon,.

Samulski, D. & Noce, F. (1999). Análise e controle do estresse psíquco. In: Samulski, D. (Ed.), *Novos conceitos em treinamento esportivo* (pp. 99-118). Brasília: INDESP/Pulbicações.

Samulski, D., Noce, F. & Chagas, M.H. (1997). *Situações estressantes na competição e as técnicas de controle aplicadas por atletas jovens.* In: Resumos da V Semana de Iniciação Científica da UFMG. Belo Horizonte: Imprensa Universitária.

Sandweg, R. (i. Dr.). Abstract zum Stand der Fibromyalgieforschung - Eine Literaturübersicht. Vortrag auf der 7. Fachtagung der Stiftung „Psychosomatik der Wirbelsäule“ in Bad Malente, 9.-12.06.1999.

Sandweg, R. & Riedel, H. (1996). Psycho-orthopädische Rehabilitation: Vorstellung eines Katamneseprojekts mit ersten Ergebnissen. In H. Riedel & R. Sandweg (Hrsg.), *Die Behandlung der psychosomatischen Erkrankungen des Bewegungssystems und ihrer Ergebnisse.* Vortragssammlung zur 4. Fachtagung der Stiftung Psychosomatik der Wirbelsäule Blieskastel, 23.-25.11.1995, (S. 103-124). Blieskastel: Selbstverlag der Stiftung „Psychosomatik der Wirbelsäule“.

Schack, T. (1996). *The development of action control in Physical Education classes: control of effects in a zone of proximal development.* Paper presented at the Congress: Vygotsky and Piaget. Geneva.
Schack, T. (1997). *Ängstliche Schüler im Sport - Interventionsverfahren zur Entwicklung der Handlungskontrolle.* Schorndorf: Hofmann.
Schack, T. (1998). *Angst und Bewegungskontrolle.* Vortrag gehalten auf der Tagung der Arbeitsgemeinschaft für Sportpsychologie, Leipzig.
Schack, T. (1999a). Zur Entwicklung mentaler Funktionskomponenten – Dynamisches Testen mittels Prä-Posttest-Analyse. In E. Witruk & H.-J. Lander (Hrsg.), *Informationsverarbeitungsanalysen – kognitionspsychologische und meßmethodische Beiträge* (S. 161-177). Leipzig: Universitätsverlag.
Schack, T. (1999b). *Interventive Zugänge zur Verbesserung der Selbstregulation im Rahmen gesundheitspsychologischer Forschung.* Unveröff. Diplomarbeit, Universität Leipzig, Institut für Allgemeine Psychologie, Leipzig.
Schack, T. & Lander, H.-J. (1998). Veränderungsmessung im Sport II: Möglichkeiten der differentiellen Feldevaluation Psychologischen Trainings mittels Prä-Posttest-Analyse. In D. Teipel, R. Kemper & D. Heinemann (Hrsg.), *Sportpsychologische Diagnostik, Prognostik, Intervention* (S. 217-224). Köln: bps-Verlag.
Schack, T. & Lander, H.-J. (1999a). Informationsverarbeitungskonzept und Mentale Kontrolle. In D. Alfermann & O. Stoll (Hrsg.), *Motivation und Volition im Sport – vom Planen zum Handeln* (S. 84-90). Köln: bps-Verlag.
Schack, T. & Lander, H.-J. (1999b). Ein Zugang zur Veränderungsmessung mittels kategorialer Daten. In D. Alfermann & O. Stoll (Hrsg.), *Motivation und Volition im Sport – vom Planen zum Handeln* (S. 313-319). Köln: bps-Verlag.Scheele, B. & Groeben, N, (1984). *Die Heidelberger Struktur-Lege-Technik (SLT). Eine Dialog-Konsens-Methode zur Erhebung Subjektiver Theorien mittlerer Reichweite.* Weinheim: Beltz.
Scheele, B. & Groeben, N, (1988). *Dialog-Konsens-Methoden zur Rekonstruktion Subjektiver Theorien.* Tübingen: Francke.
Scherer, K. R. (1981). Wider die Vernachlässigung der Emotionen in der Psychologie. In W. Michaelis (Hrsg.), *Bericht über den 32. Kongreß der Deutschen Gesellschaft für Psychologie in Zürich 1980*, (Bd. 1, S. 304-317). Göttingen: Hogrefe.
Schlattmann, A. (1995a). Sports Images: Snowboarding. In J.R. Nitsch & H. Allmer (Hrsg.), *Emotionen im Sport* (S. 292-296). Köln: bps.
Schlattmann, A. (1995b). What do Germans think about baseball. In R. Vanfraechem-Raway & Y. Vanden Auweele (Ed.), *Proceedings Part II. Ixth European Congress on Sport Psychology* (pp. 1023-1029). Brüssel: FEPSAC.
Schlattmann, A. (i. Dr.). *Der Image-Fragebogen-Sport (IFS): Ein Inventar zur Erfassung sportartspezifischer Images.* Neubiberg: Institut für Sportwissenschaft und Sport, UniBw München (Arbeitsinformation Sportwissenschaft, Heft 11).
Schmalt, H.D. (1984). Psychologische Aspekte einer Theorie der Handlung. In H. Lenk (Hrsg.), *Handlungstheorien – interdisziplinär. Band 3,2* (S. 517-546). München: Fink.
Schmidt, N.D. (1995). *Philosophie und Psychologie. Trennungsgeschichte, Dogmen und Perspektiven.* Reinbek: Rowohlt.
Schmidt, R.A. & Lee, T.D. (1999). *Motor control and learning. A behavioral emphasis* (3rd ed.). Champaign, IL: Human Kinetics.

Schmidt, R.A. (1982). *Motor control and learning. A behavioral emphasis.* Champaign, IL: Human Kinetics.

Schnabel, G., Krüger, H., Müller, C., Nordmann, L., Zimmer, H. & Kroppe, P. (Hrsg.).(1995). *Bewegungsregulation im Sport. Fortschrittsbericht.* Sankt Augustin: Academia.

Schönpflug, W. (1995). Explizites und implizites Verhalten – Rationalität und Intuition. In J.R. Nitsch & H. Allmer (Hrsg.), *Handeln im Sport – Zwischen Rationalität und Intuition* (S. 3-18). Köln: bps-Verlag.

Schütt, M. (1986). *Kollidierende Intentionen bei überlappenden Tätigkeiten.* In H. Heckhausen, J. Beckmann, P.M. Gollwitzer, F. Halisch, P. Lütkenhaus & M. Schütt, Wiederaufbereitung des Wollens (S. 34-39). Unveröff. Manuskript, Max-Planck-Institut für Psychologische Forschung, München.

Schwarzer, R. (1989). Überlegungen zu einer sozial kognitiven Theorie des Gesundheitsverhaltens. In D. Rüdiger, W. Nöldner, D. Hang & E. Kopp (Hrsg.), *Gesundheitspsychologie – Konzepte und empirische Beiträge* (S. 21-30). Regensburg: Rodever.

Schwarzer, R. (1992). *Psychologie des Gesundheitsverhaltens.* Göttingen: Hogrefe.

Schweinheim, F. (1999). *Zur Veränderung sportbezogener Ängstlichkeit im Klettern.* Unveröff. Manuskript, Deutsche Sporthochschule Köln.

Schwemmer, O. (1997). *Die kulturelle Existenz des Menschen.* Berlin: Akademie-Verlag.

Schwemmer, O. (1998). *Handlung und Repräsentation.* Unveröff. Manuskript, Berlin.

Schwenkmezger, P. (1985). *Modelle der Eigenschafts- und Zustandsangst.* Göttingen: Hogrefe.

Seidel, U. (1996). *Evaluationsstudie zur Angst im Sportunterricht.* Unveröff. Wiss. Abschlußarbeit im Fach Sportwissenschaft, TU Chemnitz-Zwickau, Fachgebiet Sport.

Seiler, R. (1991). Zur Erfassung der internen Repräsentation automatisierter Bewegungen. In R. Singer (Hrsg.), *Sportpsychologische Forschungsmethodik – Grundlagen, Probleme, Ansätze* (S. 104-108). Köln: bps-Verlag.

Seiler, R. (1993). Ein Rahmen für Bewegungen. In V. Lippens (Hrsg.), *Forschungsproblem: Subjektive Theorien. Zur Innensicht in Lern- und Optimierungsprozessen* (S. 10-16). Köln: Sport und Buch Strauss.

Seiler, R. (1995). *Kognitive Organisation von Bewegungshandlungen. Empirische Untersuchungen mit dem Inversionsprinzip.* Sankt Augustin: Academia.

Seiler, R. (1996). Die Macht der Absicht – Intention, Wissen und Bewegungsautomatisation. In R. Daugs, K. Blischke, F. Marschall & H. Müller (Hrsg.), *Kognition und Motorik* (S. 125-131). Hamburg: Czwalina.

Seiler, R. (1997). Untersuchungen zu internen Bewegungsrepräsentationen von Ruderern. In J.R. Nitsch, A. Neumaier, H. de Marées & J. Mester (Hrsg.), *Techniktraining. Beiträge zu einem interdisziplinären Ansatz* (S. 459-486). Schorndorf: Hofmann.

Seiler, R. (in press). The intentional link between environment and action in the acquisition of skill. *International Journal of Sport Psychology, 31* (4).

Seiler, R. & de Marées, H. (1993). Erfassung und Darstellung interner Repräsentationen von Bewegungen im Rudern. In R. Daugs & K. Blischke (Hrsg.), *Aufmerksamkeit und Automatisierung in der Sportmotorik* (S. 292-298). Sankt Augustin: Academia.

Seiler, R., Müller, L. & Willmer, B. (1996). Naive Strategien zur Überwindung kritischer Momente in Ausdauersportarten. *Psychologie und Sport, 3,* 127-138.

Semmler, R. (1996). Zum Einfluss von Wahrnehmungen auf die Stabilität und Variabilität von Bewegungen im Wasserspringen. In R. Daugs, K. Blischke, F. Marschall & H. Müller (Hrsg.), *Kognition und Motorik* (S. 133-137). Hamburg: Czwalina.

Serenini, A.L.P. (1995). *Análise dos efeitos de um programa de treinamento mental no desempenho do saque em jogadores de voleibol de alto nível.* Magisterarbeit. Belo Horizonte: Escola de Educação Física da UFMG.

Shapiro, D.C. & Schmidt, R.F. (1982). The schema theory: Recent evidence and developmental implications. In J.A.S. Kelso & J.E. Clark (Eds.), *The development of movement control and co-ordination* (pp. 113-150). Chichester: Wiley.

Shea, J.B. & Graf, R.C. (1994). A model for contextual interference effects in motor learning. In C.R. Reynolds (Ed.), *Cognitive assessment – a multidisciplinary perspective* (pp. 73-88). New York: Plenum.

Sherwood, D.E. (1989). Hand preference, practice order, and spatial assimilations in rapid bimanual movement. *Journal of Motor Behavior, 26,* 123-134.

Siegert, M.T. & Chapman, M. (1987). Identitätstransformationen im Erwachsenenalter. In H.P. Frey & K. Haußer, (Hrsg.), *Identität. Entwicklungen psychologischer und soziologischer Forschung* (S. 139-150). Stuttgart: Ferdinand Enke Verlag.

Smoll, F.L. & Smith, R.E. (1989). Competitive stress and young athlete. In C.C. Teitz (Ed.), *Scientific foundations of sports medicine* (pp. 375-390). Ontario: B.C. Becker.

Sokolowski, K. (1996). Wille und Bewusstheit. In J. Kuhl & H. Heckhausen (Hrsg.), *Enzyklopädie der Psychologie, Serie Motivation und Emotion, Bd. 4: Motivation, Volition und Handlung* (S. 485-530). Göttingen: Hogrefe.

Sokolowski, K. (1997). Sequentielle und imperative Konzepte des Willens. *Psychologische Beiträge, 39,* 346-369.

Sokolowski, K. (1999). Handeln in kritischen Situationen – wenn Vornahmen versagen. In D. Alfermann & O. Stoll (Hrsg.), *Motivation und Volition im Sport. Vom Planen zum Handeln* (S. 27-40). Köln: bps.

Sommer, R. & Wicker, A.W. (1991). Gas Station Psychology. The case for specialization in ecological psychology. *Environment and Behavior, 23,* 131-149.

Spence, J.T. & Spence, K.W. (1966). The motivational components of manifest anxiety: Drve and drive stimuli. In C.D. Spielberger (Ed.), *Anxiety and behavior* (pp. 291-326). New York: Academic Press.

Spielberger, C.D. (1972). Anxiety as an emotional state. In C.D. Spielberger (Ed.), *Anxiety: Current trends in theory and research* (Vol. 1, pp. 23-49). New York: Academic Press.

Spielberger, C.D., Gorsuch, R.L. & Lushene, R.E. (1970). *STAI Manual for the State-Trait Anxiety Inventory.* Palo Alto, CA: Consulting Psychologists Press.

Stachowiak, H. (1973). *Allgemeine Modelltheorie.* Wien: Springer.

Stadler, M. & Seeger, F. (1981). Psychologische Handlungstheorie auf der Grundlage des materialistischen Tätigkeitsbegriffs. In H. Lenk (Hrsg.), *Handlungstheorien – interdisziplinär. Bd. 3,1* (S. 191-233). München: Fink.

Steinbuch, K. (1971). Technische Modelle biologischer Vorgänge. In H. v. Ditfurth (Hrsg.), *Informationen über Information – Probleme der Kybernetik* (S. 55-65). Frankfurt/Main: Fischer.

Stern, W. (1935). *Allgemeine Psychologie auf personalistischer Grundlage.* Den Haag: Nyhoff.

Stern, W. (1950). *Allgemeine Psychologie* (2. Aufl.). Den Haag: Nyhoff.

Stoll, O. (1995). *Stressbewältigung im Langstreckenlauf.* Bonn: Holos.

Strang, H. (1991). Das "Integrierte Kontrolltraining" im Hochleistungssegeln. *Sportpsychologie, 5* (4), 21-25.

Strauß, B. (1994). Orientierungen von Sportzuschauern. *Psychologie und Sport, 8* (1), 19-25.

Stuebs, H. (1992). *Identität, Rolle und Lebensstil von Rückenschmerzpatienten.* Dissertation Universität Bielefeld.

Szymanski, B. (1997). *Techniktraining in den Sportspielen - bewegungszentriert oder situationsbezogen?* Hamburg: Czwalina.

Tack, W. H. (1986). Reliabilitäts- und Effektfunktionen - ein Ansatz zur Zuverlässigkeit von Meßwertänderungen. *Diagnostica, 32*, 48-63.

Taylor, A.H. & Daniel, J.V. (1988). Sources of stress in soccer officiating. An empirical study. In T. Reilly, A. Lees, K. Davids & W.J. Murphy (Eds.), *Science and football* (pp. 538-544). London: Spon.

Taylor, A.H., Daniel, J.V., Leith, L. & Burke, R.J. (1990). Perceived stress, psychological burn-out and paths to turnover intentions among sport officials. *Journal of Applied Sport Psychology, 2,* 84-97.

Taylor, J.A. (1953). A personality scale of manifest anxiety. *Journal of Abnormal and Social Psychology, 48,* 285-290. .

Taylor, S.E. & Gollwitzer, P.M. (1995). Effects of mindset on positive illusions. *Journal of Personality and Social Psychology, 69,* 213-226.

Teipel, D. (1992). *Beanspruchung von Spielern und Trainern im Fußball.* Köln: Sport und Buch Strauß.

Teipel, D. (1996). Einstellung zu Handlungsfehlern bei Schiedsrichtern im Fußball. In J.R. Nitsch & H. Allmer (Hrsg.), *Handeln im Sport - Zwischen Rationalität und Intuition* (S. 209-217). Köln: bps-Verlag.

Teipel, D., Ichimura, S., Kondo, A., Uemukai, K., Matsumoto, M. & Sugiyama, Y. (1998). Beurteilung von Stressbedingungen auf unterschiedlichen Spielpositionen durch weibliche deutsche und japanische Fußballspieler. In D. Teipel, R. Kemper & D. Heinemann (Hrsg.), *Sportpsychologische Diagnostik, Prognostik, Intervention* (S. 141-143). Köln: bps-Verlag.

Teipel, D., Kemper, R. & Heinemann, D. (1998). Bewältigungstechniken männlicher Fußballschiedsrichter unterschiedlicher Erfahrung in spezifischen Spielsituationen. In D. Teipel, R. Kemper, & D. Heinemann (Hrsg.), *Sportpsychologische Diagnostik, Prognostik, Intervention* (S. 144-148). Köln: bps.

Teipel, D., Kemper, R. & Heinemann, D. (1999). *Beanspruchung von Schiedsrichtern und Schiedsrichterinnen im Fußball.* Köln: Sport und Buch Strauß.

Thorhauer, H.-A. (1993). Aufmerksamkeit und sporttechnisches Leitbild – Erfahrungen mit dem CP-Training im Hochleistungssport. In R. Daugs & K. Blischke (Hrsg.), *Aufmerksamkeit und Automatisierung in der Sportmotorik* (S. 191-198). Sankt Augustin: Academia.

Trillhose, A. (1996). Visuo-motorische Koordination im Bewegungshandeln – Eine experimentelle Studie zur Anlauf-Einsprungkoordination bei turnerischen Stützsprüngen. In R. Daugs, K. Blischke, F. Marschall, & H. Müller (Hrsg.), *Kognition und Motorik* (S. 257-263). Hamburg: Czwalina.

Tschakert, R. & Burchardt, T. (1986). Einstellungsprofile verschiedener Freizeitsportarten. In J.R. Nitsch (Hrsg.), *Anwendungsfelder der Sportpsychologie* (S. 128-133). Köln: bps.

Tuller, B. & Kelso, J.A.S. (1984). The timing of articulatory gestures: Evidence for relational invariants. *Journal of the Acoustical Society of America, 76,* 1030-1036.

Uexküll, T. v., Fuchs, M., Müller-Braunschweig, H. & Johnen, R. (1994). *Subjektive Anatomie. Theorie und Praxis körperbezogener Psychotherapie.* Stuttgart: Schattauer.

Valsinger, J. (1994, June). *Development (of science) beyond ZPD: Transcending Vygotsky and Piaget.* Paper presented at the 24th Annual Symposium of the J. Piaget Society in Chicago.

Volpert, W. (1974). *Handlungsstrukturanalyse als Beitrag zur Qualifikationsforschung.* Köln: Pahl-Rugenstein.

Volpert, W. (1994). *Wider die Maschinenmodelle des Handelns. Aufsätze zur Handlungsregulationstheorie.* Lengerich: Pabst.

Volpert, W., (1983). *An den Grenzen des Modells der hierarchisch-sequentiellen Handlungsorganisation.* In Abt. Sozial-u. Organisationspsychologie, Inst. F. Psychologie, Berliner Hefte zur Arbeits- u. Sozialpsychologie, Heft 3.

Vorberg, D. & Wing, A. (1994). Modelle für Variabilität und Abhängigkeit bei der zeitlichen Steuerung. In H. Heuer & S.W.E. Keele (Hg.), *Psychomotorik* (S. 223-319). Göttingen: Hogrefe.

Vormbrock, F. (1983). *Diagnostizierbarkeit von Angst: Untersuchung zur Trait-Angst-Diagnostik für die Verhaltensvorhersage in Sportsituationen.* Köln: bps-Verlag.

Vygotsky (Vygotskij), L.S. (1960). *Razvitie vyssich psichiceskich funkzij.* Moskva: APN.

Vygotsky (Vygotskij), L.S. (1992). *Geschichte der höheren psychischen Funktionen.* Münster: Lit.

Vygotsky (Wygotski), L.S. (1987). Unterricht und geistige Entwicklung im Schulalter. In J. Lompscher (Hrsg.), *L. Wygotsky: Ausgewählte Schriften,* Band 2. Berlin: Volk und Wissen.

Vygotsky, L.S. (1978). *Mind in society - The Development of Higher Psychological Processes.* Cambridge: Harvard University Press.

Wegner, D.M. & Pennebaker, J.W. (1993). *Handbook of mental control.* Englewood Cliffs, NJ: Prentice Hall.

Weigent, D.A., Bradley, L.A., Blalock, J.E. & Alarcon, G.S. (1998). Current concepts in the pathophysiology of abnormal pain perception in fibromyalgia. *American Journal of Medicine Sciences, 315,* S. 405-412.

Weinberg, R.S. (1990). Anxiety and motor performance: Where to from here? *Anxiety Research, 2,* 227-242.

Weinert, F. E. (1987). Bildhafte Vorstellungen des Willens. In H. Heckhausen, P.M. Gollwitzer & F. Weinert (Hrsg.), *Jenseits des Rubikon: Der Wille in den Humanwissenschaften* (S. 10-26). Berlin: Springer.

Wellek, A. (1966). *Die Polarität im Aufbau des Charakters.* Bern: Francke.

Werbik, H. (1978). *Handlungstheorien.* Stuttgart: Kohlhammer.

Wicker, A.W. & August, R.A. (in press). Working lives in context: Engaging the views of participants and analysts. To appear in W.B. Walsh, K.H. Craik, & R.H. Price (Eds.), *New directions in person-environment psychology* (2nd ed.), Hillsdale, NJ: Erlbaum.

Wicker, A.W. (1987). Behavior settings reconsidered: Temporal stages, resources, internal dynamics, context. In D. Stokols & I. Altman (Eds.), *Handbook of environmental psychology* (Vol. 1, pp. 613-654). New York: Wiley.

Wicker, A.W. (1992). Making sense of environments.. In W.B. Walsh, K.H. Craik, & R.H. Price (Eds.), *Person-environment psychology: Models and perspectives* (pp. 157-192). Hillsdale, NJ: Erlbaum.

Wiel, R. (1976). Reflexionsprozesse und Handlungen. *Neue Hefte für Philosophie, 9,* 17-65.

Wine, J. (1971). Test anxiety and direction of attention. *Psychological Bulletin, 76,* 92-104.

Wright, G.H. v. (1978). Das menschliche Handeln im Lichte seiner Ursachen und Gründe. In H. Lenk (Hrsg.), *Handlungstheorien – interdisziplinär. Bd. 2,1* (S. 417-430). München: Fink.

Wulf, G. (1994). *Zur Optimierung motorischer Lernprozesse. Untersuchungen zur Funktion von Kontext-Interferenz und Rückmeldungen beim Erwerb generalierter motorischer Programme und motorischer Schemata.* Schorndorf: Hofmann.

Wulf, G., Shea, C.H. & Wright, D.L. (1997). Möglichkeiten des Übens in der Musik aus der Sicht der motorischen Lernforschung. In H. Gembris, R.-D. Kraemer & G. Maas (Hrsg.), *Üben in musikalischer Praxis und Forschung* (S. 208-221). Augsburg: Wißner.

Yerkes, R.M. & Dodson, J.D. (1908). The relationship of strength of stimulus to rapidity of habit formation. *Journal of Comparative Neurology and Psychology, 18,* 459-482.

Ziemainz, H. & Schack, T. (1999). Handlungskontrolle im Triathlon. In D. Alfermann & O. Stoll (Hrsg.). *Motivation und Volition im Sport. Vom Planen zum Handeln* (S. 259-264). Köln: bps.

LEITZ
Z-7

Zur Person von Prof. Dr. phil. Jürgen R. Nitsch

geboren am 23. September 1940 in Königsberg.
Von 1961 bis 1967 Studium der Psychologie an den Universitäten München und Würzburg mit Abschluß Diplom in München.
Von 1967 bis 1968 Assistent am Psychologischen Institut der Technischen Universität Berlin (Allgemeine, Sozial- und Arbeitspsychologie).
1968 bis 1969 Assistent am Psychologischen Institut der Universität Regensburg.
Seit 1970 am Psychologischen Institut der Deutschen Sporthochschule Köln (Allgemeine, Pädagogische und Sportpsychologie).
1970 Promotion (Dr. phil.) in Psychologie, Pädagogik und Psychopathologie an der Technischen Universität Berlin.
Seit 1975 Professor und Leiter des Psychologischen Instituts der Deutschen Sporthochschule Köln.
Die Schwerpunkte in der Lehre liegen im Bereich der Allgemeinen Psychologie, Forschungsmethodologie, Handlungsanalyse, Motivation, sozialen Interaktion und Kommunikation sowie dem Streßmanagement.
Die Schwerpunkte in der Forschung liegen in der Erkenntnistheorie, Handlungstheorie, Bewegungsanalyse, Analyse von Handlungsfehlern, der (Sport) Motivation, Wille, Streß, psychologisches Training, psychologische Aspekte extremen Sports, Testentwicklung.

Tätigkeiten als Gutachter und Berater

für das Bundesministerium für Forschung und Technologie im Programm „Humanisierung der Arbeit",
für das Bundesinstitut für Sportwissenschaft im Bereich Pädagogik, Psychologie und Soziologie,
für die Deutsche Forschungsgemeinschaft im Bereich Sportpsychologie,
für den Deutschen Akademischen Austauschdienst (DAAD)
als Mitglied des editorial boards der Zeitschrift „The Sport Psychologist",
als Mitglied im Wissenschaftlichen Beirat der Zeitschrift „Sportpsychologie/Psychologie und Sport",
als Herausgeber (in Zusammenarbeit mit D. Hackfort) der Schriftenreihe „Betrifft: Psychologie und Sport".

Eingeladene Vorträge

National:

1977 „Sportpsychologie und Praxis – eine Standortbestimmung", dvs, Gießen

1982 „Handlungstheoretische Ansätze im Sport", Internationales Symposium der asp, Kiel

1984 „Handlungstheoretische Grundannahmen", dvs Bremen

1987 „Verantwortbarkeit des Machbaren – auf dem Weg zu einer Berufsethik", asp, Trier

1988 „Zur Lage der Sportpsychologie in der Bundesrepublik Deutschland", asp, Heidelberg,

1989 „Die Funktion der Sportpsychologie in der Sportwissenschaft und der Psychologie", Internationale Konferenz anläßlich des 40. Jahrestages der DHfK Leipzig

1991 „Handlungstheorie und empirische Forschung", asp, Darmstadt

1995 „Intention und Handlungsregulation", dvs, Saarbrücken

1996 „Situative Handlungsorganisation", asp, Greifswald

1996 „Die Entwicklung der Sportwissenschaft in sozial und verhaltenswissenschaftlicher Perspektive", Konferenz anläßlich des 20. Jahrestages der dvs, Köln.

International (keynote lectures):

1981 „Self-generated techniques of self-control", Vth World Congress on Sport Psychology (ISSP), Ottawa (Canada)

1983 „Emotionen und Handlungsregulation", VIth European Congress of Sport Psychology (FEPSAC), Magglingen (Schweiz)

1984 „Volition – An old concept reevaluated", Olympic Scientific Congress (IOC), Eugene (USA)

1987 „Kognition und ihre Wechselbeziehungen zur Emotion und Motivation aus planungstheoretischer Sicht", VIIth European Congress of Sport Psychology (FEPSAC), Bad Blankenburg

1988 „Future trends in sport psychology and sport sciences", VIIth World Congress of Sport Psychology (ISSP), Singapore

1991 „The organization of motor behaviour: An action-theoretical perspective", VIIIth European Congress of Sport Psychology (FEPSAC), Köln

1994 „Integrating laboratory and field studies in sport psychology", IXth European Congress of Sport Psychology (FEPSAC), Brüssel (Belgien)

1994 „Physical activity, health and psychology", Joint Meeting of the WHO and FIMS, Köln

1997 „Psychological training – Basic concepts and techniques", VIth IOC World Congress of Sport Sciences, Monte Carlo (Monaco).

Ausgewählte Publikationen (aus mehr als 100 Beiträgen, 18 Büchern):

Monographien:

Hackfort, D. & Nitsch, J. R. (1988) Das Sportangst-Deutungsverfahren SAD. Grundlagen und Handanweisung. Schorndorf: Hofmann.
Samulski, D., Chagas, M.H. & Nitsch, J. R. (1996). Stress. Teorias Básicas. (Stress. Basic concepts). Belo Horizonte: Universidade Federal de Minais Gerais, Laboratório de Psicologia do Esporte.

Herausgeberbände:

Nitsch, J. R. & Udris, I. (Hrsg.). (1976). Beanspruchung im Sport. Beiträge zur psychologischen Analyse sportlicher Leistungssituationen. Bad Homburg: Limpert.
Nitsch, J. R. (Hrsg.). (1981). Streß. Theorien, Untersuchungen, Maßnahmen. Bern: Huber.
Gabler, H., Nitsch, J. R., & Singer, R. (Hrsg.). (1986). Einführung in die Sportpsychologie: Teil 1. Grundthemen. Schorndorf: Hofmann.
Gabler, H., Nitsch, J. R. & Singer, R. (Hrsg.). (1993). Einführung in die Sportpsychologie: Teil 2. Anwendungsfelder. Schorndorf: Hofmann.
Nitsch, J. R. & Seiler, R. (Hrsg.). (1993). Movement and Sport: Psychological foundations and effects, Vols. 1-4. (Proceedings of the VIIIth European Congress of Sport Psychology 1991 in Köln) Sankt Augustin: Academia.
Nitsch, J. R., Hoff, H.-G., Mickler, W., Moser, T., Seiler, R. & Teipel. D. (Hrsg.). (1994). Der rote Faden. Eine Einführung in die Technik wissenschaftlichen Arbeitens. Köln: bps.
Nitsch, J. R. & Allmer, H. (Hrsg.). (1995). Emotionen in Sport – Zwischen Körperkult und Gewalt. Köln: bps.
Nitsch, J. R. & Allmer, H. (Hrsg.). (1996). Handeln im Sport – Zwischen Rationalität und Intuition. Köln: bps.
Nitsch, J. R., Neumaier, A., Mester, J. & de Marées, H. (Eds.) (1997). Techniktraining – Beiträge zu einem interdisziplinären Ansatz. Schorndorf: Hofmann.

Einzelbeiträge:
Nitsch, J. R. (1972). Das Ermüdungsproblem aus kypernetischer Sicht. Arbeit und Leistung, 26 (8), 201-203.
Nitsch, J. R. & Elles, H. (1972). Zur subjektiven Laufstreckenbeanspruchung. Bericht über eine empirische Untersuchung. Sportwissenschaft, 2 (3), 287-299.
Nitsch, J. R. (1973). Industrielle Beanspruchung als psychologisches Problem. Rehabilitation, 12 (2), 68-77.
Nitsch, J. R. (1974). Die hierarchische Struktur des Eigenzustandes – ein Approximationsversuch mit Hilfe der Binärstrukturanlayse (BISTRAN). Diagnostica, 20 (4), 142-164.
Nitsch, J. R. (1975). Sportliches Handeln als Handlungsmodell. Sportwissenschaft, 5 (1), 39-55.
Nitsch, J. R. & Allmer, H. (1976). Entwurf eines Prozeßmodells der Leistungsmotivierung. In J. R. Nitsch & I. Udris (Hrsg.). Beanspruchung im Sport. Beiträge zur psychologischen Analyse sportlicher Leistungssituationen (S. 42-59). Bad Homburg: Limpert.
Nitsch, J. R. (1976). Die Eigenzustandsskala (EZ-Skala) – Ein Verfahren zur hierarchisch-mehrdimensionalen Befindlichkeitsskalierung. In J. R. Nitsch & I. Udris (Hrsg.). Beanspruchung im Sport. Beiträge zur psychologischen Analyse sportlicher Leistungssituationen (S. 81-102). Bad Homburg: Limpert.
Nitsch, J. R. & Hackfort, D. (1979). Naive Techniken der Psychoregulation im Sport. In H. Gabler, H. Eberspächer, E. Hahn, J. Kern & G. Schilling (Hrsg.), Psychologie in der Praxis des Leistungssports (S. 299-311). Berlin: Bartels & Wernitz.
Nitsch, J. R. (1981). Stresstheoretische Modellvorstellungen. In J. R. Nitsch (Hrsg.). Stress. Theorien, Untersuchungen, Maßnahmen (S. 52-141). Bern: Huber.
Nitsch, J. R. & Hackfort, D. (1981). Streß in Schule und Hochschule – eine handlungspsychologische Funktionsanalyse. In J. R. Nitsch (Hrsg.). Stress. Theorien, Untersuchungen, Maßnahmen (S. 263-311). Bern: Huber.
Nitsch, J. R. (1982). Analysis of action and functionalistic approaches in sport psychology. In E. Geron (Ed.), Handbook of sport psychology: I. Introduction to sport psychology (pp. 58-75). Tel Aviv: Wingate Institute for Physical Education and Sport.
Nitsch, J. R. (1982). Self-generated techniques of self-control. In T. Orlick, J. T. Partington & J. H. Salmela (Eds.), Mental training for coaches and athletes (pp. 27-33). Ottawa: Sport in Perspective Inc., and Coaching Association of Canada.
Nitsch, J. R. & Christen, J. H. (1984). Psychophysiologische Zusammenhänge im Sport: Modelle, Methoden, Modifikationsmöglichkeiten. In K. Carl, D. Kayer, H. Mechling & W. Presing (Hrsg.), Handbuch Sport. Wissen-

schaftliche Grundlagen von Unterricht und Training (Vol. 2, S. 565-585). Düsseldorf: Schwann.
Nitsch, J. R. & Hackfort, D. (1984). Basisregulation interpersonalen Handelns im Sport. In E. Hahn & H. Rieder (Hrsg.), Sensumotorisches Lernen und Sportspielforschung (S. 148-166). Köln: bps.
Nitsch, J. R. (1985). Psychoregulatives Training im Leistungssport. In H. Gabler, H. Haase, O. Hug & H. Steiner (Hrsg.), Psychologische Diagnostik und Beratung im Leistungssport. Orientierungshilfen für die Praxis des Trainers (S. 145-174). Frankfurt am Main: Deutscher Sportbund, Bundesausschuß Leistungssport.
Nitsch, J. R. (1985). Emotionen und Handlungsregulationen. In G. Schilling & K. Herren (Hrsg.). Angst, Freude und Leistung im Sport (Proceedings of the VIth FEPSAC-Congress 1983 in Magglingen, Vol. 1, S. 37-60). Magglingen: Fédération Européenne de Psychologie des Sports et des Activités Corporelles und Eidgenössische Turn- und Sportschule.
Nitsch, J. R. (1985). The action-theoretical perspective. International Review for Sociology of Sport, 20 (4), 263-282.
Nitsch, J. R. (1986). Zur handlungstheoretischen Grundlegung der Sportpsychologie. In H. Gabler, J. R. Nitsch & R. Singer (Hrsg.), Einführung in die Sportpsychologie: Teil 1 – Grundthemen (S. 188-270). Schorndorf: Hofmann.
Nitsch, J. R. (1989). Future trends in sport psychology and sport sciences. In C. K. Giam, K. K. Chook & K. C. Teh (Eds.), Proceedings of the 7th World Congress in Sport Psychology 7 to 12 August 1989 in Singapore (pp. 200-204). Singapore: Sports Council.
Nitsch, J. R. & K. Willimczik (1990). Prinzipien einer Berufsethik für Sportwissenschaftler. Sportwissenschaft, 20 (3), 317-323.
Nitsch, J. R. (1991). Handlungstheorie und empirische Forschung. In R. Singer (Hrsg.). Sportpsychologische Forschungsmethodik – Grundlagen, Probleme, Ansätze (S. 26-42). Köln: bps.
Nitsch, J. R. & Munzert, J. (1991). Handlungsregulation und Techniktraining. In R. Daugs, H. Mechling, K. Blischke & N. Olivier (Hrsg.), Sportmotorisches Lernen und Techniktraining, Vol. 1 (Internationales Symposium „Motorik- und Bewegungsforschung 1989 in Saarbrücken, S. 167-177). Schorndorf: Hofmann.
Nitsch, J. R. (1992). Sport psychology: Fundamental aspects. In H. Haag, O. Gruppe & A. Kirsch (Eds.), Sport science in Germany – An interdisciplinary anthology (pp. 263-296). Berlin: Springer.
Nitsch, J. R. (1994). The organization of motor behaviour: An action-theoretical perspective. In J. R. Nitsch & R. Seiler (Eds.), Movement and sport: Psychological foundations and effects: Vol. 2, Motor control and motor learning (Pr5oceedings of the VIII European Congress of Sport Psychology 1991 in Cologne, Vol. 2, pp. 3-21) Sankt Augustin: Academia.

Nitsch, J. R., Stoinski, B. & Katerbau, A. (1995). CART – Computerunterstütztes adaptives Reaktionstestsystem. In J. R. Nitsch & H. Allmer (Hrsg.). Emotionen im Sport – Zwischen Körperkult und Gewalt (Bericht über die Tagung der Arbeitsgemeinschaft für Sportpsychologie vom 8.-10. Sept. 1994 in Köln anlässlich Ihres 25jährigen Bestehens, S. 407-412. Köln: bps.
Nitsch, J. R. (1996). Physical activity, health and psychology. In The Club of Cologne (Ed.), Health promotion and physical activity (Proceedings of the Joint Meeting of the World Health Organization and the Féderation Internationale de Médicine Sportive, April 7-10, 1994 in Köln, S. 107-124). Köln: Sport und Buch Strauß
Nitsch, J. R. (1996). Intention und Handlungsregulation. In R. Daugs, K. Blischke, F. Marschall & H. Müller, (Hrsg.), Kognition und Motorik (Bericht über das 3. Symposium der dvs-Sektion Sportmotorik vom 19.-21. Januar 1995 in Saarbrücken, S. 69-86). Hamburg: Czwalina.
Nitsch, J. R. & Singer, R. (1997). Schulsport. In F. E. Weinert (Hrsg.), Enzyklopädie der Psychologie, Themenbereich D. Praxisgebiete, Serie I. Pädagogische Psychologie, Bd. 3. Psychologie des Unterrichts und der Schule (S. 571-601). Göttingen: Hogrefe.
Nitsch, J. R. (1997). Empirical research in sport psychology: A critical review of the laboratory – field controversy. In R. Seiler (Ed.), European yearbook of sport psychology (pp. 1-26). Sankt Augustin: Academia.